高等学校交通运输专业"十二五"规划系列教材

交通运输安全

JIAO TONG YUN SHU AN QUAN

（第2版）

主　编　顾正洪
副主编　李金库
　　　　苑红伟
主　审　鲁植雄

东南大学出版社
SOUTHEAST UNIVERSITY PRESS
·南京·

内容提要

《交通运输安全》一书以安全系统工程和安全管理理论为基础,以人-设备-环境为主线,系统分析了影响交通运输安全的因素,探讨了交通运输安全分析和评价方法,对不同运输方式的安全管理体制、方针、方法等进行了系统介绍。全书共分 7 章,主要内容包括:运输安全现状分析、运输安全特性及影响因素、运输安全分析与评价、道路运输安全系统管理、铁路运输安全系统管理、水路运输安全系统管理和航空运输安全系统管理等方面的内容。

本书内容系统全面,逻辑性强,可以作为高等学校交通运输专业、物流管理及相关专业的本科教学用书,也可供从事交通运输管理的相关人员和研究生参考。

图书在版编目(CIP)数据

交通运输安全/顾正洪主编.—2 版.—南京:东南大学出版社,2016.11(2025.7 重印)
(高等学校交通运输专业"十二五"规划系列教材)
ISBN 978-7-5641-6807-0

Ⅰ.①交… Ⅱ.①顾… Ⅲ.①交通运输安全-研究 Ⅳ.①U491

中国版本图书馆 CIP 数据核字(2016)第 247409 号

交通运输安全(第 2 版)

主　　编 顾正洪	主　审	鲁植雄
选题总策划 李　玉	责任印制	张文礼
责任编辑	封面设计	顾晓阳
出版发行	东南大学出版社	
地　　址	南京四牌楼 2 号	邮　编　210096
出版人	白云飞	
经　　销	江苏省新华书店	
印　　刷	广东虎彩云印刷有限公司	
开　　本	700mm×1000mm　1/16	
印　　张	21.75	字　数　459 千字
版　　次	2016 年 11 月第 2 版	
印　　次	2025 年 7 月第 4 次印刷	
书　　号	ISBN 978-7-5641-6807-0	
印　　数	3501—4000 册	
定　　价	39.80 元	

(凡因印装质量问题,可直接与营销部联系调换。电话:025-83791830)

高等学校交通运输专业"十二五"规划系列教材

编审委员会名单

主 任 委 员	李旭宏
副主任委员	毛海军　朱金福　鲁植雄
委　　　员	（按姓氏笔画排序）

　　　　　　丁　波　毛海军　朱金福　李仲兴　李旭宏　吴建华
　　　　　　张孝祖　顾正洪　鲁植雄　蔡伟义

编写委员会名单

主 任 委 员	李旭宏
副主任委员	毛海军　李玉
委　　　员	（按姓氏笔画排序）

　　　　　　丁　波　马金麟　王国林　王振军　毛海军　左付山
　　　　　　卢志滨　吕立亚　朱彦东　朱艳茹　刘兆斌　江浩斌
　　　　　　李　玉　李仲兴　李旭宏　何民爱　何　杰　宋　伟
　　　　　　张　永　张　远　张萌萌　陈大伟　陈松岩　陈昆山
　　　　　　杭　文　周凌云　孟祥茹　赵国柱　侯占峰　顾正洪
　　　　　　徐晓美　常玉林　崔书堂　梁　坤　鲁植雄　赖焕俊
　　　　　　鲍香台　薛金林　魏新军

执行主编　李　玉

编审委员会委员简介

李旭宏	东南大学交通学院	教授、博导
毛海军	东南大学交通学院	教授、博导
朱金福	南京航空航天大学民航学院	教授、博导
鲁植雄	南京农业大学工学院	教授、博导
李仲兴	江苏大学汽车与交通工程学院	教授、博导
张孝祖	江苏大学汽车与交通工程学院	教授、硕导
顾正洪	中国矿业大学矿业工程学院	副教授、博士
吴建华	淮阴工学院	副院长、教授
蔡伟义	南京林业大学机械电子工程学院	教授、硕导
丁 波	黑龙江工程学院	教授、系副主任

出版说明

　　作为国民经济的重要基础设施和基础产业，交通运输是社会经济发展的重要物质基础，其基本任务是通过提高整个运输业的能力和工作质量，来改善国家各经济区之间的运输联系，进而安全迅速、经济合理地组织旅客和货物运输，保证最大限度地满足社会和国防建设对运输的需求。

　　改革开放以来，我国加快了交通基础设施建设，交通运输业成为重点扶持的支柱产业之一，尤其是20世纪90年代以来，我国采取了一系列重大举措，增加投资力度，促进了交通运输业的快速发展。但是，我国目前的主要运输装备及核心技术水平与世界先进水平存在较大差距，运输供给能力不足，综合交通体系建设滞后，各种交通方式缺乏综合协调，交通能源消耗与环境污染问题严峻。

　　展望21世纪，我国交通运输业将在继续大力推进交通基础设施建设的基础上，依靠科技进步，着力解决好交通运输中存在的诸多关键技术问题，包括来自环境、能源、安全等方面的众多挑战，建立起一个可持续性的新型综合交通运输体系，以满足全面建设小康社会对交通运输提出的更高要求。客运高速化、货运物流化、运营管理智能化将成为本世纪我国交通运输发展最明显的几个特征。

作为国民经济的命脉，交通运输业正面临着重大的战略需求。掌握交通运输技术的人才及其人才的培养自然成为社会各界关注的热点问题。无论是公路运输、铁路运输，还是水路运输、航空运输、管道运输等都需要大量的交通运输专业的高级技术与组织管理人才，由他们运用先进的技术来装备交通运输，用科学的方法来组织管理交通运输。

教材建设是培养交通运输人才的基础建设之一，但目前我国对交通运输专业的教材建设却十分滞后，已经很难满足社会经济发展的需要，为此由东南大学出版社策划，东南大学出版社与国家重点学科东南大学载运工具运用工程专家共同组织有关高校在交通运输专业有多年教学科研经验的教师编写了这套"高等学校交通运输专业'十二五'规划系列教材"。该套教材融入了作者多年的教学实践及相关课题研究成果，注重交通运输实践性强的特点和科学技术不断向交通运输渗透的趋势，在阐述基本理论、基本方法的同时，引入了大量的实际案例，使这套教材有其显著的特点。相信这套教材的出版，将有助于我国交通运输专业人才的培养，有助于交通运输在我国的社会经济与国防建设中发挥出更大的作用。

高等学校交通运输专业"十二五"规划系列教材编写委员会

2007 年 12 月

前　言

　　生产和安全是人类生存和发展的两大基本需求,"生产必须安全,安全为了生产"已成为人们认识和改造客观世界的共同准则。因此,如何帮助道路运输企业规范安全管理体制,建立健全现代安全管理制度,提高安全管理质量,降低事故发生率,有效遏制重(特)大交通运输事故的发生,提高企业经济效益和社会效益,建立企业安全生产长效机制,打造本质安全型企业,是一个紧迫的研究课题和任务。

　　《交通运输安全》教材第1版投入使用以来,受到了广大读者的一致好评。但随着我国社会主义市场经济的快速发展和改革开放的进一步深化,我国交通运输企业体制改革也得以进一步完善,各种新的运输法律、法规也相继出台。因此,教材中有关内容已经陈旧,有必要重新修订完善。

　　《交通运输安全》教材第2版仍然沿用第1版的基本框

架,即在对运输安全的现状、特征及影响因素进行分析研究的基础上,从安全系统工程理论的角度,按安全系统工程理论体系,即安全系统分析、安全系统评价和安全系统管理分章编写。本书重点对道路运输、铁路运输等运输方式中客运安全管理、货运安全管理、驾驶员安全管理、站场安全管理以及企业安全管理机制等内容进行了介绍。力求做到系统全面、重点突出、结构严谨、切合实际。

本书由顾正洪任主编,李金库、苑红伟任副主编。本书共分7章,其中:第1、2、3章由中国矿业大学顾正洪编写;第4、6章由黑龙江工程学院李金库编写;第5章由中国矿业大学苑红伟编写;第7章由南京航空航天大学卢朝阳编写。

本书由鲁植雄担任主审。

本书在编写过程中参考了许多本领域名家的著作和科研成果,在此表示诚挚的谢意。

由于编者水平有限,本书难免有不完善之处,恳望各位读者批评指正。

编者
2016年9月

目 录

1 绪论 …………………………………………………………………………………… (1)
  1.1 国内外交通运输安全概况 ………………………………………………………… (1)
    1.1.1 国外交通安全概况 ……………………………………………………… (1)
    1.1.2 国内交通安全概况 ……………………………………………………… (2)
  1.2 交通运输安全管理存在的主要问题 …………………………………………… (3)
  1.3 安全在运输生产中的地位和意义 ……………………………………………… (5)
  1.4 运输安全生产的基本方针与原则 ……………………………………………… (6)
  复习思考题 ……………………………………………………………………………… (8)

2 交通运输安全特性及影响因素 …………………………………………………………… (9)
  2.1 安全的内涵和特性 ……………………………………………………………… (9)
    2.1.1 安全的基本概念及相互关系 …………………………………………… (9)
    2.1.2 安全的普遍性与交通运输安全的特殊性 ……………………………… (13)
  2.2 交通运输安全的影响因素 ……………………………………………………… (15)
    2.2.1 单因素影响分析 ………………………………………………………… (16)
    2.2.2 各种因素相互影响分析 ………………………………………………… (22)
    2.2.3 管理因素影响分析 ……………………………………………………… (22)
  2.3 交通运输安全保障系统 ………………………………………………………… (23)
    2.3.1 交通运输安全保障系统的特征 ………………………………………… (23)
    2.3.2 交通运输安全保障系统的结构 ………………………………………… (25)
    2.3.3 交通运输安全心理保障 ………………………………………………… (28)
  复习思考题 ……………………………………………………………………………… (33)

3 交通运输安全分析与评价 ………………………………………………………………… (34)
  3.1 交通运输安全分析 ……………………………………………………………… (34)

3.1.1　概述 …………………………………………………………… (34)
　　3.1.2　统计图表分析法 ………………………………………………… (35)
　　3.1.3　因果分析图法 …………………………………………………… (37)
　　3.1.4　安全检查表分析 ………………………………………………… (38)
　　3.1.5　预先危险性分析 ………………………………………………… (41)
　　3.1.6　事件树分析 ……………………………………………………… (43)
　　3.1.7　事故树分析 ……………………………………………………… (45)
　3.2　交通运输安全评价 …………………………………………………… (61)
　　3.2.1　安全评价概述 …………………………………………………… (61)
　　3.2.2　安全检查表评价法 ……………………………………………… (65)
　　3.2.3　作业条件危险性评价法 ………………………………………… (67)
　　3.2.4　概率安全评价法 ………………………………………………… (69)
　　3.2.5　安全综合评价 …………………………………………………… (70)
　复习思考题 …………………………………………………………………… (86)

4　道路运输安全系统管理 …………………………………………………… (87)
　4.1　旅客运输安全管理 …………………………………………………… (87)
　　4.1.1　客运企业的部门职责及企业对客运的安全管理 ……………… (88)
　　4.1.2　客运站安全生产管理 …………………………………………… (90)
　　4.1.3　客运合同中旅客与承运人的安全义务 ………………………… (91)
　　4.1.4　客运站管理现状 ………………………………………………… (94)
　　4.1.5　客运站安全影响因素分析 ……………………………………… (94)
　　4.1.6　评价指标的确定及说明 ………………………………………… (97)
　　4.1.7　《道路旅客运输及客运站管理规定》 …………………………… (98)
　　4.1.8　出租汽车旅客运输安全管理 …………………………………… (109)
　4.2　道路货物运输安全管理 ……………………………………………… (111)
　　4.2.1　零担货物运输安全管理 ………………………………………… (111)
　　4.2.2　整批货物运输安全管理 ………………………………………… (113)
　　4.2.3　集装箱货物运输安全管理 ……………………………………… (113)
　　4.2.4　大型特型笨重物件运输安全管理 ……………………………… (114)
　　4.2.5　超限运输车辆的安全管理 ……………………………………… (118)
　4.3　驾驶员的安全管理 …………………………………………………… (124)
　　4.3.1　驾驶员安全管理的内容 ………………………………………… (124)
　　4.3.2　驾驶员职业适宜性选择 ………………………………………… (125)
　　4.3.3　营运驾驶员的安全教育 ………………………………………… (126)
　　4.3.4　驾驶员素质与安全驾驶的关系 ………………………………… (130)

    4.3.5 驾驶员的行车安全规定 …………………………………… (138)
    4.3.6 案例分析 …………………………………………………… (139)
  4.4 危险货物运输安全管理 ……………………………………………… (141)
    4.4.1 危险货物的分类及其主要特性 …………………………… (141)
    4.4.2 危险货物的包装与标志 …………………………………… (142)
    4.4.3 危险货物运输安全管理 …………………………………… (147)
  4.5 车辆运行安全管理 …………………………………………………… (156)
    4.5.1 汽车运行安全规定 ………………………………………… (156)
    4.5.2 车辆运行安全管理机构及其职责 ………………………… (157)
    4.5.3 汽车技术状况标准 ………………………………………… (162)
    4.5.4 行车遇险时的防护与急救 ………………………………… (163)
    4.5.5 案例分析 …………………………………………………… (164)
  4.6 道路运输企业安全管理 ……………………………………………… (165)
    4.6.1 道路运输企业安全管理的内容 …………………………… (165)
    4.6.2 道路运输安全管理的主要措施 …………………………… (167)
    4.6.3 道路运输企业的安全综合管理 …………………………… (170)
  4.7 道路运输安全管理立法及安全管理体制 …………………………… (173)
    4.7.1 道路运输安全管理立法 …………………………………… (173)
    4.7.2 道路运输安全管理体制 …………………………………… (179)
  复习思考题 ………………………………………………………………… (182)

5 铁路运输安全系统管理 ……………………………………………… (184)
  5.1 概述 …………………………………………………………………… (184)
    5.1.1 铁路运输安全管理特点 …………………………………… (184)
    5.1.2 铁路运输安全管理的法规依据 …………………………… (188)
    5.1.3 铁路运输安全系统管理的基本内容 ……………………… (191)
    5.1.4 国内外铁路运输安全系统管理动向 ……………………… (197)
  5.2 铁路旅客运输安全管理 ……………………………………………… (198)
    5.2.1 铁路客运安全管理的意义 ………………………………… (198)
    5.2.2 铁路客运安全的内容 ……………………………………… (200)
    5.2.3 铁路客运事故种类和等级 ………………………………… (200)
    5.2.4 铁路客运事故的预防与处理 ……………………………… (201)
    5.2.5 铁路客运安全管理的加强 ………………………………… (205)
    5.2.6 案例分析 …………………………………………………… (206)
  5.3 铁路货物运输安全管理 ……………………………………………… (209)
    5.3.1 铁路货运安全管理的意义 ………………………………… (209)

5.3.2　铁路货运事故种类和等级 …………………………… (209)
　　5.3.3　铁路货运事故的预防与处理 ………………………… (210)
　　5.3.4　案例分析 ……………………………………………… (214)
5.4　铁路行车安全管理 ………………………………………………… (215)
　　5.4.1　铁路行车安全管理的意义 …………………………… (215)
　　5.4.2　我国铁路的行车安全管理现状 ……………………… (217)
　　5.4.3　铁路行车事故种类和等级 …………………………… (220)
　　5.4.4　铁路行车事故的预防与处理 ………………………… (224)
　　5.4.5　铁路行车事故救援 …………………………………… (238)
　　5.4.6　行车作业人身安全 …………………………………… (239)
　　5.4.7　案例分析 ……………………………………………… (243)
5.5　我国铁路运输安全管理发展方向 ………………………………… (245)
　　5.5.1　科技强路,提高铁路设备质量 ……………………… (245)
　　5.5.2　我国铁路运输安全管理的对策 ……………………… (250)
复习思考题 …………………………………………………………… (255)

6　水路运输安全系统管理 ……………………………………………… (256)
6.1　概述 ………………………………………………………………… (256)
　　6.1.1　水路运输安全管理的目的和意义 …………………… (256)
　　6.1.2　海运发达国家海上运输安全管理体系的特点 ……… (257)
　　6.1.3　中国水上安全管理现状的评价 ……………………… (259)
6.2　人为因素与水上交通运输安全 …………………………………… (262)
　　6.2.1　人为因素研究的目的、意义 ………………………… (262)
　　6.2.2　人为因素与船舶运输安全 …………………………… (265)
　　6.2.3　船公司用人标准与船员适任性应具备的素质 ……… (270)
6.3　船舶因素与水上交通运输安全 …………………………………… (271)
　　6.3.1　船舶因素与海事的关系 ……………………………… (271)
　　6.3.2　船舶安全状况的现状 ………………………………… (272)
　　6.3.3　船舶安全状况的影响因素分析 ……………………… (273)
6.4　航道因素与水上交通运输安全 …………………………………… (277)
　　6.4.1　影响航行安全可靠性的因素 ………………………… (277)
　　6.4.2　航道条件的可靠性分析 ……………………………… (278)
　　6.4.3　加强航道条件可靠性促进安全的方法 ……………… (279)
6.5　我国石油海上运输安全体系建设 ………………………………… (280)
　　6.5.1　我国石油海上运输安全体系建设现状 ……………… (280)
　　6.5.2　政策建议 ……………………………………………… (282)

6.6 海上典型安全事故的剖析 …………………………………………………… (283)
 6.6.1 海上安全事故概述 ………………………………………………… (283)
 6.6.2 "翡翠海"沉没事故剖析 …………………………………………… (284)
 6.6.3 "盛鲁"轮火灾沉没事故剖析 ……………………………………… (285)
 6.6.4 "11·24"特大海难事故剖析 ……………………………………… (286)
复习思考题 ……………………………………………………………………… (288)

7 航空运输安全系统管理 …………………………………………………… (290)

7.1 概述 …………………………………………………………………………… (290)
 7.1.1 航空运输体系 ……………………………………………………… (290)
 7.1.2 航空运输安全和可接受的安全水平 ……………………………… (293)
7.2 航空运输安全管理 …………………………………………………………… (294)
 7.2.1 领导重视,全员配合,职责明确,以人为本 ……………………… (295)
 7.2.2 建立法规,完善制度,有法必依,违法必究 ……………………… (296)
 7.2.3 预防为主,常抓不懈,严格要求,不断进步 ……………………… (299)
 7.2.4 加强基础设施建设,加大安全投入 ……………………………… (300)
 7.2.5 教育和培训齐头并进,不断提高全体员工的安全素质和技能 …… (302)
7.3 航空运输安全管理体系的建立 …………………………………………… (304)
7.4 航空客货运输安全管理 …………………………………………………… (308)
 7.4.1 航空旅客运输安全管理 …………………………………………… (308)
 7.4.2 航空货物运输安全管理 …………………………………………… (310)
7.5 民航运输机场的安全管理 ………………………………………………… (312)
 7.5.1 机场运行概况 ……………………………………………………… (312)
 7.5.2 安全管理组织机构及职责 ………………………………………… (313)
 7.5.3 机场安全管理的主要内容 ………………………………………… (314)
 7.5.4 空中交通服务单位的安全管理 …………………………………… (318)
 7.5.5 案例分析 …………………………………………………………… (322)
7.6 航空公司的安全管理 ………………………………………………………… (324)
 7.6.1 航空公司安全管理体系 …………………………………………… (325)
 7.6.2 飞行安全管理 ……………………………………………………… (326)
 7.6.3 案例分析 …………………………………………………………… (328)
复习思考题 ……………………………………………………………………… (330)

参考文献 ………………………………………………………………………… (331)

1 绪 论

交通运输是人和物借助运输工具的载运,产生有目的的空间位移。交通运输是经济发展的基本需要和先决条件,是现代社会的生存基础和文明标志,是社会经济的基础设施,对促进社会分工、工农业发展、加强国防建设、扩大国际经贸合作和人员往来发挥着重要的作用。

安全是交通运输的生命线。交通运输安全是运输生产系统运行秩序正常、旅客生命财产平安无险、货物和运输设备完好无损的综合表现,也是在运输生产全过程中为达到上述目的而进行的全部生产活动协调运作的结果。交通运输生产的根本任务就是把旅客和货物安全及时地运送到目的地,而交通运输生产的作用、性质和特点,决定了交通运输必须把安全生产摆在各项工作的首要位置。

1.1 国内外交通运输安全概况

交通在给人类带来文明与进步的同时,也给人类带来了环境污染和交通事故等危害。交通事故使人们的生活蒙上了一层浓浓的阴影,已成为当今社会的一大公害。如何治理交通事故,已经成为各国政府普遍关注的课题。

1.1.1 国外交通安全概况

自 1886 年世界上第一辆汽油汽车问世以来,道路交通事故的绝对数字一直居高不下,全世界死于交通事故的人数已经超过 3 700 多万人,其中 1903 年世界著名科学家皮埃尔·居里就死于车轮之下,而第一次世界大战期间死于战争的人仅有 1 700 多万人。交通事故对人类生命的危害明显大于第一次世界大战。所以人们将交通事故对人类的危害称之为"无休止的战争"。

目前,全世界每年死于交通事故的人数约 60 万人,伤约 2 000 万人以上。这个数字相当于每 1 min 就有 1 人死于车祸,每 2 s 就有 1 人因车祸致重伤。所以,人们把交通事故称之为"交通地狱",把导致交通事故的汽车又称之为"行驶的棺材"。

在世界各国中,发达国家虽然汽车保有量大,但由于道路等级高,交通安全管理法规健全,执法严格,管理技术手段先进,人们的交通安全意识好,所以交通事故率远远低于发展中国家。而一些发展中国家则恰好相反,交通事故发生率则处于上升时期。

虽然其他交通方式(铁路运输、水路运输和航空运输)的交通事故率要较道路交通低,但各种恶性交通事故也时有发生。如:2015年3月24日德国之翼航空9525号航班,由西班牙巴塞罗那飞往德国杜塞尔多夫,途经法国南部普罗旺斯阿尔卑斯省上空时失事,飞机上载有150人全部当场罹难。2015年10月31日,俄罗斯Metrojet由埃及沙姆沙伊赫飞往俄罗斯圣彼得堡,在西奈半岛中部的阿里什坠毁,机上217名乘客和7名机组人员全部遇难。

因此,加强交通安全管理、减少各类交通事故的发生是摆在各国交通管理工作者面前的非常艰巨而又长远的任务。

1.1.2　国内交通安全概况

改革开放30多年来,我国国民经济得到了快速发展,交通基础设施得到了前所未有的发展,交通安全管理法规逐步健全,交通安全设施不断完善,人民的交通安全意识也在不断提高。但是,中国仍然是一个发展中国家,具有发展中国家的一些基本特色,交通事故发生率尚处于一个高发和不稳定的阶段。

1) 道路交通事故统计

表1.1是2003—2012年全国交通事故情况统计。从表中数据可以看出,无论是从交通事故的次数,还是死亡人数,道路交通事故率,虽然呈逐年下降的趋势,但仍然处于高位状态,我国道路安全状况依然十分严峻。

表1.1　2003—2012年全国交通事故情况

年份	事故次数(万次)	死亡人数(万人)	受伤人数(万人)	直接经济损失(亿元)
2003	66.8	10.4	49.4	33.7
2004	51.8	10.7	48.1	23.9
2005	46.7	10.6	47.0	18.8
2006	37.9	8.9	43.0	14.9
2007	32.7	8.2	30.0	12.0
2008	26.5	7.3	30.5	10.1
2009	23.8	6.7	27.5	9.1
2010	22.0	6.5	25.4	9.3
2011	21.1	6.2	23.7	10.8
2012	20.4	6.0	22.4	11.7

以2012年交通事故的起数和死、伤人数为例来推算,相当于当年内每天发生交通

事故 559 起,每天受伤人数 614 人,每天死亡人数 164 人,或者说相当于每小时有 7 人死于车下。所有这些,足以说明国内交通安全管理的问题之严重和任务之艰巨。

2) 国内交通安全管理还相对落后

从表 1.1 中数据可知,虽然交通事故数呈稳步回落趋势,但与发达国家相比,我国交通安全管理方面还有很大差距。以万车事故死亡率为例,2011 年我国道路交通事故的万车死亡率为 6.2 人/万车,日本为 0.77 人/万车,英国是 1.1 人/万车,加拿大为 1.2 人/万车,澳大利亚为 1.17 人/万车,美国为 1.77 人/万车。我国道路交通事故的万车死亡率为发达国家的 4 至 8 倍。

3) 各种运输方式安全状况不一

由于各种运输方式的运输规模、运输设备、管理水平和生产方式等的不同,交通安全状况也不尽相同。以 2005 年为例,2005 年全国共发生各类交通事故 467 938 起,死亡 106 978 人,其中道路交通事故发生 456 162 起,死亡 99 088 人,分别占 97.5%、92.6%。水上交通事故发生 520 起,死亡 454 人,分别占 0.1%、0.4%。铁路交通事故发生 11 254 起,死亡 7 433 人,分别占 2.4%、7.0%。民航飞行事故发生 2 起,死亡 3 人,占极小的比例。因此,加强道路交通安全管理是重中之重。

1.2 交通运输安全管理存在的主要问题

当前,我国交通运输安全管理存在的主要问题表现在以下几个方面。

1) 交通运输安全管理不到位,安全管理体制有待理顺

首先是行业安全管理与市场管理脱节,企业安全生产管理不到位。有的管理机构疏于管理,执法不严,监督不力。有的交通安全行业管理流于形式,停留在一般号召,纪律松弛,有章不循,违章不究。

其次是安全管理的思想观念陈旧。安全管理往往是局部的、定性的和静态的,比较注重事故发生后的"事后"管理,而又主要以事故指标判断安全工作的好坏。就安全抓安全,就事故论事故,不能经常从有利于提高企业整体素质和管理水平的高度去认识解决问题。"不出事故就是安全"的片面认识,淡化了预防为主、消除隐患的思想。此外,重硬件轻软件、重形式轻内容、重眼前得失轻长远利益等认识上的偏差也造成安全管理工作上的被动。

2) 市场尚不够规范

运输市场竞争激烈,企业效益变差,造成安全投入不足,给安全交通管理带来严重的负面影响。例如,长江干流水运市场由于运力严重过剩,客运竞争愈演愈烈,不仅扰乱了水运市场的正常秩序,也使船轮公司蒙受巨大损失,企业效益普遍较差,大部分企业只能维持简单的再生产,无力进行基本的安全投入,造成船舶长期失修失养,安全隐患越来越多。在道路运输中,有些运输企业和个人为了追求经济效益,提高市场竞争力,超限超载现象相当严重,造成运输安全事故频发。

3) 法律法规不健全

现行的交通安全管理法律法规和大量交通安全规章,有相当部分制定于计划经济时期。这些法律、法规、规章现在仍然发挥着重要作用,但是也存在很多不适应的地方。在社会主义市场经济条件下,交通部门应当依法管理而不能靠行政隶属关系实施管理。但现行法律法规对政府与企业的权利、义务关系规范不到位,对市场经济条件下出现的新问题和突出矛盾缺乏规定,交通部门在一些必须严格管理的问题上由于没有法律依据而缺乏管理力度。

4) 运输装备落后,安全设施不完善

近年来我国安全技术装备水平有了长足发展,有关运输安全的监控、检测、救援、维修等设备逐步现代化,运输安全初步实现了从单靠人工向依靠安全监控设备的转变。但是由于运输能力日益紧张而资金又匮乏等原因,长期以来,有大量运输设备超限运行,不少运输设备、线路桥梁病害未及时检修,带病运转,有些运输设备从设计建造开始就留下了安全隐患。很多技术难题有待开发和研究,有关设备管理的规章制度还有不严密之处,设备安全隐患严重。安全保障工作中以人的感知为基础的成分仍然较多,安全技术装备水平与国外相比仍有很大的差距,不能满足我国交通运输安全的需要。

5) 运输管理人员和职工素质较低

企业管理人员的状况是大多缺乏运输专业背景和管理经验,安全管理跟不上,违章运输、违章操作、违章指挥等问题时有发生;职工队伍存在着文化素质、思想素质、技术素质偏低的状况;少数职工职业道德差,责任心不强,安全意识淡薄,作业有章不循,违章蛮干,简化作业,有些职工对基本规章制度不熟悉,非正常情况下应急和故障处理能力较差,简化培训现象大量存在。

6) 对自然灾害的监测预警水平低

目前,我国交通还未形成完善的自然灾害监测报警系统,对自然灾害的抵御能力较差。对台风、雨量、洪水、冰冻等自然灾害的监测大多采用人工、间断收集信息的方式。因收集手段、方法的不同,收集的信息离散性大,信息的及时性、准确性差。同时,近年是我国灾害性天气多发的年份,因泥石流、水害、雪灾、火灾等自然灾害造成的交通运输事故呈上升趋势。例如,2008年初,我国南方部分地区的冰冻雪灾,使铁路运输几乎瘫痪,造成了近千亿元人民币的经济损失。

7) 安全保障综合体系尚未建成

已有的运输安全保障设备均各自独立研究,自成体系。信息没有统一标准、不能联网传递、无法共享,大部分仍然处在局部产品的单独应用阶段,而且安全保障的措施研究缺乏连贯性和统一有序的规划,限制了安全设备向系统化、综合化发展。人员—设备—环境各方面的不安全因素相互作用,并严重威胁着运输安全。对发生的事故缺乏科学分析,安全工作时紧时松,现有的安全管理工作缺乏系统性,各部门人员各自为政,往往局限于某一方面,有章不循、违章违纪现象时有发生,制约了全国运输安全保障综合体系的建立和发展。因此,以集成化、综合化为主要特征的运输安全保障体系在我国还没有真正形成。

1.3 安全在运输生产中的地位和意义

交通运输对于国民经济发展和满足人民生活需要起着重要而积极的作用。它连接城市,深入乡村,密切联系着亿万旅客和货主,不仅对于社会经济生活,而且对于人民群众的生命、财产都具有最广泛、最直接、最迅速的影响。当发生运输堵塞、中断和事故时,必然直接妨碍千百个企业的生产或引起千家万户的焦虑。正因为如此,交通运输安全对于整个社会生活具有重要意义和重大影响。在运输过程中发生的人员伤亡、货物破损、设备破坏等任何事故,都必然在造成生命财产损失的同时,降低交通运输在公众中的信誉和在运输市场上的竞争能力。所以,在运输行业竞争激烈的今天,提高运输的安全性,也就会直接影响到运输在人们心中的信誉,从而提高其在运输行业的竞争力。因此,安全对交通运输具有特别重要的意义。

交通运输是国民经济的大动脉,对国民经济、科技的发展,社会的稳定,以及在满足人民物质和文化生活需要方面起着十分重要的作用。作为国家的基础设施,交通运输安全既保证了国家重点物资、重要工程建设、重大科研基地及军事运输的需要,也为地方区域经济开发、招商引资和科技发展带来了生机和活力。作为公益服务事业,交通运输安全保障了人民生命财产不受伤害和损失,提高了广大人民群众的生活质量。事实证明,交通运输安全的可靠程度不仅直接关系到我国社会主义市场经济的健康发展和改革开放的进程,而且直接影响社会生产、社会生活和社会安定,甚至影响国家的声誉和形象。

交通运输业是一个从事社会化运输的物质生产部门,运输是生产过程在流通过程中的继续。运输生产的全部意义就在于有计划、有目的、有成效地实现旅客和货物空间位置的移动,"位移"即为运输的产品。产品的数量以吨公里、人公里或换算吨公里计算,产品质量特性包括安全、准确、迅速、经济、便利和文明服务,其中安全最为重要。就货物运输而言,任何企业的产品只有从生产地安全运达消费地后,才能实现其使用价值,产品的整个生产过程才算最后完结,运输产品"位移"的质量和社会价值也同时得到体现。"位移"这种产品既不能储存,也不能调剂,它在运输生产的同时就被消费掉了。如果因安全得不到保证,导致物毁损失的不仅是物质生产部门,因铁路无法向社会提供运输产品而造成的巨大损失必然使运输经济效益下降。如发生旅客重大伤亡事故,其后果更是不堪设想。

对交通运输企业本身来说,事故是最大的浪费,安全是最大的节约,只有尽量减少或消灭事故,企业的经济效益才能不断提高。无数事例说明,一起重大、大事故除了可能造成人员伤亡、设备破坏外,还可能造成直接经济损失达数万元、数十万元、数百万元,甚至数千万元。

加快交通运输改革与发展,必须要有一个稳定的运输安全局面。如果安全形势不稳,不断发生事故,势必打乱运输秩序,干扰总体部署,分散工作精力,社会舆论也会反映强烈,铁路工作就会处于被动状态,交通运输改革与发展就失去了重要前提与基础,难以顺利进行。交通运输走向市场,更需要确保安全,提高运输产品质量,树立良好的运输企业形象。交通运输安全质量下降必然会损害企业形象,阻碍或延缓交通运输深化改革、全面走向市场的进程。所以,交通运输越是深化改革,加快发展,走向市场,越要强化安全基础,搞好安全生产。

从法律角度看,旅客和货物托运人(当事人)与铁路运输企业之间的关系是合同关系(合同形式是客票和运单)。当事人支付费用后,运输企业向其提供运输产品,彼此的权利和义务对等。如果运输企业因人为事故不能保证旅客和货物运输安全,不仅违背了当事人的意愿,损害了他们的权益,而且也违反了有关法律规定。因此,保障旅客和货物运输安全是交通运输部门应尽的职责和义务。

综上所述,交通运输生产的性质和基本特点决定了安全是交通运输的生命线,必须把安全放在首要地位,任何时候都不能动摇。

1.4　运输安全生产的基本方针与原则

生产和安全是人类生存和发展的两大基本需求,"生产必须安全,安全促进生产"已成为人们在生产斗争中的共同准则。安全生产是社会主义企业管理的一项基本原则。

1)坚决贯彻"安全第一、预防为主"的方针

"安全第一"就是要求运输企业在组织生产、指挥生产时,坚持把安全生产作为企业生存与发展的第一要素和保证条件。"预防为主"就是要求运输企业以主动积极的态度,从思想上高度重视,在组织管理和技术措施上增强运输安全保障系统的整体功能,把事故消灭在萌芽状态,做到防患于未然。

经过长期实践和科学总结,"安全第一、预防为主"已成为我国交通运输安全管理的基本方针。

(1)牢固树立安全第一的思想

①树立"安全第一的思想"的含义

树立"安全第一的思想"就是要求在进行交通运输生产各部门、各单位、党政工团各级组织,强化安全意识,端正指导思想,坚持安全第一,把安全生产列入重要议事日程,把安全工作放在一切工作的首位,把安全作为交通运输工作的永恒主题,作为头等大事来抓,做到在任何时候、任何情况下,安全第一不动摇。特别是各级领导干部对安全生产要真正做到思想上重视,工作上落实,责任到位,制度上保证,设备上可靠,作风上适应,常抓不懈,持之以恒。

②进一步解决安全生产的思想认识问题

安全生产不仅是一般的生产问题,而且直接关系到社会的稳定以及改革开放的顺

利进行。重大、特大事故的发生，不仅会造成严重的直接经济损失，而且对发生事故地区和单位的经济发展也会造成重大的负面影响；重大、特大事故往往造成恶劣的社会影响，引发许多复杂的社会问题，如果处理不当，还会酿成社会动荡；重大、特大事故往往造成群死群伤，给人民生命财产造成严重损失，甚至使群众缺少安全感，严重损害党和政府的形象。因此，各级党组织要加强教育和政治学习，解决思想认识问题，从思想上高度重视安全生产。

③增强职工遵章守纪的自觉性

在广大职工中深入开展安全生产的思想教育，使他们增强遵章守纪的自觉性。

（2）坚决贯彻预防为主的方针

①贯彻"预防为主的方针"的含义

贯彻"预防为主的方针"就是要经常按规定进行安全检查，建立安全工作制度；安全工作要有标准，有规范；要贯彻安全生产责任制，并与经济利益挂名钩来；对重大的经济决策和重大的工程项目，必须有安全生产措施和劳动保护的内容；推广先进的安全管理技术，以达到预防事故发生的目的。

②掌握科学的安全管理方法，预防事故的发生

关于"预防为主"的安全生产方针，江泽民同志曾作过重要指示："隐患险于明火，防范胜于救灾，责任重于泰山。"（2000年12月29日《人民日报》第1版国务院办公厅发出紧急通知《认真吸取"12·25"火灾事故沉痛教训，切实加强元旦春节期间安全工作》）。这一重要论述，揭示了安全生产的客观规律，是长期以来人们安全生产的经验总结，指出了安全生产是有规律可循的。只要掌握科学的工作方法，事故是可以避免的，安全生产是可以取得成效的。这对我们改进和加强安全生产工作具有很强的指导性。

a. "隐患险于明火"，指明了安全生产必须从事故根源抓起——消除隐患。安全生产的经验教训证明，任何一起事故都是由于存在的隐患没有得到及时消除而酿成的。由于隐患具有很强的隐蔽性、扩散性和破坏性，因此，它比"明火"更危险。消除隐患，就可以把事故消灭在发生之前。

b. "防范胜于救灾"，指明了抓好安全生产必须坚持科学的方法——以预防为主。在抓安全生产的工作方法上，超前预防和事后"消防"是两种截然不同的抓法，其结果也完全不一样。抓防范是治本，可以防患于未然，工作是主动。事后"消防"是救灾，工作是被动的。

c. "责任重于泰山"，指明了抓好安全生产的关键环节——强化责任。安全工作之所以"责任重于泰山"，是因为"人命关天"。在安全生产面前，每个生产人员、指挥人员，尤其是各级领导干部，都必须牢固树立责任感，把确保安全生产作为自己的天职。

"隐患险于明火，防范胜于救灾，责任重于泰山"这一论述是一个有机整体。消除隐患是要害所在，加强防范是根本方法，落实责任是关键环节。只要按照安全生产的客观规律办事，安全工作就可以变被动为主动，从而开创安全生产的新局面。

2) 坚持"管生产必须管安全"的原则

实践证明,安全是伴随生产活动而出现的。交通运输的安全工作,不同于手工业时代。在手工业时代,从生产工艺、操作方法和工具设备等各方面虽包含着安全要求,但这些安全要求都通过手工劳动者一个人来体现。而在现代交通运输企业里,随着分工越来越细,管理工作越来越复杂,造成了安全与生产在组织上和职能上的分化。因此,安全需要企业各级领导和各职能部门共同努力才能实现。上下左右之间,哪个环节衔接不上,都会妨碍安全生产的实现。所以,各部门,各职能科室,都应在各自的业务范围内,对实现安全生产的要求负责。

要落实"管生产必须管安全"的原则,就要把生产与安全真正统一起来,关键是建立各级安全生产责任制。这个制度是企业各级领导职能部门、有关工程技术人员和生产工人在生产中应对安全负责的一种制度。企业的各级领导人员在管理生产的同时,必须在干部配备、制定规章制度、调整劳动组织、人员配备、安排投资计划和物资供应、工资奖励、生产安排等各项工作中,都要考虑到能否切实保证安全生产的需要;在运输组织和指挥、工程设计和施工、设备制造和检修、科研项目的选择和推广等各个环节上,也都要把确保运输安全畅通作为最基本的出发点,不能"生产有计划,安全一句话"。总之,各单位中的生产、技术、设计、物资、财务等各有关专业机构,都应该在各自的业务范围内保证实现安全生产。这样,才能使安全生产工作在组织领导上得到落实,做到安全生产工作层层有人管、事事有人负责,形成一种"安全重担大家挑,人人头上有指标"的局面,从而确保安全生产。

3) 认真分析已发生的事故,从中吸取教训

对已发生的事故,特别是重大、大事故进行认真调查,找出事故发生原因,制定防范措施,从中吸取教训,防止同类事故再次发生。

复习思考题

1.1 试分析我国交通运输安全的基本特点。
1.2 我国交通运输安全管理存在的主要问题是什么?
1.3 安全在运输生产中有什么重要意义?
1.4 我国运输安全生产的基本方针与原则是什么?

2 交通运输安全特性及影响因素

交通运输安全既具有一般生产安全的共性,又有其本身的特殊性。本章将在对交通运输安全特殊性分析的基础上,用安全系统分析的方法,分析人、设备和环境对交通运输安全的影响,并对运输安全保障体系作一介绍。

2.1 安全的内涵和特性

2.1.1 安全的基本概念及相互关系

1) 基本概念

(1) 安全

通常认为,安全可归纳为两种,即绝对安全和相对安全。

绝对安全观是人们较早时期对安全的认识,目前仍然有一部分现场生产管理人员和科技工作者有此认识。绝对安全观认为,安全指没有危险、不受威胁、不出事故,即消除能导致人员伤害,发生疾病、死亡或造成设备财产破坏、损失,以及危害环境的条件。这种安全观认为发生死亡、工伤等的概率为零,这在现实生产系统中是不存在的,它是安全的一种极端理想的状态。由于绝对安全观过分强调安全的绝对性,使其应用范围受到了很大的限制,特别是在分析社会—技术系统的安全问题时更是如此。

与绝对安全观相对应的就是人们现在普遍接受的相对安全观。相对安全观认为,安全是相对的,绝对安全是不存在的。例如,美国哈佛大学的劳伦斯教授将安全定义为"安全就是被判断为不超过允许极限的危险性,也就是指没有受到损害的危险或损害概率低的通用术语";霍巴特大学的罗林教授指出,"所谓安全系指判明的危险性不超过允许限度";在《英汉安全专业术语词典》中将安全定义为"安全意味着可以容许的风险程度,比较地无受损害之忧和损害概率低的通用术语"。

由相对安全的定义可知,安全是在具有一定危险性条件下的状态,安全并非绝对无事故。事故与安全是对立的,但事故并不是不安全的全部内容,而只是在安全与不安全这一对矛盾斗争过程中某些瞬间突变结果的外在表现。安全依附于生产过程,伴随生产过程而存在。但安全不是瞬间的结果,而是对系统在某一时期、某一阶段过程状态的描述。换言之,安全是一个动态过程,它是关于时间的连续函数。但在现有理论和技术条件下,确定某一生产系统的具体安全函数形式是非常困难的,通常采用概率法来估算系统处于安全状态的可能性,或者利用模糊数学来说明在非概率情形下的不精确性。

因此,安全是指在生产活动过程中,能将人或物的损失控制在可接受水平的状态。换言之,安全意味着人或物遭受损失的可能性是可以接受的,若这种可能性超过了可接受的水平,即为不安全。该定义具有下述含义:

①这里所讨论的安全是指生产领域中的安全问题,既不涉及军事或社会意义的安全与保安,也不涉及与疾病有关的安全。

②安全不是瞬间的结果,而是对于某种过程状态的描述。

③安全是相对的,绝对安全是不存在的。

④构成安全问题的矛盾双方是安全与危险,而非安全与事故。因此,衡量一个生产系统是否安全,不应仅仅依靠事故指标。

⑤不同的时代,不同的生产领域,可接受的损失水平是不同的,因而衡量系统是否安全的标准也是不同的。

交通运输安全就是在交通运输生产过程中,能将人或物的损失控制在可接受水平的状态,亦即人或物遭受损失的可能性是可以接受的。若这种可能性超出了可接受的范围,即为不安全。

(2) 危险

关于什么是危险,从文献上看,目前还没有十分统一的定义。作为安全的对立面,可以将危险定义为:危险是指在生产活动过程中,人或物遭受损失的可能性超出了可接受范围的一种状态。危险与安全一样,也是与生产过程共存的过程,是一种连续型的过程状态。危险包含了尚未为人们所认识的,以及虽为人们所认识但尚未为人们所控制的各种隐患。同时,危险还包含了安全与不安全这对矛盾斗争过程中某些瞬间突变发生外在表现出来的事故结果。

(3) 风险(危险性)

"风险"一词在不同场合含义有所不同。就安全而言,风险是描述系统危险程度的客观量,这主要有两种考虑:一是把风险看成是一个系统内有害事件或非正常事件出现可能性的量度;二是把风险定义为发生一次事故的后果大小与该事故出现概率的乘积。一般意义上的风险具有概率和后果的二重性,即可用损失程度 C 和发生概率 P 的函数来表示风险 R。

$$R = f(P, C) \tag{2.1}$$

为简单起见,大多数文献中将风险表达为概率与后果的乘积:

$$R = P \cdot C \tag{2.2}$$

上述风险定义中,无论损失或者后果,均是针对事故来定义的,包括已发生的事故和将会发生的事故。风险既然是对系统危险性的度量,那么仅仅以事故来衡量系统的风险是很不充分的,除非能够辨识所有可能的事故形式。从整个系统的角度出发,风险是系统危险影响因素的函数,即风险可表达为如下形式:

$$R = f(R_1, R_2, R_3, R_4, R_5) \tag{2.3}$$

式中:R_1——人的因素;

R_2——设备因素;

R_3——环境因素;

R_4——管理因素;

R_5——其他因素。

(4)安全性

从系统的安全性能讲,安全性为衡量系统安全程度的客观量。与安全性对立的概念是描述系统危险程度的指标——风险(又称危险性)。假定系统的安全性为 S,危险性为 R,则有 $S=1-R$。显然,R 越小,S 越大;反之亦然。若在一定程度上消减了危险因素,就等于创造了安全条件。

安全性与可靠性的联系十分密切,但二者之间又有明确的差别。可靠性是指系统或元件在规定条件下、规定时间内完成规定功能的能力,而安全性则是指系统的安全程度。可靠性与安全性有共同之处,从某种程度上讲,可靠性高的系统,其安全性通常也较高,许多事故之所以发生,就是由于系统可靠性较低所致。但是,可靠性不同于安全性,可靠性要求的是系统完成规定的功能,只要系统能够完成规定功能,它就是可靠的,而不管是否会带来安全问题。安全性则要求识别系统危险所在,并将它从系统中排除。

(5)事故

对于事故的确切内涵,至今尚无一致的认识。牛津词典中,将事故定义为"意外的、特别有害的事件";美国安全工程师海茵里希认为,事故是"非计划的、失去控制的事件";甘拉塔勒等人从更为一般的意义上提出,"事故是与系统设计条件具有不可容忍的偏差的事件";吉雷进一步补充说明了"事故是指任何计划之外的事件,可能引起或不会引起损失或伤害"。还有的学者从能量观点出发解释事故,认为事故是能量逸散的结果。现概括如下:

①事故是违背人们意愿的一种现象。

②事故是不确定事件,其发生形式既受必然性的支配,但也不可避免地受到偶然性的影响。

③事故发生的原因,可归结为三类:

a. 目前尚未认识到的原因。

b. 已经认识,但目前尚不可控制的原因。

c. 已经认识,目前可以控制而未能有效控制的原因。

④事故一旦发生,可以造成以下几种后果:

a. 人受到伤害,物受到损失。

b. 人受到伤害,物未受损失。

c. 人未受伤害,物受到损失。

d. 人、物均未受到伤害或损失。

许多工业领域如铁路运输系统,将凡是造成系统运行中断的事件均归入事故的范畴,虽然系统运行中断不一定会造成直接的财产损失或人员伤害,但却严重干扰了系统的正常运行秩序,从而将带来严重的间接损失。

⑤事故的内涵相当复杂。从宏观的生产过程看,事故是安全与危险矛盾斗争过程中某些瞬间突变结果的外在表现形式,是时间轴上一系列离散的点;从微观而言,每一个事故均可看作是在极短时间内相继出现的事件序列,是一个动态过程,可以表达为如下形式:

危险触发→以一定的逻辑顺序出现的一系列事件→产生不良后果

综上所述,事故是指在生产活动过程中,由于人们受到科学知识和技术力量的限制,或者由于认识上的局限,当前还不能防止或能防止而未有效控制所发生的违背人们意愿的事件序列。它的发生,可能迫使系统暂时或较长期地中断运行,也可能造成人员伤亡、财产损失或者环境破坏,或者其中二者或三者同时出现。

(6) 隐患

从系统安全的角度来看,通常人们所说的隐患包括一切可能对人—机—环境系统带来损害的不安全因素。隐患可定义为:在生产活动过程中,由于人们受到科学知识和技术力量的限制,或者由于认识上的局限,而未能有效控制的有可能引起事故的一种行为(一些行为)或一种状态(一些状态)或二者的结合。隐患是事故发生的必要条件,隐患一旦被识别就要予以消除。对于受客观条件所限不能立即消除的隐患,要采取措施降低其危险性或延缓危险性增长的速度,降低其被触发的几率。

2) 基本概念之间的相互关系

(1) 安全与危险是一对此消彼长、动态发展变化的矛盾双方,它们都是与生产过程共存的连续型过程。

(2) 描述安全与危险的指标分别是安全性与危险性(风险),二者存在如下关系:

$$安全性 = 1 - 危险性$$

(3) 事故与安全是对立的,但事故并不是不安全的全部内容,而只是在安全与不安全一对矛盾斗争过程中某些瞬间突变结果的外在表现。

(4) 系统处于安全状态并不一定不发生事故,系统处于不安全状态也未必完全是由事故引起的。

(5) 危险不仅包含了作为潜在事故条件的各种隐患,同时还包含了安全与不安全的矛盾激化后表现出来的事故结果。

(6) 事故发生,系统不一定处于危险状态,事故不发生,也不能否认系统不处于危险状态,事故不能作为判别系统危险与安全状态的唯一标准。

(7) 事故总是发生在操作的现场,总是伴随隐患的发展而发生在生产过程之中,事故是隐患发展的结果,而隐患则是事故发生的必要条件。

2.1.2　安全的普遍性与交通运输安全的特殊性

1）安全的普遍性

作为伴随生产而存在的安全问题,对于所有的技术系统都具有普遍意义,交通运输系统也不例外。安全的普遍性主要表现在:

（1）安全的系统性

安全涉及技术系统的各个方面,包括人员、设备、环境等因素,而这些因素又涉及经济、政治、科技、教育和管理等许多方面。而安全的恶化状态,即事故,不仅可能造成系统内部的损害,而且可能造成系统外部环境的损害。因此,研究和解决安全问题应从系统观点出发,运用系统工程的方法,进行综合治理。

（2）安全的相对性

凡是人类从事的生产活动,都有安全问题,所不同的只是发生事故的可能性有大有小,危害程度有轻有重而已。安全是相对的,不安全是绝对的,系统发生事故的可能性始终存在,事故是不可避免的。但是,事故是可以预防的,可以利用安全系统工程的原理和技术,预先发现、鉴别、判明各种隐患,并采取安全对策,从而防患于未然。

（3）安全的依附性

安全是依附于生产而存在的,它不可能脱离具体的生产过程而独立存在,只要存在生产活动,就会出现安全问题。另外,安全是生产的前提和保障,安全工作搞得不好,生产便无法顺利进行。因此,需要经常持久地抓好安全工作。

（4）安全的间接效益性

要保证生产安全必须在人员、设备、环境和管理方面有相应适时的安全投入,但安全投入所产生的经济和社会效益却是间接的、无形的,难以定量计算。因此,安全投入往往被忽视,只有发生了事故造成了损失之后才会意识到安全投入的必要性和重要性。事实上,安全的效益除了减少事故的直接和间接经济损失外,更重要的是在提高人员素质、改进设备性能、改善环境质量和加强生产管理等方面所创造的积极的经济和社会效益。

（5）安全的长期性

人们对安全的认识在时间上往往是滞后的,不可能预先完全认识到系统存在和面临的各种危险,而且,即使认识到了,有时也会由于受到当时技术条件的限制而无法予以控制。随着技术进步和社会发展,旧的安全问题解决了,新的安全问题又会产生。所以,安全工作是一个长期的过程,必须坚持不懈,始终如一地努力才行。

（6）安全的艰巨性

高技术总是伴随着高风险,随着现代科学技术的发展,各种技术系统的复杂化程度增加了。以现代交通运输系统为例,无论从规模、速度、设备和管理上都发生了极大的飞跃,一旦发生事故,其影响之大、伤亡之多、损失之重、补救之难,都是传统运输方式不可比拟的。此外,事故是一种小概率的随机偶发事件,仅仅利用已有的事故资料不足以及时、深入地对系统的危险性进行分析,而现代社会的文明进步又不容许通过事故重演来深化对安全的研究。因此,认识事故机理,不断揭示系统安全的各种隐患,确实是艰巨的任务。

2) 交通运输安全的特殊性

由普遍性与特殊性的关系可知,普遍性寓于特殊性之中,特殊性离不开普遍性。可见,交通运输安全除具有系统性、相对性、依附性、间接效益性、长期性和艰巨性等安全的普遍性之外,还有其自身特殊性。主要表现在以下几个方面。

(1) 交通运输安全的动态性

交通运输是利用交通工具,完成旅客或货物在空间上的位移。运输设备在一定的线路(航道)作定向运动,是交通运输最显著的特点。一系列交通运输安全问题,都是围绕运输设备在线路(航道)上的定向运动而展开的。

(2) 交通运输安全失控的严重性

处于高速运动状态的运输设备,一旦发生设备异常或人的操作失误,可供纠正和避免事故的时间很短,可供选择的应急方式也很有限。加之运输线路、运输设备等硬件设备的成本较高,运输设备对旅客和货物的承载量很大,事故不仅造成巨大的财产损失、人员伤亡和环境破坏,而且由于运输中断将波及运输网络,打乱运输秩序,影响社会生产和运输的全局。更重要的是,交通运输对其运输对象——旅客和货物,没有所有权和支配权,而只提供必要的运输服务,因此事故损失涉及广泛的社会因素,极大地损害了交通运输部门的形象甚至政府的威信,其社会影响的严重性难以估量。

(3) 交通运输安全问题的反复性

交通运输生产具有连续性、周期性和季节性的特点,伴随着生产的各种事故和不安全状况常常是重复发生的,如年复一年的春运、防洪、防寒、防暑等安全问题。由于受交通运输总体技术和管理水平的制约,各种事故和不安全状况的产生也具有一定的惯性和反复性,如铁路运输中的"两冒错排"(冒进进站和出站信号,错排列车进路)、断轨、断轴等惯性事故,成为经常困扰运输安全的主要问题。

(4) 交通运输安全对管理的依赖性极强

交通运输系统是复杂的人—机动态系统,其运输生产过程是多工种联合的多环节(如货物运输的承运、保管、装卸、运送、途中作业、交付等)作业过程,涉及设备数量庞大、种类繁多、设备布局的网络状态和作业岗位独立分散的特点,使各工种和各环节的协同配合都离不开严格有效的管理。因此,交通运输安全在很大程度上取决于管理的效能。

(5) 交通运输安全的复杂性

交通运输安全受外部环境的影响很大,难以预测和控制。交通运输生产是在一个开放的环境中进行的,其过程有较大的空间位移和较长的时间延续,自然环境,如雨、雾、风、雪及各种自然灾害对运输安全产生不利影响。社会环境,如社会治安、社会风气及社会政治经济状况等,均与运输安全状况密切相关,而且难以预测和控制。因此,交通运输环境安全的综合治理涉及面广、难度大。

交通运输安全技术的发展,包括设备安全性能改进、人员安全素质提高、环境安全质量改善和安全管理水平提高,都是以对安全的普遍性和交通运输安全的特殊性的认识为基础的。

2.2 交通运输安全的影响因素

交通运输系统是一个在时间、空间上分布很广的开放的动态系统,交通运输安全影响因素错综复杂,涉及面很广,从系统论的观点出发,与运输安全有关的因素可以划分为四类:人,机器,环境,管理。这种分类具有下述优点:

(1) 它是从构成生产系统的最基本元素出发,从事故的最根本原因着手,具有普遍意义。

(2) 充分体现安全是一项全员、全要素、全过程的活动。因为系统中的"人",是指作为工作主体的人;"机"是指人所控制的一切对象的总称(包括固定设备和移动设备);"环境"是指人、机共处的特定的工作条件(包括内部环境和外部环境)。

(3) 考虑了人、机、环境对安全的影响,尤其考虑了三者之间的相互作用,包括人—人,人—机,机—机,机—环境,人—环境,以及人—机—环境等。

(4) 以管理作为控制、协调手段,协调人、机、环境之间的相互关系,并通过反馈作用将系统状态的信息反馈给管理系统,从而改进安全管理方法,最终得到更为安全的系统。

交通运输安全影响因素间关系如图 2.1 所示。

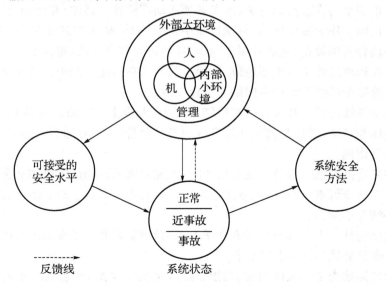

图 2.1　运输安全影响因素间关系

2.2.1 单因素影响分析

1) 人员因素影响分析

(1) 人在保障运输安全方面的重要性

随着自动化程度的不断提高,表面上看起来似乎系统对人的依赖程度减少了,但在系统设计、生产和使用阶段,人扮演着重要角色。因为人总有一些错误地执行规定任务的概率,这势必会对系统的可靠性产生影响。根据 Meister 的研究表明,人为差错占所有设备故障的 20%~50%。人为差错或失控产生的因素是多方面的,如操作者负担过重、疲劳以及人的综合素质等。

在安全问题中,人是矛盾的主要方面,因为即使是高度自动化的系统也不可能完全避免人的介入,不可能完全不受人的操纵和控制。联邦德国安全专家库尔曼认为,人是一种安全因素和防护对象,机器是一种安全因素,环境是一种安全因素和应予以保护的财富。在人—机—环境系统中只有人向安全问题提出挑战,一个掌握足够技能和装备的人能够发现并纠正系统故障,并且使其恢复到正常状态。不幸的是,绝大多数事故的发生均与人的不安全行为有关。众所周知的切尔诺贝利事故与"4·18"胶济铁路事故均与人的差错有关。据统计,联邦德国大约 80% 以上的道路交通事故起因于人的差错;法国电力公司在 1990 年提出的安全分析最终研究报告中指出,在 70%~80% 的事故中人的因素起着决定性的作用;美国机动设备事故中,由人的因素引起的事故占 89%(其中单纯人的因素占 57%,人与环境的相关因素占 26%,人与设备的相关因素占 6%);日本核电站管理部门分析结果表明,日本国内 70% 的核电站事故是由人的差错引起的。

交通运输安全与许多活动有关,所有各项活动都依赖于高效、安全和可靠的人的行为。在交通运输工作的每个环节、每项作业中,都是由人来参与并处于主导地位的,人操纵、控制、监督各项设备,完成各项作业,与环境进行信息交流,与其他作业协调一致。正是由于人在运输工作中的重要地位,使得人的因素在运输安全中起着关键性作用。

人对运输安全的特殊作用可归纳为下述三点:

①人的主导性。在人和设备的有机结合体中,人是主导方面。设备必须由人来设计、制造、使用和维护,即使是技术状态良好的安全设备,也只有通过人的正确使用才能发挥它的保安作用。

②人的主观能动性。当情况突然变化时,人能立即采取相应的措施和灵活的方法,排除故障等不安全因素,使系统恢复正常运转。只有人才具有主观能动性,从而具有合理处理意外情况的能力。

③人的创造性。人能够通过研究和学习,不断地提高和改进现有系统的安全水平。

(2) 运输安全对人员的素质要求

影响交通运输安全的人的因素,是指上述人员的安全素质,包括思想素质、技术业务水平、生理、心理素质,以及群体素质,且对不同人员有不同的素质要求。

①对交通运输系统内人员的安全素质要求

a. 思想素质

思想素质包括职业道德、劳动纪律、安全观念等。安全思想素质差,责任心不强,是导致"违章违纪"等不安全行为的重要原因,特别是某些领导的安全意识差,"安全第一,预防为主"的思想树立不牢,往往会制约一个单位的安全状况。

b. 技术业务素质

技术业务素质包括业务知识、文化素养、安全法律知识和安全技能,以及处理各种非正常情况的作业能力等。由于交通运输作业经常可能面临各种意外情况,所以运输工作人员的应变能力非常重要。此外,对安全管理人员而言,还应具备相应的安全管理知识和能力。

c. 生理素质

生理素质是指影响运输安全的人体生命活动,包括身体条件及生理状况。主要有年龄、性别、记忆力、体力、耐力、血型、视力、视觉(色觉、形觉、光觉)、听觉、动作反应时间和疲劳强度等,均与交通运输安全有十分密切的关系。例如,司机的视觉功能障碍,不能准确瞭望,极易发生行车事故。再如,司机年龄与行车事故之间构成一种浴盆曲线(图2.2),发生这种情况的主要原因在于青年人缺乏必要的工作经验和对自身的控制能力,冒险性强,容易受到外界人为因素的干扰,而年长者由于生理机能不断衰退、体力减退、力不从心,所以发生事故往往难以避免。

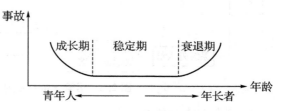

图 2.2 年龄与事故关系

d. 心理素质

心理素质是指影响运输安全的人的心理过程及个性心理特征。主要包括个体的气质、能力、性格、情绪、需要、动机、态度、爱好、兴趣、意志等各个方面。例如,在气质方面,胆汁质的人往往易冲动,表现为性急而粗心,多血质的人注意力容易转移,缺乏耐性,都可能成为引发事故的条件;粘液质的人表现为稳定、细心、工作有持久性,比较适合于在安全和要害部门工作。在性格方面,表现为勤劳、认真、细致、具有自信心和控制能力的人,以及富有稳定和持久的情绪特征的人,都有利于做好各项安全工作。因此,正确判断职工的气质,培养良好的性格和其他心理特征,是保障安全生产的重要前提。

e. 群体素质

群体是个体的集合,群体素质是指影响运输安全的群体特征,包括群体目标、群体内聚力、群体的信息沟通、群体的人际关系等。由于交通运输工作要求多工种协同动作,涉及多个环节,因而它对于运输系统内部门与部门之间、部门内人员之间以及同一作业的不同操作者之间的协调性要求很高,这就使群体的作用变得十分突出。群体对运输安全的影响,主要表现在群体意志影响其成员的行为,包括:社会从众作用、群体助长作用和群体规范作用。

②对运输系统外人员的安全素质要求

运输系统外人员不直接从事交通运输生产活动,因此,对他们的安全素质要求主要体现在要严格遵守交通运输安全法规有关规定,具备铁路安全法规知识,具有较强的安全意识和一定的安全技能。

运输安全对不同人员的素质要求如图2.3所示。

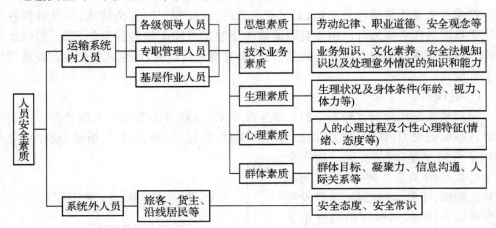

图2.3 运输安全对不同人员的素质要求

2) 设备因素影响分析

交通运输设备是除人之外影响运输安全的另一个重要因素,质量良好的设备既是运输生产的物质基础,又是运输安全的重要保证。

(1) 与运输安全有关的设备类型

①运输基础设备,包括:

a. 固定设备——线路(路基路面、桥隧建筑物、轨道、航道)、站场(车站、航空站、码头)、信号设备(交通信号、连锁设备、闭塞设备)等。

b. 移动设备——机车、车辆(客车、货车)、飞机、船舶、通讯设备(各种业务电话、电报)、信号设备等。

②运输安全技术设备,包括:

a. 安全监控设备——对运输员工操作正确性进行监督,防止在实际运输作业过程中由于人的精力和体力出现不适应而造成行车事故。如列车自动停车、列车无线调度电话、打瞌睡或注意力不集中驾驶的报警系统、空中交通警戒与防撞系统等。

b. 安全监测设备——对各种运输基础设备的技术状态进行监测,如轴温探测装置、车辆检测与警报系统、车距警报系统等。

c. 自然灾害预确报与防治设备,如塌方落石报警装置、地震报警系统、火灾报警系统、台风监控系统等。

d. 事故救援设备,如消防、抢修、排障等设备。

e. 其他安全设备,如道口栏木、安全管理设备等。

（2）交通运输设备特点及改进安全性的途径

交通运输设备由于具有下述特点,因而对其安全性要求较高：

①种类多,数量大,整体性强。

②延伸面广,配置分散,连续运转。

③冲击剧烈,自然力影响大,设备有形损耗严重。

④运用中设备监控难度大,故障处理时间紧。

正是由于运输安全对设备的安全性要求较高,因此各国铁路都在积极依靠技术进步,不断更新改造原有设备,采用更先进的运输安全技术设备。包括下述两个方面：

①强化运输基础设备,加大其安全系数,使之适应重量、密度、速度提高的要求。

②研制和采用先进的运输安全技术设备。

（3）影响运输安全的设备因素

影响运输安全的设备因素主要指运输基础设备和运输安全技术设备的安全性能,包括设计安全性和使用安全性。

①设计安全性

设备的设计安全性是指设备的可靠性、可维修性、可操作性(人—机工程设计)以及先进性等。

设备可靠性是指设备在规定条件下、规定时间内处于正常工作的能力,它可以用可靠度、故障前平均时间、故障率等来衡量。在整个寿命期过程中,设备的故障率可以用浴盆曲线表示(图 2.4)。从图 2.4 中可以看出,机器设备在调整后的开始阶段通常具有较高的可靠性,而经过一段时间的使用、运转后,由于一些物理和化学因素的影响,如磨损、老化等,其可靠性会逐渐降低,且随着使用时间的延长,最终必然会发生故障。因此,无论从生产上还是从安全上考虑,均希望可靠性越高越好,而且,设备使用人员应充分了解设备的可靠性,保证及时修理或更换。

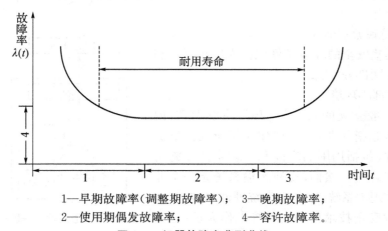

1—早期故障率(调整期故障率)； 3—晚期故障率；
2—使用期偶发故障率； 4—容许故障率。

图 2.4 机器故障率典型曲线

设备可维修性是指设备易于维修的特性,即设备发生故障后容易排除故障的能力。可维修性与维修的含义不同,维修是指设备保持和恢复功能的作业活动,是在使用中设备发生故障后,由设备维修部门采取的行动;而可维修性则是设备的固有特性之一,可维修性好,可使设备在需要维修时以最少的资源(人力、技术、测试设备、工具、备件、材料等)在最短的时间内顺利地完成任务。交通运输系统长期不间断地运行,对设备可维修性的要求较高,尤其希望维修时间越短越好。

可操作性是指机器设计要便于人进行操纵。因此,机器设备在设计过程中,要同时考虑人与机器两方面的因素,要着眼于人,落实在机。在机器设计中凡要求人进行操作时,其操作速度要求低于人的反应速度,凡要求操作者以感官作用下的间歇操作,必须留出足够的间隔时间,这样才能获得人机设计的综合最佳效果。可操作性主要指人机界面设计。应保证:显示器与人的信息通道匹配,操纵器与人的效应器匹配,人机与环境要素之间的匹配。在生产过程中,信息流要从界面通过,如果人机两个子系统匹配得好,信息流畅通,人机系统就会处于较佳状态。因此,人机界面的设计应满足:

a. 显示器要具有可识别性。
b. 控制器要具有可控性。
c. 显示器与控制器应合理布局。
d. 人机恰当分工。

设备先进性是指尽量利用最新科技成果,采用先进的装备,淘汰落后的设备。对于交通运输系统来说,越是先进的设备,通常其安全性也较高。例如平交道口改立交后,道口事故将会大幅度下降。当然,先进的设备要求有先进的安全技术设备与之相匹配,否则一旦发生事故,后果将难以预料。

②使用安全性

设备的使用安全性包括设备的运行时间,维护保养情况等。设备运行时间越短,即设备越新,其使用安全性就越好;设备维修保养得越好,其使用安全性也就越好。反之,则相反。

3)环境因素影响分析

影响运输安全的环境条件包括内部小环境和外部大环境两部分(图2.5)。

(1)内部小环境

对于一般微观的人—机—环境系统而言,内部环境通常是指作业环境,即作业场所人为形成的环境条件,包括周围的空间和一切生产设施所构成的人工环境。然而,交通运输系统是一个非常复杂的宏观大系统,它是由系统硬件(运输基础设备和运输安全技术设备)、系统工作人员(运输系统内的各级管理人员和基层作业人员)、组织机

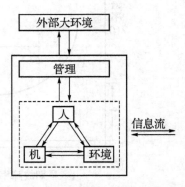

图 2.5　交通运输人—机—环境系统

构(管理机构、运行机构、维修机构等)以及社会经济因素(政治、经济、文化、法律等)等相互作用而构成的社会—技术系统。因此,影响运输安全的内部环境绝非仅是作业环境,它还包括通过管理所营造的运输系统内部的社会环境,即运输系统外部社会环境因素在运输系统内的反映,它涉及面很广,包括运输系统内部的政治、经济、文化、法律等环境。

(2) 外部大环境

影响运输安全的外部环境包括自然环境和社会环境。自然环境是指自然界提供的、人类一时尚难以改变的生产环境。自然环境对运输安全的影响很大。运输线路暴露在大自然中,经常遭受洪水、雷雨、风沙、泥石流以及台风、地震等自然灾害的威胁。在各种自然灾害中,最常见的是暴雨、洪水,严重影响运输安全,危害极大。此外,气候因素(风、雨、雷、电、雾、雪、冰等)、季节因素(春、夏、秋、冬)、时间因素(白天、黑夜)以及运输线路沿线的地形地貌等也是不容忽视的事故致因。

社会环境包括社会的政治环境、经济环境、技术环境、管理环境、法律环境以及社会风气、家庭环境等等,它们对交通运输安全均有不同程度的影响,较为直接的是运输线路沿线治安和站场秩序状况。

影响交通运输安全的环境因素如图 2.6 所示。

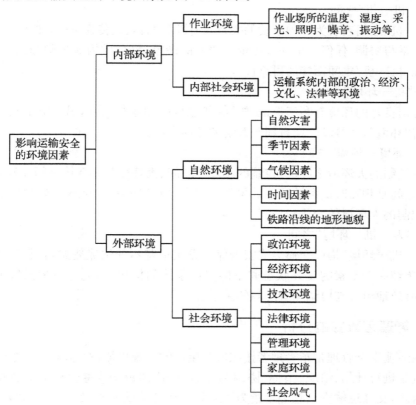

图 2.6 影响运输安全的环境因素

2.2.2　各种因素相互影响分析

人、机、环境三者之间相互作用的方式有以下七种：

(1)"人—人"之间

交通运输是由多部门、多层次人员分工与协作来实现的。人与人之间相互作用、相互影响、相互依赖、相互制约，必须协调配合，才能有效保证运输生产的顺利进行。如果人与人之间的协调配合不好，就会造成事故隐患乃至发生交通运输事故，影响交通运输安全。

(2)"人—机"之间

在"人"与"机"的关系中，"人"是行为的主体，由人操纵"机"运转，人的劳动能力、劳动熟练程度、劳动态度直接影响"机"的运转状况。同时，自动化"机"可以部分地监督人的行为，减少人为偏差。所以"人—机"之间是相互作用和相互影响的关系。

(3)"人—环境"之间

人的活动是在一定的环境之中进行的，受环境的影响和制约。一方面人从环境中获取物质、能量和信息，可以创造环境、改进环境，对环境施加能动性的影响；另一方面环境反作用于人，使人必须适应环境，根据环境的变化调整自己的行为。

(4)"机—机"之间

"机—机"之间表现为一种联动的关系，为使联动有效地传递下去，要求每一环节必须运转正常与协调，任何一个环节出现不协调的现象，都会成为事故隐患的一种可能，需要加强"机—机"之间衔接的可靠性。

(5)"机—环境"之间

一方面良好的环境有利于保证"机"的状态良好和运行正常，另一方面通过一定的"机"改造"环境"，使"环境"向有利于系统的方向发展。

(6)"环境—环境"之间

不可控制的大环境之间、可控制的小环境之间、大环境与小环境之间相互影响和制约，彼此之间是相互改造和被改造的关系。应充分发挥可控制的小环境的能动作用，影响不可控制的大环境的变化。

(7)"人—机—环境"之间

"人—机—环境"构成交通运输安全保障系统最基本的组成要素，根据系统的整体性思想，单纯一个要素的良好状态并不能保证系统的优化，为充分发挥系统的整体功能，必须有效地组合与协调三者之间的关系。

2.2.3　管理因素影响分析

交通运输安全管理是指管理者按照安全生产的客观规律，对运输系统的人、财、物、信息等资源进行计划、组织、指挥、协调和控制，以达到减少或避免交通运输事故的目的。换言之，交通运输安全管理是指为了有效地减免运输事故及由运输事故所引起的人和物的损失而进行危险控制的一切活动。

(1) 交通运输安全管理定义包含五个方面的含义：

①运输安全管理的目的是消灭和减少运输事故及其损失。

②运输安全管理的主体是运输系统的各级管理人员。

③运输安全管理的对象是人(基层作业人员)、财(安全技术措施经费等)、物(运输基础设备和运输安全技术设备等)、信息(安全信息)等。

④运输安全管理的方法是计划、组织、指挥、协调和控制。

⑤运输安全管理的本质是充分发挥人的积极性和创造性，调动一切积极因素，促使各种矛盾向有利于运输安全的方面转化。

管理具有计划、组织、指挥、协调、控制的职能，管理使人、机器和环境组成一个能够有效实现预期目标的系统。虽然人、机、环境往往是造成事故的直接原因，而管理看似间接原因，但追根溯源却是根本的、本质上的原因。这是因为前者都是受后者"管理"要素支配的，所以安全工作的关键是管理。

(2) 管理对运输安全的重要性主要体现在下述三个方面：

①管理有助于提高运输系统内人员、设备和环境的安全性，如进行人员教育与培训等。

②管理具有协调运输系统内人、机、环境之间关系的功能，包括人—人关系、人—机关系、人—环境关系、机—机关系、机—环境关系、环境—环境关系、人—机—环境关系。

③管理具有优化运输系统人—机—环境整体安全功能的能力，亦即管理具有运筹、组合、总体优化的作用。

影响运输安全的管理因素较多，主要有安全组织、安全法制、安全技术、安全教育、安全信息和安全资金等。如图2.7所示。

2.3 交通运输安全保障系统

2.3.1 交通运输安全保障系统的特征

交通运输安全保障系统是指配置在运输系统上，起保障运输安全作用的所有方法和手段的综合。一方面要保证运输系统内人员和设备的安全性；另一方面要保证运输系统不会受到其外部环境的威胁。

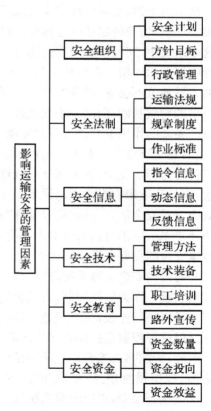

图 2.7 影响运输安全的管理因素

从概念上讲,运输安全保障系统与运输安全系统是有区别的,虽然二者均属于"软"概念,很难明确定义。根据安全对生产的依附性,构成运输系统的要素如人、机、环境、管理等均会对运输安全产生影响,因而它们同时也构成了运输安全系统的要素,只是侧重不同而已,即运输安全系统与运输系统一样,也是一个开放的人—机—环境动态系统。而根据定义,运输安全保障系统可以理解为一种控制系统,它是针对运输安全影响因素采取的所有控制方法和手段的有机结合。相比较而言,运输安全系统的范围更广一些,它通常是就一般的安全分析而言;而运输安全保障系统则更为具体,也更具有针对性,它是针对某一时期、某一阶段、某一范围内运输系统存在的安全问题而建立的,其目的是为了达到当时可接受的安全水平。相对于运输安全系统而言,运输安全保障系统具有更强的可操作性和时效性。

交通运输安全保障系统是一个以管理作为施控主体,以运输安全直接影响因素(人、机、环境)作为受控客体的控制系统,其目的是实现某一时期的系统安全目标。其中,运输安全直接影响因素为广义的概念,它不仅包括单独的每个因素,还包括因素间关系及组合。

从本质上讲,交通运输安全保障系统是一个以"管理"为中枢、"人"为核心、"机"为基础、"环境"为条件组成的总体性的以保障交通运输安全为目的的人—机—环境系统。在这个系统中,"管理"要素渗透到每一个环节,对促使各个要素结合起来成为一个整体起着中枢性的作用。在系统中"人"既是"管理"的主体,又是"管理"的对象,"人"在系统中的主导地位不会变,可变的只是管理层次越高,其主导性就越强。"机"是安全生产必不可少的物质基础,但这一物质基础的存在还只是一种"可能"的生产力要素,它只有在"管理"要素的作用下,与"人"和"环境"有机结合后才能成为"现实的"生产力要素。"环境"是对安全有重大影响的要素群,其中有的以潜移默化的方式影响安全,有的则以雷霆万钧之势影响安全,有的属于系统难以控制的影响因素,有的则属于系统可控的影响因素,而且环境影响安全可以说是无孔不入,但其影响既可能产生正效应,也可能产生负效应。对安全而言,系统可以发挥"管理"要素的中介转换功能,即通过改善可控的内部小环境来适应不可控的外部大环境,以强化其正效应或削弱其负效应,并创造保障交通运输安全的良好条件。

交通运输安全保障系统是对反馈控制和前馈控制的综合,即是一种前馈—反馈耦合控制系统。作为反馈控制,将系统输出端的信息通过反馈回路传输到系统输入端,与系统的目标进行比较,找出偏差,采取适当的措施实施控制纠正偏差,使系统达到预期目标。但这种控制是在偏差产生之后进行的,具有滞后性,这是反馈控制本身无法克服的。因此,为加强对偏差产生的预见性,需要前馈控制的作用,即尽可能在系统发生偏差之前,根据预测信息,采取相应的措施,纠正偏差。交通运输安全保障系统实施前馈—反馈耦合控制,可以增强系统抗干扰能力,提高系统的稳定性。

交通运输安全保障系统输入—输出关系如图 2.8 所示。

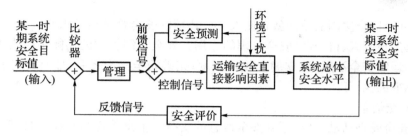

图 2.8 运输安全保障系统输入—输出关系图

由图 2.8 可以看出,管理者为了实现对运输安全直接影响因素的有效控制,一方面必须时刻掌握以往控制效果的信息,进行系统安全评价;另一方面又需要对运输安全直接影响因素及其相互关系的变化、环境的干扰进行预测,评价和预测的结果作为进一步实施控制的依据。在运输安全保障系统中,安全评价起着反馈回路的作用,安全预测起着前馈回路的作用,它们是管理者获取正确的控制信息的基础,缺乏该环节,或者评价和预测缺乏科学性,都将使控制变成盲目的行为,难以达到预期效果。所以,科学、合理的安全评价与预测在运输安全保障系统中起着举足轻重的作用。

2.3.2 交通运输安全保障系统的结构

交通运输安全保障系统作为一种管理系统,以直接影响运输安全的因素人员、设备、环境作为管理的对象。从管理的对象和要素出发,可将运输安全保障系统划分为不同层次的两个子系统:安全总体管理子系统和安全对象管理子系统。

1) 安全总体管理子系统

交通运输安全管理的内容,包括对人的安全管理、设备的安全管理和环境的安全管理。对人、设备、环境的安全管理,既是系统安全管理的三个不同内容,又是一个统一整体。这"统一整体"正是安全总体管理的对象,它不是单纯指人、设备或者环境,而是指"人—机—环境"系统整体。因此,安全总体管理的内容,不是单独对人的安全管理或者单独对设备的安全管理、对环境的安全管理,而是对人—机—环境系统总体的安全管理,是凌驾于人、机、环境之上,又渗透于其中的安全管理。亦即从功能上看,安全总体管理起着系统软件的作用,它既是安全管理这个大系统中的一个子系统,又对整个系统的安全状况起着控制、监督的作用。安全总体管理子系统包括安全组织、安全法制、安全信息、安全技术、安全资金等部分。

(1) 安全组织

安全组织是安全管理的一个职能实体,所有安全保障措施的制定与落实均离不开组织的支持。组织是一切安全管理活动的基础。

作为安全总体管理,安全组织管理的功能(排除单独针对人员的部分)包括:制定安全管理的方针、政策和目标;分配责任和权限;组织实施安全管理规划;提供决策沟通和协调配合;安全检查及整改;分析处理事故;其他。

（2）安全法制

建立健全安全法制的目的就是使人、机、环境的安全管理活动做到有章可循、有法可依，即起到规范人、机、环境安全管理的作用。安全法制管理的功能主要表现在四个方面：完善运输安全法规；建立健全规章制度；完善安全标准体系；监督与考核规章制度、作业标准的执行。

（3）安全信息

一切安全管理活动，都离不开安全信息的支持。信息传递是组织管理理论的重要内容，信息促使系统动态化并且将组织目标与参与人员联系起来。正是由于信息的纽带特性，使得安全信息成为安全总体管理的内容。安全信息管理子系统的功能包括：收集、记录、整理、传输、存储系统安全信息；提供系统安全分析工具、评价方法与决策支持；追踪先进安全科技与管理信息。

（4）安全技术

安全技术管理的内容包括对运输安全硬技术设备的安全管理和对运输安全软技术的研究、开发与应用。由于安全技术管理中单独针对人员、设备和环境的部分属于安全对象管理而非安全总体管理，因此，作为安全总体管理中的安全技术，应排除单独针对人员、设备、环境的技术管理部分。包括：安全分析、评价和管理方法的研究与应用；事故管理方法的研究与应用；各种安全作业方法、工艺过程的研究与应用；制定与完善安全技术规范的方法的研究与应用；其他。

（5）安全教育

在交通运输人—机—环境系统中，为了避免种种危险，防止事故，必须通过各种形式和方法，对广大干部和职工进行经常性的安全教育和培训，从而促进安全相关行为或改进人的行为状态。因此，安全教育管理应具有完善各级安全教育体系以及建立健全促进安全行为的奖惩制度的功能。

（6）安全资金

安全资金是搞好运输安全管理必要的物质基础。安全资金管理的内容包括对保障运输安全所需资金的筹集、调拨、使用、结算、分配等。

2）安全对象管理子系统

如前所述，单独针对人员、设备、环境的安全管理称为安全对象管理，则安全对象管理子系统可进一步细分为人员安全保障子系统、设备安全保障子系统和环境安全保障子系统。

（1）人员安全保障子系统

人员安全保障是指保障人员安全性的所有措施，即保障不因人的差错而导致事故或隐患。在排除设备和环境因素之后，人员安全保障包括提高人员安全素质和加强人员安全管理两部分。

①提高人员安全素质的措施又可称作人员直接安全保障，提高人员安全素质最有效的途径即岗位安全教育和培训，包括针对不同岗位职工进行的不同内容的安全教

育和培训。

②加强人员安全管理的目的是防止因间接原因而产生人的差错,又叫人员间接安全保障。包括加强安全劳动管理,加强职工生活管理和加强行为管理。

(2) 设备安全保障子系统

设备安全保障子系统的内容包括:

①设备安全设计。选用具有较高安全性(包括人机工程设计、可靠性、可维修性、先进性等)的设备。

②设备的保养、检修及更换。保障设备始终处于良好的运行状态,对于超过服役期的设备要及时更换。

③设备状态及工作情况的检测和监控管理。有效获得各种设备安全性能的实时动态信息。

④设备的故障安全对策。保证故障发生后能够导向安全,不致产生非安全的连锁反应,使事故造成恶果的影响尽可能缩小。包括:

a. 故障安全设计——保证设备具有故障不直接导致事故的安全性能。

b. 锁闭构成方式——当作业人员误操作或误认状态延时操作时,能使这种操作无效,并自动控制后续操作,使其不能连续进行。

c. 防止误操作方式——即使操作错误也不能使设备发生错误动作。

d. 替代方式——对于信号设备还应考虑其自身性能以外的代用操作方式。

(3) 环境安全保障子系统

由于影响运输安全的环境条件包括内部小环境(作业环境,内部社会环境)和外部大环境(自然环境,外部社会环境),因此,环境安全保障子系统可进一步细分为内部环境安全保障和外部环境安全保障两部分。

①内部环境安全保障。改善影响运输安全的内部环境,它是运输安全保障系统的重要内容。包括:

a. 作业环境安全保障。为保障运输安全,必须保持操作者的作业环境处于良好状态,包括作业空间布置、温度、湿度调节、采光、照明设置、噪音与振动的控制,以及有毒有害气体、粉尘、蒸汽的排除等方面。

b. 内部社会环境安全保障。针对影响运输安全系统内部的政治、经济、文化、法律等环境条件所采取的一系列控制措施。

②外部环境安全保障。外部环境即不可控环境。外部环境安全保障是指为了淡化外部环境对运输安全的负面影响,强化其正面影响,而对运输系统进行调节的所有管理手段。包括:

a. 自然环境安全保障。针对影响运输安全的自然环境条件所采取的一系列防范措施,其目的是使自然环境对运输安全的影响被降低到最低限度。为此,必须做好自然灾害的预测、预报与防治工作,以及恶劣气候下安全作业方法的完善与落实工作。

b. 外部社会环境安全保障。为了保障运输安全,交通运输必须随着它所赖以生存的社会环境条件(技术、经济、政治、文化等)的变化而作适当调整,化消极影响为积极影响。外部社会环境安全保障的内容极其广泛,但是,较为直接的是保障运输线路沿线治安和站场秩序状况。为此,应密切与地方政府配合,加强安全管理;加强对运输线路沿线人员以及旅客、货主的宣传教育;加强法制管理。

综上所述,交通运输安全保障系统的结构如图2.9所示。

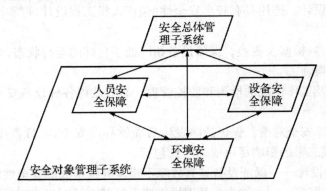

图2.9 运输安全保障系统结构

2.3.3 交通运输安全心理保障

在交通运输人—机—环境系统中,人的心理现象及其规律性与运输安全密切相关,因此,研究和揭示运输生产过程中人的心理现象及其规律性,已越来越受到国内外运输安全管理部门和专家学者的高度重视。

1) 运输安全与心理现象的关系

按照心理学原理,心理现象是人的大脑对客观现实的反映,它包括心理过程和个性心理特征两个互相联系又相互制约的方面,且各自都包含一些复杂的心理要素和具体表现形式。影响运输安全的心理要素主要有感觉、知觉、记忆、思维、注意、情绪、能力、疲劳、需要、动机、意识、气质和性格等。

在运输生产活动中,人的操作过程主要有三个环节,即辨认接收信息、操纵控制设备、观察调整运作,所有这些行为均受心理现象影响。当人的心理现象处于积极状态时,感知快速,思维敏捷,动作可靠,能保证系统正常运转。否则,人的感知觉、思维和反应机能就不能正常发挥,差错增多,导致事故发生的可能性就很大。因此,积极的心理现象是保证运输安全的内在依据,消极的心理现象及由此产生的侥幸、麻痹、惰性、烦闷、自满和好奇等心理倾向,是人的差错(辨认不清、主观臆测、理解不当、判断失误等)引发事故的深层次原因。人的心理现象状态及其转变程度,成为运输生产中事故与安全相互转化的制约因素,运输安全的心理保障关键就在于采取各种有效的手段和措施提高人的心理素质。

2) 心理诸要素与交通运输安全的关系

(1) 感觉和知觉与交通运输安全

感觉是人通过感觉器官对客观事物个别属性的直接反映。知觉是客观事物的各种表面现象和诸多属性通过人的各种感官在大脑中的综合反映。知觉不仅依赖现实的感觉,而且也依赖于以往感觉经验的积累。感觉和知觉二者密不可分,通常将这两种心理现象称之为感知或感知觉。

在运输生产过程中,有些事故是由于人的感知觉发生错误(如误认信号、误听或误传命令等)而造成的。引起错觉的原因很复杂,既有心理因素,也有生理心理因素和生理因素。错觉现象也很多,其中,以视觉错误对运输安全的影响较大。

(2) 记忆和思维与交通运输安全

记忆是人脑对所经历过的人和事的识记、保持和重现。思维是大脑在感知和记忆基础上,对客观信息进行分析、综合、判断和推理的心理过程。如在运输工作中,运输指挥人员忘记将计划变更内容及时准确地通知作业人员,或因情况变化,不能立即分析判断,采取对策,就会因贻误时机而直接危及运输安全。

记忆和思维是铁路员工重要的心理要素,没有较好的记忆能力,就不能很好地按章办事,执行计划;没有较强的思维能力就难以对非正常情况下的各种作业进行妥善处理。

(3) 注意与交通运输安全

注意是一种心理活动状态,按其作用或功能分为三种情况:一是注意集中,即把心理活动重点指向特定对象,对其他无关的心理活动进行抑制,不因无关刺激源的干扰而分散精力;二是注意分配,即在同时进行两种及其以上活动时,把注意有目的地指向不同对象;三是注意转移,即根据活动需要,主动有序地把注意从一个对象转移到另一个对象上。

注意是保证运输安全的基本心理条件。任何一项工作都是由多个作业环节组成的,如果作业人员的注意不集中,或过分集中而不能及时转移,或注意分配不当等,都有可能导致运输事故发生。

(4) 情绪与交通运输安全

情绪是人对客观事物是否满足自身需要,或是否符合自己的愿望和观点而表现出来的肯定(满意、愉快、高兴等)或否定(不满、不快、憎恨等)的态度体验。按其程度不同,情绪可分为心境、激情和热情三种状态。心境是一种比较平静而持久的情感体验;激情是一种迅速、强烈爆发出的短暂情感状态;热情是属于富有理性、稳定而深厚的情感表现。情绪和情感状态有积极和消极之分,良好的情绪和情感是保证运输安全的充分必要条件;情绪不稳、心境不佳则是发生事故的重要原因。

(5) 气质和性格与交通运输安全

气质系指人的心理过程在强度、速度、灵活性和稳定性等方面的心理动力特征;性格是人对周围人和事的稳定态度和行为方式的心理特征。二者互相渗透、相互影响形成和发展的速度。

因为气质和性格的外在表现都是围绕着"做什么"(表现为对现实的态度)、"怎样做"(表现为行为方式)展开的,因此,从事运输生产人员的性格和气质对运输安全直接相关。良好的气质和性格是作业人员实现自控的心理保证。而气质较差、性格有缺陷的职工,因客观存在的心理障碍而导致自控能力较差的问题,应通过各种安全管理手段促使矛盾向有利于安全的方面转化。

(6) 能力与交通运输安全

能力是完成某种活动所必需的并直接影响活动效率的身心发展基本品质,是个性心理重要特征之一。能力可分为一般能力和特殊能力,观察力、记忆力、注意力、思维力和想象力等属于一般能力范畴。它们适应于广泛的范围,为人们认识客观事物、掌握科学文化知识提供了智力保证。诸如色彩鉴别力、音响辨别力、图像识别力等均系特殊能力,只能在特定范围和条件下发生作用。例如在列车技术作业过程中,列检所车辆检修人员通过锤敲耳听就能探测出车辆部件或零件的故障或隐患所在,这就是一种特殊能力。运输职工能力强弱直接关系到运输生产的安危,如细心观察、牢靠记忆、沉着应变、敏捷思维、准确判断及清楚表达等能力是广大职工安全高效地完成运输生产任务的重要保证。反之,观察不细、记忆不好、判断不准、表达不清和反应迟缓等,就会使运输事故发生的可能性增加。

(7) 疲劳与交通运输安全

疲劳是人在连续工作一定时间后,体力和精力消耗超过正常限度所出现的生理心理机能衰退的现象,其表现是:①生理机能下降,肌肉酸痛,身体困乏,头痛头晕,视觉模糊,呼吸急促,心率加快,血压升高等;②心理机能下降,注意力分散,感知觉失调,记忆和思维减退,反应迟缓等。疲劳在生理上"不能再干下去"和心理上"不想再干下去"的综合影响,轻则使工作效率降低,重则因判断失误或操作不当而导致事故发生。

交通运输工作中,运输设备运行速度高,噪音大,职工连续工作时间长,加之安全正点要求高,使生产和管理人员心理压力大,耗费的身心能量多。因此,研究和减轻疲劳,对保证运输安全有重要意义。

(8) 需要和动机与交通运输安全

需要是人为了生存发展而产生的生理需求和对社会的需求在大脑中的反映;动机是人由于某种需要或愿望而引起的一种心理活动,是激励人们以行为达到目的的内因和动力。按照心理学揭示的一般规律,需要产生动机,动机支配行为。

人对安全的需要是"需要层次理论"的重要组成部分。来自安全需要的安全动机有两方面的含义:一方面是保护自身不受伤害的动机;另一方面是保护他人、财产和设备等不被伤害和损坏的动机。前者是人的本能,一般情况下人不可能做出有意伤害自身的事情,这种自卫的动机基本上不需要培养和激励,但应经常告诫和提醒;而后者涉及他人、集体和国家利益,需要加强培养和激励。

人的安全行为是在一定条件下受安全动机指使的主观努力的结果,运输安全心理保障所要研究解决的核心问题,就是如何强化人的安全意识和动机,助长遵章守纪、按标准化作业的安全行为,最大限度地减少消极心态对安全生产的不良影响。

3) 运输安全心理的保障条件

(1) 增强安全意识

意识是人对客观事物的认识、思维和需求等心理活动发展到高级阶段时的心理沉淀,人的意识来自于实践,并在实践中得到发展。意识的自觉性和能动性,具有改变客观现实的作用。

牢固的安全意识是运输安全的重要前提和保证,它是广大干部和职工对运输安全的认识、情感和态度发展到严于律己时的思维定势,是形成安全动机和行为的先决条件。增强个人安全意识可确保安全自控;增强群体安全意识可实现安全互控和联控。其主要途径有:

①坚持正面教育。不断进行安全教育和定期培训,使广大职工正确认识并处理好安全与效率、效益的关系,安全与国家、集体、个人之间的关系,安全与自控、互控、联控之间的关系,使安全意识的能动性得到充分发挥。

②强化三种安全管理意识。一是人本意识,人是安全生产中最富有主观能动性、创造性和积极性的要素;二是长远意识,警钟长鸣,长治久安是安全运输的根本所在,来不得半点松懈和麻痹;三是辩证意识,硬性制度、严格检查和加大奖惩力度是必要的,但更需要在提高职工队伍综合素质及促进安全习惯行为的养成上下工夫。

③典型示范效应。使班组成员学比有榜样,赶超有对象,牢固树立"安全生产光荣,违章违纪可耻"的观念,自觉为安全生产多做贡献。

④利用从众心理。充分发挥班组优良作风和集体荣誉的作用,加大制度和纪律的约束力,增强群体一致向上的凝聚力,形成"要我安全变成我要安全"的氛围。

(2) 激励安全动机

激励是指运用精神和物质手段去激发人的动机的心理过程。一个人有多种多样的动机,各种动机因强度不同,对人的行为所起的支配作用也不同,运输安全管理必须通过强有力的激励措施,使安全动机在职工心理上占有主导地位。

对安全生产进行激励的目的是通过激励引导职工的安全需要,强化安全动机,促成安全行为。在职工角色定位(职责、任务等)和一定思想业务素质条件下,运用激励手段,鼓励他们忠于职守,努力工作,在安全生产上取得成绩并获得应有的奖励,从而使他们在精神和物质上得到暂时的满足。如果因违章违纪造成事故损失受到惩罚后,通过认真总结经验教训,避免事故再次发生。然而,不论是暂时满足还是吸取教训,都会使职工面对新的机遇和挑战,调整自己的行为。上述激励的不断推进过程如图 2.10 所示。

随着经济和社会的发展,激励的手段和方法呈多元化趋势,主要有奖励与惩罚,竞赛与升级,职工参加民主管理和对管理行为实施监督等。交通运输安全生产的长期实践证明,竞赛与奖励相结合的方法是激励广大干部和职工安全生产积极性的有效途径。

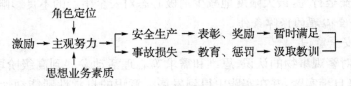

图 2.10 激励的不断推进过程

应该指出的是,在激励安全动机的同时,还要注意遏制不安全的动机。如少数职工为图省事而简化作业程序;为逞强好胜而故意违章违纪;为逃避事故惩罚而推卸责任或隐瞒事故等。消除这些消极心态,对防患于未然是十分重要的。

(3) 提高技术业务能力

能力是一个人比较稳定的心理特征,与知识、技能关系密切。知识是人类历史经验的总结和概括,对个人来说是学习的结果;技能是实际的操作技术,是训练的结果。知识和技能是人的能力形成的基础,并能促进能力的发展。为了提高职工的技术业务能力,必须坚持教育和实践。

①持续开展全员业务知识、安全知识和安全技能教育,尤其要将新职工、班组长作为培训重点,强化非正常情况下的作业应变能力,进行系统超前培训,严格"先培训、后上岗"制度。

②对职工教育应坚持重现场需要、重实际操作、重实际成效的原则,大力改进培训方式和方法。借鉴国际劳工组织推出的先进的模块式技能培训方式(MES 法),结合实际对各业务工种的实际操作技能分解成单项模块式教学内容进行组合式培训。

③经常性的开展学标、对标、达标活动。各专业系统,本着干什么学什么的原则,组织各工种所有在岗职工按照作业标准,反复学、反复教、反复练,直到熟知熟练为止。

(4) 改善运输安全环境

①运输安全的工作环境

一定的工作环境会使人们产生一定的心理状态,而心理状态决定人们工作的竞技状态。良好的工作环境,能使人们以饱满的热情、充沛的精力投入安全生产。如果室温不适宜、噪音严重超标、照明太亮或过暗,就会使人感到烦躁或因疲劳导致操作失误。因此,应根据人的感知、注意、记忆、思维、反应能力在不同环境因素下的变化规律,对不同作业场所的照明、色彩、温度、湿度、布局等,从对人的心理产生积极影响的效果出发进行设计和安排。

②运输安全的内部社会环境

在运输生产过程中,除了人与自然的关系即工作环境外,还有人与人之间的关系或称人际关系,即运输系统内部的社会环境问题。不同的人际关系会引起不同的情绪体验,产生不同的安全生产效果。融洽的人际关系、良好的内部社会环境是保证运输安全的重要条件。这除了与职工个人修身养性有直接关系外,主要取决于领导的管理行为所营造的宽松环境。

2 交通运输安全特性及影响因素

在运输生产过程中,各级组织对安全工作的领导必须坚持"严"字当头,严格要求、严肃管理,但同时也要正确处理好人与人之间的关系,包括领导、干部与职工之间的关系。协调干群关系的关键在于要树立廉洁奉公的干部形象,切实转变干部作风,重点解决好作风不实、工作飘浮、官僚主义、形式主义和好人主义的问题,真心实意地关心职工生活,满腔热情地体察职工的思想、情感和困难,尽最大努力满足他们多层次的需要,帮助他们解除后顾之忧,使广大职工身体健壮、精力充沛、情绪饱满地投身到运输生产中去。

复习思考题

2.1 你对安全、事故、危险、隐患、风险等安全基本概念是怎样理解的?
2.2 如何理解安全的相对性?
2.3 运输安全的特殊性主要表现在哪些方面?
2.4 试从人—机—环境系统的角度出发分析运输安全影响因素及其相互关系。
2.5 试简要分析我国现行运输安全保障系统。
2.6 如何理解安全管理在运输安全保障中的作用?
2.7 怎样从心理因素出发来保障运输安全?
2.8 试分析不同运输方式安全影响因素的差异。

3 交通运输安全分析与评价

交通运输安全分析与评价是应用系统工程原理及方法,分析交通运输生产过程中的安全和危险因素,了解系统的安全和危险程度,对安全保障系统防范效果作出评价,揭示安全质量水平和系统薄弱环节,并采取综合安全措施予以控制,也为交通运输企业进行有效的安全管理提供依据。

3.1 交通运输安全分析

3.1.1 概述

交通运输安全分析是使用系统工程的原理和方法,对交通系统中存在的危险因素进行深入、仔细地分析,并根据实际需要对其进行定性、定量描述,估计事故发生的概率和可能产生伤害及损失的严重程度。通过分析查明系统中的危险因素,采取相应措施控制危险,保证交通运输系统安全运行。交通运输安全分析是运输安全系统工程的核心内容,它是运输安全评价的基础。

1) 安全分析方法的分类

安全分析方法有许多种,除了它们有各自的特点,其中有不少方法是雷同重复的。因而,使用时应尽量了解系统,并选用合适的、具有特色的方法。我国目前较常采用的安全分析方法主要有以下几种:

(1) 统计图表分析(Statistic Figure Analysis,SFA)。
(2) 因果分析图(Cause-Consequence Analysis,CCA)。
(3) 安全检查表(Safety Check List,SCL)。
(4) 预先危险性分析(Preliminary Hazard Analysis,PHA)。
(5) 事件树分析(Event Tree Analysis,ETA)。
(6) 事故树分析(Fault Tree Analysis,FTA)。

2) 交通运输安全分析方法的选择

在进行交通运输安全分析方法选择时应根据实际情况,并考虑以下几个问题:

(1) 分析的目的

交通运输安全分析方法的选择应该能够满足对分析的要求。交通运输安全分析的最终目的是辨识危险源,而在实际工作中要达到一些具体目的,例如:

①对系统中所有危险源,查明并列出清单。
②掌握危险源可能导致的事故,列出潜在事故隐患清单。
③列出降低危险性的措施和需要深入研究部位的清单。
④将所有危险源按危险大小排序。
⑤为定量的危险性评价提供数据。

(2) 资料的影响

关于资料收集的多少、详细程度、内容的新旧等,都会对选择系统安全分析方法有着至关重要的影响。

一般来说,资料的获取与被分析的系统所处的阶段有直接关系。例如,在方案设计阶段,采用危险性和可操作性研究或故障类型和影响分析的方法就难以获取详细的资料。随着系统的发展,可获得的资料越来越多、越来越详细。为了能够正确分析,应该收集最新的、高质量的资料。

(3) 系统的特点

要针对被分析系统的特点选择交通运输安全分析方法。

对于复杂和规模大的系统,由于需要的工作量大、时间较多,因此应先用较简捷的方法进行筛选,然后根据分析的详细程度选择相应的分析方法。

对于不同类型的操作过程,若事故的发生是由单一故障(或失误)引起的,则可以选择危险性与可操作性研究;若事故的发生是由许多危险因素共同引起的,则可以选择事件树分析、事故树分析等方法。

(4) 系统的危险性

当系统的危险性较高时,通常采用系统、严格、预测性的方法,如故障类型和影响分析、事件树分析、事故树分析等方法;当危险性较低时,一般采用经验的、较粗略的分析方法,如安全检查表等。

每种方法都有其自身的特点和局限性,并非处处通用,有时需综合应用多种方法,以取长补短。使用时不能生搬硬套,不能局限于已有分析方法的应用,而应从系统原理出发,不断创新。

3.1.2 统计图表分析法

统计图表分析法,就是利用统计图表对交通事故数据进行整理并进行粗略的原因分析,便于找出事故发生规律。这是在交通运输安全管理工作中常用的分析方法。常用的形式有比重图、趋势图、排列图、直方图、圆图法等。

1) 比重图

比重图是一种表示事物构成情况的平面图形。利用比重图可方便地对各类交通事故进行统计分析。例如,2004年我国道路交通事故死亡原因构成如图3.1所示。

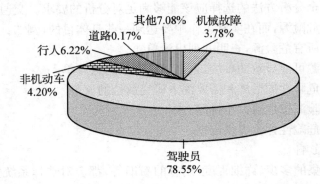

图3.1 2004年我国道路交通事故死亡原因构成

2) 趋势图

趋势图通常用直角坐标系表示,横坐标表示时间间隔,纵坐标表示事物数量尺度。是按一定的时间间隔统计数据,利用曲线的连续变化来反映事物动态变化的图形。趋势图借助于连续曲线的升降变化来反映事物的动态变化过程,可以帮助我们掌握交通事故发生规律,预测其未来的变化趋势,以便采取预防措施,降低事故损失。图3.2所示为1980—2007年我国道路交通事故次数、死亡人数、受伤人数趋势图。

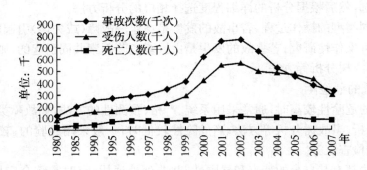

图3.2 1980—2007年我国道路交通事故发生情况

3) 排列图

排列图全称为主次因素排列图,也称为巴雷特图,可用于确定影响交通运输安全的关键因素,以便明确主攻方向和工作重点所在。

排列图(如图3.3所示)由两个纵坐标、一个横坐标、几个直方图和一条曲线组成。左边纵坐标表示频数,右边纵坐标表示累积频率(0～100%)。横坐标表示事故原因或事故分类,一般按影响因素的主次从左向右排列。直方图的高低表示某个因素影响的大小,曲线表示各因素影响大小的累计百分数。按主次因素的排列,可分为三类:累积频率在0～80%的因素,称A类因素,显然是主要因素;累积频率在80%～90%的因素称 B 类次主要因素；累积频率在 90%～100% 的因素称 C 类次要因素。

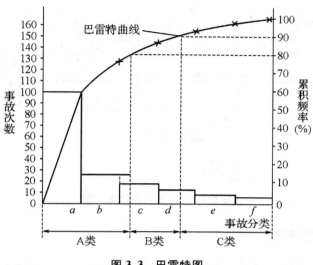

图 3.3　巴雷特图

3.1.3　因果分析图法

　　因果分析图也称鱼刺图或特性因素图。运输过程安全与否是交通参与者、运载工具、运输线路等多方面因素综合作用的结果，这些因素与交通运输安全的关系相当复杂，它们彼此之间也存在着错综复杂的关系。当分析发生交通事故的原因时，可以将各种可能的事故原因进行归纳分析，用简明的文字和线条表现出来，如图 3.4 所示。用鱼刺图分析法分析交通运输安全问题，可以使复杂的原因系统化、条块化，而且直观、逻辑性强，因果关系明确，便于把主要原因弄清楚。

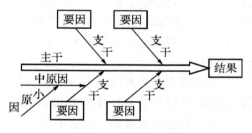

图 3.4　鱼刺图示意图

　　图 3.4 中，"结果"表示不安全问题，事故类型；主干是一条长箭头，表示某一事故现象；长箭头两边有若干"支干"、"要因"，表示与该事故现象有直接关系的各种因素，它是综合分析和归纳的结果；"中原因"则表示与要因直接有关的因素。依次类推便可以把事故的各种大小原因客观地、全面地找出来。图 3.5 所示是汽车翻车事故鱼刺图。

　　在运用因果分析图对交通事故原因进行分析时，要从大到小，从粗到细，由表及里，寻根究底，直到能具体采取措施为止。

　　用因果分析图法分析交通事故的具体案例，对吸取事故教训、采取防范措施、防止类似事件再次发生尤为适用，但难以揭示各因素之间的组合关系。

37

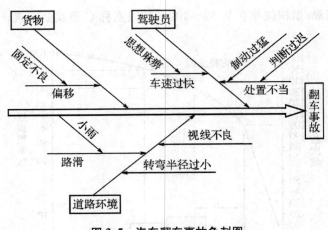

图 3.5 汽车翻车事故鱼刺图

3.1.4 安全检查表分析

安全检查表是交通系统安全分析中一种常用的分析方法。其基本任务是发现和查明系统的各种危险和隐患,监督各项安全法规、制度、标准的实施,制止违章行为,预防事故,消除危险,保障安全。

1) 安全检查和安全检查表

安全检查是运营中常规、例行的安全管理工作,是及时发现不安全状态及不安全行为的有效途径,也是消除事故隐患、防止事故发生的重要手段。开展安全检查工作,要做到有计划、有组织、目标明确、内容要求具体,并且必须由领导负责、有关人员参加的安全生产检查组实施。安全检查自始至终应贯彻领导与群众相结合的原则,做到边检查、边整改。

安全检查表是为系统地发现运输工具、运输线路、港、站、车间、班组、工序或机器、设备、装置、环境以及各种操作管理和组织措施中的不安全因素而事先拟好的问题清单。它根据系统工程分解和综合的原理,事先把检查对象加以剖析,把大系统分割成若干个小的子系统,然后确定检查项目,查出不安全因素所在,以正面提问的方式,将检查项目按系统或子系统的顺序编制成表,以便进行检查和避免漏检查,这种表就叫安全检查表。其基本格式如表 3.1 所示。

表 3.1 安全检查表的基本格式

检查时间	检查单位	检查人	检查部位	整改负责人
序 号	检查项目	检查结果		整改措施
		是	否	

2) 安全检查表的内容及要求

(1) 安全检查表的项目及要求

安全检查表的检查项目,应列出所有可能导致事故发生的因素或状态,即要求所列检查项目系统、全面、完善。检查的项目越全面,检查的地方越彻底,漏掉的安全隐患就越少,系统的安全性就越高。

(2) 安全检查表采用的方式

安全检查表一般采用正面提问的方式,要求发问明确,回答清楚,并以"是"或"否"来回答。例如,"铁路调车溜放作业中是否使用安全带?"是问参加调车作业的人员是否使用安全带,如果使用了,检查结果以"是"回答;如果没有使用则以"否"回答。"是"表示符合要求;"否"表示还存在问题,有待进一步改进。所以,在每个提问后面也可以设整改措施栏,将整改措施简要填写在此栏内。每个检查表均需注明检查时间、检查者、直接负责人等,以便分清责任。

(3) 检查依据

为了使提出的问题有依据,可以收集有关此项问题的规章制度、规范标准中所规定的要求,分别简要列出它们的名称和所在章节,附于每项提问后面,以便查对。

3) 安全检查表的分类

安全检查表的类型繁多,分类方式不一,绝大多数是按用途分类的。一般而言,常用类型有以下几种:

(1) 设计审查用安全检查表

如果在设计时能够设法把不安全因素消除掉,则可以取得事半功倍的效果。因此,在设计之前,应为设计人员提供相应的安全检查表。表中还应列出应该遵循的有关规程、标准。这样既可以扩大设计者的知识面,而且能使他们乐于采纳这些标准中所列的数据要求,避免与安全人员意见不同时发生争议。设计人员事先参照安全检查表进行设计,比设计完成后再参照检查表修改要省事得多。

(2) 运输设备、机械装置、设施定期安全检查表

由于交通运输系统是庞大的社会—技术系统,部门复杂,设备繁多,所以应该按客运、货运、车辆、电力、房建等部门,根据各自的设备情况,制定相应的安全检查表,供日常巡回检查或定期检查时使用。

(3) 车间、工段及岗位用安全检查表

用于车间、工段及岗位进行定期和预防性安全检查,重点放在人身、设备、作业过程等不安全行为和不安全状态方面。

(4) 消防用安全检查表

交通运输部门的货场、仓库、油库以及飞机、船舶等要害部位,防止火灾发生是一个十分重要的问题。如果防火工作做得不好,措施不力,一旦发生火灾,将会造成惨重的损失。因此,在上述要害地点必须建立严格的防火制度,设立必要的消防器材,制定切实可行的具体措施,并经常或定期进行检查,发现问题,及时解决。

(5) 专业性安全检查表

这种检查表由专业机构或职能部门编制和使用,主要用于进行定期的安全检查或季节性检查,如对电气设备、锅炉及压力容器、特殊装置与设施等的专业性检查。

4) 安全检查表的编制

(1) 安全检查表的编制方法

安全检查表的编制一般采用经验法和分析法。

①经验法。找熟悉被检查对象的人员和具有实践经验的人员,以三结合的方式(工人、工程技术人员、管理人员相结合)组成一个小组。依据人、物、环境的具体情况和以往积累的实践经验及有关统计数据,按照规程、规章制度等文件的要求编制安全检查表。

②分析法。根据已编制的事故树、事件树的分析、评价结果来编制安全检查表。

经验法编制的安全检查表,检查项目十分冗长、繁杂,既费人力,又花时间,工作效率低,加上检查的方式、方法落后,使用效果不如分析法。

分析法编制的安全检查表,经过事故树、事件树的定性、定量分析来确定检查项目,因而检查表较为精练和完善。虽然检查项目可能不多,但每一检查项目都是保证系统安全的关键环节,所以分析法是发展的方向。

(2) 安全检查表的编制步骤

①确定被检查对象,组织有关人员。

②熟悉被分析的系统。

③调查不安全因素。

④搜集与系统有关的规范、标准、制度等。

⑤明确规定的安全要求。

⑥根据具体情况和要求确定编制方法,编制安全检查表。

⑦通过反复使用,不断修改、补充完善。

5) 安全检查表的应用实例

安全检查表在交通运输系统的安全生产管理、设备管理、人身安全等方面都有很高的实用价值,在预测、预防事故方面发挥了积极的作用。例如铁路调车作业安全检查表如表3.2所示。

表3.2 调车作业班前安全检查表

检查单位:×× 检查人:××× 检查时间:×年×月×日

序号	检查项目	检查结果		整改措施(备注)
		是	否	
1	接班前班组长是否从行动、外表检查了职工的思想、精神状态?			
2	接班前班组长是否检查了职工的着装、工具等上岗准备情况?			

(续表 3.2)

序号	检查项目	检查结果 是	检查结果 否	整改措施（备注）
3	作业前是否召开了安全预想会,并布置了安全注意事项?			
4	作业前是否明确分工并强调了作业纪律?			
5	是否做到了调车长、提钩组长、铁鞋组长负责全组的安全工作?			
6	对危及安全生产的关键因素是否反复强调并对职工进行了布置,做到互相监督确保安全?			
7	对喝酒上岗和身体不适的职工是否采取了有效措施?			
8	当发现有危及安全的情况时,是否立即采取果断措施及时制止?			
9	是否按规定巡视了线路、车辆和货物情况等?			

实践表明,安全检查表是进行系统安全检查、预防事故、改善劳动条件的一种重要手段。此方法简单、针对性强、用途广泛,没有任何限制。

3.1.5 预先危险性分析

1) 预先危险性分析的基本含义

预先危险性分析(Preliminary Hazard Analysis,PHA)是一种在系统或子系统运转活动之前,对系统存在危险的类别、出现的条件和危险程度进行宏观概略分析的一种方法。在进行交通运输安全分析中,它主要用于交通线路、港、站、枢纽等新系统设计、已有系统改造之前的方案设计、选址、选线阶段,在人们还没有掌握该系统详细资料的时候,对系统存在的危险类型、来源、出现条件、事故后果以及有关措施等作一概略分析,并尽可能地在系统付诸实施之前找出预防、纠正、补救措施,消除或控制危险因素。

2) 预先危险性分析内容

在进行危险性预先分析时应对偶然事件、不可避免事件、不可知事件等进行剖析,并通过分析和评价控制事故的发生。分析的内容包括:

(1) 识别危险的路段、设备、零部件,并分析其发生事故的可能性条件。

(2) 分析系统中各子系统、各元件的交接面及其相互关系与影响。

(3) 分析货物特别是有毒有害物质的性能及储运。

(4) 分析操作过程及有关参数。

(5) 人、机关系(操作、维修等)。

(6) 对交通运输安全有影响的环境因素,如大雾、大风、降雪、洪水、高(低)温、振动、线路景观等。

(7) 有关安全装备,如安全防护设施、冗余系统及设备、灭火系统、安全监控系统、个人防护设备等。

3) 预先危险性分析的步骤

进行预先危险性分析时,一般是利用安全检查表、经验和技术事先查明危险因素存在方位,然后识别使危险因素演变为事故的触发因素和必要条件,对可能出现的事故后果进行分析,并采取相应的措施。预先危险性分析的一般步骤如下:

(1) 明确分析的系统

明确所分析系统的功能及分析范围。

(2) 调查、收集资料

包括其他类似系统的资料以及使用类似设备、工艺、材料的系统的资料。

(3) 系统功能分解

一个系统往往由若干个功能不同的子系统组成,如铁路运输系统由车务系统、机务系统、工务系统、电务系统、车辆系统等组成。为了便于分析,应将系统进行功能分解,弄清其功能、构造、主要作业过程以及选用的设备、物质、材料等。

(4) 分析、识别危险性

确定系统中的主要危险因素、危险类型,研究其产生原因、可能发生的事故及伤害,对潜在的危险点要仔细判定。

(5) 确定危险等级

根据事故原因的重要性和事故后果的严重程度,确定危险因素的危险等级。通常把危险因素划分为四级:

Ⅰ级　安全的——暂时不会发生事故,可以忽略。

Ⅱ级　临界的——有导致事故的可能性,系统处于发生事故的临界状态,可能造成人员伤亡或财产损失,应采取措施予以排除或控制。

Ⅲ级　危险的——可能导致事故发生,造成人员伤亡或财产损失,应立即采取措施予以排除或控制。

Ⅳ级　灾难的——会导致事故发生,造成人员严重伤亡或财产巨大损失,必须立即设法消除。

(6) 制定措施

针对识别出的主要危险因素,可以通过修改设计、加强安全措施来消除或予以控制,从而达到系统安全的目的。

(7) 按照检查表汇总分析结果

典型的结果汇总表包括主要事故及其产生原因、可能的后果、危险性级别以及应采取的相应措施等,如表3.3所示。

表3.3　预先危险性分析表

危险因素	触发事件	现象	事故原因	事故情况	事故后果	危险等级	建议的安全措施

3.1.6 事件树分析

1) 事件树分析的含义

事件树分析(Event Tree Analysis,ETA)是从一个初始事件开始,按顺序分析事件向前发展中各个环节成功与失败的过程和结果。

一起事故的发生,是许多原因事件相继发生的结果。其中,一些事件的发生是以另一些事件首先发生为条件的,而一事件的出现,又会引起另一些事件的出现。在事件发生的顺序上,存在着因果的逻辑关系。事件树分析法是一种时序逻辑的事故分析方法,它以一初始事件为起点,按照事故的发展顺序,分成阶段,一步一步地进行分析,每一事件可能的后续事件只能取完全对立的两种状态(成功或失败、正常或故障、安全或危险等)之一的原则,逐步向结果方面发展,直到达到系统故障或事故为止。所分析的情况用树枝状图表示,故叫事件树。事件树既可以定性地了解整个事件的动态变化过程,又可以定量计算出各阶段的概率,最终了解事故发展过程中各种状态的发生概率。

通过事件树分析,可以把事故发生发展的过程直观地展现出来,如果在事件(隐患)发展的不同阶段采取恰当措施阻断其向前发展,就可达到预防事故的目的。

事件树分析可包含人、环境和部件之间相互作业等因素,加上简明、形象化的特点,已成为安全系统工程的主要分析方法。

2) 分析步骤

(1) 确定初始事件

初始事件是事件树中在一定条件下造成事故后果的最初原因事件。它可以是系统故障、设备失效、人员误操作或工艺过程异常等。一般选择分析人员最感兴趣的异常事件作为初始事件。

(2) 找出与初始事件有关的环节事件

所谓环节事件就是出现在初始事件后一系列可能造成事故后果的其他原因事件。

(3) 画事件树

把初始事件写在最左边,各个环节事件按顺序写在右面。从初始事件画一条水平线到第一个环节事件,在水平线末端画一垂直线段,垂直线段上端表示成功,下端表示失败;再从垂直线两端分别向右画水平线到下一个环节事件,同样用垂直线段表示成功和失败两种状态;以此类推,直到最后一个环节事件为止。如果某一个环节事件不需要往下分析,则水平线延伸下去,不发生分支,如此便得到事件树。

(4) 说明分析结果

在事件树最后面写明由初始事件引起的各种事故结果或后果。

事件树的一般形式如图3.6所示。

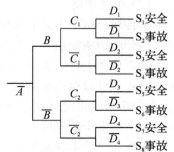

图3.6 事件树的一般形式

3) 定性与定量分析

(1) 事件树定性分析

事件树定性分析在绘制事件树的过程中就已进行,绘制事件树必须根据事件的客观条件和事件的特征做出符合科学性的逻辑推理,用与事件有关的技术知识确认事件可能状态,所以在绘制事件树的过程中就已对每一发展过程和事件发展的途径作了可能性的分析。

事件树画好之后的工作,就是找出发生事故的途径和类型以及预防事故的对策。

① 找出事故连锁

事件树的各分枝代表初始事件一旦发生后可能的发展途径。其中,最终导致事故途径的即为事故连锁。一般来说,导致系统事故的途径有很多,即有许多事故连锁。

事故连锁中包含的初始事件和安全功能故障的后续事件之间具有"逻辑与"的关系,显然,事故连锁越多,系统越危险;事故连锁中事件数越少,系统越危险。

② 找出预防事故的途径

事件树中最终达到安全的途径指导我们如何采取措施预防事故。在达到安全的途径中,发挥安全功能的事件构成事件树的成功连锁。如果能保证这些安全功能发挥作用,则可以防止事故。一般来说,事件树中包含的成功连锁可能有多个,即可以通过若干途径来防止事故发生。显然,成功连锁越多,系统越安全,成功连锁中事件数越少,系统越安全。

由于事件树反映了事件之间的时间顺序,所以应该尽可能地从最先发挥功能的安全功能着手。

(2) 事件树定量分析

事件树定量分析是指根据每一事件的发生概率,计算各种途径的事故发生概率,比较各个途径概率值的大小,确定最易发生事故的途径。一般来说,当各事件之间相互统计独立时,其定量分析比较简单。当事件之间相互统计不独立时(如共同原因故障,顺序运行等),则定量分析变得非常复杂。

定量分析要有事件概率数据作为计算的依据,而且事件过程的状态又是多种多样的,一般都因缺少概率数据而不能实现定量分析。

(3) 事故预防

事件树分析把事故的发生发展过程表述得清楚而有条理,对设计事故预防方案,制定事故预防措施提供了有力的依据。

从事件树上可以看出,最后的事故是一系列危害和危险的发展结果,如果中断这发展过程就可以避免事故发生。因此,在事故发展过程的各阶段,应采取各种可能措施,控制事件的可能性状态,减少危害状态出现概率,增大安全状态出现概率,把事件发展过程引向安全的发展途径。

采取在事件不同发展阶段阻截事件向危险状态转化的措施,最好在事件发展前期过程实现,从而产生阻截多种事故发生的效果。但有时因为技术经济等原因无法控制,这时就要在事件发展后期过程采取控制措施。显然,要在各条事件发展途径上都采取措施才行。

4）事件树分析应用

列车上有易燃品引起火灾的事件树分析

在铁路旅客运输中是严禁旅客携带易燃品上车的,以确保旅客运输安全。但有的旅客违反规定携带易燃品,进站时未查出,将其带上列车,这就可能引起火灾事故,造成人员伤亡和财物损失；但处理得当,也可以避免火灾事故的发生。具体分析如图3.7所示。

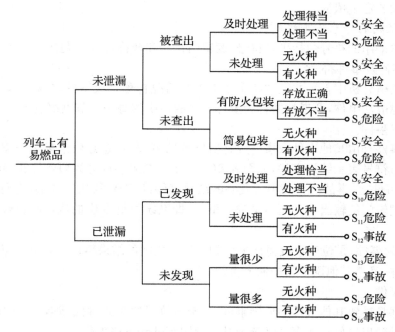

图3.7　列车上有易燃品引起火灾的事件树

3.1.7　事故树分析

1）事故树分析的基本概念

事故树分析（FTA）是一种演绎分析法,这种方法把系统可能发生的某种事故与导致事故发生的各种原因之间的逻辑关系用一种称为事故树的树形图表示,通过对事故树的定性与定量分析,找出事故发生的主要原因,为确定安全对策提供可靠依据,以达到预测与预防事故发生的目的。

事故树分析法具有以下特点：

（1）事故树分析是一种图形演绎方法,是事故事件在一定条件下的逻辑推理方法。它可以围绕某特定的事故进行层层深入的分析,因而在清晰的事故树图形下,表达了系统内各事件间的内在联系,并指出单元故障与系统事故之间的逻辑关系,便于找出系统的薄弱环节。

(2) 事故树分析具有很大的灵活性,不仅可以分析某些单元故障对系统的影响,还可以对导致系统事故的特殊原因(如人的因素、环境影响)进行分析。

(3) 进行事故树分析的过程,是对系统更深入认识的过程,它要求分析人员把握系统内各要素间的内在联系,弄清各种潜在因素对事故发生影响的途径和程度,因而许多问题在分析的过程中就被发现和解决了,从而提高了系统的安全性。

(4) 利用事故树模型可以定量计算复杂系统发生事故的概率,为改善和评价系统安全性提供了定量依据。

2) 事故树的符号及其意义

事故树采用的符号包括事件符号、逻辑门符号和转移符号三大类。

(1) 事件及事件符号

在事故树分析中各种非正常状态或不正常情况皆称事故事件,各种完好状态或正常情况皆称成功事件,两者均简称为事件。事故树中的每一个节点都表示一个事件。

①结果事件

结果事件是由其他事件或事件组合所导致的事件,它总是位于某个逻辑门的输出端。用矩形符号表示结果事件,如图 3.8(a)所示。结果事件分为顶事件和中间事件。

a. 顶事件,是事故树分析中所关心的结果事件,位于事故树的顶端,它总是所讨论事故树中逻辑门的输出事件而不是输入事件,即系统可能发生的或实际已经发生的事故结果。

b. 中间事件,是位于事故树顶事件和底事件之间的结果事件。它既是某个逻辑门的输出事件,又是其他逻辑门的输入事件。

②底事件

底事件是导致其他事件的原因事件,位于事故树的底部,它总是某个逻辑门的输入事件而不是输出事件。底事件又分为基本原因事件和省略事件。

a. 基本原因事件,表示导致顶事件发生的最基本的或不能再向下分析的原因或缺陷事件,用图 3.8(b)中的圆形符号表示。

b. 省略事件,表示没有必要进一步向下分析或其原因不明确的原因事件。另外,省略事件还表示二次事件,即不是本系统的原因事件,而是来自系统之外的原因事件,用图 3.8(c)中的菱形符号表示。

③特殊事件

特殊事件是指在事故树分析中需要表明其特殊性或引起注意的事件。特殊事件又分为开关事件和条件事件。

a. 开关事件又称正常事件,是在正常工作条件下必然发生或必然不发生的事件,用图 3.8(d)中的屋形符号表示。

b. 条件事件,是限制逻辑门开启的事件,用图 3.8(e)中的椭圆形符号表示。

3 交通运输安全分析与评价

(a) 结果事件 (b) 基本事件 (c) 省略事件 (d) 开关事件 (e) 条件事件

图 3.8 事件符号

（2）逻辑门及其符号

逻辑门是连接各事件并表示其逻辑关系的符号。

① 与门

与门可以连接数个输入事件 E_1、E_2，…，E_n 和一个输出事件 E，表示仅当所有输入事件都发生时，输出事件 E 才发生的逻辑关系。与门符号如图 3.9(a) 所示。

② 或门

或门可以连接数个输入事件 E_1、E_2，…，E_n 和一个输出事件 E，表示至少一个输入事件发生时，输出事件 E 就发生。或门符号如图 3.9(b) 所示。

③ 非门

非门表示输出事件是输入事件的对立事件。非门符号如图 3.9(c) 所示。

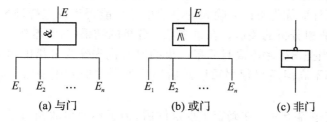

(a) 与门　　　　　　(b) 或门　　　　　　(c) 非门

图 3.9 逻辑门符号

④ 特殊门

a. 条件与门。表示输入事件不仅同时发生，而且还必须满足条件 A，才会有输出事件发生。条件与门符号如图 3.10(a) 所示。

b. 条件或门。表示输入事件中至少有一个发生，在满足条件 A 的情况下，输出事件才发生。条件或门符号如图 3.10(b) 所示。

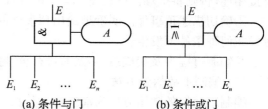

(a) 条件与门　　　　(b) 条件或门

图 3.10 特殊门符号

（3）转移符号

当事故树规模很大或整个事故树中多处包含有相同的部分树图时，为了简化整个树图，便可用转出和转入符号，以标出向何处转出和从何处转入。

① 转出符号，表示向其他部分转出，△内记入向何处转出的标记，如图 3.11 所示。

②转入符号,表示从其他部分转入,△内记入从何处转入的标记,如图 3.12 所示。

图 3.11　转出符号

图 3.12　转入符号

3) 事故树的编制

事故树编制是 FTA 中最基本、最关键的环节。编制工作一般应由系统设计人员、操作人员和可靠性分析人员组成的编制小组来完成。通过编制过程能使小组人员深入了解系统,发现系统中的薄弱环节,这是编制事故树的首要目的。事故树的编制是否完善直接影响到定性分析与定量分析的结果是否正确,关系到运用 FTA 的成败。所以,事故树编制必须经过编制小组成员反复研究,不断深入,并充分利用实践中有效的经验总结。

(1) 编制事故树的规则

事故树的编制过程是一个严密的逻辑推理过程,应遵循以下规则:

①确定顶事件应优先考虑风险大的事故事件。能否正确选择顶事件,直接关系到分析结果,是事故树分析的关键。在系统危险分析的结果中,不希望发生的事件远不止一个。但是,应当把发生频率高且后果严重的事件优先作为分析的对象,即顶事件;也可以把发生频率不高但后果很严重以及后果虽不严重但发生非常频繁的事故作为顶事件。

②合理确定边界条件。在确定了顶事件后,为了不使事故树过于繁琐、庞大,应明确规定被分析系统与其他系统的界面,并作一些必要的合理的假设。

③保持门的完整性,不允许门与门直接相连。事故树编制时应逐级进行,不允许跳跃,任何一个逻辑门的输出都必须有一个结果事件,不允许不经过结果事件而将门与门直接相连,否则将很难保证逻辑关系的准确性。

④确切描述顶事件。明确地给出顶事件的定义,即确切地描述出事故的状态,什么时候在何种条件下发生。

⑤编制过程中及编成后,需及时进行合理的简化。

(2) 编制事故树的方法

编制事故树的常用方法为演绎法,通过人的思考去分析顶事件是怎样发生的。即首先确定系统的顶事件,找出直接导致顶事件发生的各种可能因素或因素的组合即中间事件。在顶事件与其紧连的中间事件之间,根据其逻辑关系相应地画上逻辑门。然后再对每个中间事件进行类似的分析,找出其直接原因,逐级向下演绎,直到不能分析的基本事件为止。这样就可得到用基本事件符号表示的事故树。

(3) 事故树编制举例——列车冒进信号事故树

图 3.13 所示的是已经编成的列车冒进信号事故树。列车冒进信号取决于机车乘务员没按信号指示行车、信号突变升级、列车制动装置故障这三个事件,其中只要有一个事件发生就会导致顶上事件发生,将它们写在第二层,并用或门与第一层连接起来。机车乘务员没按信号指示行车是乘务员作业失误、机车安全防护装置(三大件等)失灵所致,把这两个事件写在第三层,并与第二层用与门连接起来。乘务员作业失误有四种情况:一是间断瞭望(瞌睡、做影响瞭望的其他工作);二是瞭望条件不良(气候、地形条件影响视线),看不清信号,臆测行车;三是操纵不当(超速、使闸晚);四是误认信号。这四种情况有一个发生,就会导致乘务员作业失误,因此把它们写在第四层,并用或门与第三层连接起来。信号突变升级可能是信号机故障,也可能是办理人员给错信号,这两个条件有一个发生,就出现信号突变升级,将其写在第三层,并用或门与第二层连接起来。列车制动装置故障有三种情况:一是列车中的折角塞门关闭,造成制动力不足;二是风缸故障;三是风泵故障。三个条件中有一个发生,就使制动装置发生故障,将其写在第三层,并用或门与第二层连接起来。

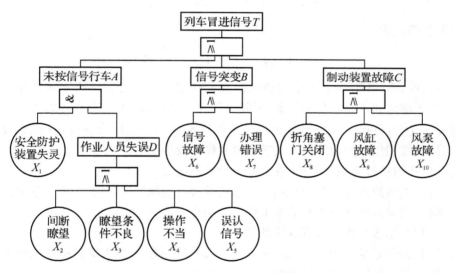

图 3.13 列车冒进信号事故树

4) 事故树定性分析

(1) 最小割集

① 割集和最小割集

事故树顶事件发生与否是由构成事故树的各种基本事件的状态决定的。很显然,所有基本事件都发生时,顶事件肯定发生。然而,在大多数情况下,并不是所有基本事件都发生时顶事件才发生,而只要某些基本事件发生就可导致顶事件发生。在事故树分析中,把引起顶事件发生的基本事件的集合称为割集,也称截集或截止集。一个事故树中的割集一般不止一个,在这些割集中,凡不包含其他割集的,叫做最小割集。换言之,如果割集中任意去掉一个基本事件后就不是割集,那么这样的割集就是最小割集。所以,最小割集是引起顶事件发生的充分必要条件。

②最小割集的求法

最小割集的求法有多种,但常用的有布尔代数法、行列法和结构法三种,其中,布尔代数法最为简单,应用较为普遍。下面将对布尔代数法进行重点介绍。

布尔代数化简法也叫逻辑化简法,其理论依据是:事故树的结构完全可以用最小割集来表示。

任何一个事故树都可以用布尔函数来描述。化简布尔函数,其最简析取标准式中每个最小项所属变元构成的集合,便是最小割集。若最简析取标准式中含有 m 个最小项,则该事故树有 m 个最小割集。

根据布尔代数的性质,可把任何布尔代数化为析取和合取两种标准式。析取标准式形式为

$$f = A_1 + A_2 + \cdots + A_n = \sum_{i=1}^{n} A_i \tag{3.1}$$

合取标准式为

$$f = B_1 \cdot B_2 \cdot \cdots \cdot B_n = \prod_{i=1}^{n} B_i \tag{3.2}$$

可以证明,A_i 和 B_i 分别是事故树的割集和径集。如果定义析取标准式的布尔项之和 A_i 中各项之间不存在包含关系,即其中任意一项基本事件布尔积不被其他基本事件布尔积所包含,则该析取标准式为最简析取标准式,那么 A_i 为事故树的最小割集。同理,可以直接利用最简合取标准式求取事故树的最小径集。

用布尔代数法计算最小割集,通常分三个步骤进行。

第一,建立事故树的布尔表达式。一般从事故树的顶事件开始,用下一层事件代替上一层事件,直至顶事件被所有基本事件代替为止。

第二,将布尔表达式化为析取标准式。

第三,化析取标准式为最简析取标准式。可利用布尔代数的逻辑运算法则进行化简,使之满足最简析取标准式的条件。

逻辑代数运算的法则很多,有的和代数运算法则一致,有的不一致。这里只介绍几种常用的运算法则,以便记忆和运用。

定理 1:$\overline{\overline{A}} = A$ （对合律）

定理 2:$A + B = B + A, AB = BA$ （交换律）

定理 3:$A + (B + C) = (A + B) + C, A(BC) = (AB)C$ （结合律）

定理 4:$A + BC = (A + B)(A + C), A(B + C) = AB + AC$ （分配律）

定理 5:$A + A = A, A \cdot A = A$ （等幂律）

定理 6:$A + AB = A, A \cdot (A + B) = A$ （吸收律）

【例 3.1】 用布尔代数法求图 3.14 所示事故树的最小割集。

【解】（1）写出事故树的布尔表达式

$$T = A_1 + A_2 = X_1 \cdot X_2 \cdot B_1 + X_4 \cdot B_2$$
$$= X_1 \cdot X_2 \cdot (X_1 + X_3) + X_4 \cdot (C + X_6)$$
$$= X_1 \cdot X_2 \cdot (X_1 + X_3) + X_4 [(X_4 \cdot X_5) + X_6]$$

（2）化布尔表达式为析取标准式

$$T = X_1 \cdot X_2 \cdot X_1 + X_1 \cdot X_2 \cdot X_3 + X_4 \cdot X_4 \cdot X_5 + X_4 \cdot X_6$$

（3）求最简析取标准式

$$T = X_1 \cdot X_2 + X_4 \cdot X_5 + X_4 \cdot X_6$$

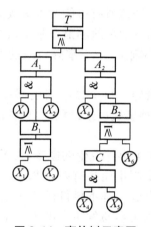

图 3.14 事故树示意图

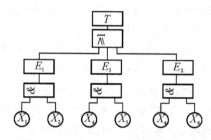

图 3.15 图 3.14 事故树的等效图

即该事故树有三个最小割集：(X_1, X_2)、(X_4, X_5)、(X_4, X_6)。从而原事故树可以化简为一个新的等效事故树，如图 3.15 所示。

（2）最小径集

①径集与最小径集

在事故树中，当所有基本事件都不发生时，顶事件肯定不会发生。然而，顶事件不发生常常并不要求所有基本事件都不发生，而只要某些基本事件不发生，顶事件就不会发生。这些不发生的基本事件的集合称为径集，也称通集或路集。在同一事故树中，不包含其他径集的径集称为最小径集。如果径集中任意去掉一个基本事件后就不再是径集，那么该径集就是最小径集。所以，最小径集是保证顶事件不发生的充分必要条件。

②最小径集的求法

根据对偶原理，成功树顶事件发生，就是其对偶树（事故树）顶事件不发生。因此，求事故树最小径集的方法是，首先将事故树变换成其对偶的成功树，然后求出成功树的最小割集，即是事故树的最小径集。

将事故树变为成功树的方法，就是将原来事故树中的逻辑与门改成逻辑或门，将逻辑或门改为逻辑与门,并将全部事件符号加上"'",变成事件补的形式,这样便可得到与原事故树对偶的成功树。在此不再赘述。

(3) 最小割集和最小径集在事故树分析中的作用

①最小割集在事故树分析中的作用

最小割集在事故树分析中起着非常重要的作用,归纳起来有四个方面:

a. 表示系统的危险性。最小割集的定义明确指出,每一个最小割集都表示顶事件发生的一种可能,事故树中有几个最小割集,顶事件发生就几种可能。从这个意义上讲,最小割集越多,说明系统的危险性就越大。

b. 表示顶事件发生的原因组合。事故树顶事件发生,必然是某个最小割集中基本事件同时发生的结果。一旦发生事故,就可以方便地知道所有可能发生事故的途径,并可以逐步排除非本次事故的最小割集,而较快地查出本次事故的最小割集,这就是导致本次事故的基本事件的组合。显而易见,掌握了最小割集,对于掌握事故的发生规律,调查事故发生的原因有很大的帮助。

c. 为降低系统的危险性提出控制方向和预防措施。每个最小割集都代表了一种事故模式。由事故树的最小割集可以直观地判断哪种事故模式最危险,哪种次之,哪种可以忽略,以及如何采取措施使事故发生概率下降。

若某事故树有三个最小割集,如果不考虑每个基本事件发生的概率,或者假定各基本事件发生的概率相同,则只含一个基本事件的最小割集比含有两个基本事件的最小割集容易发生;含有两个基本事件的最小割集比含有五个基本事件的最小割集容易发生。以此类推,少事件的最小割集比多事件的最小割集容易发生。由于单个事件的最小割集只要一个基本事件发生,顶事件就会发生;两个事件的最小割集必须两个基本事件同时发生,才能引起顶事件发生。这样,两个基本事件组成的最小割集发生的概率比一个基本事件组成的最小割集发生的概率要小得多,而五个基本事件组成的最小割集发生的可能性相比之下可以忽略。由此可见,为了降低系统的危险性,对含基本事件少的最小割集应优先考虑采取安全措施。

d. 利用最小割集可以判定事故树中基本事件的结构重要度和方便地计算顶事件发生的概率。

②最小径集在事故树分析中的作用

最小径集在事故树分析中的作用与最小割集同样重要,主要表现在以下三个方面:

a. 表示系统的安全性。最小径集表明,一个最小径集中所包含的基本事件都不发生,就可防止顶事件发生。可见,每一个最小径集都是保证事故树顶事件不发生的条件,是采取预防措施,防止发生事故的一种途径。从这个意义上来说,最小径集表示了系统的安全性。

b. 选取确保系统安全的最佳方案。每一个最小径集都是防止顶事件发生的一个方案,可以根据最小径集中所包含的基本事件个数的多少、技术上的难易程度、耗费的时间以及投入的资金数量来选择最经济、最有效的事故控制方案。

c. 利用最小径集同样可以判定事故树中基本事件的结构重要度和计算顶事件发生的概率。在事故树分析中,根据具体情况,有时应用最小径集更为方便。就某个系统而言,如果事故树中与门多,则其最小割集的数量就少,定性分析最好从最小割集入手。反之,如果事故树中或门多,则其最小径集的数量就少,此时定性分析最好从最小径集入手,从而可以得到更为经济、有效的结果。

③系统薄弱环节预测

事故树经布尔代数化简之后,可以得到最小割集和最小径集。根据最小割集和最小径集的性质,就可以对系统安全的薄弱环节进行预测。

对于最小割集来说,它与顶上事件用或门相连,显然最小割集的个数越少越安全,越多越危险。而每个最小割集中的基本事件与第二层事件为与门连接,因此割集中的基本事件越多越有利,基本事件少的割集就是系统的薄弱环节。对于最小径集来说,恰好与最小割集相反,径集数越多越安全,基本事件多的径集是系统的薄弱环节。

根据以上分析,可以从以下四条途径来改善系统的安全性:

a. 减少最小割集数,首先应消除那些含基本事件最少的割集。

b. 增加割集中的基本事件树,首先应给含基本事件少又不能清除的割集增加基本事件。

c. 增加新的最小径集,也可以设法将原有含基本事件较多的径集分成两个或多个径集。

d. 减少径集中的基本事件树,首先应着眼于减少含基本事件多的径集。

总之,最小割集与最小径集在事故预测中的作用是不同的:最小割集可以预示出系统发生事故的途径;而最小径集却可以提供控制顶上事件最经济、最省事的方案。

在对某一事故树作薄弱环节预测时,要区别不同情况,采取不同做法。

事故树中或门越多,得到的最小割集就越多,这个系统也就越不安全。对于这样的事故树最好从求最小径集着手,找出包含基本事件较多的最小径集,然后设法减少其基本事件树,或者增加最小径集数,以提高系统的安全程度。

事故树中与门越多,得到的最小割集的个数就较少,这个系统的安全性就越高。对于这样的事故树最好从求最小割集着手,找出少事件的最小割集,消除它或者设法增加它的基本事件树,以提高系统的安全性。

5) 事故树的定量分析

事故树的定量分析首先是确定基本事件的发生概率,然后求出事故树顶事件的发生概率。求出顶事件的发生概率之后,可与系统安全目标值进行比较和评价。当计算值超过目标值时,就需要采取防范措施,使其降至安全目标值以下。

在进行事故树定量计算时,一般做以下几个假设:

①基本事件之间相互独立。

②基本事件和顶事件都只考虑发生和不发生两种状态。

③假定故障分布为指数函数分布。

(1) 基本事件的发生概率

基本事件的发生概率包括系统的单元(部件或元件)故障概率及人的失误概率等，在工程上计算时，往往用基本事件发生的频率来代替其概率值。

(2) 顶事件发生概率的计算

当给定了事故树各基本事件的发生概率，各基本事件又是独立事件时，就可以计算顶事件的发生概率。目前，计算顶事件发生概率的方法有若干种，下面介绍较简单状态枚举和最小割集法两种。

①状态枚举法

设某事故树有 n 个基本事件，这 n 个基本事件两种状态的组合数为 2^n 个。根据事故树的结构分析可知，所谓顶事件的发生概率，是指结构函数 $\Phi(x)=1$ 的概率。亦即，顶事件的发生概率 $P(T)$ 可用下式定义：

$$P(T) = \sum_{k=1}^{2^n} \Phi_k(X) \prod_{i=1}^{n} q_i^{Y_i}(1-q_i)^{1-Y_i} \quad (3.3)$$

式中：k——基本事件状态组合序号；

$\Phi_k(X)$——第 k 种组合的结构函数值(1 或 0)；

q_i——第 i 个基本事件的发生概率；

Y_i——第 i 个基本事件的状态值(1 或 0)。

从式(3.3)可看出：在 n 个基本事件两种状态的所有组合中，只有当 $\Phi_k(X)=1$ 时，该组合才对顶事件的发生概率产生影响。所以在用该式计算时，只需考虑 $\Phi_k(X)=1$ 的所有状态组合。首先列出基本事件的状态值表，根据事故树的结构求得结构函数 $\Phi_k(X)$ 值，最后求出使 $\Phi_k(X)=1$ 的各基本事件对应状态的概率积的代数和，即为顶事件的发生概率。

【例 3.2】 以图 3.16 的简单事故树为例，利用式(3.3)求顶事件的发生概率。

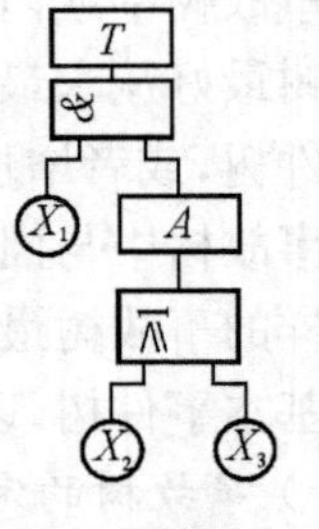

【解】 设 X_1、X_2、X_3 均为独立事件，其概率均为 0.1，则顶事件的发生概率为

$$P(T) = \sum_{k=1}^{8} \Phi_k(X) \prod_{i=1}^{3} q_i^{Y_i}(1-q_i)^{1-Y_i}$$
$$= 1 \times q_1^1(1-q_1)^0 \times q_2^0(1-q_2)^1 \times q_3^1(1-q_3)^0 + 1 \times q_1^1(1-q_1)^0 \times q_2^1(1-q_2)^0 \times q_3^0(1-q_3)^1 + 1 \times q_1^1(1-q_1)^0 \times q_2^1(1-q_2)^0 \times q_3^1(1-q_3)^0$$
$$= q_1(1-q_2)q_3 + q_1q_2(1-q_3) + q_1q_2q_3$$
$$= 0.1 \times 0.9 \times 0.1 + 0.1 \times 0.1 \times 0.9 + 0.1 \times 0.1 \times 0.1$$
$$= 0.019$$

图 3.16 事故树示意图

该方法规律性强，适于编制程序上机计算，可用来计算较复杂系统事故发生概率。但当 n 值较大时，计算中要涉及 2^n 个状态组合，并需求出相应顶事件的状态，因而计算

工作量很大,花费时间较长。

②最小割集法

事故树可以用其最小割集的等效树来表示。这时,顶事件等于最小割集的并集。设某事故树有 k 个最小割集:$E_1,E_2,\cdots,E_r,\cdots,E_k$,则有

$$T=\bigcup_{r=1}^{k}E_r \tag{3.4}$$

顶事件的发生概率为

$$P(T)=P\{\bigcup_{r=1}^{k}E_r\} \tag{3.5}$$

根据容斥定理得顶事件的概率公式

$$P\{\bigcup_{r=1}^{k}E_r\}=\sum_{r=1}^{k}P\{E_r\}-\sum_{1\leqslant r<s\leqslant k}P\{E_r\cap E_s\}+\sum P\{E_r\cap E_s\cap E_t\}+\cdots$$
$$+(-1)^{k+1}P\bigcap_{r=1}^{k}E_r \tag{3.6}$$

设备基本事件的发生概率为:$q_1,q_2,\cdots,q_n$,则有

$$P(E_r)=\prod_{X_i\in E_r}q_i, P\{E_r\cap E_s\}=\prod_{X_i\in E_r\cup E_s}q, P\{\bigcap_{r=1}^{k}E_r\}=\prod_{X_i\in E_i}q_i \tag{3.7}$$

故顶事件的发生概率为

$$P(T)=\sum_{r=1}^{k}\prod_{X_i\in E_r}q_i-\sum_{1\leqslant r<s\leqslant k}\prod_{X_i\in E_r\cup E_s}q_i+\cdots+(-1)^{k-1}\prod_{\substack{r=1\\X_i\in E_i}}^{k}q_i \tag{3.8}$$

式中:r、s、t——最小割集的序数,$r<s<t$;

i——基本事件的序号,$X_i\in E_r$;

k——事故树的最小割集数;

$1\leqslant r<s\leqslant k$——$k$ 个最小割集中第 r、s 两个最小割集的组合顺序;

$X_i\in E_r$——属于最小割集 E_r 的第 i 个基本事件;

$X_i\in E_r\cup E_s$——属于最小割集 E_r 或 E_s 的第 k 个基本事件。

仍以图 3.16 简单事故树示意图为例,其最小割集为 $E_1=\{X_1,X_2\}$、$E_2=\{X_1,X_3\}$,用最小割集表示的等效图如图 3.17 所示。这样可以把其看作由两个事件 E_1、E_2 组成的事故树。按照求概率和的计算公式,E_1+E_2 的概率为

$$\begin{aligned}P(T)&=P(E_1\cup E_2)\\&=1-[1-P(E_1)][1-P(E_2)]\\&=P(E_1)+P(E_2)-P(E_1)\times P(E_2)\\&=q_1q_2+q_1q_3-q_1q_2q_1q_3\\&=q_1q_2+q_1q_3-q_1q_2q_3\\&=0.019\end{aligned}$$

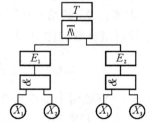

图 3.17 图 3.16 事故树等效图

6）基本事件的重要度分析

一个基本事件对顶事件发生的影响大小称为该基本事件的重要度。重要度分析在系统的事故预防、事故评价和安全性设计等方面有着重要的作用。事故树中各基本事件的发生对顶事件的发生有着程度不同的影响，这种影响主要取决于两个因素，即各基本事件发生概率的大小以及各基本事件在事故树模型结构中处于何种位置。为了明确最易导致顶事件发生的事件，以便分出轻重缓急采取有效措施，控制事故的发生，必须对基本事件进行重要度分析。

(1) 基本事件的结构重要度

如不考虑各基本事件发生的难易程度，或假设各基本事件的发生概率相等，仅从事故树的结构上研究各基本事件对顶事件的影响程度，称为结构重要度分析。结构重要度分析一般可以采用两种方法，一种是精确求出结构重要度系数，另一种是用最小割集或用最小径集排出结构重要度顺序。

①基本事件的结构重要度系数

在事故树分析中，各个基本事件均含发生和不发生两种状态。各个基本事件状态的不同组合，又构成顶事件的不同状态，即 $\Phi(x)=1$ 或 $\Phi(x)=0$。

在某个基本事件 x_i 的状态由 0 变成 1（即 $0_i \rightarrow 1_i$），其他基本事件 $X_j(j=1,2,\cdots,i-1,i+1,\cdots,n)$ 的状态保持不变，顶上事件的状态变化可能有以下三种情况：

a. $\Phi(0_i, X_j)=0 \rightarrow \Phi(1_i, X_j)=0$，则 $\Phi(1_i, X_j)-\Phi(0_i, X_j)=0$；
b. $\Phi(0_i, X_j)=0 \rightarrow \Phi(1_i, X_j)=1$，则 $\Phi(1_i, X_j)-\Phi(0_i, X_j)=1$；
c. $\Phi(0_i, X_j)=1 \rightarrow \Phi(1_i, X_j)=1$，则 $\Phi(1_i, X_j)-\Phi(0_i, X_j)=0$。

第一种情况和第三种情况都不能说明 X_i 的状态变化对顶事件的发生起什么作用，唯有第二种情况说明 X_i 的发生直接引起顶事件的发生，说明基本事件 X_i 的状态变化对顶事件的发生与否起了作用。基本事件 X_i 这一状态所对应的割集叫"危险割集"。若改变除基本事件 X_i 以外的所有基本事件的状态，并取不同的组合时，基本事件 X_i 的危险割集总数为

$$n_\Phi(i) = \sum_{p=1}^{2^{n-1}} [\Phi(1_i, X_{jp}) - \Phi(0_i, X_{jp})] \tag{3.9}$$

显然，$n_\Phi(i)$ 的值愈大，说明基本事件 X_i 对顶事件发生的影响愈大，其重要度愈高。

基本事件 X_i 的结构重要度系数 $I_\Phi(i)$ 定义为基本事件的危险割集的总数 $n_\Phi(i)$ 与 2^{n-1} 个状态组合数的比值，即

$$I_\Phi(i) = \frac{n_\Phi(i)}{2^{n-1}} = \frac{1}{2^{n-1}} \sum_{p=1}^{2^{n-1}} [\Phi(1_i, X_{jp}) - \Phi(0_i, X_{jp})] \tag{3.10}$$

式中：n——事故树中基本事件的个数；

2^{n-1}——基本事件 $X_i(i \neq j)$ 状态组合数；

p——基本事件的状态组合序号；

X_{ip}——2^{n-1} 状态组合中第 p 个状态；

0_i——基本事件 X_i 不发生的状态值；

1_i——基本事件 X_i 发生的状态值。

以图 3.18 为例，求出各基本事件的结构重要度系数。

图 3.18 所示事故树共有五个基本事件，其状态组合和顶上事件的状态如表 3.4 所示。

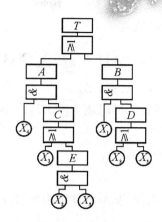

图 3.18　事故树示意图

表 3.4　基本事件的状态值与顶上事件的状态值表

编号	X_1	X_2	X_3	X_4	X_5	$\Phi(x)$	编号	X_1	X_2	X_3	X_4	X_5	$\Phi(x)$
1	0	0	0	0	0	0	17	1	0	0	0	0	0
2	0	0	0	0	1	0	18	1	0	0	0	1	1
3	0	0	0	1	0	0	19	1	0	0	1	0	0
4	0	0	0	1	1	0	20	1	0	0	1	1	1
5	0	0	1	0	0	0	21	1	0	1	0	0	1
6	0	0	1	0	1	0	22	1	0	1	0	1	1
7	0	0	1	1	0	1	23	1	0	1	1	0	1
8	0	0	1	1	1	1	24	1	0	1	1	1	1
9	0	1	0	0	0	0	25	1	1	0	0	0	0
10	0	1	0	0	1	0	26	1	1	0	0	1	1
11	0	1	0	1	0	0	27	1	1	0	1	0	0
12	0	1	0	1	1	1	28	1	1	0	1	1	1
13	0	1	1	0	0	0	29	1	1	1	0	0	1
14	0	1	1	0	1	0	30	1	1	1	0	1	1
15	0	1	1	1	0	1	31	1	1	1	1	0	1
16	0	1	1	1	1	1	32	1	1	1	1	1	1

以基本事件 X_1 为例，从表 3.4 可以查出，基本事件 X_1 发生（即 $X_1=1$），不管其他基本事件发生与否，顶事件也发生[即 $\Phi(1_1,X_j)=1$]的组合共 12 个，即编号 18、20、21、22、23、24、26、28、29、30、31、32。这 12 个组合中的基本事件 X_1 的状态由发生变为不发生时，顶事件不发生[即 $\Phi(0_1,X_j)=0$]的组合共 7 个，即编号 18、20、21、26、29、30。这 7 个组合就是基本事件 X_1 的危险割集总数。于是得基本事件 X_1 的结构重

要度系数为

$$I_\Phi(1) = \frac{1}{2^{n-1}} \sum_{p=1}^{2^{n-1}} [\Phi(1_1, X_{jp}) - \Phi(0_1, X_{jp})] = \frac{1}{16} \times (12-5) = \frac{7}{16}$$

式中,$j=2,3,4,5$。

同样,可以逐个求出基本事件 X_2、X_3、X_4、X_5 的结构重要度系数为

$$I_\Phi(2) = \frac{1}{16} \quad I_\Phi(3) = \frac{7}{16}$$

$$I_\Phi(4) = \frac{5}{16} \quad I_\Phi(5) = \frac{5}{16}$$

因而,基本事件结构重要度排序如下:

$$I_\Phi(1) = I_\Phi(3) > I_\Phi(4) = I_\Phi(5) > I_\Phi(2)$$

如果不考虑基本事件的发生概率,仅从事故树结构来看,基本事件 X_1、X_3 最重要,其次是 X_4、X_5,最不重要的是基本事件 X_2。

② 基本事件的割集重要度系数

用事故树的最小割集可以表示其等效事故树。在最小割集所表示的等效事故树中,每一个最小割集对顶事件发生的影响同样重要,而且同一个最小割集中的每一个基本事件对该最小割集发生的影响也同样重要。

设某一事故树有 k 个最小割集,n 个基本事件,每个最小割集记作 $E_r(r=1,2,\cdots,k)$,则 $1/k$ 表示单位最小割集的重要系数;第 r 个最小割集 E_r 中含有 $m_r(X_i \in E_r)$ 个基本事件,则 $\frac{1}{m_r(X_r \in E_r)}$ ($i=1,2,\cdots,n$) 表示基本事件 X_i 的单位割集重要系数。

设基本事件 X_i 的割集重要系数为 $I_k(i)$,则

$$I_k(i) = \frac{1}{k} \sum_{r=1}^{k} \frac{1}{m_r(X_r \in E_r)} \quad (i=1,2,\cdots,n) \tag{3.11}$$

③ 用最小割集或最小径集进行结构重要度分析

利用基本事件的结构重要度系数可以较准确地判定基本事件的结构重要度顺序,但较繁琐。一般可以利用事故树的最小割集或最小径集,按以下准则定性判断基本事件的结构重要度:

a. 单事件最小割(径)集中的基本事件结构重要度最大。

b. 仅在同一最小割(径)集中出现的所有基本事件结构重要度相等。

c. 两个基本事件仅出现在基本事件个数相等的若干最小割(径)集中,这时在不同最小割(径)集中出现次数相等的基本事件其结构重要度相等;出现次数多的结构重要度大,出现次数少的结构重要度小。

d. 两个基本事件仅出现在基本事件个数不等的若干最小割(径)集中。在这种情况下,基本事件结构重要度大小依下列不同条件而定:若它们重复在各最小割(径)集中出现的次数相等,则少事件最小割(径)集中出现的基本事件结构重要度大;在少事件最小割(径)集中出现次数少的,与多事件最小割(径)集中出现次数多的基本事件比较,应

用下式计算近似判别值：

$$I(i) = \sum_{X_i \in E_r} \frac{1}{2^{n_i-1}} \quad (3.12)$$

式中：$I(i)$——基本事件 X_i 结构重要度系数的近似判别值；

n_i——基本事件 X_i 所属最小割（径）集包含的基本事件数。

（2）基本事件的概率重要度

基本事件的结构重要度分析只是按事故树的结构分析各基本事件对顶事件的影响程度。如果进一步考虑基本事件发生概率的变化会给顶上事件发生概率以多大影响，就要分析基本事件的概率重要度。

事故树的概率重要度分析主要依靠各基本事件的概率重要度系数大小进行定量分析。所谓基本事件的概率重要度系数，是指某基本事件发生概率的变化引起顶事件发生概率变化的程度。

由于顶事件发生概率函数是 n 个基本事件发生概率的多重线性函数，所以，对自变量 q_i 求一次偏导，即可得到该基本事件的概率重要度系数 $I_g(i)$ 为

$$I_g(i) = \frac{\partial P(T)}{\partial q_i} \quad (i=1,2,\cdots,n) \quad (3.13)$$

式中：$P(T)$——顶事件发生概率；

q_i——第 i 个基本事件 X_i 的发生概率。

利用上式求出各基本事件的概率重要度系数，可确定降低哪个基本事件的概率能迅速有效地降低顶事件的发生概率。

概率重要度有一个重要性质：若所有基本事件的发生概率都等于 $1/2$，则基本事件的概率重要度系数等于其结构重要度系数，即

$$I_g(i)|_{q_i=\frac{1}{2}} = I_\Phi(i) \quad (i=1,2,\cdots,n) \quad (3.14)$$

这样，在分析结构重要度时，可用概率重要度系数的计算公式求取结构重要度系数。

【例3.3】 设事故树最小割集为

$$E_1=\{X_1,X_3\}, E_2=\{X_1,X_5\}, E_3=\{X_3,X_4\}, E_4=\{X_2,X_4,X_5\}$$

各基本事件概率分别为：$q_1=0.01, q_2=0.02, q_3=0.03, q_4=0.04, q_5=0.05$，求各基本事件概率重要度系数。

【解】 用近似方法计算顶事件发生概率

$$P(T)=q_1q_3+q_1q_5+q_3q_4+q_2q_4q_5$$

各个基本事件的概率重要度系数近似为

$$I_g(1)=\frac{\partial Q}{\partial q_1}=q_3+q_5=0.08$$

$$I_g(2)=\frac{\partial Q}{\partial q_2}=q_4+q_5=0.002$$

$$I_g(3) = \frac{\partial Q}{\partial q_3} = q_1 + q_4 = 0.05$$

$$I_g(4) = \frac{\partial Q}{\partial q_4} = q_3 + q_2 q_5 = 0.031$$

$$I_g(5) = \frac{\partial Q}{\partial q_5} = q_1 + q_2 q_4 = 0.0108$$

这样,就可以按概率重要度系数的大小排出各基本事件的概率重要度顺序:

$$I_g(1) > I_g(3) > I_g(4) > I_g(5) > I_g(2)$$

这就是说,降低基本事件 X_1 的发生概率能迅速降低顶事件的发生概率,它比按同样数位减小其他任何基本事件的发生概率都有效。其次是基本事件 X_3,X_4,X_5,最不敏感的是基本事件 X_2。

从概率重要度系数的算法可以看出这样的事实:一个基本事件的概率重要度如何,并不取决于它本身概率值的大小,而是取决于它所在最小割集中其他基本事件概率积的大小。

(3)基本事件的临界重要度

当各基本事件发生概率不等时,一般情况下,改变概率大的基本事件比改变概率小的基本事件容易,但基本事件的概率重要度系数并未反映这一事实,因而它不能从本质上反映各基本事件在事故树中的重要程度。

事故树的临界重要度分析是依靠各基本事件的临界重要度系数大小进行定量分析。所谓临界重要度系数,是指某个基本事件发生概率的变化率引起顶事件发生概率的变化率,它是从敏感度和概率双重角度衡量各基本事件的重要程度。因此,它比概率重要度更合理、更具有实际意义。其表达式为

$$I_g^c = \lim_{\Delta q_i \to 0} \frac{\Delta P(T)/P(T)}{\Delta q_i/\Delta q_i} = \frac{q_i}{P(T)} \cdot \lim_{\Delta q_i \to 0} \frac{\Delta P(T)}{\Delta q_i} = \frac{q_i}{P(T)} \cdot I_g(i) \quad (3.15)$$

式中:$I_g^c(i)$——第 i 个基本事件 X_i 的临界重要度系数;

$I_g(i)$——第 i 个基本事件 X_i 的概率重要度系数;

$P(T)$——顶事件发生概率;

q_i——第 i 个基本事件 X_i 的发生概率。

上面例子已得到的某事故树顶上事件概率为 0.002,各基本事件的概率重要度系数分别为:$I_g(1)=0.08, I_g(2)=0.002, I_g(3)=0.05, I_g(4)=0.031, I_g(5)=0.0108$,则各基本事件的临界重要度系数为

$$I_g^c(1) = \frac{q_1}{Q} \cdot I_g(1) = \frac{0.01}{0.002} \times 0.08 = 0.4$$

$$I_g^c(2) = \frac{q_2}{Q} \cdot I_g(2) = \frac{0.02}{0.002} \times 0.002 = 0.02$$

$$I_g^c(3) = \frac{q_3}{Q} \cdot I_g(3) = \frac{0.03}{0.002} \times 0.05 = 0.75$$

$$I_g^c(4) = \frac{q_4}{Q} \cdot I_g(4) = \frac{0.04}{0.002} \times 0.031 = 0.62$$

$$I_g^c(5) = \frac{q_5}{Q} \cdot I_g(5) = \frac{0.05}{0.002} \times 0.010\,8 = 0.27$$

因此就得到一个按临界重要度系数的大小排列的各基本事件重要程度的顺序：

$$I_g^c(3) > I_g^c(4) > I_g^c(1) > I_g^c(5) > I_g^c(2)$$

与概率重要度相比，基本事件 X_1 的重要程度下降了，这是因为它的发生概率较低，对它作进一步改善有一定困难。基本事件 X_3 最重要，这不仅是因为它敏感度最大，而且它本身的概率值也较大。

三种重要度系数中，结构重要度系数从事故树结构上反映基本事件的重要程度；概率重要度系数反映基本事件概率的增减对顶事件发生概率影响的敏感度；临界重要度系数从敏感度和自身发生概率大小双重角度反映基本事件的重要程度。其中，结构重要度系数反映了某一基本事件在事故树结构中所占的地位，而临界重要度系数从结构及概率上反映了改善某一基本事件的难易程度，概率重要度系数则起着一种过渡作用，是计算两种重要度系数的基础。一般可以按这三种重要度系数安排采取措施的先后顺序，也可按三种重要度顺序分别编制相应的安全检查表，以保证既有重点又能全面检查的目的。在三种检查表中，只有通过临界重要度分析产生的检查表，才能真正反映事故树的本质，也更具有实际意义。

3.2 交通运输安全评价

3.2.1 安全评价概述

1）安全评价的含义

安全评价也称危险性评价或风险评价，是对系统中固有或潜在的危险因素进行定性和定量分析，得出系统发生危险的可能性及其后果严重程度的评价。通过与评价标准的比较得出系统的危险程度，提出改进措施，以寻求最低事故率、最少的损失和最优的安全投资。

任何生产系统，在其寿命周期内都有发生事故的可能，区别只在于事故发生的频率和可能的严重程度不同而已。在一定条件下，如果对危险失去控制或防范不周，就会发生事故，造成人员伤亡和财产损失以及环境污染。为了抑制危险性，使其不发展为事故或减少事故造成的损失，就必须对它有充分的认识，掌握危险性发展为事故的规律，也就是要充分揭示系统存在的所有危险性，及其形成事故的可能性和发生事故的损失大小，从而衡量系统客观存在的风险大小。据此确定是否需要改进技术路线和防范措施，变更后危险性将得到怎样的抑制和消除，技术上是否可行，经济上是否合理以及系统是否最终达到了社会所公认的安全指标。这就是安全评价的基本内容和过程。

2）安全标准

经定量化的风险或危害性是否达到要求的（期盼的）安全程度，需要有一个界限、目标或标准进行比较，这个标准就是安全标准。

安全标准的确定方法有统计法和风险与收益比较法。对系统进行安全评价时，也可根据综合评价得到的危险指数进行统计分析，确定使用一定范围的安全标准。

对于不同的风险，一般可按数量划分成几个等级，然后分级进行处理，如表3.5所示。

表3.5 风险率分级处理表

死亡/人·年	等级	处理意见
10^{-2}	极其危险	相当于疾病的风险，认为绝对不能接受，需停产整改
10^{-3}	高度危险	必须立即采取措施予以改进
10^{-4}	中等危险	人们不愿出现这种情况，因而同意拿出经费进行改善
10^{-5}	危险性低	相当于游泳淹死的风险，人们对此是关心的，也愿采取措施加以改进
10^{-6}	可忽略	相当于天灾的风险，人们总有事故轮不到我的感觉
10^{-7}	可忽略	相当于陨石坠落的风险，没有人认为这种事故需投资以改进

3）安全评价的内容和程序

（1）安全评价的内容

理想的安全评价包括危险性辨识和危险性评价两部分。危险性辨识是指利用安全系统工程的理论和方法，分析系统及其各要素所固有的安全隐患，揭示系统的各种危险性，亦即通过一定的手段测定、分析和判明危险，包括固有的和潜在的危险，可能出现的新危险以及在一定条件下转化生成的危险，并且对系统中已查明的危险进行定量化处理，从而为评价提供数量依据。

危险性评价是指根据危险性辨识的结果，采取各种措施减少或消除危险，并同既定的安全指标或目标相比较，判明所具有的安全水平，直到达到社会所允许的危险水平或规定的安全水平为止。安全评价内容如图3.19所示。

（2）安全评价的程序

由安全评价的内容可知，安全评价程序主要包括以下几个步骤：

①资料收集和研究。明确评价对象和范围，收集国内外相关法规和标准，了解同类系统、设备、设施的运作和事故发生情况，以及评价对象的地理、气候条件及社会环境状况等。对收集到的资料应进行深入研究，研究的深入程度可大大缩短分析和评价的进程。

②危险因素辨识与分析。根据评价对象的特点，辨识和分析系统可能发生的事故类型、事故发生的原因和机制。

③确定评价方法，实施安全评价。在上述危险分析的基础上，划分评价单元，根

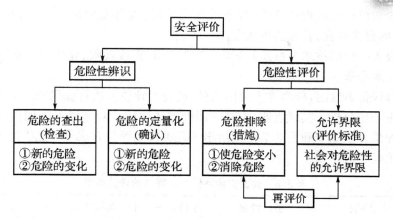

图 3.19　安全评价内容

据评价目的和评价对象的复杂程度选择具体的一种或多种评价方法,对事故发生的可能性和严重程度进行定性或定量评价,在此基础上进行危险分级,以确定安全管理的重点。

④提出降低或控制危险的安全对策措施。根据评价和分级结果,高于标准值的危险必须采取工程技术或组织管理措施,降低或控制危险。低于标准值的危险属于可接受或允许的危险,应建立检测措施,防止生产条件变更导致危险值增加,对不可排除的危险要采取防范措施。

4) 安全评价方法的选用

由于辨识、评价对象不同,工艺、设备设施不同以及事故类型、事故模式等不同,因而所采用的评价方法是不同的。选用合理的评价方法是一项关键性工作,它关系到评价对象的评价结论是否合理、是否正确和可靠。

安全评价方法很多,几乎每种方法都有较强的针对性。综合分析这些方法,可以分成两类:一种是按评价指标的量化程度分为定性方法、定量方法,以及定性与定量相结合的方法;另一种是按评价对象进行整合,如物质产品、设备安全评价法(如指数法等)、安全管理评价法,系统安全综合评价法等。

对具体的评价对象,必须选用合适的方法才能取得良好的评价效果。在选用评价方法之前,应考虑下述几个因素:

①评价的目的。选用评价方法之前,首先必须考虑评价结果是否能达到评价的目的和动机。

②需要的评价结果表现形式,如危险性一览表、潜在事故情景一览表、危险控制措施一览表、危险分级、定量危险分析数值等。

③进行评价时可用的信息资料,如生产活动的技术水平、各种资料的数量和质量、评价对象的复杂程度和规模大小、生产方式、操作方式、固有危险的性质、可能发生的事故类型等。

④评价对象已经显现的危险,如事故历史情况、设备新旧情况、运行状况、使用年限、易损件的更换情况、管理的现状等。

⑤可投入评价的技术人员及其素质、评价费用、完成期限、评价专家和管理人员的知识结构及水平等。

在选择评价方法时,除考虑上述因素外,还要对评价方法可提供的评价结果及其适应范围做进一步分析。实践表明,不同的评价方法适用于对系统寿命期内的不同阶段进行危险评价。表3.6和表3.7分别给出了几种常用评价方法可以提供的评价结果及其适应的阶段。

表 3.6　典型安全评价方法提供的评价结果

评价方法	事故情况	事故频率	事故后果	危险分级
安全检查表	不能	不能	不能	不能
危险指数法	提供	不能	提供	事故后果分级
预先危险性分析	不能	不能	提供	提供
危险性和可操作性研究	提供	提供	提供	事故后果分级
故障模式及影响分析	提供	提供	提供	事故后果分级
事故树分析	提供	提供	不能	事故频率分级
事件树分析	提供	提供	提供	提供
概率评价法	提供	提供	提供	提供
作业条件危险性评价法	提供	提供	提供	提供
安全综合评价法	不能	不能	不能	提供

表 3.7　典型安全评价方法适用情况

评价方法	方案设计	详细设计	工程施工	日常运营	改建扩建	事故调查	拆除退役
安全检查表	√	√	√	√	√		√
危险指数法		√					
预先危险性分析	√	√	√		√		
危险性和可操作性研究			√	√		√	
故障模式及影响分析			√	√			
事故树分析	√	√					
事件树分析			√	√			
概率评价法	√	√					
作业条件危险性评价法			√				
安全综合评价法			√	√			

3.2.2 安全检查表评价法

安全检查表评价法是一种简便易行的评价方法,它根据经验或系统分析的结果,把评价项目自身及周围环境的潜在危险集中起来,列成检查项目的清单,评价时依照清单,逐项检查和评定。该方法虽然简单,效果却很好,各国都颇为重视。例如美国保险公司的安全检查表,美国杜邦公司的过程危险检查表,日本劳动省的安全检查表,以及我国机械工厂安全性评价表、民用航空安全检查表等。

用安全检查表进行安全评价,目前已被国内外广泛采用。为了使评价工作得到关于系统安全程度方面量的概念,开发了许多行之有效的评价计值方法,根据评价计值方法的不同,安全检查表评价法又分为逐项赋值法、加权平均法、单项定性加权记分法以及单项否定计分法。

(1) 逐项赋值法

这种方法应用范围较广。它是针对安全检查表的每一项检查内容,按其重要程度不同,由专家讨论赋予一定的分值。评价时,单项检查完全合格者给满分,部分合格者按规定标准给分,完全不合格者记零分。这样逐项逐条检查评分,最后累计所有各项得分,就得到系统评价总分。根据实际评价得分多少,按标准规定评价系统总体安全等级的高低。

逐项赋值法可由下式表示:

$$m = \sum_{i=1}^{n} m_i \qquad (3.16)$$

式中:m——企业安全评价的结果值;

n——评价项目个数。

例如,某铁路分局制定的快速列车安全动态检查评价标准,其检查表就是这样记分的。该表共计 93 项评价标准,包括车务、电务、机务、车辆、客运、工务、装载、治安和道口、信息处理等内容,每项标准均规定了具体的评价标准和办法,并根据其重要程度规定定额分值。例如,轨检车动态检查消灭Ⅲ级分得 10 分,出现一个Ⅲ级分就为 0 分;在快速列车上用便携式动态检测仪对线路质量进行测试,无Ⅲ级分得 20 分,如出现Ⅲ级分,每一处扣 1 分;登乘快速列车如无严重晃动得 10 分,有严重晃动为 0 分。这样,通过对该分局管内 16 个站段每月逐项逐条定量检查、评分,并累计所有各项得分,最终得出该分局月度快速列车的安全动态评价结论。这一结论,一方面报送路局、分局有关领导,为领导安全管理决策提供数据;另一方面,对各专业部门、有关站段进行通报,为进一步研究、解决安全工作中存在的隐患提供科学依据,使快速列车的安全管理更有科学性、针对性和有效性。

(2) 加权平均法

这种评价计值方法是把企业的安全评价按专业分成若干评价表,所有评价表不管评价条款多少,均按统一记分体系分别评价记分,如 10 分制或 100 分制等,并按照各评价表的内容对总体安全评价的重要程度分别赋予权重系数(各评价表权重系数之和为1)。按各评价表评价所得的分值,分别乘以各自的权重系数并求和,就可得到企业安全评价的结果值,即

$$m = \sum_{i=1}^{n} k_i m_i \quad 且 \quad \sum_{i=1}^{n} k_i = 1 \tag{3.17}$$

式中:m——企业安全评价的结果值;

m_i——按某一评价表评价的实际测量值;

k_i——按某一评价表实际测量值的相应权重系数;

n——评价表个数。

按照标准规定的分数界限,就可确定企业在安全评价中取得的安全等级。

例如,某地铁车站劳动安全检查表按评价范围给出五个检查表,分别是:车间安全生产管理检查表、安全教育与宣传检查表、安全工作应知应会检查表、作业场所情况检查表、安全生产检查和推广安全生产管理新技术检查表。五个检查表均采用100分制计分,各检查表得分的权重系数分别为:0.25,0.15,0.35,0.15,0.1,即

$$k_1=0.25, k_2=0.15, k_3=0.35, k_4=0.15, k_5=0.1$$

如按以上五个检查表评价该车站的实际得分分别为:85,90,75,65,80,即

$$m_1=85, m_2=90, m_3=75, m_4=65, m_5=80$$

则该地铁车站劳动安全评价值为

$$m = \sum_{i=1}^{n} k_i m_i = 78.75$$

若标准规定80分以上为安全级,则可知该地铁车站的安全状况并不令人满意,需要进行整改。此外,加权平均法中权重系数可由统计均值法、二项系数法、两两比较法、环比评分法、层次分析法等方法确定。

(3) 单项定性加权计分法

这种评价计量方法是把安全检查表的所有检查评价项目都视为同等重要。评价时,对检查表中的几个检查项目分别给以"优"、"良"、"可"、"差"或"可靠"、"基本可靠"、"基本不可靠"、"不可靠"等定性等级的评价,同时赋予不同定性等级以相应的权重值,累计求和,得实际评价值,即

$$S = \sum_{i=1}^{n} w_i k_i \tag{3.18}$$

式中:S——实际评价值;

n——评价等级数;

w_i——评价等级的权重;

k_i——取得某一评价等级的项数和。

例如,评价某运输企业安全状况所用的安全检查表共120项,按"优"、"良"、"可"、

"差"评价各项。四种等级的权重分别为
$$w_1=4, w_2=3, w_3=2, w_4=1$$
评价结果为:56 项为"优",30 项为"良",24 项为"可",10 项为"差",即
$$k_1=56, k_2=30, k_3=24, k_4=10$$
因此,该运输企业的安全评价值为
$$S=\sum_{i=1}^{n} w_i k_i = 372$$
对于这种评价计分情况,其最高目标值,即 120 项评价结果均为"优"时的评价值为
$$S_{\max}=4\times120=480$$
最低目标值,即 120 项评价结果均为"差"时的评价值为
$$S_{\min}=1\times120=120$$
也就是说,该运输企业的安全评价值介于 120~480 之间,可将 120~480 分成若干档次以明确该铁路分局经安全评价所得到的安全等级。

将实际评价值除以评价项数和,便可知道该单位的安全状况,总体平均是处于"优"、"良"之间,还是"良"、"可"之间,或是"可"、"差"之间,即
$$\frac{372}{120}=3.1$$
因 3<3.1<4,可知评价结果介于"优"、"良"之间。

(4) 单项否定计分法

一般这种方法不单独使用,而仅适用于企业系统中某些具有特殊危险而又非常敏感的具体系统,如煤气站、锅炉房、起重设备等。这类系统往往有若干危险因素,其中只要有一处处于不安全状态,就有可能导致严重事故的发生。因此,把这类系统安全评价表中的某些评价项目确定为对该系统安全状况具有否决权的项目,这些项目中只要有一项被判为不合格,则视为该系统总体安全状况不合格。这种方法已在机械工厂和核工业设施以及铁路运输企业的安全评价中采用。

3.2.3 作业条件危险性评价法

作业条件危险性评价法是一种简便易行的衡量人们在某种具有潜在危险的环境中作业的危险性的半定量评价方法。它是由美国安全专家格雷厄姆和金尼提出的。该方法以与系统风险率有关的三种因素指标值之积来评价系统人员伤亡风险的大小,并将所得作业条件危险性数值与规定的作业条件危险性等级相比较,从而确定作业条件的危险程度。众所周知,作业条件的危险性大小取决于三个因素:发生事故的可能性大小(L),人体暴露在这种危险环境中的频繁程度(E),一旦发生事故可能会造成的损失后果(C)。

但是,要获得这三个因素的科学准确的数据却是相当繁琐的过程。为了简化评价过程,采取了半定量计值法,给三种因素的不同等级分别确定不同的分值,然后,以三个

分值的乘积 D 来评价作业条件危险性的大小,即

$$D = L \cdot E \cdot C \tag{3.19}$$

D 值大,说明该系统危险性大,需要增加安全措施,减少发生事故的可能性,或者降低人体暴露的频繁程度,或者减轻事故损失,直至调整到允许范围。

三种因素的不同等级取值标准和危险性大小的范围划分可参照表 3.8~表 3.11 所示。

表 3.8 发生事故的可能性(L)

分数值	事故发生的可能性
10	完全可以预料
6	相当可能
3	可能,但不经常
1	可能性小,完全意外
0.5	很不可能,可以设想
0.2	极不可能
0.1	实际上不可能

表 3.9 暴露于危险环境的频繁程度(E)

分数值	暴露于危险环境的频繁程度
10	连续暴露
6	每天工作时间内暴露
3	每周一次,或偶然暴露
2	每月一次暴露
1	每年几次暴露
0.5	非常罕见的暴露

表 3.10 发生事故可能会造成的损失后果(C)

分数值	发生事故可能会造成的损失后果
100	大灾难,许多人死亡
40	灾难,数人死亡
15	非常严重,一人死亡
7	严重,躯干致残
3	重大,手足伤残
3	较大,受伤较重
1	较小,轻伤

表 3.11 危险等级划分(D)

分数值	危险程度
>320	极其危险,停产整改
160~320	高度危险,立即整改
70~160	显著危险,及时整改
20~70	一般危险,需要观察
<20	稍有危险,注意防止

对于任何有人作业的具体系统,都可以按照实际情况选取三种因素的分数值,然后计算 D 值,根据 D 值大小,可以判定系统的危险程度高低。

例如,某平交道口工作人员接车时,有时会被列车、汽车撞伤,或被列车坠落物件打伤。从以前 10 年的事故统计资料看,无一人死亡,轻伤仅发生两件。作业时间为每天工作 8 h。为了评价该道口岗位作业条件的危险性,首先要确定每种因素的分数值:

①事故发生的可能性(L):属于"可能性小,完全意外",$L=1$。
②暴露于危险环境的频繁程度(E):道口工每天都在这样条件下操作,$E=6$。
③发生事故可能会造成的损失后果(C):轻伤,$C=1$。
于是有

$$D = L \cdot E \cdot C = 6 < 20$$

可知,该道口岗位作业条件的危险性等级为"稍有危险,注意防止"。

这种评价方法的特点是简便,可操作性强,有利于掌握企业内部危险点的危险情

况,有利于促进整改措施的实施。问题是三种因素中事故发生的可能性只有定性概念,没有定量标准。评价实施时很可能在取值上因人而异,影响评价结果的准确性。对此,可在评价开始之前确定定量的取值标准。如"完全可以预料"是平均多长时间发生一次,"相当可能"为多长时间一次等等。这样,就可以按统一标准评价系统内各子系统的危险程度。

3.2.4 概率安全评价法

概率安全评价(Probability Safety Assessment,PSA)也称概率风险评价(Probability Risk Assessment,PRA),它是一种定量安全评价方法。此法先求出系统发生事故的概率(使用故障模式及影响和致命度分析、事故树定量分析、事件树定量分析等方法),然后结合事故后果严重度的估计进一步计算风险,以风险大小确定系统的安全程度,以此衡量系统的危险程度是否超过可接受的安全标准,以便决定是否需要采取相应的安全措施,使其达到社会所公认的安全水平。

概率安全评价的标准是风险,即单位时间系统可能承受损失的大小,它综合了事故发生的概率和造成后果的严重度两个方面因素。事故发生概率是单位时间内事故发生的可能性,损失严重度是指发生一次事故损失的大小。如果事故发生的概率很小,即使后果严重,风险也不会很大;如果事故发生的概率很大,而每次事故的后果却不严重,那么风险同样也不会很大。因此,风险可以定义为

$$R = S \cdot P \tag{3.20}$$

式中:R——风险,事故损失/单位时间;

S——损失严重度,事故损失/事故次数;

P——事故发生概率(频率)。

由于受系统复杂程度及数据源的限制,计算事故发生概率相当困难,往往用事故发生频率来近似概率。因此,可用一定时间内事故发生的次数来表示概率 P。

损失严重度表示发生一起事故所造成的损失数值,包括直接损失和间接损失两部分。直接损失包括清理事故所发生的工资,设备修复、报废的费用,以及支付旅客和货主的赔偿费等;间接损失包括停工、减产、工作损失、资源损失、环境污染处理等损失。系统可能承受的损失可以是人员伤亡、经济损失或工作日的损失。因此,损失严重度可以表示为:死亡人数/事故次数,损失工作日数/事故次数,经济损失价值/事故次数等。于是

$$R = P \cdot S = \begin{cases} \dfrac{死亡人数}{事故次数} \times \dfrac{事故次数}{单位时间} = \dfrac{死亡人数}{单位时间} \\ \dfrac{损失工作日数}{事故次数} \times \dfrac{事故次数}{单位时间} = \dfrac{损失工作日数}{单位时间} \\ \dfrac{经济损失价值}{事故次数} \times \dfrac{事故次数}{单位时间} = \dfrac{经济损失价值}{单位时间} \end{cases} \tag{3.21}$$

可见,风险 R 可用单位时间的死亡人数、单位时间的损失工作日数以及单位时间

的经济损失价值来表示。考虑人的生命是最宝贵的,而经济损失统计的困难,目前国际上经常采用单位时间死亡率来进行系统安全评价。

3.2.5 安全综合评价

对指标体系的安全综合评价方法,称为多指标安全综合评价法,它是把多个描述被评价对象不同方面且量纲不同的定性和定量指标,转化为无量纲的评价值,并综合这些评价值以得出对该评价对象的一个整体评价。多指标安全综合评价法具有多指标、多层次特性,能较好地处理大型复杂系统的安全评价问题,因而得到了广泛的应用。

一般来说,构成综合评价问题的要素有:

(1) 被评价对象

交通运输安全综合评价的对象可以是铁路运输系统、公路运输系统、航空运输系统、水运运输系统,也可以是某种运输方式的子系统,例如铁路运输站(段)、航空公司、民用机场、城市交通等。同一类被评价对象的个数要大于1(不同被评价对象进行比较)或等于1(识别某被评价对象的安全薄弱环境,其下层指标数大于1)。

(2) 评价指标

各系统的安全状况可用一系列评价指标表示,每个评价指标都从不同的侧面刻画系统的安全状况。

(3) 权重系数

相对于某种安全评价目的来说,评价指标之间的相对重要性是不同的。评价指标之间的这种相对重要性的大小,可用权重系数来刻画。若 w_j 是评价指标 $x_j(j=1,2,\cdots,m)$ 的权重系数。一般应有

$$w_j \geqslant 0 \quad (j=1,2,\cdots,m)$$
$$\sum_{j=1}^{m} w_j = 1 \tag{3.22}$$

很显然,当被评价对象及评价指标(值)都给定时,综合评价(或对各被评价对象进行排序)的结果就依赖于权重系数了,即权重系数确定得合理与否,关系到综合评价结果的可信任度。因此,对权重系数的确定应特别谨慎。

(4) 综合评价模型

所谓多指标(或多属性)安全综合评价,是指通过一定的数学模型(或算法)将多个评价指标值"合成"为一个整体性的安全综合评价值。可用于"合成"的数学方法较多,问题在于如何根据评价目的(或准则)及被评价系统的特点来选择较为合适的合成方法。也就是说,在获得 n 个系统的安全评价指标值 $\{x_{ij}\}(i=1,2,\cdots,n;j=1,2,\cdots,m)$ 的基础上,尚需选用或构造综合评价函数

$$y = f(w, x) \tag{3.23}$$

式中 $w=(w_1,w_2,\cdots,w_m)^T$ 为指标权重向量,$x=(x_1,x_2,\cdots,x_m)^T$ 为被评价对象(系统)的状态向量(评价指标值)。

由式(3.23)可求出各评价对象(系统)的安全综合评价值
$$y_i = f(w, x_i) \tag{3.24}$$
式中 $x_i = (x_{i1}, x_{i2}, \cdots, x_{in})^T$ 为第 $i(i=1,2,\cdots,n)$ 个系统的状态向量。

根据 y_i 值的大小(或由小到大或由大到小),将这 n 个系统进行排序或分类。同时,也可将 y_i 值与既定的安全目标值进行判断比较,确定被评价对象(系统)的危险程度,以便采取相应的安全措施。

指标体系的建立、指标评价值和权重系数以及评价模型的确定是安全综合评价的关键。只有解决好上述问题,才能得到较为切合实际的安全评价结果。

1) 指标体系的建立

(1) 指标体系建立的原则

安全评价的核心问题是确定评价指标体系。指标体系是否科学、合理,直接关系到安全评价的质量。为此,指标体系必须科学、客观、合理、尽可能全面地反映影响系统安全的所有因素。但是,要建立一套既科学又合理的安全评价指标体系却是一个非常困难的问题。为此必须按照一定的原则去分析和判断,才有可能较好地解决这一难题。

①目的性原则

指标体系要紧紧围绕改进系统安全这一目标来设计,并由代表系统安全各组成部分的典型指标构成,多方位、多角度地反映系统的安全水平。

②科学性原则

指标体系结构的拟定、指标的取舍、公式的推导等都要有科学的依据。只有坚持科学性的原则,获取的信息才具有可靠性和客观性,评价的结果才具有可信性。

③系统性原则

指标体系要包括系统安全所涉及的众多方面,使其成为一个系统:

a. 相关性——要运用系统论的相关性原理不断分析,而后,组合设计安全评价指标体系。

b. 层次性——指标体系要形成阶层性的功能群,层次之间要相互适应并具有一致性,要具有与其相适应的导向作用,即每项上层指标都要有相应的下层指标与其相适应。

c. 整体性——不仅要注意指标体系整体的内在联系,而且要注意整体的功能和目标。

d. 综合性——指标体系的设计不仅要有反映事故状况的指标,更重要的是要有反映隐患的指标,事前与事后综合,不同时期(历史、现状、将来)综合才能更为客观和全面。

④可操作性原则

指标的设计要求概念明确、定义清楚,能方便地采集数据与收集情况,要考虑现行科技水平,并且有利于系统安全的改进。而且,指标的内容不应太繁太细,不应过于繁杂和冗长,否则会给评价工作带来不必要的麻烦。

⑤时效性原则

指标体系不仅要反映一定时期系统安全的实际情况,而且还要跟踪其变化情况,以便及时发现问题,防患于未然。此外,指标体系应随着社会价值观念的变化而不断调整,否则,可能会因不合时宜而导致决策失误或非优。

⑥政令性原则

指标体系的设计要体现我国安全生产的法律、方针和政策,以便通过评价,引导运输企业贯彻执行"安全第一,预防为主"的方针以及部门安全生产的规章制度。

⑦突出性原则

指标的选择要全面,但应该区别主次、轻重,要突出当前带全局性而又极为关键的安全问题,以保证重点和集中力量控制住那些发生频率高、后果严重的事件。

⑧可比性原则

指标体系中同一层次的指标,应该满足可比性原则,即具有相同的计量范围、计量口径和计量方法,指标取值宜采用相对值,尽可能不采用绝对值。这样使得指标既能反映实际情况,又便于比较优劣,查明安全薄弱环节。

⑨定性与定量相结合的原则

指标体系的设计应当满足定性与定量相结合的原则,亦即在定性分析的基础上还要进行量化处理。只有通过量化,才能较为准确地揭示事物的本来面目。对于缺乏统计数据的定性指标,可采用评分法,利用专家意见近似实现其量化。

(2)指标体系的结构

指标体系的结构,是指形成指标组合的逻辑关系和表达形式结构。依靠科学的结构,分散的指标才能排列组合成系统,真实地描述系统安全的安全状况。

由于安全与事故是对立的,但事故并非不安全的全部内容,事故只是在安全与不安全一对矛盾斗争过程中某些瞬间突变结果的外在表现形式。在"无事故"的背后,可能还有许多违章、冒险、故障(缺陷)等不安全因素存在,只是未出事故罢了。因此,单纯的事故指标并不足以表征系统的全部安全状况。

隐患指标是从系统的整体出发,对系统的人员、设备、环境、管理等进行的安全综合评价。隐患指标充分体现了事前安全的思想,即预防事故在其发生之前。隐患指标由于综合考虑了影响系统安全的所有因素,可以较为全面地反映系统的潜在危险性。但是,由于人们在安全问题认识上的局限性与滞后性,在指标的设置、指标的计量以及对指标重要性的认识等方面难以完全做到科学和客观。换言之,隐患指标虽然在理论上可以较为全面地反映系统的安全性,但在实际应用过程中难免存在偏差,因而必须要以表征系统运行特性的事故指标作为基础。

事故指标与隐患指标相结合,既考察了系统在一定时期内实际安全绩效,又考察了系统要素及其组合中的安全隐患,可以避免单用一类指标评价的片面性,能够较为全面正确地反映系统的安全状况。

根据上述分析,建立人—机—环境系统安全综合评价指标体系如图3.20所示。其中各类指标均具有如图3.21所示的递阶层次结构模型。

3 交通运输安全分析与评价

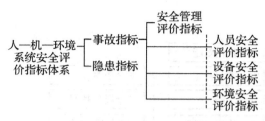

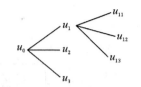

图 3.20 人—机—环境系统安全评价指标体系　　图 3.21 指标体系递阶层次结构

例如,根据上述建立指标体系的九条原则,可以建立事故与隐患指标相结合的铁路运输安全保障系统安全评价指标体系,如图 3.22～图 3.27 所示。

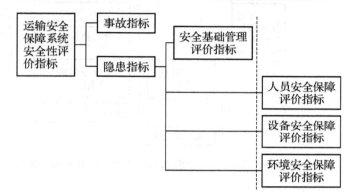

图 3.22 铁路运输安全保障系统安全性评价指标体系

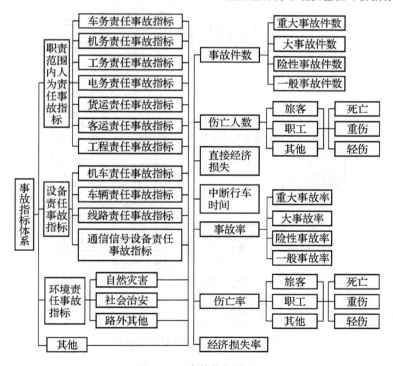

图 3.23 事故指标体系

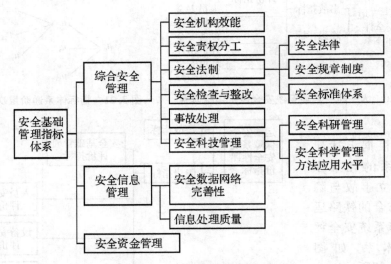

图 3.24 安全总体管理指标体系

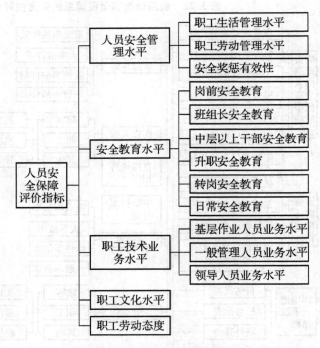

图 3.25 人员安全保障评价指标

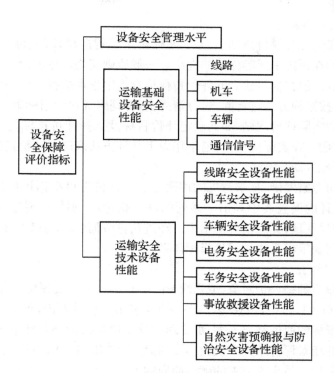

图 3.26　设备安全保障评价指标

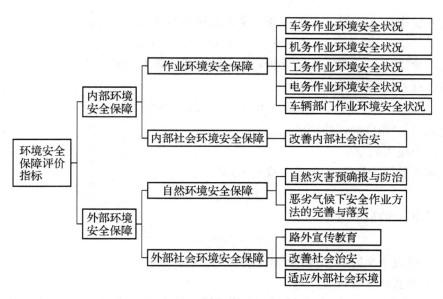

图 3.27　环境安全保障评价指标

（3）评价指标的筛选

在实际的安全综合评价活动中，并非是评价指标越多越好，但也不是越少越好，关键在于评价指标在评价中所起作用的大小。一般原则应是以尽可能少的"主要"评价指标用于实际评价。但在初步建立的评价指标集合当中也可能存在着一些"次要"的评价指标，这就需要按某种方法进行筛选，分清主次，合理组成评价指标集。

对于具体的实际评价问题，如何确定评价目标及选择评价指标是一个很重要的问题，应该慎重考虑。在实际应用中，通常用以下几种方法来进行评价指标的筛选：

①专家调研法（Delphi）

这是一种向专家发函、征求意见的调研方法。评价者可根据评价目标及评价对象的特征，在所设计的调查表中列出一系列的评价指标，分别征询专家对评价指标的意见，然后进行统计处理，并反馈咨询结果。经过几轮咨询后，如果专家意见趋于集中，则由最后一次咨询确定出具体的评价指标体系。

②最小均方差法

对于 n 个取定的被评价对象（或系统）$s_1,s_2,\cdots,s_n$，每个被评价对象都可用 m 个指标的观测值 $x_{ij}(i=1,2,\cdots,n;j=1,2,\cdots,m)$ 来表示。容易看出，如果 n 个被评价对象关于某项评价指标的取值都差不多，那么尽管这个评价指标是非常重要的，但对于这 n 个被评价对象的相对评价结果来说，它并不起什么作用。因此，为了减少计算量就可以删除这个评价指标。最小均方差的筛选原则如下：

$$s_j \sqrt{\frac{1}{n}\sum_{i=1}^{m}(x_{ij}-\overline{x_j})^2} \quad (j=1,2,\cdots,m) \tag{3.25}$$

为评价指标 x_j 的按 n 个被评价对象取值构成的样本均方差，其中

$$B = A \cdot R = (b_1, b_2, \cdots, b_n) \tag{3.26}$$

为评价指标 x_j 的按 n 个被评价对象取值构成的样本均值。

若存在 $k_0(1 \leqslant k_0 \leqslant m)$，使得

$$s_{k_0} = \min_{1 \leqslant j \leqslant m}\{s_j\} \quad \text{且} \quad s_{k_0} \approx 0 \tag{3.27}$$

则可删除与 s_{k_0} 相应的评价指标 x_{k_0}。

③极小极大离差法

先求出各评价指标 x_j 的最大离差 r_j，即

$$r_j = \max_{1 \leqslant i,k \leqslant n}\{|x_{ij}-x_{kj}|\} \tag{3.28}$$

再求出 r_j 的最小值，即

$$r_0 = \min_{1 \leqslant j \leqslant m}\{r_j\} \tag{3.29}$$

当 r_0 接近于零时，则可删除与 r_0 相应的评价指标。

2）基础指标评价值的确定

基础评价指标即评价指标体系中不能再进一步分解的指标，可分为定性基础评价指标和定量基础评价指标，简称定性指标和定量指标。因此，基础指标评价值的确定可

分为两部分,即定性指标评价值的确定和定量指标评价值的确定。

(1) 定性指标评价值的确定

对于定性指标,指标值具有模糊和非定量化的特点,很难用精确数字来表示,只能采用模糊数学的方法对模糊信息进行量化处理。常用的方法有实验统计法、专家评分法等。下面对实验统计法作一介绍。

请一组专家进行试验,每一人次试验是要在表格中打勾,且对每个指标仅打一个勾(即每行打一个勾),如表 3.12 所示。最后统计出各个格子中打勾的频率,得到专家组对于每个指标的评判结果。例如,请 100 位专家对"安全管理"进行评判,分别有 50、30、10、5、5 人的评判为"很好"、"较好"、"一般"、"较差"、"很差",则对"安全管理"这一指标的评判为(0.5,0.3,0.1,0.05,0.05)。最后,将各个定性指标评判结果综合成评判矩阵

$$R=(r_{ij})_{m\times n} \tag{3.30}$$

式中:m——评判等级数;

n——定性评价指标个数。

同时赋予不同定性等级以相应的权重系数

$$A=(a_1,a_2,\cdots,a_m) \tag{3.31}$$

于是得到 n 个定性指标的评价值

$$B=A \cdot B=(b_1,b_2,\cdots,b_n) \tag{3.32}$$

等级比重法的最大特点是简单、方便、实用,但精确度不高。

表 3.12 等级比较统计表

	很好	较好	一般	较差	很差
指标 1		√			
指标 2				√	
⋮					
指标 n	√				

(2) 定量指标评价值的确定

定量指标即可量化指标,它可以通过一定的技术测量手段确定其量值。由于定量指标的计量单位各不相同,不具有可比性。因此,在确定指标实际值之后,还必须解决指标间的可综合性问题,即进行评价指标类型的一致化和评价指标的无量纲化处理。

① 评价指标类型的一致化

一般来说,指标 $x_1,x_2,\cdots,x_n$ 中,可能含有"极大型"指标、"极小型"指标、"居中型"指标和"区间型"指标。对于某些定量指标(如客运量、货运量、安全天数等),我们自然期望它们的取值越大越好,这类指标称之为极大型指标;而对于诸如事故件数、伤亡人数、经济损失、事故率等一类指标,我们自然期望它们的取值越小越好,这类指标称之为

极小型指标;诸如机动车保有量、道路里程等指标,我们既不期望它们的取值越大越好,也不期望它们的取值越小越好,而是期望它们的取值越居中越好,我们称这类指标为居中型指标;而区间型指标是期望其取值以落在某个区间内为最佳的指标。根据指标的不同类型,对指标集 $X=\{x_1,x_2,\cdots,x_n\}$ 可作如下划分,即令

$$X=\bigcup_{i=1}^{4}X_i \quad 且 \quad X_i\cap X_j=\Omega(i\neq j \text{ 且 } i,j=1,2,3,4) \tag{3.33}$$

式中:$X_i(i=1,2,3,4)$——分别为极大型指标集、极小型指标集、居中型指标集和区间型指标集;

Ω——空集。

若指标 $x_1,x_2,\cdots,x_n$ 中既有极大型指标、极小型指标,又有居中型指标或区间型指标,则在对系统进行综合评价之前,需对评价指标的类型作一致化处理。否则,就无法定性地判断综合评价值是否取值越大越好,或是取值越小越好,或是取值越居中越好。因此,也就无法根据综合评价值的大小来评价系统安全状况的优劣,也就无法比较各评价对象的优劣。

对于极小型指标 x,令

$$x^*=M-x \quad 或 \quad x^*=\frac{1}{x}(x>0) \tag{3.34}$$

式中:M——指标 x 的一个允许上界。

对于居中型指标 x,令

$$x^*=\begin{cases}\dfrac{2(x-m)}{M-m} & \left(m\leqslant x\leqslant \dfrac{M+m}{2}\right)\\ \dfrac{2(M-x)}{M-m} & \left(\dfrac{M+m}{2}\leqslant x\leqslant M\right)\end{cases} \tag{3.35}$$

式中:m——指标 x 的一个允许下界;

M——指标 x 的一个允许上界。

对于区间型指标 x,令

$$x^*=\begin{cases}1.0-\dfrac{q_1-x}{\max\{q_1-m,M-q_2\}} & (x<q_1)\\ 1.0 & \\ 1.0-\dfrac{x-q_2}{\max\{q_1-m,M-q_2\}} & x>q_2\end{cases} \tag{3.36}$$

式中:$[q_1,q_2]$——指标 x 的最佳稳定区间;

M,m——分别为指标 x 的允许上、下界。

这样,非极大型评价指标 x 便可转变为极大型指标了。同理,也可将所有指标均转化为极小型指标或区间型指标。

②评价指标的无量纲化

为了尽可能地反映实际情况,排除由于各项指标的单位不同及其数值数量级间的

悬殊差别所带来的影响,避免不合理现象的发生,需要对评价指标作无量纲化处理。

无量纲化,也叫做指标数据的标准化、规范化,它是通过数学变换来消除原始指标单位影响的方法。从本质上讲,指标无量纲化过程也就是求解隶属函数的过程,各种无量纲化公式,也就是指标的隶属函数。求定量指标隶属度的无量纲化方法多种多样,应根据各个指标本身的性质确定其隶属函数公式,但依次确定每个指标隶属函数关系式非常困难。为简单起见,可选择直线型无量纲化方法来解决定量指标间的可综合性问题。常用的方法有"标准化法"、"极值法"和"功效系数法"。

a. 标准化法

取
$$x_{ij}^* = \frac{x_{ij} - \overline{x_j}}{s_j} \tag{3.37}$$

式中:$\overline{x_j}$、$s_j(j=1,2,\cdots,n)$——分别为第 j 项指标观测值的平均值和均方差;

x_{ij}——有量纲指标实际值;

x_{ij}^*——无量纲指标评价值。

显然,x_{ij}^* 的平均值和均方差分别为 0 和 1,x_{ij} 称为标准观测值。

b. 极值法

如果令 $M_j = \max_i \{x_{ij}\}$,$m_j = \min_i \{x_{ij}\}$,则

$$x_{ij}^* = \frac{x_{ij} - m_j}{M_j - m_j} \tag{3.38}$$

是无量纲的,且 $x_{ij}^* \in [0,1]$。

特别地,当 $m_j = 0(j=1,2,\cdots,n)$ 时,有

$$x_{ij}^* = \frac{x_{ij}}{M_j} \quad (x_{ij}^* \in [0,1]) \tag{3.39}$$

不失一般性,当评价值取值属于 [0,100] 时,对于极大性、极小性和居中型指标,其无量纲化公式为

极大型指标

$$x_{ij}^* = \begin{cases} 100 & x_{ij} \geqslant M_j \\ 100 \times \dfrac{x_{ij} - m_j}{M_j - m_j} & m_j < x_{ij} < M_j \\ 0 & x_{ij} \leqslant m_j \end{cases} \tag{3.40}$$

极小型指标

$$x_{ij}^* = \begin{cases} 100 & x_{ij} \leqslant m_j \\ 100 \times \dfrac{M_j - x_{ij}}{M_j - m_j} & m_j < x_{ij} < M_j \\ 0 & x_{ij} \geqslant M_j \end{cases} \tag{3.41}$$

适中型指标

$$x_{ij}^* = \begin{cases} 100 \dfrac{x_{ij}-m_j}{x_{m_j}-m_j} & m_j < x_{ij} < x_{m_j} \\ 100 \times \dfrac{M_j - x_{ij}}{M_j - x_{m_j}} & x_{m_j} < x_{ij} < M_j \\ 0 & x_{ij} \leqslant m_j, x_{ij} \geqslant M_j \end{cases} \qquad (3.42)$$

式中：x_{m_j}——适中型指标的固定值，$m_j \leqslant x_{m_j} \leqslant M_j$。

c. 功效系数法

分别令

$$x_{ij}^* = c + \frac{x_{ij}-m_j}{M_j - m_j} \cdot d \qquad (3.43)$$

式中：M_j, m_j——分别为指标 x_j 的满意值和不允许值；

c, d——均为已知正常数，c 的作用是对变换后的值进行"平移"，d 的作用是对变换后的值进行"放大"或"缩小"，通常取 $c=60, d=40$。

即

$$x_{ij}^* = 60 + \frac{x_{ij}-m_j}{M_j - m_j} \times 40 \quad (x_{ij}^* \in [60, 100]) \qquad (3.44)$$

上述公式中，$x_{ij}(i=1,2,\cdots,m; j=1,2,\cdots,n)$ 均假定为极大型指标的观测值。

在评价模型、评价指标和权重系数、指标类型的一致化方法都已取定的情况下，应选择能尽量体现被评价对象之间差异的无量纲化方法，即选择使综合评价值的离差平方和最大的无量纲化方法。

3）指标体系的赋权处理

众所周知，指标体系中各评价指标对系统安全的贡献大小和重要程度不同，对评价指标间的这种差异可通过赋以不同权重值的办法表示。如何确定权重系数，是综合评价的核心问题。权重系数的确定方法有很多，常用的方法有集值迭代法、层次分析法、G1法和G2法等。其中，层次分析法较为常用。

层次分析法（简称AHP）是美国运筹学家萨提（Satty）于20世纪70年代中期提出的一种实用的决策方法。其基本过程为：首先将复杂问题分解成递阶层次结构，然后将下一层次的各因素相对于上一层次的各因素进行两两比较判断，构造判断矩阵，通过对判断矩阵的计算，进行层次单排序和一致性检验，最后进行层次总排序，得到各因素的组合权重，并通过排序结果分析和解决问题。它可以对非定量事物做定量分析，对人们的主观判断作客观描述。运用AHP确定权重，大体可分为以下四个步骤：

（1）建立递阶层次结构

首先把问题条理化、层次化，构造出一个层次分析的结构模型。同一层次的元素对下一层次的某些元素起支配作用，同时它又受上下层次元素的支配。

递阶层次结构中的层次数与问题的复杂程度及需要分析的详尽程度有关，一般来说可以不受限制。一个好的层次结构对于解决问题是极为重要的，因而层次结构必须建立在深入分析的基础上。

(2) 构造判断矩阵

对于递阶层次结构中各层上的元素可以依次相对于与之有关的上一层元素,进行两两比较,从而建立一系列的判断矩阵。判断矩阵 $A=(a_{ij})_{n\times n}$ 具有下述性质:

$$a_{ij}>0, a_{ij}=1/a_{ji}, a_{ii}=1 \quad (i,j=1,2,\cdots,n) \tag{3.45}$$

其中,$a_{ij}(i,j=1,2,\cdots,n)$ 代表元素 U_i 与 U_j 相对于其上一层元素重要性的比例标度。判断矩阵的值反映了人们对各因素相对重要性的认识,一般采用 1~9 比例标度对重要性程度赋值。标度及其含义如表 3.13 所示。

表 3.13 判断矩阵标度及其含义

标度	含 义
1	表示两个元素相比,具有同等重要性
3	表示两个元素相比,前者比后者稍微重要
5	表示两个元素相比,前者比后者明显重要
7	表示两个元素相比,前者比后者强烈重要
9	表示两个元素相比,前者比后者极端重要
2,4,6,8	表示上述相邻判断的中间值
倒数	若元素 i 与元素 j 的重要性之比为 a_{ij},那么元素 j 与元素 i 重要性之比为 $a_{ji}=1/a_{ij}$

(3) 计算单一准则下元素的相对权重并进行一致性检验

设判断矩阵 A 的最大特征根为 $\lambda_{\max}$,其相应的特征向量为 W,解判断矩阵 A 的特征根问题:

$$AW=\lambda_{\max}W \tag{3.46}$$

所得 W 经归一化后,即为同一层次相应元素对于上一层次某一因素相对重要性的权重向量。

由于客观事物的复杂性以及人们对事物认识的模糊性和多样性,所给出的判断矩阵不可能完全保持一致,有必要进行一致性检验,计算一致性指标 CI:

$$CI=\frac{\lambda_{\max}-n}{n-1} \tag{3.47}$$

式中:n——判断矩阵阶数。

若随机一致性比率 $CR=CI/RI<0.10$,则判断矩阵具有满意的一致性,否则需要调整判断矩阵的元素取值。随机一致性指标 RI 取值见表 3.14。

表 3.14 平均随机一致性指标 RI 取值

n	1	2	3	4	5	6	7	8	9	10
RI	0.00	0.00	0.58	0.90	1.12	1.24	1.32	1.41	1.45	1.49

(4) 计算组合权重及一致性检验

计算组合权重是指计算同一层次所有因素对于最高层因素相对重要性的权重。若

上一层次 A 含有 m 个因素 $A_1, A_2, \cdots, A_m$，其组合权值为 $a_1, a_2, \cdots, a_m$，下一层次 B 包含 n 个因素 $B_1, B_2, \cdots, B_n$，它们对于因素 A_j 的相对权值分别为 $b_{1j}, b_{2j}, \cdots, b_{nj}$（当 B_i 与 A_j 无关时，$b_{ij}=0$），此时 B 层因素的组合权重由表 3.15 给出。

表 3.15 组合权重计算表

层次 A 层次 B	A_1 a_1	A_2 a_2	$\cdots$	A_m a_m	B 层组合权重
B_1	b_{11}	b_{12}	$\cdots$	b_{1m}	$\sum_{j=1}^{m} a_j b_{1j}$
B_2	b_{21}	b_{22}	$\cdots$	b_{2m}	$\sum_{j=1}^{m} a_j b_{2j}$
$\vdots$	$\vdots$	$\vdots$	$\vdots$	$\vdots$	$\vdots$
B_n	b_{n1}	b_{n2}	$\cdots$	b_{nm}	$\sum_{j=1}^{m} a_j b_{nj}$

此外，还需要进行递阶层次组合判断的一致性检验，该步也是从上到下逐层进行的。在 B 层某些因素相对于 A_j 的层次单排序一致性指标为 CI_j，相应的平均随机一致性指标为 RI_j，则 B 层随机一致性比率为

$$CR = \frac{\sum_{j=1}^{m} a_j CI_j}{\sum_{j=1}^{m} a_j RI_j} \tag{3.48}$$

当 $CR < 0.10$ 时，认为 B 层组合判断具有满意的一致性；否则，需要重新调整判断矩阵的因素取值。

4) 安全综合评价

(1) 综合评价的数学模型

在确定了指标体系基础指标评价值及指标体系权系数之后，还要根据指标体系特点确定各级指标的合成方法，亦即将各级下层指标值复合成上层指标值的计算方法。可用于安全综合评价的合成方法很多，主要有加法合成法、乘法合成法、加乘混合法、代换法等。

① 线性加权综合法(或称加法合成法、加权线性和法)

基本公式为

$$y = \sum_{j=1}^{n} w_j x_j \tag{3.49}$$

$$\sum_{j=1}^{n} w_j = 1 \quad (0 \leqslant w_j \leqslant 1, j=1,2,\cdots,n)$$

式中：y——安全综合评价值；

w_j——指标 x_j 相应的权重系数；

n——指标个数。

加法合成具有下述特点：

a. 在加法合成中，由于综合运算采用"和"的方式，其现实关系应是"部分之和等于总体"，因而加权线性和法比较适合于各评价指标值对综合评价值的贡献彼此独立的场合。

b. 加法合成的各评价指标间具有线性补偿作用，即某些指标评价值的下降，可以由另一些指标评价值的提高来补偿，因而这种方法对指标评价值变动反应不太敏感。

c. 加法合成突出了评价值较大且权数较大的指标的作用，因此，加法合成比较接近于主因素突出型的评价合成方法。

d. 加法合成计算简单，便于推广普及。正因为如此，该方法得到了广泛的应用。但任何方法均有其适用范围，加法合成也不例外。如果只从简易性考虑，不加选择地随意使用加法合成，则必然会导致综合评价结果失真的现象。

由于加法合成具有很强的"互补性"和"一俊遮百丑"的突出特征，会诱导被评价对象"走捷径"、"想奇招"，设法提高综合评价值，从而导致系统畸形发展。

②非线性加权综合法（或称乘法合成法）

计算公式为

$$y = \prod_{j=1}^{n} x_j^{w_j} \quad (x_j > 0) \tag{3.50}$$

$$\sum_{j=1}^{n} w_j = 1 \quad (0 \leqslant w_j \leqslant 1, j = 1, 2, \cdots, n)$$

乘法合成具有下述特点：

a. 乘法合成适用于各评价指标间强烈相关的场合。

b. 在乘法合成中，指标权数的作用不如加法合成明显。对乘法合成公式作对数变换，得

$$\lg y = \sum_{j=1}^{n} w_j \lg x_j \tag{3.51}$$

可见，乘法合成中，权数是指标评价值对数的倍数；而在加法合成中，权数是指标评价值的倍数。显然，权数的作用在加法合成中更突出一些。

c. 乘法合成强调被评价对象各指标评价值的一致性，它要求被评价对象的各个指标间彼此差异较小，任何一方都不能偏废，只有当各指标评价值保持接近相等的水平时，其整体功能取得最大值。

d. 乘法合成的结果突出了指标评价值中较小数的作用，这是由积式运算的性质所决定的。

e. 乘法合成对指标值变动的反应比加法合成更敏感。因此，乘法合成更有助于体现各评价对象间的差异。

③加乘混合法

将加法和乘法两种方法混合在一起，可以得到两者兼顾的方法。加乘混合法兼有加法合成和乘法合成两种方法的特点，适用范围比加法和乘法更广一些。

④代换法

计算公式为

$$y = 1 - \prod_{j=1}^{n}(1-x_j) \quad (0 \leqslant x_j \leqslant 1) \tag{3.52}$$

在代换法中，指标间补偿作用远比加法合成充分，不管其他评价指标取值如何，只要有一个评价指标值达到最高水平，整个综合评价值便达到最高水平，这是一种类似于主因素决定型的评价合成方法。由于多指标综合评价不仅要求评价的整体性，而且要求评价的全面性，因此代换法在实质上有悖于综合评价的本质，除非较特殊的场合，否则不宜选用。

⑤理想点法

设定一个理想的系统或样本点为$(x_1^*, x_2^*, \cdots, x_n^*)$，如果被评价对象$(x_{i1}, x_{i2}, \cdots, x_{in})$与理想系统在某种意义上非常接近，则称系统$(x_{i1}, x_{i2}, \cdots, x_{in})$是最优的。基于这种思想所得出的综合评价方法，称为逼近样本点或理想点的排序方法，简称为理想点法。

被评价对象$(x_{i1}, x_{i2}, \cdots, x_{in})$与理想系统$(x_1^*, x_2^*, \cdots, x_n^*)$之间的加权距离定义为

$$y_i = \sum_{j=1}^{n} w_j f(x_{ij}, x_j^*) \quad (i = 1, 2, \cdots, m) \tag{3.53}$$

式中：w_j——权重系数；

$f(x_{ij}, x_j^*)$——分量x_{ij}与x_j^*之间的某种距离。

通常取欧式（加权）距离，即取

$$y_i = \sum_{j=1}^{n} w_j (x_{ij} - x_j^*)^2 \quad (i = 1, 2, \cdots, m)$$

作为评价函数。

显然，y_i值越小越好。特别地，当$y_i = 0$时，即达到或成为理想点s_j^*。这时，即可按y_i值的大小对各被评价对象进行比较分析。

(2) 指标体系的安全综合评价

上述就多指标安全综合评价的几种主要合成方法进行分析，多指标安全综合评价究竟选用哪种合成方法更为恰当，要根据问题的性质和特点而定。这里，我们借用事故树分析方法的思路来解决这一问题。

事故树分析是按照事故发生的逆过程，以演绎的方法自上向下逐层探讨事故的原因，研究原因事件与结果事件之间的逻辑关系，把结果编制成逻辑图。其逻辑关系主要包括：

与门——表示所有输入事件同时发生时，输出事件才会发生，类似乘法合成；

或门——表示只要有一个输入事件发生,输出事件就会发生,类似加法合成;

条件与门——表示所有输入事件同时发生,且满足给定条件时,输出事件才会发生,类似乘法合成;

条件或门——表示只要有一个输入事件发生,且满足给定条件时,输出事件才会发生,类似加乘混合法;

限制门——表示输入事件发生,且满足给定条件时,输出事件发生,类似乘法合成。

显然,事故树的逻辑门与安全综合评价的合成方法是相互对应的,因此,只要得到指标体系内各级下层指标与其相对应的上层指标之间的逻辑关系,亦即原因事件对结果事件的作用形式,就可方便地确定指标体系内各级指标的合成方法。

根据前述对指标体系结构的分析,安全综合评价指标体系包括事故指标和隐患指标两大部分。由于隐患是事故发生的必要条件,隐患越多,发生事故的可能性就越大,但事故的发生除了与隐患有关外,在很大程度上还受到偶然性的影响。基于这种认识,隐患指标与事故指标间存在着一定程度的相关关系。但隐患指标与事故指标是从不同侧面反映系统总体安全水平的,从它们对系统安全综合评价值的贡献来看,二者是互为补充的,从这个意义上讲,事故指标与隐患指标又是相互独立的,因此可以采用加法合成。

隐患指标包括四部分,即人员安全评价指标、设备安全评价指标、环境安全评价指标以及安全管理评价指标,它们在指标体系中居于不同的层次。其中,安全管理评价指标的层次较高,而人员、设备、环境安全评价指标的层次则较低。因此,在安全综合评价中必须体现出指标体系的层次性。由于安全工作的关键是管理,亦即管理是保障系统安全的前提条件。此外,人员、设备和环境分别从不同侧面对系统安全施加影响,它们对保障系统安全同样起着举足轻重的作用,但三者可相互补偿,例如操作者安全素质的不足可由本质安全的设备得以补偿。因此,人员、设备、环境与安全管理评价指标之间具有条件或门的关系。

人—机—环境系统安全综合评价指标体系的合成关系如图 3.28 所示。

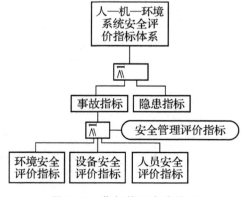

图 3.28 指标体系合成关系

根据图 3.28 所示合成关系,将基础指标评价值及指标体系的权重系数代入,便可方便地得到人—机—环境系统安全综合评价值的体系,并据此找出系统的安全薄弱环节。

复习思考题

3.1 何谓安全分析?主要包括哪些内容?

3.2 试用统计图表分析法对交通事故发生原因进行分析(可以结合某一种运输方式)。

3.3 安全检查表的作用及优点有哪些?试结合运输实例编制安全检查表。

3.4 简述事件树分析方法,并结合实例编制事件树。

3.5 预先危险性分析的目的及程序是什么?

3.6 如何进行事故树的定性分析和定量分析?两种方法之间有何内在联系?

3.7 试结合运输事故实例编制事故树,并求出最小割集。

3.8 结合实例绘制事故树,假定基本事件发生概率已知(可根据基本事件发生概率进行大致估计),试计算顶事件发生概率。

3.9 某事故树有最小割集:$\{X_1, X_2\}$、$\{X_2, X_3, X_4\}$、$\{X_4, X_5\}$、$\{X_3, X_5, X_6\}$,设备基本事件的发生概率为:$q_1=0.05$,$q_2=0.03$,$q_3=0.01$,$q_4=0.06$,$q_5=0.04$,$q_6=0.02$,求事故树中各基本事件的结构重要度、概率重要度和临界重要度。

3.10 试述安全评价的含义、作用及意义。

3.11 安全评价的基本步骤有哪些?

3.12 试述四种安全检查表评价方法的特点及适用范围。

3.13 简述定量安全评价方法的基本过程。

3.14 安全综合评价一般包括哪些步骤?

3.15 如何建立指标体系?试结合运输系统实例进行说明。

4 道路运输安全系统管理

安全管理工作是一项十分重要的工作,而作为国民经济大动脉的交通运输,更是安全管理工作的重中之重。因此,抓好道路运输安全管理对于确保旅客和其他人员人身安全,保障货物安全、完好位移,提高运输企业的经济效益和社会效益,维护运输企业的良好信誉和形象,保障社会稳定,具有十分重要的意义。

本章将讨论旅客运输安全管理、货物运输安全管理、驾驶员安全管理、危险货物运输安全管理、车辆运行安全管理、运输企业安全管理和道路运输安全管理法规及安全管理体制等内容。

4.1 旅客运输安全管理

旅客运输应当为旅客提供安全、方便、舒适、文明的环境,为经营者提供停车、组客、发车等经营条件和公平、公正的经营环境,其中安全是重中之重。预防事故发生,减少旅客人身伤亡和财产损失贯穿于一切工作之中。

根据中华人民共和国交通行业标准《道路旅客运输企业等级》JT/T 630 - 2005 规定,客运企业等级分为一、二、三、四、五级。各级客运企业应根据《中华人民共和国安全生产法》和交通部有关道路旅客运输安全生产的规定,努力搞好安全生产管理工作。对各级客运企业安全状况的基本要求为:

(1) 一级企业安全状况

上一年度行车责任安全事故率不高于 0.1 次/车,责任安全事故死亡率不高于 0.02 人/车,责任安全事故伤人率不高于 0.05 人/车。

(2) 二级企业安全状况

上一年度行车责任安全事故率不高于 0.1 次/车,责任安全事故死亡率不高于 0.02 人/车,责任安全事故伤人率不高于 0.05 人/车。

(3) 三级企业安全状况

上一年度行车责任安全事故率不高于 0.12 次/车,责任安全事故死亡率不高于 0.03 人/车,责任安全事故伤人率不高于 0.08 人/车。

(4) 四级企业安全状况

上一年度行车责任安全事故率不高于 0.15 次/车,责任安全事故死亡率不高于 0.1 人/车,责任安全事故伤人率不高于 0.12 人/车。

未达到四级企业条件的客运企业为五级企业条件。

4.1.1 客运企业的部门职责及企业对客运的安全管理

为了维护道路客运市场秩序,预防和减少交通事故,政府各部门应各负其责,运输企业应切实加强对道路旅客运输的安全管理。

1) 各部门对道路客运安全管理的职责

(1) 组织领导

各级人民政府承担道路客运安全工作的领导,组织协调有关部门整顿道路客运秩序,改善道路客运环境。

(2) 职责分工

公安机关负责道路交通秩序管理和治安管理,保障道路交通安全和畅通;交通主管部门依照国家和各省的交通行业标准、规范和制度,负责对客运企业的生产安全进行指导和监督。

交通主管部门设置客运线路和站(点),切实做到合理规划,方便群众,考虑道路容量和交通安全因素,不妨碍道路畅通。

客运线路和站(点)在设置前,交通主管部门应当征求公安等有关部门的意见。有关部门对客运线路和站(点)设置有异议的,交通主管部门应当与提出意见的部门协商;协商不成的,由同级人民政府协调解决。

交通、公安、工商、建设等有关部门应当加强配合,保障客运站(点)周围具备良好的道路交通环境。

交通主管部门依照国家有关规定组织实施并负责监督检查,对客运企业实行经营资质等级制度和质量信誉考核制度。根据客运企业的资质等级,确定其可经营的客运线路种类。根据对客运企业质量信誉的考核结果,重新确认或调整该企业的经营资质等级及所经营的客运线路种类。

2) 企业对道路客运的安全管理

(1) 加强领导

道路客运企业应当加强对安全生产的领导,建立安全生产管理机构,制订有关安全生产管理制度和措施,加强对驾驶员及其他有关从业人员的安全教育,推行安全生产责任制。

(2) 加强驾驶员的安全管理

道路客运企业的各类驾驶员,应当遵守国家和本省对营运客车驾驶员的条件规定。企业应抓好驾驶员的应聘和安全管理等工作。

(3) 出站车辆的门检管理

客运车站应当建立和完善门检工作制度,配备合格的门检工作人员。

客运车站对出站车辆必须进行安全检查,发现车辆有机械事故隐患、人员超载等不安全因素的,应当制止其出站,待不安全因素消除后方可放行。

(4) 车辆营运过程中的安全管理

道路旅客运输经营者和驾乘人员应当在客运途中维护旅客人身及财产安全,完善旅客运输安全防范措施,进行必需的安全常识宣传,维护车内秩序。在发生危及旅客人身和财产安全的特殊情况时,根据具体情况,采取制止、呼救、报警、停车和组织旅客疏散等措施;发生旅客受伤情况时,应当设法及时抢救;对已经发生的案件,要设法保护现场。

在道路客运车辆营运过程中,客运企业及其从业人员应当遵守下列规定:

①营运车辆不得超速行驶。

②营运车辆上的行李、物品应当按规定装载,不得超载。

③营运车辆不得超过核定的载人数载客。

④不得使用威胁手段或纠缠方法强行揽客。

(5) 报废车辆的管理

凡达到国家汽车报废标准的客运车辆,应当按时办理报废、注销登记,并按规定予以解体,不得继续行驶。

(6) 协助维护客运治安秩序

道路客运企业及其从业人员应当协助公安机关维护客运治安秩序,在客运过程中发现违法犯罪行为的,应当予以制止或者控制,并及时向公安机关报告。在必要情况下,驾乘人员应见义勇为,保护旅客的人身安全,绝不能放任不法行为的发生。

3) 禁用车辆和禁止行为

(1) 禁用车辆

禁止使用货车、摩托车、拖拉机、残疾人专车、农用车、未经主管部门批准的拼装客车、未经主管部门批准擅自改装或者改型的客车和已达到报废标准的客车从事道路客运经营业务。

(2) 禁止行为

在道路客运过程中,禁止一切个人、单位的下列行为:

①携带、运载、使用易燃、易爆、剧毒、放射性等危险物品和各类违禁品。

②进行赌博、诈骗、敲诈勒索等违法活动。

③其他违反治安管理法规的行为。

此外,乘客及客运企业从业人员还应当遵守下列规定:

①不得在交通繁忙地点随意拦车。

②不得向车窗外抛掷物品。

③车辆行驶中,不得擅自开门或者跳车。

4.1.2 客运站安全生产管理

1) 建立健全安全生产管理制度

汽车客运站必须认真履行安全生产与管理职责,建立健全安全生产与管理机构,一、二级客运站应配备专职安全管理人员,三级以下(含三级)客运站配备兼职安全管理人员,制定并落实各项安全生产与管理制度,积极开展各项安全宣传工作。

汽车客运站应与进站经营的道路运输企业或经营业户签订安全责任书,明确双方的安全责任。

汽车客运站应制定恶劣气候的应急预案、客流量突增的应急预案、突发事件(火灾、疾病等)的应急预案,有效应对安全生产中出现的重大事件,保障广大旅客的生命财产安全。

汽车客运站应按国家有关规定设置消防设施和消防器材,并对其进行定期检查,确保齐全有效。

汽车客运站应建立健全安全生产检查、登记台账,并妥善保管备查。

2) 认真做好安全检查

汽车客运站应认真做好安全检查工作,并从以下几方面着手:

(1) 汽车客运站应采取有效措施,严禁旅客携带易燃、易爆和其他危险物品进站、上车。

一级汽车客运站和年平均日旅客发送量在 7 000 人次以上的二级汽车客运站应配置 X 光行包检查设备。其他客运站必须设立易燃、易爆和其他危险物品检查点,指定专人负责检查。

(2) 汽车客运站应严格按照营运客车的载客定额发售车票和检票。

(3) 汽车客运站从事营运客车安全例行检查(以下简称"安检")的人员应具有汽车维修质量检查员资格,三级以上(含三级)汽车客运站必须设置车辆检查地沟(台)。

(4) 汽车客运站安检对日行程 300 km 以上的车辆实行每班次检查一次,对日行程不超过 300 km 的车辆实行每日检查一次。

(5) 汽车客运站必须落实客运驾驶员的休息制度,提供必要的休息服务设施,保证驾驶员的正常休息。

(6) 汽车客运站应加强对营运客车出站的管理,有下列情况之一的不得载客出站:

①驾驶证、从业资格证、行驶证、道路运输证、客运线路标志牌不齐全或不符合规定的。

②车辆无报班安检合格通知单的。

③驾驶员饮酒、身体不适、情绪严重不佳的。

④日行程超过 400 km 的普通客运班线或超过 600 km 的高速公路客运班线以及夜班车驾驶员数量不足的车辆(有途中换班制度的除外)。

⑤车辆超载、超限的。

⑥气候恶劣不宜行车的。

(7) 汽车客运站应按照以下工作程序对营运客车进行安全例行检查:

①营运客车必须在报班前按《汽车客运站营运客车安全例行检查项目及要求》(见后)的要求进行安检。车站安检人员应对车辆的制动、转向、灯光、传动系统、轮胎气压和磨损程度及消防设施等逐一进行检查,不能漏检(因车辆结构原因需拆卸检查的除外),在确定车辆技术状况良好的情况下填写安检表,安检人员与驾驶员分别签字后出具"安检合格通知单",并加盖客运站安全例行检查印章;安检不合格的车辆应及时进行修理,修理后复检合格的签发"安检合格通知单"。

②客运调度部门在收到"安检合格通知单"后对驾驶证、从业资格证、行驶证、道路运输证、客运线路标志牌进行检查登记,合格后准予报班。

③汽车客运站对进站旅客的行包进行安全例行检查,严禁旅客携带危险物品进站、上车,对查获的危险物品要进行登记并妥善保管或按规定处理。

④汽车客运站在检票和办理行包托运时,要严格按照车辆的载客和行包装卸定额上客和装载行包,并如实签发路单和行包票据。

⑤汽车客运站对出站的营运客车再次清点旅客人数,核对营运驾驶员的从业资格证等证件,并让受检客车驾驶员在"出站登记表"上签字,确认无误后放行(即进行门检)。

⑥因气候恶劣(暴风、暴雨、浓雾、大雪等)能见度低于 30 m 以及塌方、路阻等原因不宜行车时,值班站长应暂停发班,并及时通知营运客车驾驶员和旅客,启动应急预案。

3) 汽车客运站营运客车安全例行检查项目及要求

汽车客运站营运客车安全例行检查项目及要求如下:

(1) 转向:横(直)拉杆、转向球销、转向节及臂应无损伤,球销不得松旷,各部件连接齐全、完好、锁止可靠,转向灵活。

(2) 制动:不得有漏油、漏气现象,行车制动系统工作正常,各连接锁销齐全、完好、牢靠;手制动有效,气压仪表工作正常。

(3) 传动:传动轴、万向节不得有松旷现象,各连接部位螺栓齐全、完好、紧固可靠。

(4) 灯光:前照灯、防雾灯、转向灯、小灯、刹车灯、尾灯安装牢靠,完好有效,雨刮器工作正常。

(5) 轮胎:不得有严重磨损(轮胎花纹深度不得小于 2 mm)、破裂和割伤,轮胎气压符合要求。

(6) 悬挂:不得有断裂、移位现象。

(7) 随车安全设施:配备有三角木、消防锤,在冰雪道路上运行必须配备有防滑链、有效灭火器。

4.1.3　客运合同中旅客与承运人的安全义务

车票即为客运合同。客运合同是双方义务合同,即双方都享有权利,又承担义务,且一方的权利正是另一方的义务。

1) 旅客的安全义务

《合同法》第 297 条规定:"旅客不得随车携带或者在行李中夹带易燃、易爆、有毒、有腐蚀性、放射性极有可能危及运输工具上人身和财产安全的危险物品或其他违禁物品。"同时还规定:"有违反前款规定的,承运人可以将违禁物品卸下,销毁或者送交有关部门。旅客坚持携带或者夹带违禁品的,承运人应当拒绝运输。"

2) 承运人的安全义务

(1) 安全运送义务

《合同法》第 290 条规定:"承运人应当在约定时间或者合理期间内将旅客、货物安全运送到约定地点。"所以安全运输是承运人的一项基本义务。

所谓安全运送义务,是指在运送旅客中,承运人应采取各种措施保障运输过程中旅客人身免受损害的义务。

法律中之所以规定安全运送义务,是因为旅客运输合同是双务合同,旅客支付运费(票款)购买的就是承运人提供安全、及时、舒适的运送服务,因此承运人收取了运费就应当提供约定的运送劳务。

基于这条法律,如果在运输过程中旅客伤亡,承运人应承担相应的责任,除非承运人能证明该伤亡系旅客故意、重大过失或者自身健康原因造成的。这一点与《道路交通安全法》的有关规定是一致的。

(2) 安全告知的义务

《合同法》第 298 条规定:"承运人应当向旅客及时告知有关不能正常运输的重要事由和安全运输应当注意的事项。"告知的内容包括两个方面:

①不能正常运输的事项和重要理由,包括:不能按运输合同约定的内容(如发车时间)正常运送的事项及理由(如大雾、道路塌陷、大雪、恐怖事件等),以及相应的处理措施(如推迟、取消等)。

②保证安全运输应注意的事项,如不能带违禁品、手和头不能伸出车外、车未停稳不准上下、不准随意开车门、不准妨碍驾驶员操作、不准向外扔物等。

如果承运人未曾告知旅客,旅客遭受了损失,承运人要承担相应赔偿责任。即使是由不可抗拒的因素(雾、雪、路陷等)所致,但未告知,也要赔偿。

(3) 对旅客救助义务

《合同法》第 301 条规定:"承运人在运输过程中,应当尽力救助患有急病、分娩、遇险的旅客。"

这里要强调的是:承运人的救助义务是法定义务,而不是约定义务;救助行为不属于无因管理行为。

所谓无因管理是指没有法定或约定义务,而为了他人利益免受损失,自愿管理他人事务或为他人提供服务的行为。

既然《合同法》中规定了承运人尽力救助是法定义务,因此如果承运人未尽力救助而给旅客造成损害的,当然应当承担赔偿责任。

承运人履行救助义务所支出的费用的承担问题有以下几种情况:

①因旅客患急病、分娩,承运人支付的救助费用由旅客承担。

②因第三人的过错而造成旅客遇险的,承运人支付的救助费用,应先由承运人承担,然后由承运人向第三人进行追偿。

③由承运人过错造成旅客遇险的,承运人实施救助所支付的费用,由承运人承担。

承运人未尽救助义务与未履行安全运送义务是有区别的。例如旅客患急病死亡,从安全运送来说,承运人不应当承担赔偿责任;但如果旅客患急病,承运人未尽力救助,则应对其未履行救助义务向旅客承担责任。

3) 汽车站的注意义务

(1) 合理限度范围内的注意义务

合理限度范围内的注意义务是指作为一个普通正常的经营者,一个诚实善良的经营者,对旅客的安全应当能达到的注意程度。基于汽车站与旅客之间形成的客运合同关系和经营者与消费者的关系,汽车站应当对旅客的安全承担合理限度范围内的注意义务。

如候车室瓜皮果壳遍地,而车站却视而不见,那么造成旅客滑倒摔伤,车站就要承担相应的责任;如果车站已尽到了注意义务,旅客摔倒受伤是自己乱扔瓜皮所致,车站就可免负责任。

又如,两名旅客在候车室发生纠纷厮打,如果车站长时间无人出来调解劝阻,则可以认定车站对旅客的安全未尽到"合理限度范围内的注意义务",因此在致害人下落不明或无赔偿能力时,汽车站就要对受害旅客承担相应的赔偿责任。当然,如果事发突然,一方将另一方打伤后随即逃离现场,车站不可能立即注意,则车站不应当承担责任。

这里所规定的注意义务,必须是一个正常的诚实善良的经营者应该能够做到的。不能超越经营者的能力和极限,要求其履行义务。

在本案中,候车室长期积水,车站没有采取清理措施,也没有设立警示标志来提醒旅客注意,由此而致旅客滑倒摔伤,车站就应当承担相应责任。所以法院的判决是正确的。

(2) 英、美、法的"香蕉皮规则"

消费者在商场或公共场所踩到香蕉皮摔倒受伤又找不到肇事者的话,业主是否要承担赔偿责任?法官不能断然判决,要香蕉皮出来"说话"。法官先观察香蕉皮的颜色,如果已经发黑,说明丢在地上很久了,业主本应有足够时间发现并丢入垃圾箱,以免客人滑倒摔伤。业主没有发现就存在过失,就要承担责任。如果香蕉皮是白白黄黄的,说明刚丢不久,业主不可能立即注意到,因此,就不必承担责任。这就是所谓的"香蕉皮规则",已在英、美、法等国家采用。

这个规则对我们有参考意义,即业主应当对消费者的安全负责,但并无绝对保证的义务。

4.1.4 客运站管理现状

1) 现状

对近几年特大道路交通事故统计数据进行分析的结果显示,有以下几个特点:

(1) 客运发生的特大道路交通事故占所有特大道路交通事故总数的比例为 64.6%,因此客运站是我国预防重特大交通事故的重点。(2) 当中又有 60% 左右的事故与客运站的安全管理有直接或间接关系。其主要原因是客运站没有按国家相关规定履行职责所致的,譬如:客运站的决策层并未重视客运站的安全管理工作,认为安全管理工作就是应付安全管理部门的检查,疏忽客运站安全管理中的漏洞及危险因素,从而允许因同样原因引起的安全事故的重复出现。(3) 超速驾驶和疲劳驾驶是预防超长途客运重特大道路交通事故的重点。(4) 我国对道路旅客运输业采取重线轻点的管理方式,即重视客车运行过程中的安全管理,而疏忽了对汽车客运站自身的安全管理,因此汽车客运站的安全管理水平滞后于交通运输行的发展水平。

2) 客运站安全管理存在的问题

(1) 有些客运站的工作人员与管理层存在侥幸心理,对于客运站安全管理工作的必要性认识不足够,从而疏忽对行业管理的法律法规的宣传和执行力度。他们认为重特大交通事故与客运站安全管理工作并没有必然的关系。正是由于认识上的不足导致有些客运站在安全宣传、教育和管理工作上的欠缺。从而无法消除各种安全隐患。

(2) 有些客运站对于站点的基础工作做得不足,质量不够标准,缺少重大自然灾害、突发状况的应急预案。如出入站进出口秩序混乱,管理不够严格,闲杂人员众多,不按规定使用危险品检测仪器进行危险品检测等、不及时处理各种危险因素。

(3) 有些客运站安全管理工作科技含量低,仍采用传统的管理方式。软硬件的更新速度赶不上旅客运输业的发展速度。如长途客运车辆未采用 GPS 定位等技术,无法随时掌握车辆行驶及驾驶员状况,从而不能及时处理突发事件。

(4) 驾驶员的工作态度不够端正,安全意识不足,驾驶技能欠缺,缺乏应对突发状况的应急能力。在执行驾驶工作时,疲劳驾驶、酒驾、超速、违章等违反交通规则的现象时有发生。这严重危及了旅客及相关人员的生命、财产安全。统计数据表明,驾驶员安全意识不足是发生道路交通事故的主要因素。

(5) 多数客运站制度体系中没有相关的安全责任制度和惩戒制度。因此,当发生安全事故时无法准确的认定责任人,追究责任。这也将导致相关工作人员责任心不足,反复出现同样原因导致的安全事故。

(6) 相关交通管理部门监管不力,疏忽对所属客运站的安全管理工作。

4.1.5 客运站安全影响因素分析

导致旅客运输安全生产事故发生的主要影响因素四个方面:一是人的因素;二是物(主要指车辆)的因素;三是管理因素;四是道路与法规因素。其中道路和法规因素是客观既定因素,具有不可人为控制的特点,而人、物、管理这三个因素则是主观可控的。本章将对这三个因素进行分析,究其对客运站安全管理的影响。

1) 人的因素

汽车客运站安全影响中人的因素主要包括车辆驾驶员、客运站工作人员和旅客。一般情况下,人的因素引起的危险状况包括:汽车客运站的工作人员没有严格按照规定执行安全检查工作,如例检人员在例检过程中不负责任、疏忽大意;驾驶员安全意识不足,在行车过程中出现超载、超速、疲劳驾驶、酒驾等违反交通规则的行为;旅客携带危险品进站等。

其中对于旅客中存在不安全因素,只要客运站工作人员履行责任严格按照规定进行安检检查是可以及时发现并排除的。这就需要对工作人员进行经常性的培训教育,培养工作人员的责任心,提高其安全、责任意识,端正其工作态度。

而在客运站安全系统中占有主导位置的是驾驶员因素。根据统计数据显示,道路运输交通事故的80%~85%是由驾驶员导致的,主要是驾驶员感知、判断及操作出现差错。而这单一因素就能够引起各种交通事故的发生。据统计,人为因素造成的交通事故中的70%~80%的交通事故是由与驾驶员自身差错所引起的。

驾驶员因素主要包括驾驶员的安全态度、驾驶技能、驾驶习惯、驾驶状态等。

(1) 驾驶员的安全态度

驾驶员是客车能否安全行驶的主观影响因素,直接操纵车辆,驾驶员的安全意识及态度对交通事故的发生有着重要的影响。首先驾驶员应有端正的态度,将乘客生命安全放在第一位,行驶过程中严格遵守交通规则,时刻注意观察路面、车辆的突发情况,减少因驾驶员自身主观因素造成的交通事故;如驾驶员在车辆驾驶期间的态度不够端正,则易出现放松警惕,注意力不够集中的情况,从而提高交通事故发生的概率。

(2) 驾驶技能

驾驶员的驾驶技能可以帮助驾驶员在恶劣的环境下也能很好的控制车辆,及时对突发状况采取正确的应对措施。例如,路面通行条件不好,公路线型较危险,天气状况恶劣,对于经验丰富的驾驶员,能够面对糟糕的外界环境时保持良好的心理素质,以丰富的驾驶技能适应路面和气候条件,将驾驶危机降到最低。这个过程不是仅靠认真学习就可以完成的,同时也需要有丰富的经验才行。

(3) 驾驶习惯

习惯对驾驶员的影响是潜移默化的,驾驶员习惯的养成是多方面因素共同影响的。根据对于驾驶员习惯的研究中,造成事故率居高的因素包括:一是驾驶员不良的车辆驾驶行为及粗心大意注意力不够集中,例如驾驶员经常出现心不在焉的情况、经常性的超速驾驶;二是驾驶员缺乏对各种险情的预见性;三是驾驶员自满,高估自己的驾驶技能水平,频繁超车。

(4) 驾驶疲劳

疲劳驾驶是指的是驾驶员,长时间连续驾驶车辆,由于生理和心理的产生失调后驾驶技能的下降的现象。驾驶员在车辆驾驶中精神一直处于高度集中状态,因此长时间持续驾驶必然会导致驾驶员出现精神疲劳,无论是注意力、思维、判断、视觉还是动作等都会受到影响,出现注意力分散、判断能力下降、反应迟缓和体力不支等情况,从而突发状况时不能迅速做出正确决定和操作。

(5)酒后驾驶

酒后驾驶是造成重特大交通事故的主要原因之一。一定量酒精会对驾驶员的大脑产生影响,导致视觉、听觉、判断能力和操作能力出现误差,造成驾驶员反应迟缓,操作滞后;严重者,会暂时性的失去知觉,进而导致重大交通事故。因此,驾驶员,尤其是长途运输车辆驾驶员,一定要杜绝酒后驾驶。

(6)驾驶适宜性

根据国内外大量研究结果,在相同车辆和路段及环境状况下,有些人容易出事故,而有些人则很少出现事故或是从未出现事故,前者称为"事故多发者",或具有"事故倾向性"。这其实是由于人的驾驶适宜性不同导致的。驾驶适宜性指人的安全完成汽车驾驶过程必备的素质,即人的心理和生理素质,包括职业天生的素质和后天学习中形成的能力。客运车辆驾驶员驾驶适宜性可通过科学仪器检测,区别出适宜性不高的驾驶员,对其进行针对性的教育与训练,对于严重不适宜者,采取劝其离开驾驶员队伍。有效的提高驾驶员群体的素质,避免交通事故的发生。

2)物的因素

汽车客运站中的物的影响因素主要是指车辆本身,车辆技术性能状况是驾驶员安全驾驶的物质基础,车辆的安全状况对客运站和驾驶员提出了更高的要求。车辆引起的不安全行为包括:车辆技术性能的影响,超载的车辆、例检不合格的车辆、装载有危险物品的车辆等。车辆技术性能的影响如表4.1所示。

表4.1 车辆技术状况的影响

技术状况	常见故障	具体表现
转向系	转向沉重、松旷、不稳定、前轮摆头、跑偏等	转向困难;转向回正不易;直线行驶总是偏向一边
制动系	制动不灵、失效、跑偏、拖滞、异响及制动踏板力偏大等	制动距离延长;行驶中制动时不能直线方向减速停车;前后轮制动力分配不均匀,发生严重侧滑;传动系离合器故障;机械变速器故障;离合器分离不彻底、起步发抖、传力打滑、异响;变速器漏油、异响、跳挡和乱挡
传动系	汽车方向跑偏、汽车摆振、轮胎异常磨损、爆胎	对车辆平顺性、操纵稳定性、乘员乘坐舒适性和行车安全性均有影响;汽车照明信号装置灯光不亮、光束不合格、灯光电路故障;影响能见度,转向意图不能传达

车辆的技术状况作为诱发交通事故的重要影响因素,客运站一定要重视车辆的技术状况检查,做好例检工作,减少车辆出现的故障,坚决不允许车辆"带病"行驶。

3) 管理和监督的因素

汽车客运站中管理和监督因素对于客运站安全隐患的预防和道路事故的发生都有很大影响。管理和监督的缺失和不完善会对人和车产生直接或间接的影响。

客运站进行安全管理时,首要任务是要进行安全管理知识的宣传。安全生产认识的提高会激发大家的危机感、责任感和主观能动性,才会自觉参与和行动起来,然而一切行为皆有准则。建立健全和完善的安全生产管理规章制度,不单使安全生产管理工作有章可遵、有据可查、有度可循,同时也体现了"安全第一"的重要性。可是再完善的体系如果没有落实到位认真执行,那也只是个摆设,如同纸上谈兵。所以客运站必须做到:要从上到下都重视和支持,以便做好基础管理工作;要认真执行安全生产管理制度,以便规范安全生产;要明确细化安全生产责任制,以便具体落实到位。坚持科学发展观的理论,注重以人为本的原则,制定具有制度化、规范化和法制化的安全生产管理体系,要让每个工作人员都明确知道所从事的职责范围,明确知道怎样才能完成好自己的岗位职责。汽车客运站通过改进管理手段,提高管理效率,达到减少人为的不安全因素。

4.1.6 评价指标的确定及说明

评价指标的确定

客运站安全管理的影响因素是一个复杂的系统,各影响因素相互作用、相互渗透。本文评价指标选择的是影响较大,且直接相关的因素。通过广泛收集资料,查阅相关法律法规和客运站的实地调研后,建立了一套具有三级指标的安全管理评价指标体系,如表4.2所示:

表4.2 汽车客运站安全评价指标

Ⅰ级评价指标	Ⅱ级评价指标	Ⅲ级评价指标
客运站安全生产管理	安全生产管理制度	安全管理机构设置
		安全管理人员设置
		岗位责任制
		法规和安全管理制度落实
		档案管理
		安全资金投入
		安全教育培训
		安全宣传活动
		安全自查及事故隐患排查治理制度
		应急预案保障体系及演练情况
		科技创新与信息化

(续表 4.2)

Ⅰ级评价指标	Ⅱ级评价指标	Ⅲ级评价指标
客运站安全生产管理	安全生产检查制度	车辆安全例检
		车辆出站前检查
		三品检查
		门检制度
		安全消防设施
		站务管理
		车辆停放
		候车室安全管理
		驾驶员休息管理
	安全生产监督制度	监督机制设置
		安全生产举报制度
		安全考核与持续改进状况
	安全生产周期内安全生产状况	事故分析及责任追究制度
		安全生产事故责任追究
		近三年安全生产事故统计

根据这些指标,可采用层次分析法(AHP)、模糊分析法、序关系分析法(G1 法)等方法进行计算分析,列出指标权重,判断出那些指标的影响系数,最终确定客运站安全的解决办法。

4.1.7 《道路旅客运输及客运站管理规定》

交通运输部在关于修改的《道路旅客运输及客运站管理规定》的决定中阐释:

1. 2012 年 3 月 14 日交通运输部令 2012 年第 2 号公布

2. 自 2012 年 3 月 14 日起施行

交通运输部决定将《道路旅客运输及客运站管理规定》(交通运输部令 2009 年第 4 号)第八十二条修改为:"客运经营者违反本规定的,县级以上道路运输管理机构在作出行政处罚决定的过程中,可以按照行政处罚法的规定将其违法证据先行登记保存。作出行政处罚决定后,客运经营者拒不履行的,作出行政处罚决定的道路运输管理机构可以将其拒不履行行政处罚决定的事实通知违法车辆车籍所在地道路运输管理机构,作为能否通过车辆年度审验和决定质量信誉考核结果的重要依据。"本决定自公布之日施行。

《道路旅客运输及客运站管理规定》根据本决定作相应修正,重新公布。

附：

道路旅客运输及客运站管理规定

（2005年7月12日交通部令2005年第10号公布,根据2008年7月23日交通运输部《关于修改〈道路旅客运输及客运站管理规定〉的决定》第一次修正。

根据2009年4月20日交通运输部《关于修改〈道路旅客运输及客运站管理规定〉的决定》第二次修正；根据2012年3月14日交通运输部《关于修改〈道路旅客运输及客运站管理规定〉的决定》第三次修正）。

第一章 总 则

第一条 为规范道路旅客运输及道路旅客运输站经营活动,维护道路旅客运输市场秩序,保障道路旅客运输安全,保护旅客和经营者的合法权益,依据《中华人民共和国道路运输条例》及有关法律、行政法规的规定,制定本规定。

第二条 从事道路旅客运输（以下简称道路客运）经营以及道路旅客运输站（以下简称客运站）经营的,应当遵守本规定。

第三条 本规定所称道路客运经营,是指用客车运送旅客、为社会公众提供服务、具有商业性质的道路客运活动,包括班车（加班车）客运、包车客运、旅游客运。

（一）班车客运是指营运客车在城乡道路上按照固定的线路、时间、站点、班次运行的一种客运方式,包括直达班车客运和普通班车客运。

加班车客运是班车客运的一种补充形式,在客运班车不能满足需要或者无法正常运营时,临时增加或者调配客车按客运班车的线路、站点运行的方式。

（二）包车客运是指以运送团体旅客为目的,将客车包租给用户安排使用,提供驾驶劳务,按照约定的起始地、目的地和路线行驶,按行驶里程或者包用时间计费并统一支付费用的一种客运方式。

（三）旅游客运是指以运送旅游观光的旅客为目的,在旅游景区内运营或者其线路至少有一端在旅游景区(点)的一种客运方式。

本规定所称客运站经营,是指以站场设施为依托,为道路客运经营者和旅客提供有关运输服务的经营活动。

第四条 道路客运和客运站管理应当坚持以人为本、安全第一的宗旨,遵循公平、公正、公开、便民的原则,打破地区封锁和垄断,促进道路运输市场的统一、开放、竞争、有序,满足广大人民群众的出行需求。

道路客运及客运站经营者应当依法经营,诚实信用,公平竞争,优质服务。

第五条 国家实行道路客运企业等级评定制度和质量信誉考核制度,鼓励道路客运经营者实行规模化、集约化、公司化经营,禁止挂靠经营。

第六条　交通运输部主管全国道路客运及客运站管理工作。

县级以上地方人民政府交通运输主管部门负责组织领导本行政区域的道路客运及客运站管理工作。

县级以上道路运输管理机构负责具体实施道路客运及客运站管理工作。

第二章　经营许可

第七条　班车客运的线路根据经营区域和营运线路长度分为以下四种类型：

一类客运班线：地区所在地与地区所在地之间的客运班线或者营运线路长度在800公里以上的客运班线。

二类客运班线：地区所在地与县之间的客运班线。

三类客运班线：非毗邻县之间的客运班线。

四类客运班线：毗邻县之间的客运班线或者县境内的客运班线。

本规定所称地区所在地，是指设区的市、州、盟人民政府所在城市市区；本规定所称县，包括县、旗、县级市和设区的市、州、盟下辖乡镇的区。

县城城区与地区所在地城市市区相连或者重叠的，按起讫客运站所在地确定班线起讫点所属的行政区域。

第八条　包车客运按照其经营区域分为省际包车客运和省内包车客运，省内包车客运分为市际包车客运、县际包车客运和县内包车客运。

第九条　旅游客运按照营运方式分为定线旅游客运和非定线旅游客运。

定线旅游客运按照班车客运管理，非定线旅游客运按照包车客运管理。

第十条　申请从事道路客运经营的，应当具备下列条件：

（一）有与其经营业务相适应并经检测合格的客车：

1. 客车技术要求：

（1）技术性能符合国家标准《营运车辆综合性能要求和检验方法》(GB18565)的要求；

（2）外廓尺寸、轴荷及质量符合国家标准《道路车辆外廓尺寸、轴荷及质量限值》(GB1589)的要求；

（3）从事高速公路客运或者营运线路长度在800公里以上的客运车辆，其技术等级应当达到行业标准《营运车辆技术等级划分和评定要求》(JT/T198)规定的一级技术等级；营运线路长度在400公里以上的客运车辆，其技术等级应当达到二级以上；其他客运车辆的技术等级应当达到三级以上。

本规定所称高速公路客运，是指营运线路中高速公路里程在200公里以上或者高速公路里程占总里程70%以上的道路客运。

2. 客车类型等级要求：

从事高速公路客运、旅游客运和营运线路长度在800公里以上的客运车辆，其车辆类型等级应当达到行业标准《营运客车类型划分及等级评定》(JT/T325)规定的中级以上。

3. 客车数量要求

（1）经营一类客运班线的班车客运经营者应当自有营运客车 100 辆以上、客位 3 000 个以上，其中高级客车在 30 辆以上、客位 900 个以上；或者自有高级营运客车 40 辆以上、客位 1200 个以上；

（2）经营二类客运班线的班车客运经营者应当自有营运客车 50 辆以上、客位 1 500 个以上，其中中高级客车在 15 辆以上、客位 450 个以上；或者自有高级营运客车 20 辆以上、客位 600 个以上；

（3）经营三类客运班线的班车客运经营者应当自有营运客车 10 辆以上、客位 200 个以上；

（4）经营四类客运班线的班车客运经营者应当自有营运客车 1 辆以上；

（5）经营省际包车客运的经营者，应当自有中高级营运客车 20 辆以上、客位 600 个以上；

（6）经营省内包车客运的经营者，应当自有营运客车 5 辆以上、客位 100 个以上。

（二）从事客运经营的驾驶人员，应当符合下列条件

1. 取得相应的机动车驾驶证；

2. 年龄不超过 60 周岁；

3. 3 年内无重大以上交通责任事故记录；

4. 经设区的市级道路运输管理机构对有关客运法规、机动车维修和旅客急救基本知识考试合格而取得相应从业资格证。

本规定所称交通责任事故，是指驾驶人员负同等或者以上责任的交通事故。

（三）有健全的安全生产管理制度，包括安全生产操作规程、安全生产责任制、安全生产监督检查、驾驶人员和车辆安全生产管理的制度。

（四）申请从事道路客运班线经营，还应当有明确的线路和站点方案。

第十一条　申请从事客运站经营的，应当具备下列条件

（一）客运站经有关部门组织的工程竣工验收合格，并且经道路运输管理机构组织的站级验收合格；

（二）有与业务量相适应的专业人员和管理人员；

（三）有相应的设备、设施，具体要求按照行业标准《汽车客运站级别划分及建设要求》(JT/T200) 的规定执行；

（四）有健全的业务操作规程和安全管理制度，包括服务规范、安全生产操作规程、车辆发车前例检制度、安全生产责任制、危险品查堵、安全生产监督检查的制度。

第十二条　申请从事道路客运经营的，应当按照下列规定提出申请

（一）从事县级行政区域内客运经营的，向县级道路运输管理机构提出申请；

（二）从事省、自治区、直辖市行政区域内跨 2 个县级以上行政区域客运经营的，向其共同的上一级道路运输管理机构提出申请；

(三)从事跨省、自治区、直辖市行政区域客运经营的,向所在地的省、自治区、直辖市道路运输管理机构提出申请。

第十三条 申请从事客运站经营的,应当向所在地县级道路运输管理机构提出申请

第十四条 申请从事道路客运经营的,应当提供下列材料

(一)申请开业的相关材料

1.《道路旅客运输经营申请表》(见附件1);

2.企业章程文本;

3.投资人、负责人身份证明及其复印件,经办人的身份证明及其复印件和委托书;

4.安全生产管理制度文本;

5.拟投入车辆承诺书,包括客车数量、类型及等级、技术等级、座位数以及客车外廓长、宽、高等。如果拟投入客车属于已购置或者现有的,应当提供行驶证、车辆技术等级证书(车辆技术检测合格证)、客车等级评定证明及其复印件;

6.已聘用或者拟聘用驾驶人员的驾驶证和从业资格证及其复印件,公安部门出具的3年内无重大以上交通责任事故的证明。

(二)同时申请道路客运班线经营的,还应当提供下列材料:

1.《道路旅客运输班线经营申请表》(见附件2);

2.可行性报告,包括申请客运班线客流状况调查、运营方案、效益分析以及可能对其他相关经营者产生的影响等;

3.进站方案。已与起讫点客运站和停靠站签订进站意向书的,应当提供进站意向书;

4.运输服务质量承诺书。

第十五条 已获得相应道路班车客运经营许可的经营者,申请新增客运班线时,除提供第十四条第(二)项规定的材料外,还应当提供下列材料

(一)《道路运输经营许可证》复印件;

(二)与所申请客运班线类型相适应的企业自有营运客车的行驶证、《道路运输证》复印件;

(三)拟投入车辆承诺书,包括客车数量、类型及等级、技术等级、座位数以及客车外廓长、宽、高等。如果拟投入客车属于已购置或者现有的,应当提供行驶证、车辆技术等级证书(车辆技术检测合格证)、客车等级评定证明及其复印件;

(四)拟聘用驾驶人员的驾驶证和从业资格证及其复印件,公安部门出具的3年内无重大以上交通责任事故的证明;

(五)经办人的身份证明及其复印件,所在单位的工作证明或者委托书。

第十六条 申请从事客运站经营的,应当提供下列材料

(一)《道路旅客运输站经营申请表》(见附件3);

(二)客运站竣工验收证明和站级验收证明;

（三）拟招聘的专业人员、管理人员的身份证明和专业证书及其复印件；

（四）负责人身份证明及其复印件，经办人的身份证明及其复印件和委托书；

（五）业务操作规程和安全管理制度文本。

第十七条　县级以上道路运输管理机构应当定期向社会公布本行政区域内的客运运力投放、客运线路布局、主要客流流向和流量等情况。

道路运输管理机构在审查客运申请时，应当考虑客运市场的供求状况、普遍服务和方便群众等因素。

第十八条　道路运输管理机构应当按照《中华人民共和国道路运输条例》和《交通行政许可实施程序规定》以及本规定规范的程序实施道路客运经营、道路客运班线经营和客运站经营的行政许可。

第十九条　道路运输管理机构对道路客运经营申请、道路客运班线经营申请予以受理的，应当自受理之日起 20 日内作出许可或者不予许可的决定；道路运输管理机构对客运站经营申请予以受理的，应当自受理之日起 15 日内作出许可或者不予许可的决定。

道路运输管理机构对符合法定条件的道路客运经营申请作出准予行政许可决定的，应当出具《道路客运经营行政许可决定书》（见附件 4），明确许可事项，许可事项为经营范围、车辆数量及要求、客运班线类型；并在 10 日内向被许可人发放《道路运输经营许可证》，并告知被许可人所在地道路运输管理机构。

道路运输管理机构对符合法定条件的道路客运班线经营申请作出准予行政许可决定的，应当出具《道路客运班线经营行政许可决定书》（见附件 5），明确许可事项，许可事项为经营主体、班车类别、起讫地及起讫站点、途经路线及停靠站点、日发班次、车辆数量及要求、经营期限；并在 10 日内向被许可人发放《道路客运班线经营许可证明》（见附件 8），告知班线起讫地道路运输管理机构；属于跨省客运班线的，应当将《道路客运班线经营行政许可决定书》抄告途经上下旅客的和终到的省级道路运输管理机构。

道路运输管理机构对符合法定条件的客运站经营申请作出准予行政许可决定的，应当出具《道路旅客运输站经营行政许可决定书》（见附件 6），并明确许可事项，许可事项为经营者名称、站场地址、站场级别和经营范围；并在 10 日内向被许可人发放《道路运输经营许可证》。

道路运输管理机构对不符合法定条件的申请作出不予行政许可决定的，应当向申请人出具《不予交通行政许可决定书》。

第二十条　受理跨省客运班线经营申请的省级道路运输管理机构，应当在受理申请后 7 日内发征求意见函并附《道路旅客运输班线经营申请表》传真给途经上下旅客的和目的地省级道路运输管理机构征求意见；相关省级道路运输管理机构应当在 10 日内将意见传真给受理申请的省级道路运输管理机构，不予同意的，应当依法注明理由，逾期不予答复的，视为同意。

相关省级道路运输管理机构对跨省客运班线经营申请持不同意见且协商不成的，

由受理申请的省级道路运输管理机构通过其隶属的省级交通运输主管部门将各方书面意见和相关材料报交通运输部决定,并书面通知申请人。交通运输部应当自受理之日起 20 日内作出决定,并书面通知相关省级交通运输主管部门,由受理申请的省级道路运输管理机构按本规定第十九条、第二十二条的规定为申请人办理有关手续。

第二十一条 被许可人应当持《道路运输经营许可证》依法向工商行政管理机关办理登记手续。

第二十二条 被许可人应当按确定的时间落实拟投入车辆承诺书。

道路运输管理机构已核实被许可人落实了拟投入车辆承诺书且车辆符合许可要求后,应当为投入运输的客车配发《道路运输证》;属于客运班车的,应当同时配发班车客运标志牌(见附件 7)。正式班车客运标志牌尚未制作完毕的,应当先配发临时客运标志牌。

第二十三条 已取得相应道路班车客运经营许可的经营者需要增加客运班线的,应当按本规定第十二条的规定进行申请。

第二十四条 向不同级别的道路运输管理机构申请道路运输经营的,应当由最高一级道路运输管理机构核发《道路运输经营许可证》,并注明各级道路运输管理机构许可的经营范围,下级道路运输管理机构不再核发《道路运输经营许可证》。下级道路运输管理机构已向被许可人发放《道路运输经营许可证》的,上级道路运输管理机构应当按上述要求予以换发。

第二十五条 中外合资、中外合作、外商独资形式投资道路客运和客运站经营的,应当同时遵守《外商投资道路运输业管理规定》。

第二十六条 道路客运经营者设立子公司的,应当按规定向设立地道路运输管理机构申请经营许可;设立分公司的,应当向设立地道路运输管理机构报备。

第二十七条 对同一客运班线有 3 个以上申请人的,或者根据实际情况需要,道路运输管理机构可采取服务质量招投标的方式实施道路客运班线经营许可。

相关省级道路运输管理机构协商确定通过服务质量招投标方式,实施跨省客运班线经营许可的,可采取联合招标、各自分别招标等方式进行。一省不实行招投标的,不影响另外一省进行招投标。

道路旅客运输班线经营权服务质量招投标管理办法另行制定。

第二十八条 在道路客运班线经营许可过程中,任何单位和个人不得以对等投放运力等不正当理由拒绝、阻挠实施客运班线经营许可。

第二十九条 客运经营者、客运站经营者需要变更许可事项或者终止经营的,应当向原许可机关提出申请,按本章有关规定办理。

客运班线的经营主体、起讫地和日发班次变更和客运站经营主体、站址变更按照重新许可办理。

客运经营者和客运站经营者在取得全部经营许可证件后无正当理由超过 180 天不投入运营或者运营后连续 180 天以上停运的,视为自动终止经营。

第三十条　客运班线的经营期限由省级道路运输管理机构按《中华人民共和国道路运输条例》的有关规定确定。

第三十一条　客运班线经营者在经营期限内暂停、终止班线经营，应当提前30日向原许可机关申请。经营期限届满，需要延续客运班线经营的，应当在届满前60日提出申请。原许可机关应当依据本章有关规定作出许可或者不予许可的决定。予以许可的，重新办理有关手续。

客运经营者终止经营，应当在终止经营后10日内，将相关的《道路运输经营许可证》和《道路运输证》、客运标志牌交回原发放机关。

第三十二条　客运站经营者终止经营的，应当提前30日告知原许可机关和进站经营者。原许可机关发现关闭客运站可能对社会公众利益造成重大影响的，应当采取措施对进站车辆进行分流，并向社会公告。

客运站经营者应当在终止经营后10日内将《道路运输经营许可证》交回原发放机关。

第三十三条　客运经营者在客运班线经营期限届满后申请延续经营，符合下列条件的，应当予以优先许可：

（一）经营者符合本规定第十条规定；

（二）经营者在经营该客运班线过程中，无特大运输安全责任事故；

（三）经营者在经营该客运班线过程中，无情节恶劣的服务质量事件；

（四）经营者在经营该客运班线过程中，无严重违法经营行为；

（五）按规定履行了普遍服务的义务。

第三章　客运车辆管理

第三十四条　客运经营者应当依据国家有关技术规范对客运车辆进行定期维护，确保客运车辆技术状况良好。

客运车辆的维护作业项目和程序应当按照国家标准《汽车维护、检测、诊断技术规范》(GB18344)等有关技术标准的规定执行。

严禁任何单位和个人为客运经营者指定车辆维护企业；车辆二级维护执行情况不得作为道路运输管理机构的路检路查项目。

第三十五条　客运经营者应当定期进行客运车辆检测，车辆检测结合车辆定期审验的频率一并进行。

客运经营者在规定时间内，到符合国家相关标准的机动车综合性能检测机构进行检测。机动车综合性能检测机构按照国家标准《营运车辆综合性能要求和检验方法》(GB18565)和《道路车辆外廓尺寸、轴荷及质量限值》(GB1589)的规定进行检测，出具全国统一式样的检测报告，并依据检测结果，对照行业标准《营运车辆技术等级划分和评定要求》

(JT/T198)进行车辆技术等级评定。客运车辆技术等级分为一级、二级和三级。

车籍所在地县级以上道路运输管理机构应当将车辆技术等级在《道路运输证》上标明。

第三十六条　机动车综合性能检测机构应当使用符合国家和行业标准的设施、设备,严格按照国家和行业有关营运车辆技术检测标准对客运车辆进行检测,如实出具车辆检测报告,并建立车辆检测档案。

第三十七条　县级以上道路运输管理机构应当定期对客运车辆进行审验,每年审验一次。审验内容包括：

（一）车辆违章记录；

（二）车辆技术档案；

（三）车辆结构、尺寸变动情况；

（四）按规定安装、使用符合国家标准的行车记录仪情况；

（五）客运经营者为客运车辆投保承运人责任险情况。

审验符合要求的,道路运输管理机构在《道路运输证》审验记录栏中注明；不符合要求的,应当责令限期改正或者办理变更手续。

第三十八条　鼓励使用配置下置行李舱的客车从事道路客运。没有下置行李舱或者行李舱容积不能满足需求的客运车辆,可在客车车厢内设立专门的行李堆放区,但行李堆放区和乘客区必须隔离,并采取相应的安全措施。严禁行李堆放区内载客。

第三十九条　营运客车类型等级评定由县级以上道路运输管理机构依据行业标准《营运客车类型划分及等级评定》(JT/T325)和交通部颁布的《营运客车类型划分及等级评定规则》的要求实施。

第四十条　禁止使用报废的、擅自改装的、拼装的、检测不合格的客车以及其他不符合国家规定的车辆从事道路客运经营。

第四十一条　客运经营者和县级以上道路运输管理机构应当分别建立客运车辆技术档案和管理档案,并妥善保管。对相关内容的记载应当及时、完整和准确,不得随意更改。

客运经营者车辆技术档案主要内容应当包括：车辆基本情况、主要部件更换情况、修理和二级维护记录(含出厂合格证)、技术等级评定记录、类型及等级评定记录、车辆变更记录、行驶里程记录、交通事故记录等。

道路运输管理机构车辆管理档案主要内容应当包括：车辆基本情况、二级维护和检测记录、技术等级评定记录、类型及等级评定记录、车辆变更记录、交通事故记录等。

第四十二条　客运车辆办理过户变更手续时,客运经营者应当将车辆技术档案完整移交。县级以上道路运输管理机构应当对经营者车辆技术档案的建立情况实施监督管理。

第四十三条　客运经营者对达到国家规定的报废标准或者经检测不符合国家强制性标准要求的客运车辆,应当及时交回《道路运输证》,不得继续从事客运经营。

第四章 客运经营管理

第四十四条 客运经营者应当按照道路运输管理机构决定的许可事项从事客运经营活动,不得转让、出租道路运输经营许可证件。

第四十五条 道路客运企业的全资或者绝对控股的经营道路客运的子公司,其自有营运客车在10辆以上或者自有中高级营运客车5辆以上时,可按照其母公司取得的经营许可从事客运经营活动。

本条所称绝对控股是指母公司控制子公司实际资产51％以上。

第四十六条 道路客运班线属于国家所有的公共资源。班线客运经营者取得经营许可后,应当向公众提供连续运输服务,不得擅自暂停、终止或者转让班线运输。

第四十七条 客运班车应当按照许可的线路、班次、站点运行,在规定的途经站点进站上下旅客,无正当理由不得改变行驶线路,不得站外上客或者沿途揽客。

经许可机关同意,在农村客运班线上运营的班车可采取区域经营、循环运行、设置临时发车点等灵活的方式运营。

本规定所称农村客运班线,是指县内或者毗邻县间至少有一端在乡村的客运班线。

第四十八条 客运经营者不得强迫旅客乘车,不得中途将旅客交给他人运输或者甩客,不得敲诈旅客,不得擅自更换客运车辆,不得阻碍其他经营者的正常经营活动。

第四十九条 严禁客运车辆超载运行,在载客人数已满的情况下,允许再搭乘不超过核定载客人数10％的免票儿童。

客运车辆不得违反规定载货。

第五十条 客运经营者应当遵守有关运价规定,使用规定的票证,不得乱涨价、恶意压价、乱收费。

第五十一条 客运经营者应当在客运车辆外部的适当位置喷印企业名称或者标识,在车厢内显著位置公示道路运输管理机构监督电话、票价和里程表。

第五十二条 客运经营者应当为旅客提供良好的乘车环境,确保车辆设备、设施齐全有效,保持车辆清洁、卫生,并采取必要的措施防止在运输过程中发生侵害旅客人身、财产安全的违法行为。

当运输过程中发生侵害旅客人身、财产安全的治安违法行为时,客运经营者在自身能力许可的情况下,应当及时向公安机关报告并配合公安机关及时终止治安违法行为。

客运经营者不得在客运车辆上从事播放淫秽录像等不健康的活动。

第五十三条 客运经营者应当为旅客投保承运人责任险。

第五十四条 客运经营者在运输过程中造成旅客人身伤亡,行李毁损、灭失,当事人对赔偿数额有约定的,依照其约定;没有约定的,参照国家有关港口间海上旅客运输和铁路旅客运输赔偿责任限额的规定办理。

第五十五条 客运经营者应当加强对从业人员的安全、职业道德教育和业务知识、操作规程培训。并采取有效措施,防止驾驶人员连续驾驶时间超过4个小时。

客运车辆驾驶人员应当遵守道路运输法规和道路运输驾驶员操作规程，安全驾驶，文明服务。

第五十六条 客运经营者应当制定突发公共事件的道路运输应急预案。应急预案应当包括报告程序、应急指挥、应急车辆和设备的储备以及处置措施等内容。

发生突发公共事件时，客运经营者应当服从县级及以上人民政府或者有关部门的统一调度、指挥。

第五十七条 客运经营者应当建立和完善各类台账和档案，并按要求及时报送有关资料和信息。

第五十八条 旅客应当持有效客票乘车，遵守乘车秩序，文明礼貌，携带免票儿童的乘客应当在购票时声明。不得携带国家规定的危险物品及其他禁止携带的物品乘车。

第五十九条 客运车辆驾驶人员应当随车携带《道路运输证》、从业资格证等有关证件，在规定位置放置客运标志牌。客运班车驾驶人员还应当随车携带《道路客运班线经营许可证明》。

第六十条 遇有下列情况之一，客运车辆可凭临时客运标志牌运行：

（一）原有正班车已经满载，需要开行加班车的；

（二）因车辆抛锚、维护等原因，需要接驳或者顶班的；

（三）正式班车客运标志牌正在制作或者不慎灭失，等待领取的。

第六十一条 凭临时客运标志牌运营的客车应当按正班车的线路和站点运行。属于加班或者顶班的，还应当持有始发站签章并注明事由的当班行车路单；班车客运标志牌正在制作或者灭失的，还应当持有该条班线的《道路客运班线经营许可证明》或者《道路客运班线经营行政许可决定书》的复印件。

第六十二条 客运包车应当凭车籍所在地县级以上道路运输管理机构核发的包车客运标志牌，按照约定的时间、起始地、目的地和线路运行，并持有包车票或者包车合同，不得按班车模式定点定线运营，不得招揽包车合同外的旅客乘车。

客运包车除执行道路运输管理机构下达的紧急包车任务外，其线路一端应当在车籍所在地。

单程的去程包车回程载客时，应当向回程客源所在地县级以上道路运输管理机构备案。

非定线旅游客车可持注明客运事项的旅游客票或者旅游合同取代包车票或者包车合同。

第六十三条 省际临时客运标志牌（见附件9）、省际包车客运标志牌（见附件10）由省级道路运输管理机构按照交通部的统一式样印制，交由当地县以上道路运输管理机构向客运经营者核发。省际包车客运标志牌和加班车、顶班车、接驳车使用的省际临时客运标志牌在一个运次所需的时间内有效，因班车客运标志牌正在制作或者灭失而使用的省际临时客运标志牌有效期不得超过30天。

省内临时客运标志牌、省内包车客运标志牌样式及管理要求由各省级交通运输主管部门自行规定。

第六十四条　在春运、旅游"黄金周"或者发生突发事件等客流高峰期运力不足时，道路运输管理机构可临时调用车辆技术等级不低于三级的营运客车和社会非营运客车开行包车或者加班车。非营运客车凭县级以上道路运输管理机构开具的证明运行。

第五章客运站经营，第六章监督检查，第七章法律责任，第八章附则略。

附件1：道路旅客运输经营申请表（略）
附件2：道路旅客运输班线经营申请表（略）
附件3：道路旅客运输站经营申请表（略）
附件4：道路客运经营行政许可决定书（略）
附件5：道路旅客班线经营行政许可决定书（略）
附件6：道路旅客运输站经营行政许可决定书（略）
附件7：班车客运标志牌（略）
附件8：道路客运班线经营许可证明（略）
附件9：省际临时客运标志牌（略）
附件10：省际包车客运标志牌（略）
附件11：道路客运标志牌制式规范（略）
附件12：道路运输车辆暂扣凭证（略）

4.1.8　出租汽车旅客运输安全管理

1）出租汽车旅客运输的概念

出租汽车旅客运输是指依照国家或当地交通行政主管部门的相关规定取得出租汽车客运经营权的客运轿车，根据乘客要求的时间和地点行驶、上下车及等待，并按里程或时间计费的一种客运方式。

2）出租汽车旅客运输业户的开业安全条件

出租汽车客运业户开业，须具备下列开业安全条件：

（1）有与经营范围、规模相适应的安全、机务、业务等岗位人员和相对稳定的驾驶人员。驾驶员应具有正式驾驶执照，具有规定的实际驾驶资历，并取得运政机构颁发的出租汽车从业资格证和岗位服务证。

（2）出租汽车客运经营企业的主要负责人，必须持有市级交通主管部门统一培训和核发的岗位证书。

（3）拥有符合规定数量的证照齐全并达到二级车况等级以上的客运车辆。

（4）有不低于车辆原值5%的流动资金，并提供会计事务所或审计事务所出具的有效资信证明。

（5）有符合规定并与其车辆数相适应的固定停车场地。属租赁、借用停车场地的，应提供一年以上合法有效的租赁、借用场地合同或协议，每辆车停车面积不得小于车辆投影面积的两倍。

(6) 申请人为企业的,还必须有企业章程、合法的法定代表人和健全的经营管理机构。

(7) 法律法规或规章规定的其他安全条件。

3) 出租汽车旅客运输的安全管理

出租汽车客运经营者必须严格遵守以下有关安全的规定和要求:

(1) 严格遵守国家法律、法规、规章,接受道路运政机构和有关部门的管理、监督、检查和业务指导。

(2) 必须有一位领导人负责安全管理工作,并根据车辆数量设置相应的保卫和行车安全管理机构,配备专(兼)职保卫和行车安全管理人员,建立治安保卫和交通安全组织,做好本单位出租汽车的治安保卫和交通安全工作。

(3) 建立健全安全责任制度和治安防范措施。

(4) 加强内部管理,经常对从业人员进行遵纪守法、职业道德和安全教育,搞好专业培训,不断提高从业人员素质和服务质量。

(5) 坚决执行政府下达的战备、抢险救灾和外事等各项应急任务。

(6) 保持车辆良好的安全技术状态和车容整洁,保证安全防护设施和消防设备齐全有效,并安装必要的安全技术防范装置。

(7) 优先采用安全性能高的环保节能车辆,逐步建立和完善先进的指挥调度和监督管理系统。

(8) 出租汽车投入使用后达到国家规定的车辆使用年限或行驶里程的,经营者必须更新车辆。提前更新的,原车辆符合安全技术有关标准的,允许转为非营运车辆。

(9) 出租汽车经营者违反营运、安全管理规定的,依法承担相应责任。

(10) 出租汽车驾驶员在营运服务时,必须做到:

①遵守交通、治安管理法规及有关规章制度。

②不得承运携带物品超过车内及行李箱容积和负荷的乘客。

③车辆受租期间,未经租用人同意,不得招揽他人同乘。

④有权拒载携带管制刀具、易燃、易爆等危险物品的人员;无人照顾的精神病人、酗酒者以及其他危险人员乘车须有人陪同监护。

⑤有权抵制非法检查。

⑥乘客租车前往外地、郊县(市、区)或偏僻地区的,可以要求乘客随同前往就近的出租汽车出城登记点办理登记手续,乘客应予配合。乘客不配合办理手续的,可以拒载。

⑦发现有违法犯罪嫌疑的人,应及时报告公安部门和本单位的保卫部门。

⑧对老、弱、病、残和幼儿、孕妇优先服务,对急需抢救的人员应当予以救助。

4.2 道路货物运输安全管理

货物运输应当为经营者提供停车、组货、发车等经营条件和公平、公正的经营环境，其中安全是重中之重。预防事故发生，减少货物财产损失贯穿于一切工作之中。

(1) 一级企业安全状况

上一年度行车责任安全事故率不高于 0.1 次/车，责任安全事故死亡率不高于 0.02 人/车，责任安全事故伤人率不高于 0.05 人/车。

(2) 二级企业安全状况

上一年度行车责任安全事故率不高于 0.1 次/车，责任安全事故死亡率不高于 0.02 人/车，责任安全事故伤人率不高于 0.05 人/车。

(3) 三级企业安全状况

上一年度行车责任安全事故率不高于 0.12 次/车，责任安全事故死亡率不高于 0.03 人/车，责任安全事故伤人率不高于 0.08 人/车。

(4) 四级企业安全状况

上一年度行车责任安全事故率不高于 0.15 次/车，责任安全事故死亡率不高于 0.1 人/车，责任安全事故伤人率不高于 0.12 人/车。

未达到四级企业条件的客运企业为五级企业条件。

4.2.1 零担货物运输安全管理

1) 零担货物运输业户开业的安全条件

(1) 普通货物运输业户开业的安全条件

零担货物运输，大多数属于普通货物运输，即对运输、装卸、保管没有特殊要求货物运输。

凡申请从事营业性道路普通货物运输的业户，必须具备下列基本条件：

①申请单位是独立核算、自负盈亏的经济实体，申请个人是国家政策允许的人员。

②申请经营道路货物运输应有明确的经营范围和服务对象。

③有相对稳定的驾驶人员和与经营项目相适应的安全、机务、业务等岗位人员。道路货物运输企业在经营管理、车辆技术等岗位上，应至少分别有一名具有初级或初级以上职称的管理人员。车辆驾驶员应具有有效的驾驶执照和从业资格证，聘用的驾驶员应签署具有法律效力的聘用合同或协议。

④有证照齐全的达到二级及以上车辆技术状况等级的货运车辆。

⑤有与其经营项目相适应的流动资金，其金额不得低于车辆原值的 5%，并出具相应的资信证明。

⑥单车经营的业户必须具有不低于 5 万元资金或资产作为事故赔偿保证，并出具有效的资信证明或担保。

⑦有与其车辆数相适应的坚实、平整的固定停车场地,租赁、借用的应签订一年以上合法有效的协议合同,每辆车停车面积不少于车辆投影面积的1.5倍。

⑧申请人为企业的,应有企业章程,有企业的法人代表,有健全的生产经营和安全管理机构。

(2) 零担货物运输业户开业的安全条件

从事零担货物运输的业户,除必须具备普通货物运输的开业安全条件外,按交通部发布的《道路零担货物运输管理办法》的规定,还应具备下列安全条件:

①使用封闭式专用货车或封闭式专用设备,车身喷涂"零担货运"标志,车辆技术状况达到二级以上。

②经营省内零担货运需有五辆(25个吨位)以上零担货运车辆;跨省经营需有10辆(50个吨位)以上零担货运车辆;国际零担货运按双边运输协定办理。

③业主、驾驶员、企业人员均须持有运政管理部门核发的《从业资格证》。驾驶员必须具备安全行驶两年以上或安全行驶5万km以上的驾驶经历。

2) 零担货物运输的安全管理

(1) 严格按安全资质要求承运

零担货物运输必须按有关规定承运。对以下三种性质的货物,不具备专业条件的零担货运经营业户不得受理:

①易燃、易爆、剧毒及放射性等危险物品。

②易破损、易污染、易腐烂及鲜活物品。

③湿损、触角、利口及货物包装不符合国家规定,标志识别不明显的货物。

(2) 零担贵重货物运输的安全管理

贵重货物,本身价值昂贵,在运输过程中承运人须承担较大责任。如贵重金属、精密仪器、高档电器、珍贵艺术品等。这些年来,随着社会的发展和人们生活水平的提高,零担货物的品质普遍升值,所以,必须在零担贵重货物运输过程中,加强对仓储、理货和运输的安全管理。

(3) 零担危险货物运输的安全管理

在有资格受理零担危险货物运输时,其受理、仓储、搬运、装卸、运输等全过程各个环节应严格遵守交通部颁发的《汽车危险货物运输规则》,严禁与普通零担货物混存、混装。

(4) 禁运、限运零担货物运输的安全管理

凡属法规禁运或限运的零担货物,受理时应检验有效证明,而且担负经营与运输作业的有关业户在具备料理能力和经营特种货物运输资格的条件下,方可受理与承运。

(5) 安全装卸设施

零担货运站应设置方便车辆装卸货物的高站台和相应的安全装卸器具。

(6) 其他特种零担货物运输的安全管理

4 道路运输安全系统管理

开展集装箱等特种运输的零担货运站应配备专门作业区域和专用装卸机械。

（7）长距离零担货物运输驾驶员的安全管理

零担货物运输运距超过 300 km 的,须配两个驾驶员。超长运距的零担货物运输,还要求保证驾驶员能离车休息。

4.2.2　整批货物运输安全管理

（1）货厢的安全管理

货车车厢是运送货物的容器,货厢安全直接影响货运的质量与安全。货厢必须坚固无破损。对装运过有毒、易污染以及危险货物、流质货物的,应对车辆进行清洗和消毒。如货物性质特殊,还需对车辆进行特殊清洗和消毒。

（2）装载安全

货物要堆码整齐,捆扎牢固,关好车门,不超宽、超高、超重,保证运输全过程安全。装载时防止货物混杂、撒漏、破损,严禁有毒、易污染物品与食品混装,危险货物与普通货物混装。

整批货物装载完毕后,敞篷车辆如需遮篷布时必须遮盖严密,绑扎牢固,关好车门,严防车辆行驶途中松动和甩物伤人。

4.2.3　集装箱货物运输安全管理

1）集装箱货物运输业户开业的安全条件

根据《浙江省集装箱道路运输管理办法》（浙交〔2003〕75 号）规定,从事集装箱货物运输的业户,除必须具备普通货物运输开业安全条件外,还应具备下列安全条件：

（1）具有货运四级企业以上的经营资质。

（2）有与经营规模和服务对象相适应的运输设备、装卸机械及通信设备、箱体检查设备。

（3）有固定的营运场所,停车场地应与企业拥有车辆数相适应,停车场地不得少于标准 2 000 m²。

（4）企业注册资金不得少于 800 万元。

（5）集装箱专用车辆,其中核定载质量不足 15 t 的车辆比例原则上不得超过集装箱车辆总数的 30%。挂车吨位在 20 t(含 20 t)以上的,主车的牵引力应大于或等于 206 kW；挂车吨位在 15 t(含 15 t)以上的,主车牵引力应大于或等于 162 kW。

2）集装箱货物运输过程中的安全管理

（1）集装箱货物运输的特点

由于集装箱汽车运输是以集装箱为运送单位,所以在运输过程中,箱内货物不必中途卸下重装,具有运输单元化、直达化、标准化、专业化、系列化及装卸机械化等特点,是一种新型、高效、先进和安全的运输方式,因而是公路与铁路、水运和航空开展多式联运的最佳形式。

集装箱汽车运输归纳起来主要有以下优点：

①减轻装卸劳动强度，提高装卸效率。

②可以充分发挥甩挂运输的优势，加快货物送达速度，加速车辆和其他运输工具的周转，是疏港、疏站集散运输和公路直达运输的最佳运输方式。

③节约货物包装费用，简化运输程序，方便交接手续。

④保障运输安全，提高货运质量，减少货损货差，具有良好的社会效益。

⑤降低货运成本，提高经济效益。

（2）集装箱货物运输车辆的安全要求

集装箱货物运输车辆应是技术状况良好，带有转锁装置，与所载集装箱要求相适应，能满足所运载集装箱总质量的要求。

集装箱货物运输车辆通常采用单车形式或牵引车加半挂车的列车组合形式。半挂车分为框架式、板式和自装自卸式等。

（3）装卸机械的要求

集装箱货物运输应配备集装箱专用装卸机械和装拆箱作业机械，装卸机械应有装箱专用吊具，装卸机械的额定起重量要满足集装箱总质量的要求，装拆箱作业机械要能适应进箱作业，以保证集装箱装卸的安全作业。

4.2.4 大型特型笨重物件运输安全管理

1）大型物件运输业户开业的安全条件

从事大型物件运输的业户，除必须具备普通货物运输开业的安全条件外，按交通部《道路大型物件管理办法》的规定，还应具备下列安全条件：

（1）至少拥有1辆能运载三级以上大型物件的专用车。

（2）大型物件运输车辆驾驶员，必须具备5万km以上安全行车的驾驶经历。

（3）营业性道路大型物件运输业户，按其设备、人员等分为四类，各类的开业安全条件如下：

①一类道路大型物件运输业户开业安全条件

a. 车辆装备：具有装载整体大型物件实际能力在20 t以上100 t以下的超重型车组，包括牵引车和挂车（半挂车，凹式低平台挂车），并有相应的配套附件。车组技术状况良好，在重载条件下能顺利通过8%的道路坡度。

b. 技术人员：具有助理工程师以上职称的汽车运用专业技术人员不少于1人；主管技术的车队长须有从事大型物件运输两年以上的实际经验。

c. 技术工人：具有符合《交通行业工人技术等级标准》（以下简称《等级标准》）的超重型汽车列车驾驶员、超重型汽车列车挂车工、公路运输起重工的技术等级不低于初级。凡尚未按《等级标准》考核的地区，可根据《等级标准》规定的技术要求进行应知、应会、工作实例等考核。

d. 技术、安全规章：具有上级或本单位制定印发的车组和起重装卸机工具的使用技术、安全操作规定、质量保证制度等规章。

e. 历史记录：已开业业户应提供以往运输的主要大型物件的重量、外形尺寸、件数、安全情况和货主反映的材料。

②二类道路大型物件运输业户开业安全条件

a. 车辆装备：具备装载整体大型物件实际能力在100 t及100 t以上、200 t以下的超重型车组，包括牵引车和挂车（半挂车、凹式低平台挂车、长货挂车、其他变型挂车），并有相应的配套附件。车组技术状况良好，在重载条件下能顺利通过8%的道路坡度。

b. 技术人员：设有分管技术的副经理；具有工程师以上职称的汽车运用专业技术人员不少于1人；主管技术的车队长须有从事大型物件运输四年以上的实际经验。

c. 技术工人：具有符合《等级标准》的超重型汽车列车驾驶员、超重型汽车列车挂车工、公路运输起重工，其中各类工种的中级工人不少于1人。凡尚未按《等级标准》考核的地区，可根据《等级标准》规定的技术要求进行应知、应会、工作实例等考核。

d. 技术、安全规章：具有上级或本单位制定印发的车组和起重装卸工具的使用技术、安全操作规定、质量保证制度等规章。

e. 历史记录：已开业业户应提供以往运过的主要大型物件重量、外形尺寸、件数、安全情况和货主反映的材料。

③三类道路大型物件运输业户开业安全条件

a. 车辆装备：具有装载整体大型物件实际能力在200 t及以上、30 t以下的超重型车组，包括牵引车和挂车（半挂车、凹式低平台挂车、长货挂车、3纵列或4纵列挂车、其他变型挂车），并有相应的配套附件。车组技术状况良好，在重载条件下能顺利通过8%的道路坡度。

b. 技术人员：设有分管技术的副经理；具有高级工程师职称的汽车运用专业技术人员不少于1人；主管技术的车队长须有从事大型物件运输六年以上的实际经验。

c. 技术工人：具有符合《等级标准》的超重型汽车列车驾驶员、超重型汽车列车挂车工、公路运输起重工，其中各类工种的高级工人不少于一人。凡尚未按《等级标准》考核的地区，可根据《等级标准》规定的技术要求进行应知、应会、工作实例等考核。

d. 技术、安全规章：具有上级或本单位制定印发的车组和起重装卸工具的使用技术、安全操作规定、质量保证制度等规章。

e. 历史记录：已开业业户应提供以往运过的主要大型物件重量、外形尺寸、件数、安全情况和货主反映等材料。

④四类道路大型物件运输业户开业安全条件

a. 车辆装备：具有装载整体大型物件实际能力在300 t及以上的超重型车组，包括牵引车和挂车（半挂车、凹式低平台挂车、长货挂车、3纵列或4纵列挂车、其他变型挂车),并有相应的配套附件。车组技术状况良好,在重载条件下能顺利通过8%的道路坡度。

b. 技术人员:设分管技术的副经理或总工程师;具有高级工程师职称的汽车运用专业技术人员不少于两人;主管技术的车队长须有从事大型物件运输十年以上的实际经验。

c. 技术工人:具有符合《等级标准》的超重型汽车列车驾驶员、超重型汽车列车挂车工、公路运输起重工,其中各类工种的高级工人不少于一人。凡尚未按《等级标准》考核的地区,可根据《等级标准》规定的技术要求进行应知、应会、工作实例等考核。

d. 技术、安全规章:具有上级或本单位制定印发的车组和起重装卸工具的使用技术、安全操作规定、质量保证制度等规章。

(4) 经营范围

一类道路大型物件运输业户,允许承运一级大型物件;

二类道路大型物件运输业户,允许承运一、二级大型物件;

三类道路大型物件运输业户,允许承运一、二、三级大型物件;

四类道路大型物件运输业户,允许承运一、二、三、四级大型物件。

2)大型特型笨重物件运输受理和运输过程中的安全管理

(1) 受理大型特型笨重物件运输时的安全管理

承运和装卸大型特型笨重物件,承运人提供的车辆和装卸机械,必须能保证货物在长度、高度和单件重量方面的安全作业要求。

承运大型特型笨重物件的级别必须与批准经营的运输类别相符,不准受理经营类别范围以外的大型特型笨重物件。

受理大型特型笨重物件托运时,承运人除了按照特种货物办理承运手续外,还应指派对大型特型笨重物件装卸、运载操作有相当经验的人员,会同托运人到货物现场,对货物与装车场地及装卸方式方法等进行实地勘察,核对落实,决定能否受理或采取一定的安全加固措施后方可受理。若遇畸形的大型特型笨重物件,应向托运方索取货物说明书,同时应随附货物外形尺寸的三面视图(侧视、正视、俯视),以"+"表示重心位置,要事先拟订周密的装运方案和运行路线,必要时应让托运方报请公安机关或其他有关部门审查后再予受理。

(2) 勘察现场时的安全要求

承运单位对大型特型笨重物件的装卸场地进行现场勘察核实时,要坚持安全第一、防范为主的原则。一般应注意以下几点:

①认真核实货物长度、宽度、高度、实际毛重、体形、重心、包装与标志,应用皮尺度量货物最高、最长、最宽部位,细致察看货物包装或底座的牢固程度是否符合机械吊装要求。

②仔细勘察装卸现场及周围环境,上下、前后、左右有无装卸障碍物与其他设置。

如车辆能否靠近货物、能否适应装卸机械操作,机械设施是否良好,装车场地土质是否松软或地面是否平坦,是否需要铺垫木板、钢板或方木等。

③车辆通过的路面、桥涵、港口、码头等的载重负荷能力及弯道、坡道等能否适应。

(3) 装卸大型特型笨重物件时的安全操作

装卸大型特型笨重物件时,不论采用机械装卸还是采用人工装卸,都要严格按照装卸安全操作规程,还应特别注意检查装卸工具,装卸工人要明确分工,密切配合,专人发号,统一步调进行操作。如需机械操作,应先确认起吊跨度,检查机械负荷能力是否适应,并应留有一定的安全保险系数,严禁超跨度、超重作业和违章操作。配备司索、发号人员,司索人员要做到索套绑吊稳固、慢起稳落,不得将手脚伸入已吊起的货物下方,直接去取垫衬物;发号人员负责作业现场监督指挥,确保装卸货物安全。

装载不可解体的成组笨重货物时,应使货物全部支重面均衡地、平衡地放置在车厢底板或平板上,使其重心尽量位于车辆纵横中心线的交叉点。如不能达到此要求,则应对货物重心的横向移动加以严格控制。一些特殊集重或畸形偏重的货物,下面应垫以一定厚度的木板,使其在运行中保持稳定。

大型物件装车后必须用垫木、蚂蝗攀、铁丝或钢丝绳固定牢固,以防滑动。特别对一些圆柱体及易于滚动的货物如卷筒、轧辊等,必须使用座架或凹木加固;装运钢板长度超过车身时,应在后栏板用坚固木铺垫成前低后高状,严禁用砖头、石块、朽木作垫隔。

(4) 运输大型特型笨重物件时的安全操作

承运人运输大型特型笨重物件,应携带大型特型笨重物件运输标志牌和核准证,以备路检。须按有关部门核定的路线行车,白天行车时,悬挂标志旗;夜间行车和停车休息时装设标志灯。

装载大型特型笨重物件的大型专用车辆的运输,应由托运方配备随车电工、勤杂工人,携带所需材料和工具,协助车辆行驶途中排除障碍。必要时,承运方需配备专门车辆在前引导护送,以便顺利通行和提示来往车辆注意。

车辆运行应按有关部门指定的时间、路线行驶。为保证所载货物的稳定,须低速行驶。必要时应邀请有关部门在通过有关路段和桥梁、涵洞时作技术指导。

3) 实施危险货物运输安全综合治理

近年来,交通部门认真落实党中央、国务院关于加强安全生产工作的一系列重要指示精神,按照"标本兼治,重在治本"的原则,采取了一系列有效措施,加强了道路危险货物运输安全监督管理。

(1) 加强法制建设

2005年7月,交通部依据《危险化学品安全管理条例》和《道路运输条例》,制定了《道路危险货物运输管理规定》(交通部2005年第9号令),从运输许可、专用车辆设备管理、危险货物运输、监督检查和法律责任等方面进一步规范和加强了道路危险货物运输安全管理。

(2) 完善技术标准体系

道路危险货物运输的专业性和技术性很强,建立科学、完善的道路危险货物运输技术标准体系,对于指导运输企业规范安全管理具有非常重要的意义。2004年以来,交通部先后组织制(修)订了《汽车运输危险货物规则》、《汽车运输、装卸危险货物作业规程》、《道路危险货物运输车辆标志》三个国家或行业标准。

(3) 加强从业人员的培训和考核

提高从业人员的业务素质和安全意识,是保障道路危险货物运输安全至关重要的因素。目前交通部主要做了三项工作:一是修订了《道路危险货物运输从业人员培训教学计划与教学大纲》;二是组织编写了道路危险货物运输从业人员培训丛书,包括《道路危险货物运输从业人员培训教材》、《道路危险货物运输安全监管手册——政策、法规篇》、《道路危险货物运输安全监管手册——国家、行业标准篇》、《道路危险货物运输重大事故案例》和《道路危险货物运输安全简明手册》等;三是组织编写《道路危险货物运输从业人员考试大纲》和《考试题库》。

(4) 严把市场准入关

交通部门在进行危险货物运输许可时,对企业、车辆和从业人员的条件进行严格审查。对企业安全制度不健全、车辆达不到技术要求、从业人员不符合条件的企业、运输车辆和人员,一律不予许可。

(5) 认真开展专项整治工作

2001年以来,交通部与安全监管总局、公安部、质检总局、卫生部等十个部门,先后联合开展了五次全国性的道路危险货物运输专项整治工作。通过专项整治,各地取消了一批不符合资质的运输企业,注销了一批不符合条件的驾驶员和押运员的从业资格证,取缔了一批不符合一级车标准的运输车辆,道路危险货物运输市场秩序得到明显好转,目前已基本实现了道路危险货物运输车辆100%达到一级车的标准,驾驶人员、押运人员、装卸管理人员100%持证上岗,全国道路危险货物运输企业100%达到资质要求的目标。特别是经过连续五年的专项整治工作,使道路危险货物运输企业的数量由2001年整治前的31 224家减少到现在的6 038家,减少了80.7%,改变了道路危险货物运输企业多、小、散、弱的现状,有力地促进了专业化、集约化、规模化经营。

4.2.5 超限运输车辆的安全管理

1) 超限运输车辆的概念

根据《超限运输车辆行驶公路管理规定》(交通部2000年2号令)

超载超限运输是公路第一杀手,严重破坏了公路路面及其桥梁设施,造成国家交通规费的大量流失,容易引发道路交通事故,危及人民群众的生命财产安全,导致汽车工业的畸形发展;整治违章超载必须加强教育,提高公民的交通意识和法治观念,提高执法人员的整体素质,加大执法力度,并实行宏观调控和综合治理。

2)超限运输对社会的危害性

由于普遍的严重超限(超高、超宽、超长、超重)运输,给道路运输带来极大的危害。主要表现在:偷漏应缴纳的养路费和路桥通行费,造成税费收入的流失,影响公路的维护和发展;严重破坏路面,极大地缩短了道路使用年限,加大了道路维修维护费用;造成车辆各项性能的下降甚至失效,缩短车辆使用寿命;引发交通事故,甚至是恶性交通事故;扰乱了公路运输市场秩序。

(1) 超限运输严重损害公路和桥梁

随着我国经济和交通事业的发展,全国公路总里程不断增长,公路货运量已上升为各种运输方式货运量之首,货物周转量也逐年增加。但是,目前超限超载运输严重,即长、宽、高几何尺寸超限和超重运输。据不完全统计,超限运输的比率占货运车辆的50%以上,超载量平均为4~6.25倍。

据不完全统计,超限运输使公路和桥梁的使用寿命普遍缩短,特别是高速公路,寿命损失高达60%~80%,全国平均年直接经济损失10亿元以上。由此而引发的交通事故占交通事故总数的30%以上,占货车事故的55%以上,造成的经济损失占事故经济损失的50%左右,交通规费流失巨大。许多超限车辆以低速或超低速运行,严重妨碍了道路通行能力,影响了道路利用率和总体经济效益。沿途造成大气污染和噪声污染,破坏了人类的生态环境。

长期超限运输对交通造成的危害是极其严重的,主要表现在损坏路面和桥梁,影响车辆运行状态,危及行车安全,造成交通事故,加剧环境污染,影响规费收缴,破坏运输市场管理等。

近年来,从公路桥梁被破坏的角度考虑,对超载运输的治理给予了高度重视。2003年,由交通部牵头联合华北五省(市、区)开展了超限运输专项治理活动。在此基础上,2004年又开展了全国性的联合整治活动,收到了较好的效果。但是,对于不是直接破坏路桥表面的汽车装载几何参数超限,往往得不到足够的重视,或者是由于尚缺乏科学、有效的手段,使这方面的管理形成漏洞。同时,对超限运输的管理还不够完善,没有建立管理信息系统;法律法规还不健全,使经营者有可乘之机;超限结果处理还不够科学合理,仅仅是采取罚款的简单方法,这也是超限运输屡禁不止的根源。

根据《公路沥青路面设计规范》和《公路水泥路面设计规范》进行理论计算,将车辆实际轴载换算为标准轴载,当车辆轴载质量超过标准轴载质量一倍时,车辆行驶沥青路面一次相当于标准车辆行驶256次,车辆行驶水泥路面相当于标准车辆行驶65 536次,可见,超限运输车辆对路面的损坏是成几何级数增加的。研究的结果和实践也表明,轴重的超限会使水泥路面的使用年限缩短40%左右,沥青路面缩短20%~30%左右。一条使用年限为15年的高速公路,如经常进行超限运输,则一般只能使用8年左右。超限车辆是造成公路使用寿命折减的头号杀手。超限运输还给国家造成了巨大的经济损失。据不完全统计，109国道北京境内47 km路段系1996年投资3 760万元建成，由于运煤车辆超载，改造后仅一年时间，公路路面全部损坏，桥梁涵洞也不同程度损毁，直接经济损失达3 000多万元。山东省枣庄至木石一级汽车专用公路于1995年建成通车，设计使用年限20年，由于超限运输，结果仅使用3年4个月时间，水泥混凝土路面破损15万多平方米，破损率达23%，其中南半幅路面因超限车辆行驶较多，破损率达44%，北半幅路面因超限车辆少，破损率只有1.3%，二者差异极为明显。对超限车辆的整治已到了非治不可的地步。

超限运输对桥梁的安全也构成了重大威胁。车辆严重超限，即使设计标准较高的水泥混凝土桥梁也会产生桥梁挠度增大，水泥混凝土过早开裂，逐步引起钢筋锈蚀，缩短桥梁寿命，在桥梁的薄弱环节，如伸缩缝接口的钢材焊口开焊破坏、桥头填土下沉产生桥头跳车，甚至还可能由于车辆荷载超过桥梁设计极限使桥梁损毁崩塌。桥梁设计荷载20世纪70年代大体为汽车-15级，以后提高到汽车-20级。目前，干道上少数桥梁的荷载标准为汽车-超20级。正常的黄河150型车，总重15 t，后轴重100 kN，合乎汽车-15级标准，如果超载60%，后轴为133 kN，即大于汽车-20级标准(后轴荷载130 kN)；如果超载100%，后轴重155 kN，将大于汽车-超20级的重车标准(后轴荷载140 kN)。天津彩虹大桥是1998年建成的，造价3.8亿元，通行一年半，因大型超限车辆过多，引桥桥面的半刚性基层破坏，已经重修。江阴大桥路面质量与世界6座著名桥梁等同，其中，土耳其博斯普鲁斯海峡大桥日交通量为10万辆，通车12年桥面还很好。可是，江阴大桥日交通量2.75万辆，其中超限车辆约占50%以上，而超限30%以上的车辆又占超限车总量的70%以上，其中不乏超限百分之百的车辆。因超限车辆过多，通车仅两年，重车道就开始有局部损坏。京沪高速公路全线通车后一年时间桥面被压得支离破碎，大桥不堪重负，桥梁局部钢结构出现变形；平坦的路面出现大面积龟裂，桥面沥青层原为5 cm，由于超限车的无情辗压，凹凸不平的桥面，有的面层厚度达8 cm，有的仅1 cm，路面龟裂严重处竟能插进两指。其中，由北向南的车道"伤情"尤为严重。

(2) 超限运输车辆行驶公路严重影响交通安全

近年来我国发生的一系列群伤群死重大交通事故，许多均与车辆的超限、超载有关。车辆严重超限，使车辆的技术状况大大降低，车辆的行驶稳定性、刹车性能、悬挂承荷能力、转向可靠度趋差，轮胎爆胎可能性增大，极易引发交通安全事故。另一方面，汽车长时间超负荷工作，磨损加剧，车辆使用寿命大大缩短。据了解，京沪高速公路江苏沂淮段在一年时间内因车辆超限所造成的交通事故共46起，死亡61人，伤123人。广东京珠高速公路粤境北段开通半年就已经死了80多人，经交警交通部门的专家分析，也与车辆严重超载超限有直接关系。

下面是两起超限运输肇事案例。

2004年5月17日上午7时20分左右，一辆牌照为浙HD0712的重型罐式货车，满载水泥途经浙江龙泉境内西独线周村一桥梁时，将桥梁压塌，货车连同断裂的桥梁坠入河中，所幸未造成人员伤亡。

4 道路运输安全系统管理

据肇事驾驶员余某说,他是为车主周某从江山市运送水泥到龙泉市岩樟水电站,因车辆超载很多,为躲避交警、路政部门的检查,选择在凌晨时段到达龙泉卸货,没想到超载车把桥压垮了。据调查,这辆核载 10 t 的槽罐车,足足装了 33.84 t 水泥,超载两倍多,加上槽罐车自重,毛重有 49.14 t(图 4.1)。事故发生后,龙泉市有关领导和有关部门人员赶到现场,采取抢救措施。

图 4.1 超载罐车压垮大桥

2004 年 6 月 7 日,超载货车隧道侧翻。

6 月 7 日上午 8 时 50 分,在杭州绕城高速公路黄鹤山隧道内,一辆载重量为 15 t 的货车发生侧翻事故,车上 60 t 化工原料倾覆(图 4.2)。工作人员经过 3 h 的努力,动用了数辆卡车,才把堆积在隧道内的货物清理干净,使道路恢复畅通。

(3)超限运输严重扰乱运输市场秩序,引起恶性竞争

超限者,利益为目的。由于运输市场运力供大于求,竞争激烈。承运者为争揽货源,竞相降低运输价格,以低运价吸引货主。压价的结果使社会必要运输价格低于正常运价水平。为了弥补降价造成的经济损失,车主采用多装和逃避交通规费的办法获得补偿,使运力过剩的矛盾更加突出,拉不到货的车主则以更低的运价争揽货源,又以更多的超载来减少亏损。于是陷入一个

图 4.2 超载货车隧道侧翻

"超载—运力过剩—压价—再超载"的循环往复、愈演愈烈的怪圈。20 世纪 70 年代末和 80 年代初,一般普通散货运价在 0.3 元/(t·km),但目前已降到不足 0.2 元/(t·km)。20 世纪 80 年代的物价水平低于现在,现在的运价却低于从前,这是很不正常的运价水平倒置,不符合市场经济规律,是一种非正常经济现象。因为竞相超限运输,部分汽车制造厂家被利益驱动,迎合市场,非法生产"大吨小标"汽车和非法进行汽车改装,使超限运输呈规模化,进一步加剧超限运输。同时,由于国家对运输市场的调控力度不足,法规滞后,不能从根本上对车辆超限现象及时予以整治,放任了对超限车辆的管理,在一定程度上又增加了运输市场的无序竞争。

(4)超限运输扰乱了国家养路费和路桥收费政策,制造新的不公平

由于所有公路收费都是按车辆核定的吨位收费,超限车辆装载量超过核定的装载

量,使平均每吨位实际交费额减少,降低了单位运输成本,这样,在同样运价水平时,超载运输者就可获得比守法经营者更多的利润。对于国家来讲,漏征了大量规费,对于遵纪守法的人来说,无疑是不公平的。运输者为了提高其利润水平,降低运输成本,少交费,是降低成本增加收入的手段之一。

(5) 超限运输降低了公路的使用效率,污染环境

严重超限车辆一般车速都很低,有的不足 40 km/h。由于运行慢,且由于超限车的车体大,影响后车通行,常常造成交通阻塞,使公路的使用效率大大降低。特别是高速公路,高速公路对货车的设计时速一般在 70 km 以上,而严重超限车辆一般只能行驶三四十公里,有的更低,造成高速公路低速行驶的尴尬局面。另外,超限车辆由于荷载大,在起步、爬坡时大冒黑烟,造成路面和环境的污染。

3) 货车超限超载运输的治理对策

当前全国各地正在开展反超限超载专项治理活动,已经取得一定成效。所谓超限超载运输是指在公路上行驶的各种机动车辆装载货物超过路政管理部门规定的行为。和人一样,公路也是有生命的,货车超限运输对公路的危害最大,设计在20年寿命的公路,通常不到四年就要重新翻修。《公路法》及《超限运输车辆行驶公路管理规定》都严禁车辆超载,但由于运输专业户受利益驱动,车辆超限屡禁不止。超限超载运输被称为头号"公路杀手"和"事故元凶",不仅对公路造成损害,引发道路交通事故,同时还损害政府在人民群众中的形象,因此整治超限超载刻不容缓。

(1) 治理超载超限运输的具体对策

超限运输涉及车辆生产、运输市场、收费管理和群众利益等诸多问题,要彻底根治这一顽症,必须全国联动,以"堵"为主,综合治理,标本兼治。

①开展法制宣传工作。地方各级政府及有关部门应结合国家的"四五"普法规划,积极开展法制宣传教育活动,大力宣传《公路法》及相关法律法规,进一步扩大宣传对象,让广大群众尤其是驾驶员和运输专业户都学法、懂法、守法,为路政部门创造一个良好的执法环境。同时,采取切实有效措施,采用群众乐于接受的宣传方式,向大家宣传、介绍超限运输的危害性,赢得群众的理解和支持,并强调通过典型案例的剖析,进行生动、深刻的直观教育,不断提高人民群众的交通意识和法治观念。

②完善制度、强化管理。各地党委政府要统一思想、提高认识,加强对运输市场的宏观调控,立法机关要适应形势发展需要及时制定一些规范文件,建立健全法律制度。合理调控运力,规范运输行为,促进运输市场运力与运量的供求平衡。推广集装箱化运输方式,规范公路货运车辆类型,特别是特殊产品运输车辆的类型。加大查处违规企业力度,加强汽车生产环节的控制管理,禁止生产违规超限车辆,禁止非法改装车辆。加快清理整顿货运机动车生产管理目录,制定相关责任追究制度,杜绝"大吨小标"和倒卖产品合格证问题。公安交警要加强车辆落户的源头管理,把好车辆落户关,凡是行驶证登记的技术数据与改装后的车辆技术数据明显不符的应不予落户。有关部门应对违规擅自改装车辆的单位和个体业主给予依法取缔,禁止违法改装车辆上路行驶。对违规

改装车辆已办理证照的要进行全面清理,对不符合规定的改装车辆要注销其证照,并从严处罚。货运部门应严把货源关,禁止车辆超限装载。公路部门应对公路承载能力重新检查并做出明显的标志。

③加强执法队伍建设。执法水平的高低取决于执法人员素质的高低,因此要加强对执法队伍的教育、管理和培训,深入开展"四个教育":宗旨教育、法律政策教育、职业道德教育和勤政廉政教育;不断提高执法人员的"三个素质":政治素质、业务素质和法律素质;巩固树立群众意识和服务意识"两个意识";增强依法行驶,依法办案的观念,努力建立一支队伍:即政治坚定、业务精通、作风优良、执法公正的执法队伍。要严把选人关、制度关和培训关,树立正确的人生观、价值观和世界观,强化爱岗敬业精神,变管理为服务,牢记全心全意为人民服务的宗旨,增强"维护路权、保护路产"意识,努力做到文明执法、热情服务。切实提高路政人员的行政执法水平,以适应市场经济发展的需要。

④联手行动、综合治理。从2003年12月开始,北京及华北五省市联合行动,构筑四道防线严堵超载车,加强高速公路与普通公路的整治衔接,使违章超载车辆无路可逃。这是一个良好的开端,各级党委和政府要负责牵头,召集公安、交通、煤矿、工商、新闻等部门组成综合执法大队,统一政令,联合行动,齐抓共管,形成合力,开展一场全国范围内的反超限超载的专项治理斗争,严厉打击违章超载行为。执法大队要经常组织、安排人员上路巡查,指定地点设立检测关卡,实行计重收费。基本原则是:空车降低收费,标准装载标准收费,超限装载合理收费,严重超载卸载放行。具体做法是:将交通部颁发的货车分类标准按"车辆自重+准载质量+20%允许装载误差=认可总质量"折算为计重收费的分类标准,货车按通行时实际总质量分类后按照该类收费标准及行车里程收取通行费。对超载车辆坚决卸载,杜绝罚款收费后放行的做法,这是制止超限的有效措施。同时,应追究相关单位的连带责任,拉运工矿企业货物的车辆超载,不但要处罚车主而且要处罚该企业。各部门要协调一致,加强省际联系,避免重复执法、重复处罚。要严格规范执法行为,做到行政执法主体合法,认定违章事实确凿,执法依据和执法程序正确,执法文书齐全,归档及时,确保超限运输的查处质量。

(2) 研制开发超限运输检测系统

①研制和开发高速公路超限运输车辆门禁监控系统,实现单车道、全自动、全天候(24 h)对通过车辆进行动态自动检测的功能。检测内容包括车辆的长、高、宽、总质量、单轴载质量、双联轴载质量、三联轴载质量等指标。检测数据和超限报警信号自动传输到相关的公路交通检查站,根据检测结果自动操纵通行标志栏杆,进行语音提示、信息显示等,从而对超限车辆进行相应的处理。同时,检测数据可存入公路交通运输管理数据库,为公路损坏状况评估、公路养护维修计划安排提供科学的依据。并以国家干线"同三"高速公路的重要路段——哈尔滨瓦盆窑收费站为试验基地,建立示范站。

②研制和开发车用超载监控系统,系统包括超载检测传感器、超载控制器及超载限定执行机构。当车辆超载时,可发出声光报警信号,继而会切断油路,使车辆不能行驶,

达到超载车辆不能上路的目的。

③公路超限超载货物运输问题研究,分为基础理论和实证分析两个层次,在基础数据的整理与分析的基础上,借用经济学的相关理论知识,对相关问题从"根"上进行深入研究,并结合我国实际情况,得出解决我国公路超限超载货物运输的措施和对策。主要研究内容包括:超限超载货物运输的危害及产生的原因分析,如运输成本、运价与超限超载运输之间的关系,不同轴限下的运行费用、轴重与路面的破坏关系、轴重限值与道路养护维修费用的相互关系等,收集整理典型路段交通流量,借助理论分析中的相关数学模型,对不同情况下超限超载运输对路面造成的损失进行定量分析,合理地估算现阶段超限超载运输给我国公路每年造成的损失费用,合理确定不同货物在不同运距时的最佳车型和最佳的公路运输车辆轴重限值范围,为《公路设计技术标准》及新的收费标准提出合理化建议。建立指标评价体系,通过量化各种指标分析其危害和产生的原因,以便对症下药。

同时,还将对部分地区实行的计重收费政策试点效果进行全面评估,从技术层面上通过详细的数据分析理论研究的正确性与可行性,并结合实际,提出治理超限超载运输较为合理的技术方案。

4.3 驾驶员的安全管理

随着我国社会经济的迅速发展以及人民生活水平的不断提高,汽车作为现代化交通工具越来越普及,导致了我国机动车驾驶员的数量迅速增长。由于驾驶员队伍不断壮大,由此带来的行车违章、交通肇事现象层出不穷。国内外的研究资料表明,由驾驶员直接责任造成的交通事故约占事故总数的70%~90%。因此,我们在充分了解了驾驶员的心理、生理特性与交通安全的关系后,就要加强对驾驶员的安全管理,这对减少交通事故,确保人民生命财产安全以及提高运输企业的经济效益和社会效益,都有着十分重要的意义。

4.3.1 驾驶员安全管理的内容

不论是公安交通管理机关还是交通运输管理部门和运输企业,驾驶员的安全管理都是一项十分重要的工作,是整个交通安全管理工作的重点。作为运输企业要配合公安交通管理机关和交通运输管理部门,结合企业自身的特点,按照国家有关交通法规、条例、标准和规范的要求搞好驾驶员的安全管理。交通运输企业驾驶员安全管理的主要内容有:

(1)认真科学地搞好驾驶员的聘用工作。

(2)研究驾驶员的心理、生理特性,定期进行职业适应性检查,保证新上岗驾驶员和在职驾驶员都具有健康的心理、生理素质,并运用生物节律等现代科技知识指导行车安全。

(3) 负责对驾驶员的交通法规、职业道德、安全技术和相关知识方面的宣传和教育工作。

(4) 组织对驾驶员的定期培训、考核和上岗证管理等工作。

(5) 组织对驾驶员的日常安全检查,并协助公安交通管理机关做好驾驶员的审验工作。

(6) 配合公安交通管理机关做好驾驶员的违章、肇事处理工作,并注意在事故处理过程中维护企业和当事人的合法权益,落实整改措施。

(7) 管理好驾驶员的安全技术档案,并做好违章、肇事的统计工作。

(8) 负责办理驾驶证的领、换、补发业务和考证、增驾等工作。

(9) 组织开展"安全活动日"和"安全活动月"活动,制定完善的安全操作规程,总结推广安全驾驶技术,积极搞好安全竞赛活动。

(10) 研究驾驶员的作息时间制度、膳食结构、劳动保健等问题,搞好驾驶员的生活管理;做好驾驶员的家属工作,积极开展"贤内助"活动,支持驾驶员的工作。

(11) 推行安全目标管理,建立以安全生产责任制为中心内容的驾驶员安全管理的各项规章制度,把驾驶员安全管理纳入企业标准化工作中去。

4.3.2　驾驶员职业适宜性选择

根据美国康局乃狄格州对3万名驾驶员驾驶记录调查的结果,发现其中有4%的人在六年里发生了占总事故数36%的事故。我们把这4%的人称为具有事故倾向性的事故多发者,他们人数不多,但发生的事故却占相当大的比例。其原因是这部分人在心理、生理特性方面存在着较大的个体差异性,正是由于这种差异性,使他们成为事故多发者,因此他们是不适宜从事驾驶汽车工作的。所谓驾驶员职业适宜性选择,就是把那些不适应从事驾驶汽车的少数事故多发者从驾驶员队伍中及时发现并剔除出去。

特别是对运输企业的营运驾驶员,尤其应该谨慎选择。因为他们参与交通的程度高,时间长,而且往往会由于驾驶员的个人因素导致整车人的生命安全得不到保障。所以,对于运输企业的职业驾驶员,除了要符合《交通安全法》中申请驾驶证的基本条件外,还应从心理、生理、性格等各个方面从严选择,以确保企业的运输安全。

1) 营运驾驶员适宜性选择的内容

(1) 身体选择

身体选择是发现和排除其生理条件和健康状况不能胜任驾驶工作的人。我国公安交通管理机关目前在驾驶员的身体条件和健康状况方面,主要检查其视力、听力、辨色力、血压及循环系统、神经系统,另外还检查四肢、躯干、颈部的运动能力和身高。

(2) 文化选择

文化选择是发现和排除现有知识和文化水平不能胜任驾驶汽车的人。我国公安交通管理机关目前对驾驶员文化程度的要求是比较低的,即初中毕业为最低文化程度。事实上,根据汽车工业的发展,特别是电子技术在汽车上的普遍应用,把初中毕业作为驾驶员的最低文化程度标准已不能适应对职业驾驶员的要求。我们认为职业汽车驾驶员起码应具有职业高中的文化程度,才可以满足学习和安全驾驶的需要。

(3) 职业道德选择

职业道德选择是发现和排除那些精神风貌、社会公德、职业责任等不够健全,不适宜从事驾驶汽车的人。驾驶员的职业道德主要体现在优质文明服务、对社会对他人负责及遵章守纪、安全礼貌行车等方面。

(4) 心理品质选择

心理品质选择是发现和排除那些感知特性、反应特性以及个性心理特征不适宜驾驶汽车的人。心理品质选择是职业适宜性选择中最主要、最关键的内容。这一工作在发达国家早已开展,我国近几年才刚刚起步,还有待进一步落实和提高。

(5) 驾驶技能选择

驾驶技能选择是发现和排除那些驾驶技能较差,安全经验不足的驾驶员。对于从事旅客运输的驾驶员,特别是大型客车和城市公共汽车、无轨电车驾驶员,驾驶技能的选择尤其重要。我国公安交通管理机关对驾驶大型客车、无轨电车的驾驶员,要求其必须具有三年以上安全驾驶大型货车的经历。此外,还要求这些驾驶员的技术要熟练、操作要规范。

2) 营运驾驶员适宜性选择的方法

驾驶员职业适宜性选择中的身体选择主要是通过医学检查来实现的,文化选择可通过查阅驾驶员档案并结合文化考核来实现,职业道德选择可通过平时考察及鉴定来实现,驾驶技能选择可通过场地驾驶和道路驾驶来实现。而心理品质选择则是一项十分复杂的工作,我国在这方面已建立了检测体系,并颁布了检测标准[《职业汽车驾驶员适宜性检测评价方法》(JT/T 442-2001)]。

4.3.3 营运驾驶员的安全教育

驾驶员的工作性质决定了他们经常单独驾驶汽车外出活动,流动性较大,工作又很分散,在客观上给交通运输主管部门和运输企业开展教育工作带来了一定的难度。教育工作不便集中开展,导致部分驾驶员放松了对自己的要求,表现为缺乏主人翁态度和高尚的职业道德,对安全工作责任心不强,对学习技术和交通法规漠不关心,从而使驾驶员队伍的整体思想、文化、技术素质偏低。此外,从对驾驶员的责任事故分析中发现,大部分事故都与驾驶员的法纪观念、职业道德和技术水平等有密切关系。所以对驾驶员进行教育就成为一项长期、细致、艰苦且难度很大的工作。各级交通运输主管部门和运输企业都应与公安交通管理机关密切配合,共同搞好驾驶员的教育工作。

1) 安全教育的内容

驾驶员安全教育内容包括技术教育、职业道德教育和法制教育三个方面。

（1）保证企业全员在思想上都能高度重视安全工作，把安全第一的方针落到实处。

（2）经常开展法制和安全法规教育，使广大职工自觉维护国家法律、法规的尊严，执行企业的各项规章制度，遵纪守法，正确处理国家、企业和个人的关系。

（3）加强对职工的职业道德教育，使其树立全心全意为人民服务的思想。

（4）开展安全管理的理论，研究建立健全企业的安全思想教育制度。

安全思想教育要理论联系实际，根据企业的实际情况，因人因事开展针对性的教育。在教育过程中要运用"团结—批评—团结"的原则，充分发扬民主，提高认识，增强安全观念。教育者应以身作则，言行一致，严于律己，遵纪守法，坚持原则。在处理职工的安全思想问题时，应将表扬与批评紧密地结合起来，坚持以表扬为主的原则。

企业的安全思想教育工作必须制度化，要在时间上、计划上、组织上、形式上都加以保证。例如，建立定期开展职工安全思想动态分析制度，事故对策分析、教育制度，安全理论学习制度，安全民主评议制度等。形式要多样化，办法要灵活。

职工安全技术培训教育是企业开发智力、发现人才、培养人才的重要途径之一，也是提高企业生产效率，取得最佳经济效益的有力措施。职工全员安全教育应包括书记、经理（厂长）、工程技术人员、管理人员和工人在内的业余教育或脱产教育。在我国多数企业中，安全技术教育同科学技术教育是结合在一起进行的。

（1）技术教育

我国驾驶员的整体文化素质偏低，这对学习新技术、新结构、新材料，掌握车辆性能及正确的驾驶操作技能都有很大影响，所以技术教育应从提高文化水平和技术水平两方面着手。

文化水平是掌握先进科学技术的基础。随着汽车工业的发展，汽车的结构和性能都有较大的改进和提高，特别是电子技术在汽车上的应用使汽车本身成为多种学科科技知识的综合载体。所以，加强对驾驶员的文化水平教育，对掌握多种科技知识，熟悉和了解先进的车辆结构、性能以及正确、安全节能的驾驶操作技术无疑具有明显的奠基作用。

技术水平是安全驾驶的基础，技术水平教育包括汽车新技术、新结构、新材料的学习，车辆维护、修理知识及故障排除技巧的学习，安全、节能的驾驶方法的学习，驾驶员劳动心理、生理知识的学习等。

驾驶员是汽车运输企业直接从事运输生产的主要力量。他们的思想水平和技术素质，对车辆运用、运输安全质量有同等的重要影响。据统计，我国的道路交通事故中，属于驾驶员的责任事故占70％左右，事故的主要原因多与驾驶员的技术水平、组织纪律性和责任心等因素有关。因此，加强对驾驶员的技术教育、法制教育和职业道德教育，对确保行车安全具有重要意义。

驾驶员的技术培训包括技术理论和操作技能两方面内容。

技术理论培训着重提高驾驶员对车辆结构、性能及其改进和发展技术的掌握和应用；了解道路交通安全体系的基本理论和管理方法，掌握交通法规的基本内容和要求；掌握汽车运输生产的基本业务知识和安全评价指标、标准等内容。

技术操作技能培训除了提高车辆驾驶员操作水平，熟练掌握汽车安全驾驶规定之外，还要求驾驶员具有一定的车辆保养、维修和排除故障的实际操作技能。

由于驾驶员的工作流动、分散，在培训方法和形式上，应结合企业的生产情况灵活安排。其主要方法是以自学为主，定期辅导，年终考核；利用运输淡季，举办针对性的短期轮训班；有计划地分批分期进行全面培训。

（2）职业道德教育

职业道德是社会道德的重要方面，一定的职业道德总是与一定的职业对社会所负的特殊责任联系在一起的。驾驶员的职业道德同样是同驾驶员对社会所负的特殊责任联系在一起的。汽车驾驶员肩负着旅客的人身安全、货主的货物及国家财产的安全等重任。因此，其职业道德的标准应是：优质文明服务，安全礼貌行车。这就是说在整个旅客和货物运输过程中全方位地向旅客和货主提供优质文明的服务，达到安全、及时、方便、经济、舒适的目标和要求，使旅客和货主称心满意。在行车中要严格遵守交通法规和安全操作规程，确保行车安全。所谓遵守交通法规主要指遵守《中华人民共和国道路交通管理条例》中有关行车的"安全规定"和"路权规定"。"安全规定"指的是在交通活动中，必须严格遵守保障行车安全的有关标志、速度、超车、跟车、会车、让行、停车、装载及对车辆的安全技术条件要求等一系列的规定。"路权规定"指的是通行权和先行权的规定，即空间路权和时间路权的规定。

所谓遵守安全操作规程主要指起步、加速、制动、换挡等操作动作要规范，要符合行车安全的需要。

（3）法制教育

交通法规是为维护交通秩序，便利交通运输，保障人民生命财产安全而在交通管理方面制定的基本法律和规章制度。遵守交通法规是对每一个驾驶员的起码要求，确保旅客和货物的安全是每一个驾驶员的神圣职责。驾驶员的法制教育应以交通法规为重点，同时也要学习有关刑法、民法和经济法等方面的一些知识。另外，法制教育应和职业道德教育紧密结合起来进行，才能收到事半功倍的效果。

2）教育形式

我国汽车运输企业在结合驾驶员工作特点，对驾驶员进行教育方面总结出了许多宝贵的经验和方法，归纳起来主要有以下几种形式：

（1）坚持每日出车前的安全教育。每日出车前的安全教育主要是总结前一天的安全行车情况，指出事故隐患和苗头；交代当天行车安全注意事项，如驾驶员的情绪状态、道路线型特点、环境气候状况等。对车队行驶，要特别强调保持队形和前后安全距离，教育驾驶员谨防发生群死群伤事故。对接送出席庆典活动人员的驾驶员，要特别强调严禁酒后驾驶汽车的规定。

（2）坚持每周一次的"安全例会"教育。"安全例会"是在每周内抽出半天或一个晚上时间，作为固定的安全活动时间的一种教育形式。时间一旦确定，就要持之以恒，长年坚持下去。"安全例会"主要用来总结一周来的安全行车情况，提出安全行车的要求。其主要内容包括总结安全行车经验，分析违章和肇事原因，研究安全防范措施，学习传达有关安全管理的文件、规范和标准，开展自查和互查，表彰先进典型等。

（3）坚持"三会一课"教育。"三会一课"教育，即月初安全布置会、月末安全检查会、季末安全评比会，另外再加安全教育课。通过"三会一课"制度的贯彻，使安全教育在每一阶段都落到实处，再结合经常性的安全教育，做到知人、知事、知思想、知生活，从而使安全教育能对症下药，永不间断，收到良好的效果。在"三会"教育的基础上，利用生产淡季，定期开办安全教育课，对驾驶员进行系统的安全知识、驾驶技术、法规制度等方面的教育。

（4）坚持每年一次的"安全活动月"教育。根据汽车运输企业的特点，选择一年中的生产旺季，开展"安全活动月"教育。"安全活动月"教育应大张旗鼓地宣传，制造舆论，形成声势，引起驾驶员、企业和全社会的重视。让全社会所有的人都参与进来，对提高全民的安全意识，减少交通事故，保障交通畅通和安全有着重要意义。

（5）有计划地进行企业全员轮训。企业领导层要有计划地安排企业的领导人员、管理人员和生产工人，结合各自的工作特点和专业、工种情况举办不同层次的岗位培训班，以提高企业全员的素质，为安全管理工作打下良好的基础。

（6）不定期地举办各种驾驶员安全学习班。根据企业的实际情况举办不同层次、不同年龄、不同特点的驾驶员安全学习班。对违章肇事驾驶员还要帮助他们分析违章肇事原因，用血的教训帮助其提高认识，并结合自己的违章肇事行为，在查清原因的基础上，认清危害、找出差距、制定措施、防患于未然，从而提高安全行车的自觉性。

（7）召开多种形式的会议进行安全教育。会议教育也是一种很好的安全教育形式。例如举办安全知识竞赛会、行车经验交流会、违章肇事处理会、典型交通事故现场会、先进事迹表彰会、安全驾驶研讨会等多种形式的教育会议，均可从正反两个方面的对比中收到理想的效果。

（8）开展"贤内助"教育活动。"贤内助"教育是对驾驶员的爱人、子女等进行的一种教育活动。通过教育使家属能做到每天出车前给驾驶员交代安全，回家后询问安全，把组织教育变为家属的细致工作。通过教育还可以使家属体贴、谅解驾驶员的辛劳，支持驾驶员的工作，从而保证驾驶员的最佳心理状态和良好的身体状况，从而减少交通事故，把安全行车落到实处。

3) 教育原则

安全教育是驾驶员安全管理的一项经常的、十分重要的工作,安全教育落实了,"安全第一、预防为主"的方针在贯彻中就有了思想基础。要搞好安全教育工作,必须遵循思想工作的一些原则,才能收到应有的效果。这些原则是:

(1) 耐心细致,不厌其烦的原则。

(2) 动之以情,晓之以理的原则。

(3) 奖励为主,处罚为辅的原则。

(4) 谨防粗暴,严禁压制的原则。

(5) 持之以恒,贯彻到底的原则。

4.3.4 驾驶员素质与安全驾驶的关系

道路交通的开放性特点以及运输生产采取的单独驾驶作业方式,决定了驾驶员是影响道路交通安全的重要因素,特别是在我国混合交通比较常见的情况下更是如此。经过仔细分析可知,其中一个最根本的原因就是驾驶员素质低下,与我国复杂的道路交通环境极不适应。

驾驶员的素质主要包括:身体素质、心理素质、驾驶技能素质、职业道德素质和文化素质。

1) 驾驶员的身体素质对行车安全的影响

随着交通条件的改变,在行车速度提高的同时对驾驶员的身体素质要求就越来越高。驾驶员身体检验时(特别是对职业驾驶员),除了检查他们的静视力、辨色力外,还很有必要用先进的设备检查动视力、视野、反应和立体视觉等,以提高驾驶员队伍的身体素质,减少发生事故的隐患。

(1) 视觉机能对安全行车的影响

视觉机能是影响驾驶员最重要的感觉功能。驾驶员在行车过程中有80%以上的信息都是通过视觉来获得的,驾驶员具有良好的视觉特性,才能确保安全行车。视觉机能包括视力、视野、空间知觉、暗适应与明适应、色觉等。

①视力

视力即视敏度,指的是分辨遥远物体或物体细微部分的能力。它包括静视力、动视力和夜视力。

静视力是在人和观察对象都处于静止状态时所检测的视力。这是驾驶员对外进行观察的基础。

动视力则是指人与观察对象有相对运动时检测的视力。驾驶员在驾驶车辆过程中的视力为动视力。研究表明:动视力随车速的变化而变化,一般动视力比静视力低10%~20%,特殊情况下低30%~40%。因此当距离一定时,在低速下能看清的交通标志,在高速下就不一定能看清楚了。静视力是动视力的基础,但静视力好并不一定动视力就好,且动视力与事故的相关性较大,所以动视力较差的驾驶员应当有意识地控制车速，以防事故发生。

②视野

一般正常人单眼视野范围上侧约 60°，下侧约 70°，内侧约 60°，外侧约 90°。双眼水平综合视野可达 180°。

另外，视野还与物体的色彩有关，其从大到小依次为白、蓝、红、绿。

与静视野对应的还有一个动视野。当头部固定不动，眼球自由转动所能看到的范围称之为动视野。动视野比静视野左右约宽 15°，上方约宽 10°，下方基本相同。

③夜视力

由于视力与光照强度关系密切，即视力随光照强度的加大而增强，在照度 0.1～1 000 lx 烛光时二者几乎成直线关系。由于夜晚照度低下而引起的视力下降叫做夜近视。

夜间由于光照不足，驾驶员很难看清和预见道路上的各种情况，因此夜间行车比白天危险得多。研究发现，尽管夜晚行人稀少，车辆密度小，但事故率很高（占 50%以上）。

影响夜视力的因素，除光照强度外，物体的对比度和颜色也有一定的影响。一般来说，亮度大、对比度大的物体容易辨认，对不同的颜色，辨认的难易程度也不同。有人曾经做过一个实验，在没有路灯仅靠汽车近光灯的情况下，让驾驶员辨认路肩上是否有物体或行人存在，穿白衣服时平均为 80 m，穿黑衣服时为 43 m；能辨清是人，穿白衣服时为 42 m，穿黑衣服时为 20 m；若要看清人的行动方向，穿白衣服时为 20 m，穿黑衣服时为 10 m。可见夜间行人着装的颜色对驾驶员视力的影响也较大。

④暗适应与明适应

暗适应：人由光亮的地方突然进入黑暗的地方，开始时视觉感受性很低，看不清东西，经过一段时间后，视力逐渐恢复，变得能够识别黑暗中的物体，这个过程叫做暗适应。

暗适应需要的时间较长，通常需要 5～15 min，完全适应需要 30～40 min。

驾驶员夜晚在没有路灯的公路上会车时，双方突然关掉前照灯，以及大白天突然进入没有照明的隧道时，都会有个暗适应过程，这时要特别注意行车安全。

明适应：当人由黑暗骤然进入非常明亮的环境时，感到光线耀眼，眼睛也有个习惯和视力恢复过程，这叫做明适应。如驾驶员从长隧道刚出来见到太阳，就有这个现象。

明适应比暗适应快得多，一般只需数秒到 1 min 左右。

驾驶员在长隧道中行驶时间较长，已逐渐适应了暗视场环境。当驶出洞口时，洞外高亮度的景物会在驾驶员眼中形成一个明亮的"白洞"。如果恰在前方"白洞"范围内有大型车辆行驶，则在感应现象作用下，难以辨认大型车后所跟的小型车。这种现象叫白洞效应。

（2）年龄与安全行车的关系

表 4.1 和表 4.2 为济南市和西安市部分驾驶员道路交通事故与年龄及性别关系的分析表。

表 4.1　济南市发生道路交通事故的驾驶员年龄、性别分布

年龄组（岁）	男		女	
	道路交通事故人数	构成比（%）	道路交通事故人数	构成比（%）
20～25	1 151	18.71	18	17.65
25～30	1 010	16.42	17	16.67
30～35	978	15.91	15	14.71
35～40	1 005	16.34	15	14.71
40～45	688	11.19	13	12.74
45～50	540	8.78	9	8.82
50～55	393	6.39	7	6.86
≥55	385	6.26	8	7.84
合计	6 150	100.00	102	100.00

表 4.2　西安市发生道路交通事故的驾驶员年龄、性别分布

年龄组（岁）	男		女	
	道路交通事故人数	构成比（%）	道路交通事故人数	构成比（%）
20～25	1 703	21.28	43	23.89
25～30	1 409	17.61	31	17.22
30～35	980	12.25	33	18.33
35～40	1 002	12.52	19	10.56
40～45	1 164	14.55	20	11.11
45～50	934	11.67	19	10.56
50～55	390	4.87	7	3.89
≥55	420	5.25	8	4.44
合计	8 002	100.00	180	100.00

从表 4.1、表 4.2 中可以看出：35 岁以下的驾驶员道路交通事故发生率较高，55 岁以上的老年驾驶员也易造成事故。

30 岁以下的驾驶员称为青年驾驶员。他们精力充沛，思维敏捷，处在人生的黄金时期。在这个年龄段里，对行车安全影响最大的是婚姻和家庭。在具体的驾驶行为当中，表现为青年男性驾驶员喜欢超车、超速，抢道行驶，以体现其驾驶技能高超或车辆性能优越，从而在心理上得到一种胜利者的满足感，有时会不自觉地产生一种赛车心态。所有这些心理的潜意识都易于导致事故的发生。

未婚青年年龄大多在 25 岁以下，其情绪的不稳定除了与家庭束缚、工作压力、对未来前途的彷徨等有关外，最主要的原因是由于性成熟出现的选择配偶的需要继之而产生的一系列反应。

另外，青年人的精神和运动机能处于急速发展期，对社会和自然的认识尚未成熟，驾驶经验也不足，也会影响安全。据有关对全国 15 个省 18 000 名驾驶员 1998—2006 年间事故调查的结果，20 岁以下驾驶员的事故率占同龄人数的 65%，21～30 岁驾驶员的事故率也在 50% 以上。另据北京的一项调查，发现 50% 以上的死亡事故是 28 岁以下驾驶员产生的。

已婚青年驾驶员大多经济上渐趋独立，个人解决问题的能力提高，心理状态趋向稳定。但已婚青年驾驶员，甜蜜的爱情生活，导致了他们不愿执行长途运输任务，出车中盼望早些回家，从而造成开快车的现象。这样也容易发生事故。

所以说，青年人的心理状态不容忽视，要加强教育和管理，以提高其安全驾驶水平。

对于 55 岁以上年龄段的老驾驶员，虽然其心理机能比较稳定，驾驶技能也比较娴熟，但由于随着年龄的增长，人的生理机能逐渐发生变化，其心身机能处于较低水平，特别是在视觉机能和反应敏捷性等方面与年轻人相比有较大下降，所以增大了发生交通事故的危险。

(3) 性别对安全驾驶的影响

随着汽车逐渐走入寻常百姓家，女性驾驶员也越来越多了，她们与男性驾驶员一样也是道路交通的重要参与者。但由于男女在生理诸方面存在着差异，使得他们对安全驾驶有着不同的影响。

男女的性别差异，使各自的性格、兴趣、态度以及行动表现出很大的不同。这在日常生活中都有体验，此处不再赘述。单就汽车驾驶工作而言，从身体整体条件来看，女性驾驶员低于男性驾驶员，主要表现在以下几个方面：

①女性身高一般不及男性，在驾驶室中坐得较低，视野小，对行车安全不利。

②体力（如手的握力、脚的蹬力以及耐久力等）不如男性，对驾驶操作不利。

③女性的某些生理状况不利于安全行车。如经期反应带来的疲倦、烦躁不安、头晕；妊娠期头晕、恶心、食欲减退等不良反应；怀孕中后期体形变化，动作迟缓，有气无力，给驾驶操作带来不便；更年期头痛、失眠、心情烦躁等，都有碍于行车安全。

总的来说，由于身体条件的不同，男性驾驶汽车比女性优越。男女驾驶员在性格上有所不同。男性驾驶员一般偏于外向，积极、正义感强，富于攻击性；女性驾驶员偏于内向，攻击性弱，直观而且情绪变化大。性格上的不同，导致其呈现不同的驾驶风格和特征。

2) 驾驶员的心理素质对安全驾驶的影响

机动车驾驶员的心理素质与驾驶安全是息息相关的，心理素质主要包括反应、性格、情绪和注意四个方面，这些都随着人的生理素质、社会经历和实践活动的不同而有所差异。在交通事故中,因为心理素质方面原因造成的交通事故占驾驶员原因的60%左右。

(1) 注意对行车安全的影响

注意是指人的心理活动指向并集中于某一对象时的心理形式。驾驶员的注意是指在行车途中,心理活动有选择地指向和保持集中于一定的道路交通信息。驾驶员在正常行驶过程中,其所应具有的主要注意品质如下:

①注意广度:由于驾驶员时刻面临大量的、复杂的道路交通信息,所以只有保持一定的注意广度,才能从中获取有效信息。

②注意分配:驾驶员在行车过程中,必须把注意有效地分配在有关的道路交通信息上,才能做出适当的、及时的反应。通常以选择注意能力作为评价的指标。选择注意能力代表了驾驶员在当前情境下不同信息竞争后的选择和指向。

③注意稳定:个体对某一事物保持注意的时间存在个体差异。而驾驶员在行驶过程中,需要在一定时间内把注意集中于一定的交通信息,注视和预测交通状态的发展,才能做出适当的反应,所以其注意品质必须具有一定的稳定性。

④注意的转移:是指驾驶员积极、有效地把注意从一种信息转移到另一种信息上。驾驶员只有合理地进行注意转移,才能对各种信息做出正确的选择。

(2) 反应对安全驾驶的影响

驾驶员的反应特性对安全驾驶有重要影响,从大量的测试与事故统计分析来看,驾驶员的反应与交通事故的关系存在如下规律:

①反应时间长的人容易发生事故。反应时间长,往往错失采取措施的良机,容易酿成事故。紧急制动中反应慢就是一例。

调查与测试的情况确实如此。据波兰对肇事驾驶员心理生理的研究发现,13%的肇事是由于驾驶员心理活动功能低下,反应迟钝造成的;日本关于肇事次数与反应时间关系的调查数据(表4.3)亦表明,肇事次数多的驾驶员反应时间长。有关学者曾对76名驾驶员做过测试。在76名驾驶员中有38名没有发生过一次事故,称为优秀驾驶员组;24名只发生1次事故,称为一般事故组;其余14名都发生过2次或2次以上事故,称为事故多发组。测试结果发现,三组驾驶员在选择反应时间上存在着显著差异,尤其优秀组与事故多发组的差异更为显著,即使一般事故组与事故多发组也存在较为明显的差异。因而可以认为驾驶员的反应时间长是肇事的原因之一。

表 4.3 肇事次数与反应时间长短的关系

事故次数	0～1	2～3	4～7	8～9	10～12	13～17
反应时间(s)	0.57	0.7	0.72	0.86	0.86	0.89

②反应时间稳定性差的驾驶员容易发生事故。

用选择反应检测仪对驾驶员进行测定,还发现有些驾驶员各次所测的反应时间很不稳定,时长时短或者说突发性的反应迟钝现象常有出现。这些人即使让其紧张起来,努力持续地重新接受检测,其反应的不稳定性和突发性的延迟仍然发生。从事故调查来看,这类人发生事故的概率也很高。

反应时间稳定性是驾驶员情绪稳定性在测试时的表现。根据我国的一项统计,每个汽车驾驶员每天至少要遇到 200 次险情。试想如果在这些险情中有那么几次反应迟钝,就有引发事故的可能性。可见反应时间稳定性与安全行车关系很大。

对于反应迟钝和反应时间不稳定的人,怎样预防发生事故呢?只有一个办法,就是行车中与前车保持充分的距离,或者说要保持能够使车停止的车头时距。所谓车头时距,是指认知和反应时间(从发现前方所停车辆、行人或障碍物,到踩制动或开始打转向盘的时间)的最大值(一般为 3 s)再加上踩制动踏板到车辆完全停止所需的时间(当车速为 60 km/h 时为 1.4 s)。所以如果能保持(3+1.4) s 以上的时间,便可以说有充裕的车头时距。

(3) 情绪对安全驾驶的影响

一般来说,驾驶员在积极的情绪状态下,差错失误比较少,工作效率也较高;而在消极的情绪状态下,不但运输生产的效率低下,而且因精神不振,反应迟钝,观察和思考的主动性降低,操作失误增多,自然会对安全驾驶带来严重的不利因素。

(4) 驾驶员性格与安全驾驶的关系

性格是人对客观现实稳固的态度以及与之适应的习惯的行为方式的心理特征,是个性的重要方面。

由于性格的组成相当复杂,因此对性格的分类看法多有分歧。但大多数心理学家把性格分为以下三种。

①理智型。这种性格的驾驶员,能以理智衡量和支配自己的行动,能正确对待自己和外界交通情况。正因为如此,行车中能够做到礼让,不强行通过,不采取冒险行动,遵守交通法规和驾驶操作规程。

②意志型。这种性格的驾驶员,有明确的行动目标,有自制力,行为坚决果断,很少受外界干扰。在驾驶行为上表现得遇事沉着冷静,处理情况不优柔寡断。

③情绪型。这种性格的驾驶员易受情绪支配,在驾驶行为上表现很不稳定,常有赌气、报复他人的表现。

通过大量的调查分析得知,交通事故与驾驶员的性格特征有密切关系。表 4.4 是日本大阪大学长山泰久教授根据调查研究的结果,对事故多发组与无事故组所做的比较。

表 4.4 事故多发组与无事故组的心理特点和性格特征的比较

	心理特点和性格特征	事故多发组、违反常规习惯	无事故组
心理特点	知识水平	低	高
	人与人关系	关系淡薄、不太亲密	关系融洽、亲密
	个人欲望	强烈、易冲动	少
	攻击性	强	弱
	情绪稳定性	不稳定、兴奋强烈	稳定
	感受性	过敏、容易改变气氛	正常
	相互理解	困难	可能
	虚荣心	强	弱
	快乐的追求	强	不强
	神经质症状	强	弱
	把握事态	主观、单一	客观、综合
	适应性	异常	正常
	社会的同情心	弱	强
	安全态度	冒险性	安全为首位
	安全教育观念	轻视、消极性	重视、积极性
	交通法规观念	轻视	重视
	注重生命观念	缺少	强
	事故责任感、反省态度	缺乏	强烈
性格特征	性格倾向	外向	内向
	协调性	弱	有
	以自我为中心	强	弱
	自我控制	困难	可能
	驾驶技术的自信心	逞能	正常
	活动性	大	小

从表 4.4 中可以看出,协调性差,情绪不稳定,自我控制能力差,以自我为中心,不关心别人,而且容易冲动的驾驶员易发生交通事故;而善于关心别人,有社会责任感和同情心的驾驶员,在紧急情况下不惊慌失措,有利于安全驾驶。

关于性格中冒险性问题,研究表明,开车中爱冒险是导致交通事故发生的主要原因之一。之所以如此,是因为爱冒险的驾驶员存在一种侥幸心理,认为事故只会降落在别人头上,自己操纵车辆,可以控制危险,因而不会发生事故,于是轻视驾驶工作。甚至认为,过去几次冒险并未发生什么不幸,致使冒险的胆子越来越大,最终导致事故发生。

人的性格不是固定的、单一的,在外界环境影响下具有可塑性,因此可以通过安全教育使他们克服性格中的弱点,确保安全行车。

3) 驾驶员技能素质对安全驾驶的影响

从表 4.5 可以看出,三年以下驾龄的驾驶员发生道路交通事故的比例比较大,占总事故数的 45% 左右。在我国,由于道路交通以混合交通为多,对驾驶员的驾驶经验及熟练的驾驶技能要求较高,而低驾龄的年轻驾驶员上路驾驶时间短,技术不太熟练,再加上心理素质的不稳定,易冲动,往往容易导致交通事故的发生。

表 4.5 交通事故与驾驶员驾龄的关系

驾龄	2003 年				2004 年			
	事故次数		死亡人数		事故次数		死亡人数	
	绝对(次)	相对(%)	绝对(次)	相对(%)	绝对(次)	相对(%)	绝对(次)	相对(%)
<3	239 788	43.06	32 210	44.02	177 356	45.05	34 124	45.62
3~10	241 692	43.40	30 269	41.37	161 759	41.09	29 430	39.35
>10	75 387	13.54	10 694	14.61	54 559	13.86	11 241	15.03
合计	556 867	100	73 173	100	393 674	100	74 795	100

驾驶员的技能素质包括驾驶技术和安全行车经验两个方面。据研究,因驾驶技术水平低造成的交通事故占驾驶员原因导致交通事故总数的 40% 左右,其中主要表现为:对路况估计不足、跟车距离太近、车速过高、采取措施不当等。

驾驶员除了应具备最基本的驾驶技术外,还应具备在复杂条件下和紧急情况下的驾驶技能。

4) 职业道德素质对安全驾驶的影响

职业道德是指从事一定职业的人,在工作过程中,应遵循与其职业特点相适应的行为道德规范的总和。道路交通事故的发生一般都是驾驶员违章造成的,而机动车驾驶员的职业道德水准对违章驾驶有严重影响,与道路交通安全有着密切的关系。对历年交通事故分析研究可知,在所有发生的道路交通事故中,特别是在一些重特大的道路交通事故中,有相当一部分是由于驾驶员缺乏职业道德违章驾驶所致。2005 年全国共发生交通事故 450 254 起,其中由机动车驾驶员违章驾驶导致的交通事故有 417 355 起,占总事故的 92.7%,死亡人数占总数的 92%。由此可知,驾驶员不讲职业道德是交通安全的一大隐患。

4.3.5 驾驶员的行车安全规定

1) 汽车在添加燃料时,发动机必须熄火,要及时组织旅客下车
2) 汽油车严禁直接供油和向化油器倒油来维持发动机运转,严禁使用打"吊火"

当化油器发生回火现象或电路着火时,必须立即停车,迅速切断蓄电池供电,及时调整,排除故障。

3) 选择素质优良的驾驶员

车辆装载危险品时,必须选择政治思想好、技术水平高、熟悉路况的驾驶员担任运输任务;货物包装和运输车辆上都要附有规定的标志;运输途中,要降低车速,平稳行车,适当加大行车间距,不准在车内和靠近车辆的地方吸烟,不准驶入火源地,若临时停车时,要远离居民点,并有专人看管。

4) 坚持"四严"

严禁酒后或无证开车;严禁盲目开快车、超速行驶、强行超车;严禁人货混装、驾驶室超员、翼子板坐人、脚踏板上站人。

5) 驾驶员要坚决做到

（1）牢固树立"安全质量第一"的思想。
（2）严格遵守交通法规和安全操作规程。
（3）对车辆勤检查、勤调整、勤保养。
（4）情况不明、视线不清、起步、会车、停车、通过交叉路口、狭路、窄桥、弯道、险坡、车站和繁华路段时,要降低车速。
（5）及时、准确地掌握车辆技术状况、道路及交通环境情况、气候变化、货物装卸地点、道路上车辆和行人的动态。
（6）遇有下列情况之一时,不行车：
①客货装载不符合规定或货物装载不均。
②制动、转向等安全系统有故障。
③操纵件、指示器、灯光、信号装置有故障。
④车辆技术状况不符合运行条件,轮胎气压不符合标准。
⑤大雾、大雨天气 5 m 以内视线不清,或道路泥泞打滑,安全无保障。
⑥车辆装载超过桥梁或渡船规定承载质量标准。
⑦通过铁路道口未看清火车动向,或通过漫水路、桥未判明水情、深浅,或遇有新路、险桥、便道未查明情况。
⑧开车前身体有病、不适或情绪不正常,精神不振作,精力不充沛,不宜驾驶车辆。
（7）遇有下列情况之一时,不拖带挂车：
①主、挂车连接不牢,挂车保险链不齐全,无挂车标志、制动、制动灯和指示灯。
②挂车超过主车宽度、装载超过主车牵引力,或主车是空车而挂车是重车。
③挂车在行驶中运行不稳,左右摆动或制动跑偏。

6) 驾驶员应随时注意的情况

(1) 出车前注意了解装卸地点、运距和装载等情况,做好准备。

(2) 注意了解车辆技术状况,检查主要安全部件。

(3) 注意检查货物装载质量、长度、宽度、高度是否符合规定,货物的包装、捆扎是否牢固,前后左右是否均匀,危险品装卸是否符合要求。

(4) 注意检查车门和拦板是否关好、扣牢,雨布是否盖好,车辆周围、主车和挂车之间有无人畜或其他障碍物。

(5) 注意保持车辆整洁和号牌字迹明显,携带驾驶证、行车证和随车工具等。

(6) 注意对旅客进行交通安全常识的宣传教育。

(7) 停车时,注意选好地形,拉好手制动,挂好挡,关好车门,并保管好未卸货物。

随着交通运输事业的不断发展,行车安全规定还应不断地充实、完善。

4.3.6 案例分析

都安县 2004 年 1 月 13 日特大道路交通事故

2004 年 1 月 13 日,都安县五竹乡境内发生一起特大道路交通事故,造成 15 人死亡,11 人受伤,直接经济损失 12.139 万元。为吸取事故教训,防范类似事故的发生,现将事故案例分析如下。

1) 事故经过

2004 年 1 月 13 日上午,桂 M81242 客车从拉仁乡二谭站发班到达都安总站后,驾驶员韦甲将车辆送去安检、报班。由于韦没有参加春检,因而车站不给该车报班,韦甲便将车开出车站自行揽客往板岭方向行驶。约 13 时,韦甲在板岭下客后返回都安,14 时 41 分左右,车行到下高公路 18 km+230 m 右转弯下坡处时,突然发现对面来车,避让不及,车尾与对方车辆发生刮擦,造成事故。

同日 7 时 15 分,河池集联运输有限责任公司桂 MA3138 大客车从金城江总站发班往都安。发班时司机是韦乙,出站后,韦乙因身体不适,打电话叫本公司的顶班司机韦丙来代替他驾驶。12 时 45 分左右,韦丙驾驶桂 MA3138 大客车从都安总站发班返回金城江,约 14 时 41 分左右,该车行到下高公路 18 km+230 m 处附近上坡时,与桂 M81242 客车会车当中发生刮擦后冲下道路东侧 80 m 深山谷。

2) 事故原因分析

经都安县及河池市公安交警部门调查认定,造成这起特大道路交通事故的直接原因是双方驾驶员违章行为造成:韦甲驾驶车辆没有靠右行驶,发现对向来车后采取措施致使车辆甩尾占道是事故发生的一方面原因;韦丙驾车冲坡,没有减速行驶,盲目驶进弯道,发现对向来车时采取措施不及时,导致两车相刮擦后本车坠下山崖,是事故发生的另一方面原因。双方的违章行为共同作用导致了此起事故的发生,是事故的直接原因,双方各负同等责任。

经自治区都安"1·13"特大道路交通事故调查组调查,认定造成这起特大道路交通事故的间接原因主要有三个方面:

一是河池集联运输有限责任公司对聘用驾驶员管理不严,安全教育不够,致使驾驶员在运营过程中未经单位同意,自行换人驾驶,驾驶员在驾驶过程中不按操作要求操作。

二是都安县客运服务站没有认真对进站驾驶员进行安全教育,在没有对驾驶员进行安全教育的情况下,准许桂M81242车进站经营,致使刚开始营运的桂M81242号客车在没有排班的情况下违章私自揽客营运。

三是都安县政府组织的春运安全检查第四检查组在安全检查过程中工作不细。该检查组负责在下高公路设点检查,在事故发生前对桂M81242号客车和驾驶员韦甲的检查中,没有发现韦甲未取得2004年春运驾驶资格的情况,事故发生当天没有能够及时发现和制止桂M81242号客车违章运营。

3) 事故教训

都安"1·13"特大道路交通事故有以下几个方面的教训。

(1) 安全管理松懈,终将导致惨祸发生

造成以上这些事故的本质原因主要是河池集联公司没有依照《安全生产法》的要求,强化企业的主体责任,建立、健全本单位安全生产责任制和相应的规章制度。《安全生产法》对企业的安全生产职责做了比较明确的规定,主要是明确了生产经营单位的主要负责人对本单位的安全生产工作全面负责;生产经营单位的主要负责人和安全生产管理人员必须具备与本单位所从事的生产经营活动相应的安全生产知识和管理能力;生产经营单位必须建立、健全本单位安全生产责任制、规章制度和操作规程,保证本单位安全生产投入的有效实施,督促、检查本单位的安全生产工作,及时消除生产安全事故隐患,组织制定并实施本单位的生产安全事故应急救援预案;及时、如实报告生产安全事故和组织抢救。而从调查的情况来看,河池集联公司在以上这些方面是没有完全做到的,特别是安全生产责任制没有得到真正的落实,管理不严,没有更换驾驶员的规章制度和手续,驾驶员可以在营运过程中随意换人驾驶;对驾驶员的教育不到位,导致驾驶员的道路交通法规意识和安全意识淡漠,违章操作,造成事故。

客运服务站负有对进站经营车辆的驾驶员进行安全教育的责任,特别是对新进站经营的车辆,应该对车主和驾驶员进行安全经营的专门教育后才能让其进站经营,但都安县客运服务站没有对进站车辆认真进行安全管理,以该车进站时没有遇上车站例行的安全学习为由,在没有对桂M81242号车主和驾驶员进行安全教育的情况下,就让该车开始经营,致使该车仅仅营运了7天就在13日发生违章经营和违章驾驶的情况,造成了这起特大道路交通事故。都安县客运服务站对这起事故的发生负有不可推卸的责任。

(2) 安全生产人命关天,工作来不得半点马虎

按照公安部的有关通知要求,参加春运营运客车的驾驶员必须取得春运驾驶资格

证方可参与营运,而没有参加春检的韦加全驾驶营运客车多次经过都安县政府组织的春运安全检查第四检查组设在下高公路的检查站,检查站的人员都没有发现他不具备春运驾驶资格的问题,检查组中还有总站的人员,也没有能够及时发现和制止桂M81242号客车肇事当天违章运营的情况。

(3) 安全驾驶是交通安全最重要的保障,加强对驾驶员的安全教育是防范道路交通事故的关键

这起事故的发生,很大程度上是由于驾驶员违章所造成的。本来在道路条件不好的山路上行车,小心驾驶是安全的前提,但从事故现场看,肇事的两辆车均存在速度过快、操作不当的情况,说明双方驾驶员没有把安全行车放在心上。驾驶员掌控着全车旅客的生命安全,如果驾驶员安全意识淡薄,违法行车,旅客的生命安全就难以得到直接保证。

4.4　危险货物运输安全管理

据世界卫生组织估计,在多达数十万种物质中,有明显或潜在危险的物质就有3万多种。危险货物种类繁多,性质各异,危险性大小不一。危险货物在运输过程中,偶然不慎,极易导致严重灾害,造成人身伤亡或国家财产损失。

运输实践证明,只要掌握危险货物的性质和变化规律,正确鉴别危险货物与非危险货物,认真做好包装、运输与装卸、储存和保管防护、承托运手续和单证,严格控制可能导致发生事故的各种外界条件,危险货物是完全可以安全运输的。

4.4.1　危险货物的分类及其主要特性

在货物运输中,凡具有燃烧、爆炸、腐蚀、毒害、放射射线等性质,在运输、装卸、保管过程中能引起人身伤亡和财产毁损而需要特别防护的货物,均属危险货物。

危险货物的定义包含以下具体内容:

(1) 具有易燃、易爆、腐蚀、毒害、放射射线等性质。危险货物本身所具有的特殊性质,是造成火灾、灼伤、中毒等事故的先决条件。

(2) 能引起人身伤亡和财产毁损。危险货物在一定条件下,如由于受热、明火、摩擦、震动、撞击、洒漏、与性质相抵触物品接触等,发生化学变化所产生的危险效应。它不仅使货物本身遭到损失,更重要的是危及人身和周围环境。

(3) 在运输、装卸、保管过程中,需要特别防护。这里所说的特别防护,不仅是一般所说的轻拿轻放和谨防明火,而是指针对各种危险货物本身特性所必须采取的特别防护措施。如有的需要特殊包装,有的需要控制环境温度,有的需要添加抑制剂等等。

为了加强危险货物运输的安全管理,中华人民共和国交通部于2004年12月30日发布了交通行业标准:《汽车运输危险货物规则》JT 617-2004(以下同其他各种运输方式的"危险货物运输规则"一样,也简称《危规》,2005年3月1日起实施)和《汽车运输、

装卸危险货物作业规程》JT 618-2004(2005年3月1日起实施)。在这两个标准中,前者对汽车危险货物的定义、分类、托运、承运、车辆和设备、运输、从业人员、劳动保护等的基本要求作了规定;后者规定了汽车运输、装卸、危险货物的基本要求和安全作业规范。

《危规》中规定,危险货物的分类和分项沿用 GB 6944 的规定。在 1987 年 7 月 1 日开始实施的中华人民共和国国家标准 GB 6944-86《危险货物分类和品名编号》中,将危险货物按其主要特性和运输要求分为九类二十项:

第一类　爆炸品;
第二类　压缩、液化或加压溶解的气体;
第三类　易燃液体;
第四类　易燃固体,易自燃或遇湿易燃物品;
第五类　氧化剂和有机过氧化物;
第六类　毒害品和感染性物品;
第七类　放射性物品;
第八类　腐蚀品;
第九类　其他危险物品,即经验已经证明或可以证明《危规》应对其适用的任何其他物品。

危险货物的分类,有的是根据货物的物理性质,如压缩气体和液化气体;有的是根据货物的化学性质,如氧化剂和腐蚀品;有的是结合货物的物理和化学性质,如易燃液体和易燃固体;有的是根据货物对人身的伤害情况,如放射性和毒害品分类等。总之,哪一种特性在运输危险中居主导地位,就把该货物归为哪一类危险品。不过,大多数危险货物都兼有两种以上的性质。这时,在注意其种货物的主要特性时,还必须注意到该货物的其他性质。

4.4.2　危险货物的包装与标志

1) 危险货物包装的基本要求
(1) 危险货物运输包装的作用
①能防止被包装的危险货物因接触雨雪、阳光、潮湿空气和杂质而使货物变质,或发生剧烈的化学反应造成事故。
②可减少货物在运输过程中受到碰撞、震动、摩擦和挤压,使危险货物保持相对稳定状态,从而保证运输安全。
③可防止因货物撒漏、挥发以及与性质相悖的货物直接接触而发生事故或污染运输设备及其他货物。
④便于储运过程中的堆垛、搬动、保管,提高运载效率和工作效率。
(2) 危险货物包装的基本要求
①包装所用的材质应与所装危险货物的性质相适应。由于危险货物对不同材料的

腐蚀作用,因此要求相应的包装材质必须耐腐蚀。如同属强酸,浓硫酸可用铁质容器,其他任何酸都不能用铁器盛装;铝可以作硝酸、醋酸的容器,但不能盛装其他酸;氢氟酸不能用玻璃容器等。

②包装应具有相应的强度,其构造和封闭装置能经受运输过程中正常的冲撞、震动、挤压和摩擦。

③包装的封口应与所装危险货物的性质相适应。一般说来,危险货物包装的封口必须严密不漏,但有的没有这个要求,甚至还要求设有通气孔,所以要根据所装货物的性质而定。

④内、外包装之间应适当加设衬垫(指组合包装),而且衬垫要有缓冲、吸附等作用。

⑤包装应能接受一定范围内温度、湿度的变化。

⑥包装的件重、规格和形式要适应运输要求,以利装卸、积载、搬动和储存。

⑦包装的外表应有规定的各种包装标志。

为使从事危险货物运输、装卸、储存的有关人员提高警惕,防止危险发生,并在一旦发生事故时能及时采取正确的施救措施,危险货物运输包装必须具备规定的"危险货物包装标志"。

为了说明货物在装卸、保管、运输、开启时应注意的事项,还必须同时粘贴"包装储运图示标志"。

关于各类危险货物运输包装和标志的具体规定,详见如下标准:

a. JT 0017-88《公路、水路危险货物包装基本要求和性能试验》;

b. GB 190-85《危险货物包装标志》;

c. GB 191-2000《包装储运图示标志》;

d. GB 12463-90《危险货物运输包装通用技术条件》。

2) 危险货物运输包装的分类

危险货物运输包装,有以下三种分类方法:

(1) 按危险货物的种类分类

按危险货物的种类来分,其运输包装可分为:

①通用包装。适用于第三、四、五、六类危险货物和第一、第八类中的某些货物。

②爆炸品专用包装。根据不同的爆炸品设计了不同的包装。

③气瓶。又称压力容器包装,适用于第二类危险货物的包装。

④放射性物品包装。专用于各种放射性物品。

⑤腐蚀性物品包装。各种腐蚀品的包装都是专一的,不能相互使用。

⑥一些特殊货物的专用包装。一些物品,由于其某种特殊性质,而需要采用专门包装。

(2) 按包装材料分类

按制作包装材料,可分为:

①木制包装。包括天然板材、胶合板和木屑板等人工板材,分为木桶和木箱两

大类。

②金属制包装。由于其牢固、耐压、耐破、密封、防潮、强度大,是危险货物中使用最多、最广的包装,所用的材料是各种薄钢板、铝板和塑料复合钢板等。

③纸制包装。有纸箱、纸盒、纸桶、纸袋等多种形式。纸质包装的防震性能好,经特殊工艺加工,强度可与木材相比。

④玻璃、陶瓷类包装。有玻璃瓶、陶坛、瓷瓶等形式。这种包装耐腐蚀但很脆,易破碎,故亦称易碎品。

⑤棉麻织品包装。这种包装统称为袋。

⑥塑料制包装。形状多样,桶、袋、箱、瓶、盒、罐都可用塑料制造。塑料的种类也很多,其特点是质轻、不易碎、耐腐蚀,但与金属、玻璃容器相比,其耐热、密封、耐蠕变性能要差一些。

⑦编织材料包装。由竹、柳、草等材料编织而成的容器,有竹箩、竹箱、柳条筐、蒲席包、草袋等。

(3) 按外包装类型分类

危险货物运输中不允许用包类、捆类和裸露的坛瓶类。因此危险货物按外包装的类型可分为桶、箱、袋三大类。

①桶类,桶类中有铁桶、铝桶、铁塑复合桶、木板桶、胶合板桶、纤维板桶、厚纸板桶、塑料桶等。

②箱类,包括集装箱、铁皮箱、危险货物保险箱、实木箱、胶合板箱、纤维板箱、刨花板箱、瓦楞纸箱、钙塑箱、条板花格木箱、编织箱等。

③袋类,包括棉布袋、麻袋、乳胶布袋、塑料袋、纸袋、集装袋等。

3) 危险货物运输包装标志

(1) 运输包装标志的作用

货物运输包装标志是用图形或者文字(文字说明、字母标记或阿拉伯数字),在货物运输包装上制作的特定记号和说明事项。

包装标志是收货、装卸、搬动、储存保管、送达直至交付的运输全过程中,区别和辨认货物的基础,是一般贸易合同、发货单据和运输保险文件中记载有关标志事项的基本部分,亦是包装货物正确交接、安全运输、完整交付的基本保证。

货物运输包装标志的作用有以下几点:

①表示货物的主要特征和发货人的意图。

②在流通过程中,运输包装标志要在单证、货物上同时表现出来,以便核对单证与货物,快速辨认货物,高效率地装卸和搬运,准确无误地交付货物。

③包装标志可以节省制作单据的手续和时间,且易于称呼。

(2) 运输包装标志的分类

包装标志分为识别标志、储运指示标志、危险货物包装标志(危险性能标志)三类。

①识别标志

识别标志是用于识别不同运输批次之间的标志,包括:

a. 主要标志。在贸易合同和文件上一般称为"嘿(唛)头",是以简明的几何图形(如三角形、四边形、六边形、圆形等),配以代用简缩字或字母,作为发货人向收货人表示该批货物的特定记号标志,所用的特定记号,以公司或商号的代号表示。

b. 批数件数号码标志。

c. 目的地标志,亦即到达地或卸货地标志。

d. 输出地标志,亦即生产地或发货地标志。目的地和输出地标志都不能使用简称、代号或缩写文字,必须以文字直接写出全称。

e. 货物的品名、重量和体积标志。

f. 运输号码标志,即货物运单号码。

g. 附加标志,亦称副标志,即在主要标志上附加某种记号,用以区分同一批货物中的几个小批或不同的品质等级,以辅助主标志。

②包装储运图示标志

该标志实质上是对货物的特殊要求所提出的搬动、储存、保管以及运输安全的注意事项。

我国国家标准 GB 191-2000《包装图示标志》中设有:易碎品、禁用手钩、向上、怕晒、由此吊起、怕雨、重心、禁止翻滚、堆码层数极限、温度极限等 17 种(见图 4.3)。

③危险货物运输包装标志(危险性能标志)

为明确、显著地识别危险货物的性质,保证装卸、搬运、储存、保管、送达的安全,应根据各种危险货物的特性,在运输包装的表面加上特别的图示标志,必要时再加以文字说明,以便有关人员采取相应的防护措施,提醒各环节的作业人员谨慎小心,严防发生事故。

联合国专业委员会设计的性能标志的图案有 8 种,即爆炸、火焰(燃烧)、骷髅和交叉的大腿骨(毒害)、三圈形(传染)、三叶形(放射性)、从两个玻璃器皿中溢出的酸碱腐蚀着一只手和一块金属(腐蚀)、一个圆圈上面有一团火焰(氧化性)和一个气瓶。由这些图案配以不同颜色和文字说明及类别号,可组成 28 种主要性能标志和 7 种副标志。

(3) 运输包装标志的使用要求

①对标志的制作要求

a. 标志要易于辨认,便于制作。要求正确、明确、牢固。图案要清楚,文字要精练,字迹要清晰。

b. 制作标志的颜料,应具有耐温、耐晒、耐摩擦和不溶于水的性能,不致发生脱落、褪色或模糊不清的现象。用于制作酸性、碱性、氧化物等危险货物包装使用的各种标志的颜料,应有相应的抗腐蚀性,以免因受内装物的侵蚀而模糊不清。

c. 识别标志如采用货签时,应选用坚韧的纸材。对于不适宜用纸质货签的运输包装,可采用金属、木质、塑料或布制货签。

d. 标志的大小要与包装的大小相适应。

e. 危险货物包装标志及包装储运图示标志的制作尺寸、材料应符合国家标准的

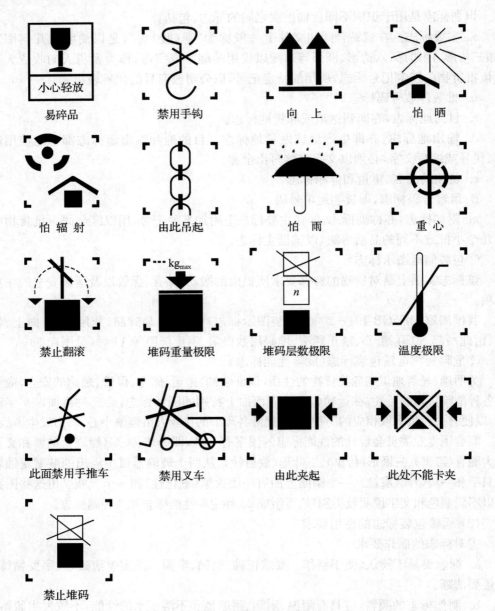

图 4.3 包装储运图示标志

规定。

②标志的使用要求

a. 每件货物包装的表面都必须有识别标志和相应的储运图示标志和货物性能标志。

b. 标志的文字书写应与底边平行。带棱角的包装,其棱角不得将标志图形或文字说明分开。书写、粘贴标志都应标在显而易见的位置,以利识别。如箱形包装,箱的相对两侧都必须有各种标志;袋形包装的袋的两大面,桶形包装的桶盖和桶身的对应侧面必须有相应的标志。总之,每一包装必须有两组以上相同的标志,其位置应在相对的两侧。"由此吊起"和"重心点"两种标志,使用时应根据要求粘贴、涂打或钉附在货物外包装的实际位置。

c. 如一个集合货物包件内有两种以上不同性质的危险货物,假如从包件外不能一目了然地看清包件内各包装的标志的话,那么集合包件外除识别标志外,还必须具有包件内各种货物的性能标志。包件内的各包装必须有齐备的各种标志。

d. 放射性货物的性能标志,要正确填写内装物品的核素符号与放射性活度,如有运输指数的,必须准确填写。填写的数字应清晰、不褪色。

e. 如一种危险货物除主要危险性能外还有比较重要的副性能,应分别标有相应的主性能标志和副性能标志。

f. 货物的运输包装上,禁止有广告性、宣传性的文字和图案,以免与包装标志混杂,影响标志的正常使用。

(4) 危险货物安全标签

《危险货物安全标签》或《危险货物性能和应急处理说明书》已在国际危险货物运输中普遍使用。此标签或说明书由危险货物制造厂商负责提供,粘贴在其生产的每一件货品上。

4.4.3 危险货物运输安全管理

1) 危险货物运输法规

(1) 危险货物运输法规的基本概念

世界各发达国家都对危险货物运输储存实行立法管理。我国对危险货物运输也有比较严格的管理体系,近年来更加强了对危险货物运输的立法管理,颁布实施了一系列有关危险货物运输的法律、法规、条例和标准,构成了危险货物运输法规。

危险货物运输法规是交通运输法规的一个组成部分。交通运输法规是调整交通运输关系的法律规范的总称。危险货物运输法规既是各级交通主管部门对危险货物运输活动进行管理、监督、仲裁的依据,同时也明确规定了运输合同关系双方即托运人与承运人各自的责任,双方当事人必须遵守,违反了要负相应的民事责任。如果因违反法规而发生重大事故的,还要承担刑事责任。

关于危险货物管理的法规,皆有刑法、行政法、合同法和标准化法的法律性质和法律效力。

(2) 危险货物运输法规的主要内容

①关于确认物品危险性质的法规

a.《危险货物分类与品名编号》GB 6944 - 86。

b.《危险货物品名表》GB 12268 - 90。

②关于危险货物运输包装的法规

a.《危险货物运输包装通用技术条件》GB 12463-90。

b.《公路、水路危险货物运输包装基本要求和性能试验》JT 0017-88。

c.《放射性物质安全运输规定》GB 11806-90。

d.《汽车运输危险货物规则》JT 617-2004。

e.《汽车运输、装卸危险货物作业规程》JT 618-2004。

③关于危险货物运输包装标志和标签的法规

a.《运输包装收发货标志》GB 6388-86。

b.《包装储运图示标志》GB 191-2000。

c.《危险货物包装标志》GB 190-85。

d.《危险货物安全标签》GB 15258-94。

f. 各种运输方式的《危险货物运输规则》。

以上四个标准规定了四种标志的形式、图式和制作使用的一般要求。《危规》具体地规定了每种危险货物必须使用的危险货物性能标志的种类。

④关于危险货物运载工具的法规

a.《轻质燃油油罐汽车通用技术条件》GB 9419-88。

b. 国家劳动部《液化气体汽车罐车安全监察规程》。

c.《汽车运输危险货物规则》JT 617-2004。

d.《汽车运输、装卸危险货物作业规程》JT 618-2004。

2）托运人的责任

在运输过程中，与危险货物运输有关的当事人包括：货物制造商、包装制造商、仓储商、经销商、货主、发货人、托运人、代理打包托运者、代理承运受理者、承运人、收货者等等。不过一个当事人可以兼任多个角色。如果制造商直接向运输公司托运，则货物制造商、货主、发货人和托运人将合为一方；如果某人从经销商处购得货物，到仓库提货后，再委托他人代理办理托运手续，则就有多个当事人参与。而在合同送输的法律关系中，只规定了两个相互承担义务、享受权利的当事人，即托运人和承运人。在危险货物运输中，托运和承运各方都有明确的责任。一个当事人如果兼任了托运和承运，就要同时承担托运和承运的责任。分清了危险货物运输托运人和承运人的责任，其他当事人的责任就容易明确了。

按照定义，在货物运输合同中，委托运输、交给货物并支付运费的当事人，称为货物运输托运人。不过，为明确责任，应以在"危险物品托运证明书"上签字的人为主要托运人，但也不排除在特殊情况下，按法律的规定，把发货人、收货人、运输代理人作为托运方的连带责任人。

托运人的责任与危险货物运输的安全有直接关系，所以各种《危规》都明确或隐含地规定了托运人的责任。1999年10月1日实施的《中华人民共和国合同法》第307条规定："托运人托运易燃、易爆、有毒、有腐蚀性、有放射性等危险物品的，应当按照国家有关危险物品运输的规定对危险物品妥善包装,作出危险物标志和标签,并将有关危险物品的名称、性质和防范措施的书面材料提交承运人。"

托运人违反前款规定的,承运人可以拒绝运输,也可以采取相应措施以避免损失的发生,因此而产生的费用由托运人承担。这是对《危规》的法律效力的确认和赋予,是对《危规》规定的托运人责任的概括。

在《汽车运输危险货物规则》JT 617-2004 中,明确规定的托运人的责任如下:

(1) 托运人应向具有汽车运输危险货物经营资质的企业办理托运,且托运的危险货物应与承运企业的经营范围相符。

本条的言下之意是,没有汽车运输危险货物经营资质的企业或个体经营者不能承接危险货物运输业务,托运人也不应向他们办理托运,而且也不应将自己的货物交由经营范围不符的企业进行运输。

(2) 托运人应如实详细地填写运单上规定的内容,并应提交与托运的危险货物完全一致的安全技术说明书和安全标签。

(3) 托运未列入 GB 12268《危险货物品名表》的危险货物时,应提交与托运的危险货物完全一致的安全技术说明书、安全标签和危险货物鉴定表。

(4) 危险货物性质或消防方法相抵触的货物应分别托运。

(5) 盛装过危险货物的空容器,未经消除危险处理、有残留物的,仍按原装危险货物办理托运。

(6) 使用集装箱装运危险货物的,托运人应提交危险货物装箱清单。

(7) 托运需控温运输的危险货物,托运人应向承运人说明控制温度、危险温度和控温方法,并在运单上注明。

(8) 托运食用、药用的危险货物,应在运单上注明"食用"、"药用"字样。

(9) 托运放射性物品,按 GB 11806《放射性物质安全运输规定》办理。

(10) 托运需要添加抑制剂或稳定剂的危险化学品,托运人交付托运时应当添加抑制剂或者稳定剂,并在运单上注明。

(11) 托运凭证运输的危险货物,托运人应提交相关证明文件,并在运单上注明。

(12) 托运危险废物、医疗废物,托运人应提供相应识别标识。

除以上托运人关于货物的责任外,托运人还有对货物进行包装并确保其符合安全运输要求的责任。

另外,收货人往往是运输合同缔约当事人以外的第三人,他虽未参与合同的订立,但享有向承运人领取货物、提出赔偿请求的权利,同时必须承担接受货物的义务。所以相对承运人来说,收货人是托运方的连带责任人。

以上是从商业运输而论的。而非营业性运输,实质上是托运人与承运人合二为一,除了经济赔偿的划分不同外,从危险货物运输安全的要求出发,则是同样的。非营业性运输危险货物,运输者必须承担上述责任。

对交通运输管理部门来说,上述托运人的责任,既是处理合同运输承、托双方纠纷的准则,更是对危险货物运输进行安全管理的标准。

托运人的责任与承运人的责任相比,托运人的责任对危险货物运输的安全起着主导作用,是危险货物安全运输的内因。

3) 承运人的责任

承运人是合同运输中提供运输工具,负责进行运输,并收取运输劳务费用的当事人。

托运人把危险货物交付给承运人,并从承运人处得到货运单(或运单、提单)后,危险货物的保管责任即同时移交给承运人,直到收货人从承运人手中提取货物为止。在整个承运期间,承运人要对所运危险货物的安全负全部责任。

货物运输,要经过托运受理、仓储保管、装卸货物、运送、交付等环节,这些环节分别由不同的当事人来操作完成。

若发货站、运送人、到达站隶属于同一运输企业,则承运人是单独的;若三者是相互独立的经济实体,则共同组成运输合同中的承运人,对托运人负连带经济责任。

在危险品运输中,承运人所包含的各方都必须严格遵守《危规》和其他有关规则,明确中转交接手续,划清各环节的职责范围和责任,共同完成运输任务。需要强调的是,分清各个环节的责任,并不是推卸责任。承运人连带责任的含义是,一旦发生运输事故,一般先由事故发生地的承运人全权与托运人(或收货人)解决事故纠纷,然后再在负连带责任的承运人各方内部分清责任的归属,按过错和损失的大小来确定各承运人之间的债权、债务关系,由有过错方赔偿无过错方的损失,由过错大损失小的一方补偿过错小损失大的一方。

(1) 承运人的主体资格

不是任何运输企业都能从事危险货物运输的。汽车运输企业欲经营危险货物运输,必须预先向运输管理部门提出申请并取得经营资格。

按照 2004 年 7 月 1 日实施的《中华人民共和国道路运输条例》规定,申请从事危险货物运输经营的,除具备从事一般货运经营条件外,还应具备以下条件:

①有五辆经检验合格的危险货物运输专用车辆、设备。

②有经所在地设区的市级人民政府交通主管部门考试合格、取得上岗资格证的驾驶人员、装卸管理人员、押运人员。

③危险货物运输专用车辆配有必要的通讯工具。

④有健全的安全生产管理制度。

具备以上条件的道路运输企业,应提交符合规定条件的相关材料,向设区的市级道路运输管理机构提出申请,取得合法资格,才能从事危险货物运输。

(2) 承运人的责任

①承运人应按照道路运输管理机构核准的经营范围受理危险货物的托运。

②承运人应核实所装运危险货物的收发货地点、时间以及托运人提供的相关单证是否符合规定,并核实货物的品名、编号、规格、数量、件重、包装、标志、安全技术说明

书、安全标签、应急措施以及运输要求。

③危险货物装运前应认真检查包装的完好情况,当发现破损、撒漏,托运人应重新包装或修理加固,否则承运人应拒绝运输。

④承运人自接货起至送达交付前,应付保管责任。货物交接时,双方应做到点收、点交,由收货人在运单上签收。发生剧毒,爆炸,放射性物品货损、货差的,应及时与托运人联系,妥善处理;不能及时处理的,承运人应立即报告当地公安部门。

⑤危险货物运达卸货地点后,因故不能及时卸货的,应及时与托运人联系,妥善处理;不能及时处理的,承运人应立即报告当地公安部门。

⑥承运人应拒绝运输托运人应派押运人员而未派的危险货物。

⑦承运人应拒绝运输已有水渍、雨淋痕迹的遇湿易燃物品。

⑧承运人有权拒绝运输不符合国家有关规定的危险货物。

(3) 对车辆和设备的要求

①基本要求

a. 车辆安全技术状况应符合 GB 7258《机动车运行安全技术条件》的要求。

b. 车辆技术状况应符合 JT/T 198《营运车辆技术等级划分和评定要求》规定的一级车况标准。

c. 车辆应配置符合 GB 13392《道路运输危险货物车辆标志》中规定的标志,并按规定使用。

d. 车辆应配置运行状态记录装置(如行驶记录仪等)和必要的通讯工具。

e. 运输易燃易爆危险货物车辆的排气管,应安装隔热和熄灭火星装置,并配装符合 JT230《汽车导静电橡胶拖地带》规定的导静电橡胶拖地带装置。

f. 车辆应有切断总电源和隔离电火花装置,切断总电源装置应安装在驾驶室内。

g. 车厢底板应平整完好,周围拦板应牢固,在装运易燃易爆危险货物时,应使用木质底板等防护衬垫措施。

h. 各种装卸机械、工具,应有可靠的安全系数,装卸易燃易爆危险货物的机械及工具,应有消除产生火花的措施。

i. 根据装运危险货物性质和包装形式的需要,应配备相应的捆扎、防水和防散失等用具。

j. 运输危险货物的车辆应配备消防器材并定期检查、保养,发现问题应立即更换或修理。

②特定要求

a. 运输爆炸品的车辆,应符合国家爆破器材运输车辆安全技术条件规定的有关要求。

b. 运输爆炸品、固体剧毒品、遇湿易燃物品、感染性物品和有机过氧化物时,应使用厢式车运输,运输时应保证车门锁牢。对于运输瓶装气体的车辆,应保证车厢内空气流通。

c. 运输液化气体、易燃液体和剧毒液体时,应使用不可移动罐体车、拖挂罐体车或罐式集装箱,罐式集装箱应符合 GB/T 16563《液化气体及加压干散货罐式集装箱技术要求和试验方法》的规定。

d. 运输危险货物的常压罐体,应符合 GB 18564《汽车运输液体危险货物常压容器(罐体)用技术条件》规定的要求。

e. 运输危险货物的压力罐体,应符合 GB 150《钢制压力容器》规定的要求。

f. 运输放射性物品的车辆,应符合 GB 11806《放射性物质安全运输规定》中规定的要求。

g. 运输需控温危险货物的车辆,应有有效的温控装置。

h. 运输危险货物的罐式集装箱,应使用集装箱专用车辆。

(4) 对从业人员及劳动保护的要求

从事危险货物运输的企业(单位),必须对其从业人员进行业务技术培训和安全消防知识教育。直接进行危险货物运输装卸的作业人员和营运管理人员,必须掌握危险货物运输的有关业务知识,经当地管理部门考核合格后方可上岗作业和工作。

从事危险货物运输的单位,必须有健全的安全操作规程、岗位责任制、车辆设备维修、安全质量、劳动保护等规章制度。

《危规》中对从业人员和劳动保护作了如下规定:

①对从业人员的要求

a. 运输危险货物的驾驶人员、押运人员和装卸管理人员应持证上岗。

b. 从业人员应了解所运危险货物的特性、包装容器的使用特性、防护要求和发生事故时的应急措施,熟练掌握消防器材的使用方法。

c. 运输危险货物应配备押运人员。押运人员应熟悉所运危险货物特性,并负责监管运输全过程。

d. 驾驶人员和押运人员在运输途中应经常检查货物装载情况,发现问题及时采取措施。

e. 驾驶人员不得擅自改变运输作业计划。

②劳动防护要求

a. 运输危险货物的企业(单位),应配备必要的劳动防护用品和现场急救用具;特殊的防护用品和急救用具应由托运人提供。

b. 危险货物装卸作业时,应穿戴相应的防护用具,并采取相应的人身肌体保护措施;防护用具使用后,应按照国家环保要求集中清洗、处理;对被剧毒、放射性、恶臭物品污染的防护用具应分别清洗、消毒。

c. 运输危险货物的企业(单位),应负责定期对从业人员进行健康教育检查和事故预防、急救知识的培训。

d. 危险货物一旦对人体造成灼伤、中毒等危险,应立即进行现场急救,并迅速送医院治疗。

（5）运输中的安全管理要求

①危险货物运输车辆严禁超经营范围运输，严禁超载、超限。

②运输危险货物时应随车携带"道路运输危险货物安全卡"。

③运输不同性质危险货物，其配装应按"危险货物配装表"规定的要求执行。

④运输危险货物应根据货物性质，采取相应的遮阳、控温、防爆、防静电、防火、防震、防水、防冻、防粉尘飞扬、防撒漏等措施。

⑤运输危险货物的车厢应保持清洁干燥，不得任意排弃车上残留物；运输结束后被危险货物污染过的车辆及工具，应按《车辆清洗消毒方法》到具备条件的地点进行车辆清洗消毒处理。

⑥运输危险废物时，应采取防止污染环境的措施，并遵守国家有关危险货物运输管理的规定。

⑦运输医疗废物时，应使用有明显医疗废物标识的专用车辆；医疗废物专用车辆应达到防渗漏、防遗撒以及其他环境保护和卫生要求；专用车辆使用后，应当在医疗废物集中处置场所内及时进行消毒和清洁；运送医疗废物的专用车辆不得运送其他物品。

⑧夏季高温期间限制运输的危险货物，应按有关规定执行。

⑨运输危险货物的车辆禁止搭乘无关人员。

⑩运输危险货物的车辆不得在居民聚居点、行人稠密地段、政府机关、名胜古迹、风景游览区停车。如需在上述地区进行装卸作业或临时停车，应采取安全措施。

同时，在运输爆炸物品、易燃易爆化学物品以及剧毒、放射性等危险物品时，应事先报经当地公安部门批准，按指定路线、时间、速度行驶。

（6）事故应急处理

运输危险货物的企业（单位），应建立事故应急预案和安全防护措施。

4）运输、装卸作业规程

（1）运输作业

①基本要求

a. 运输危险货物的车辆在一般道路上最高车速为 60 km/h，在高速公路上最高车速为 80 km/h，并应确认有足够的安全车间距离。如果遇雨天、雪天、雾天等恶劣天气，最高车速为 20 km/h，并打开示警灯，警示后车，防止追尾。

b. 运输过程中，应每隔 2 h 检查一次。若发现货损（如丢失、泄漏等），应及时联系当地有关部门予以处理。

c. 驾驶人员一次连续驾驶 4 h 应休息 20 min 以上；24 h 内实际驾驶车辆时间累计不得超过 8 h。

d. 运输危险货物的车辆发生故障需修理时，应选择在安全地点和具有相关资质的汽车修理企业进行。

e. 禁止在装卸作业区内维修运输危险货物的车辆。

f. 对装有易燃易爆和有易燃易爆残留物的运输车辆,不得动火修理。确需修理的车辆,应向当地公安部门报告,根据所装载的危险货物特性,采取可靠的安全防护措施,并在消防员监控下作业。

②作业要求

a. 出车前

运输危险货物车辆的有关证件、标志应齐全有效,技术状况应为良好,并按照有关规定对车辆安全技术状况进行严格检查,发现故障应立即排除。

运输危险货物车辆的车厢底板应平坦完好、拦板牢固。对于不同的危险货物,应采取相应的衬垫防护措施(如铺垫木板、胶合板、橡胶板等),车厢或罐体内不得有与所装危险货物性质相抵触的残留物。

检查运输危险货物的车辆配备的消防器材,发现问题应立即更换或修理。

驾驶人员、押运人员应检查随车携带的"道路运输危险货物安全卡"是否与所运危险货物一致。

根据所运危险货物特性,应随车携带遮盖、捆扎、防潮、防火、防毒等工具和应急处理设备、劳动防护用品。

装车完毕后,驾驶员应对货物的堆码、遮盖、捆扎等安全措施及对影响车辆启动的不安全因素进行检查,确认无不安全因素后方可起步。

b. 运输中

驾驶人员应根据道路交通状况控制车速,禁止超速和强行超车、会车。

运输途中应尽量避免紧急制动,转弯时车辆应减速。

通过隧道、涵洞、立交桥时,要注意标高、限速。

在运输危险货物过程中,押运人员应密切注意车辆所装载的危险货物,根据危险货物性质定时停车检查,发现问题及时会同驾驶人员采取措施妥善处理。驾驶人员、押运人员不得擅自离岗、脱岗。

运输过程中如发生事故时,驾驶人员和押运人员应立即向当地公安部门及安全生产管理部门、环境保护部门、质检部门报告,并应看护好车辆、货物,共同配合采取一切可能的警示、救援措施。

运输过程中需要停车住宿或遇有无法正常运输的情况时,应向当地公安部门报告。

运输过程中遇有天气、道路路面状况发生变化,应根据所装载危险货物特性,及时采取安全防护措施。遇有雷雨时,不得在树下、电线杆、高压线、铁塔、高层建筑及容易遭到雷击和产生火花的地点停车。若要避雨时,应选择安全地点停放。遇有泥泞、冰冻、颠簸、狭窄及山崖等路段时,应低速缓慢行驶,防止车辆侧滑、打滑及危险货物剧烈震荡等,确保运输安全。

工业企业厂内进行危险货物运输,应按 GB 4387《工业企业厂内铁路、道路运输安全规程》执行。

(2) 装卸作业

①基本要求

a. 危险货物的装卸应在装卸管理人员的现场指挥下进行。

b. 在危险货物装卸作业区应设置警告标志,无关人员不得进入装卸作业区。

c. 进入易燃、易爆危险货物装卸作业区应注意以下几点:

一是禁止随身携带火种;

二是关闭随身携带的手机等通讯工具和电子设备;

三是严禁吸烟;

四是穿着不产生静电的工作服和带铁钉的工作鞋。

d. 雷雨天气装卸时,应确认避雷电、防湿潮措施有效。

②作业要求

a. 装卸作业现场要远离热源,通风良好;电气设备应符合国家有关规定要求,严禁使用明火灯具照明,照明灯应具有防爆性能;易燃易爆货物的装卸场所要有防静电和避雷装置。

b. 运输危险货物的车辆应按装卸作业的有关安全规定驶入装卸作业区,应停放在容易驶离作业现场的方位上,不准堵塞安全通道。停靠货垛时,应听从作业区业务管理人员的指挥,车辆与货垛之间要留有安全距离。待装卸的车辆与装卸中的车辆应保持足够的安全距离。

c. 装卸作业前,车辆发动机应熄火,并切断总电源(需从车辆上取得动力的除外)。在有坡度的场地装卸货物时,应采取防止车辆溜坡的有效措施。

d. 装卸作业前应对照运单,核对危险货物名称、规格、数量,并认真检查货物包装。货物的安全技术说明书、安全标签、标识、标志等与运单不符或包装破损、包装不符合有关规定的货物应拒绝装车。

e. 装卸作业时应根据危险货物包装的类型、体积、重量、件数等情况和包装储运图示标志的要求,采取相应的措施,轻装轻卸,谨慎操作。同时应做到:

堆码整齐,紧凑牢靠,易于点数。

装车堆码时,桶口、箱盖朝上,允许横倒的桶口及袋装货物的袋口应朝里;卸车堆码时,桶口、箱盖朝上,允许横倒的桶口及袋装货物的袋口应朝外。

装载平衡;堆码时应从车厢两侧向内错位骑缝堆码,高出拦板的最上一层包装件,堆码超出车厢前挡板的部分不得大于包装件本身高度的二分之一。

装车后,货物应用绳索捆扎牢固;易滑动的包装件,需用防散失的网罩覆盖并用绳索捆扎牢固或用毡布覆盖严密;需用多块毡布覆盖货物时,两块毡布中间接缝处须有大于 15 cm 的重叠覆盖,且货厢前半部分毡布需压在后半部分的毡布上面。

包装件体积为 450 L 以上的易滚动危险货物应紧固。

带有通气孔的包装件不准倒置、侧置,防止所装货物泄漏或混入杂质造成危害。

f. 装卸过程中需要移动车辆时,应先关上车厢门或拦板。若车厢门或拦板在原地关不上时,应有人监护,在保证安全的前提下才能移动车辆。起步要慢,停车要稳。

g. 装卸危险货物的托盘、手推车应尽量专用。装卸前,要对装卸机具进行检查。装卸爆炸品、有机过氧化物、剧毒品时,装卸机具的最大装载量应小于其额定负荷的75%。

h. 危险货物装卸完毕,作业现场应清扫干净。装运过剧毒品和受到危险货物污染的车辆、工具应按JT 617-2004中附录E《车辆清洗消毒方法》洗刷和除污。危险货物的撒漏物和污染物应送到当地环保部门指定地点集中处理。

5) 案例分析

2004年5月7日凌晨4时,装有工业盐酸的一辆河北籍解放牌大货车正停在包头市某路段路边换轮胎,从后面驶来的另一辆货车未能及时发现而刮倒了该车的左后角,造成盐酸全部外泄。包头市交警支队昆区交警大队六中队接到报警后赶到现场。由于盐酸形成雾状,加上刺鼻的气味,他们只能在周围维持秩序,避免由此引发交通事故。直到8时30分左右,"酸雾"才散尽。处理完事故现场后,交警们均出现恶心等不适症状。事故发生后,国道右侧路基下100 m长的一段距离都留有盐酸,路边被浸泡的20棵树的叶子已经发黄,国道上洒了盐酸的地方已被盖了厚厚的一层白灰。通过分析,发生此次事故的主要原因是"黑车"运行。该车2003年1月在河北省衡水市饶阳县运管站登记,办理了经营性质为个体普通货物运输车辆营运证,并不具备道路危险货物运输资质。车主和驾驶人员都只具有普通货物运输从业资格证,且2004年未按规定时间进行年度审验。该车属擅自无证运输危险货物。当然,他们的损失也是惨重的,"黑车"运输赚来的钱连本带利也弥补不了这次事故的损失。

4.5 车辆运行安全管理

车辆运行安全管理的宗旨是认真贯彻"安全第一、预防为主"的方针,坚持"企业负责、行业管理、国家监察、群众监督"的管理体制,实行企业法人负责制。

车辆运行安全管理的任务是认真贯彻执行国家有关行车安全的方针、政策和法规,结合企业经营机制的实际,建立健全有效的安全管理机构和制度,落实行车安全管理目标和责任,组织安全教育和业务培训,实施行车安全监督、检查及考核、奖惩,以达到降低事故频率,减少人员伤亡和财产损失,杜绝特大事故发生,提高企业信誉和经济效益的目的。

4.5.1 汽车运行安全规定

汽车运行安全规定是指参与汽车运输的所有车辆和行人,在车辆运行全过程中,必须遵守的行为规范。安全行车规定是人们长期实践经验的总结,加强安全教育,完善安全行车的规章制度,严格贯彻安全行车的有关规定,是安全行车的重要保证。

国务院关于加强交通运输安全工作的决定(国发〔1988〕48号)中指出:"要把严格培训、提高职工技术业务素质,作为确保安全、健全安全责任制的一项重要内容。"加强对驾驶员的安全教育,是一项长期而艰巨的任务。其中包括:经常向驾、乘人员宣传安全生产的方针、政策及其重要性;宣传、学习安全生产的先进、模范人物及其经验;对驾驶员进行法制、交通法规和安全操作规程的教育,以及热爱人民、爱护车辆和保护国家财产的教育等。通过安全教育,增强驾、乘人员的责任感,强化遵纪守法的自觉性,提高安全生产的积极性和创造性,建设一支思想好、驾驶作风正派、技术过硬的驾驶员队伍,减少交通事故和其他行车事故,确保行车安全。因此,汽车运输企业应把安全教育列为企业的一种规定来抓。与此同时,还要加强对旅客、公路沿线居民(特别是中、小学生)的安全教育工作。

在行车安全控制系统中,对参加运输工作的车辆和人员,在出车前、行车中和收车后,要规定有明确的安全规章制度。例如,驾驶员出车前的会议制度、行车中的安全检查制度、收车后的安全生产情况汇报制度等。

企业为了贯彻落实安全生产方针,及时发现和纠正各种事故苗头和违章行为,控制事故的发生,还应制订一整套的检查与监督制度,例如,定期的车辆检查制度、定期或不定期深入站点、上车、上路检查制度;组织驾驶员开展安全周日活动制度和对每个驾驶员的定期安全考核制度等。

如上所述,行车安全规定是广大驾驶员结合我国道路交通的实际情况,根据车辆的技术状况,在长期行车生产实践中经验与教训的科学总结,是预防行车事故,保障人民生命财产安全,保证汽车安全运行的重要措施和强制手段。因此,每个驾驶员都必须严格遵照执行。

4.5.2 车辆运行安全管理机构及其职责

1)安全管理机构的建立

(1)企业应设立安全生产领导小组,对行车安全实行领导负责制,负责提出企业行车安全方向的重大决策、方案和奖惩措施,实现对行车安全工作的综合管理。

(2)企业应下设负责行车安全管理的机构,如安全处、科、股。

(3)企业行车安全管理机构职责

①贯彻上级安全生产的有关方针、政策,执行有关行车安全的各项法规及标准。

②制定、修改企业行车安全管理规章制度,实行基础档案管理。

③督促落实各项行车安全管理制度。

④组织行车安全教育和培训,组织开展行车安全竞赛活动。

⑤负责驾驶员培训、转正、增驾、转籍、聘用等报批之前的审核工作和驾驶员年度审验及安全公里管理工作。

⑥组织车辆安全技术状况检查,督促车辆按时维修、定期检测。

⑦负责行车事故的处理、统计、上报工作,办理车辆的各项保险、索赔手续。

⑧对不利于行车安全的规定、命令和生产安排有权予以否决。

(4)企业行车安全管理机构的设施及人员配备

①大、中型企业的行车安全管理机构应配备必要的工作车辆,并可根据业务特点和实际需要配备通信、勘察、宣传等设备。

②企业基层单位应确定1名行政领导主管行车安全工作,设置相应的行车安全管理部门或配备专职安全管理人员。

③企业专职安全管理人员原则上按每25辆营运车不少于1人配备,少于10辆营运车的单位设兼职安全员。

(5) 企业行车安全管理人员(安全员)的条件

①具有高中(或相当于高中)以上文化水平,具备20万km以上安全驾驶经历。

②熟悉本岗位业务,能运用交通法规和业务知识正确分析、处理行车事故,有一定的组织能力。

③热爱本职工作,恪守职业道德,廉洁奉公,作风正派。

(6) 企业行车安全管理人员(安全员)的职责

①宣传贯彻国家及上级部门下达的有关行车安全的方针、政策、法规,执行企业行车安全管理制度。

②组织安全学习活动,会同有关部门进行经常性的行车安全宣传教育,并开展行车安全竞赛。

③经常深入现场,进行行车安全监督检查,督促检查营运车辆经常保持良好的技术状况,保障各项基础管理工作的落实。对危及行车安全的行为有制止和向上级反映的权力。

④负责本单位行车事故的处理、统计和上报。

⑤参加驾驶员的年度申验、评比等,加强对驾驶员的安全行车管理工作。

企业应建立行车安全技术检查机构,做到机构、人员、制度三落实。

行车安全技术检查机构的职责是:

a. 按《机动车运行安全技术条件》和《中华人民共和国道路交通安全法》的有关规定,对进企业车站的营运车辆进行安全技术检查(门检),防止机械事故发生。

b. 根据车辆技术管理的有关规定,监督本单位营运车辆维修制度及维护、修理计划的落实。

c. 配合车辆技术管理部门做好本单位营运车辆维护的质量验收工作。

2) 行车安全管理制度

(1) 安全工作例会制度

①企业行车安全工作例会每月不得少于1次,基层单位不得少于2次,遇有特殊情况和特大、恶性行车事故应及时研究、分析、处理。

②安全工作例会主要内容

a. 传达、学习安全管理工作的有关文件、指示。

b. 分析检查企业安全工作状况,总结经验教训,提出防范措施和工作要求。

③安全工作例会应建立会议记录。

（2）安全活动制度

①企业应经常组织开展形式多样的安全竞赛活动，不断解决行车安全中的薄弱环节。

②驾驶员"安全活动日"每周不得少于1次，每次不得少于2 h，驾驶员每月参加安全活动不得少于2次。其主要内容包括：

a. 传达、学习有关行车安全的法规、文件、规定和标准。

b. 学习先进典型，交流行车安全经验，总结分析行车事故原因，针对行车安全中存在的问题提出防范措施。

③安全活动应建立活动记录，并实行签到制度。

（3）行车安全教育与培训制度

企业应针对不同岗位特点制定相应的行车安全教育、培训计划。

岗位人员教育、培训内容主要包括：

①安全管理人员（安全员）

a. 交通安全法规、安全驾驶操作规程。

b. 企业行车安全管理规章制度、基层安全管理业务知识。

c. 行车事故的一般规律、事故分析处理、统计报告、事故现场救护（险）、保险等业务知识。

d. 车辆安全技术性能检查常识。

②驾驶员

a. 交通安全法规、安全驾驶操作规程、汽车旅客、货物运输规则。

b. 企业行车安全管理规章制度和安全行车经验。

c. 行车事故的一般规律及防范要求，事故现场紧急救护（险）等常识。

d. 汽车例行保养、故障分析与排除。

e. 驾驶职业道德教育。

③车辆安全技术检查人员

a. 汽车构造、维修质量标准。

b. 车辆运行安全技术条件及安全检测方法和设备使用常识。

④企业聘用的外单位驾驶员，其教育培训内容除应达到上述驾驶员的规定外，还可根据需要，在时间、内容上做出补充规定。

⑤上述人员的教育培训由企业职能部门负责组织实施。

3）行车安全档案管理制度

（1）各企业安全管理部门必须建立健全驾驶员行车档案以及行车事故档案。驾驶员行车档案为一人一档，事故档案为一般事故以上一事一档，重、特大行车事故档案应由企业行车安全管理部门负责整理、保存。

（2）驾驶员行车档案主要包括：

①登记表。

②单独驾驶审批表,聘用、借用合同。
③违章、违纪、肇事记录及处理结论。
④安全公里考核记录及裁减审批表。
⑤奖惩记录及其他行车安全材料等。
（3）行车事故档案主要包括：
①肇事报告单。
②肇事现场示意图及现场照片。
③当事人提供的肇事记录与检查材料。
④道路交通事故责任认定或重新认定书、道路交通事故责任者处罚裁决书、道路交通事故赔偿调解协议书、刑事判决书、企业处理决定。
⑤事故调查及"四不放过"（事故原因分析不清不放过,肇事者和群众没有受到教育不放过,没有防范措施不放过,责任者没得到处理不放过）记录。

4）行车安全管理基础资料

企业应建立健全行车安全管理基础资料。行车安全管理基础资料主要包括：

（1）行车安全管理机构设置和安全管理人员编制名册。
（2）行车安全管理规章制度及检查考核记录。
（3）驾驶员(含聘用)名册。
（4）安全例会记录、驾驶员安全活动记录、行车安全管理工作总结。
（5）行车事故登记、处理、责任分析记录,安全竞赛活动记录。
（6）驾驶员安全公里考核记录,年度审验记录,驾驶员奖惩记录。

5）行车安全管理目标和岗位责任制

（1）企业必须努力完成上级下达的行车安全管理目标,制定不低于上级下达的行车安全考核指标。
（2）企业应将行车安全管理目标层层分解到各基层单位和相关部门,直到营运车辆经营者和驾驶员,切实采取措施,确保完成。
（3）企业应建立健全和落实行车安全管理部门、安全管理人员和车辆安全技术检查人员的岗位责任制,并建立经济责任制考核制度。
（4）企业各级负责人,驾、乘、站务人员,维修人员及其他有关部门和人员,应在其岗位经济责任制中包含有与行车安全管理相关的责任内容。

6）行车安全监督、检查制度

企业应建立健全行车安全监督、检查制度。

（1）行车安全检查机构负责对营运车辆出车前或收车后的安全技术状况检查,检查内容主要包括制动系、转向系、传动系、前桥及轮胎气压、灯光、信号装置、牵引装置及侧面防护装置。
（2）经检查合格的车辆,应签发"运行安全合格证"。对检查不合格的车辆,应签发"报修施工通知单",通知单必须有检查责任人和驾驶员同时签名生效。

(3) 驾驶员应按规定对所驾车辆的安全技术状况做好出车前、途中及收车后的自检、自查工作。

(4) 组织对本单位营运车辆安全技术状况的抽查,每月不得少于 1 次,抽查比例不小于营运车辆数的 20%。

(5) 组织对本单位营运车辆安全技术状况普查,每年不得少于 2 次。

(6) 企业行车安全管理工作综合检查每年不得少于 2 次,检查内容为:

①行车安全管理制度贯彻情况及目标执行情况。

②行车安全岗位经济责任制落实情况。

③行车安全管理基础资料及各类档案的建齐、健全和保管情况。

(7) 各类监督、检查应详细记录,对检查中发现的问题和事故隐患应制定措施及时整改。

7) 奖惩制度

(1) 企业应建立行车安全激励机制,对行车安全做出显著成绩的集体、个人给予定期表彰、奖励,并与经济利益挂钩。

(2) 对因玩忽职守、违反规章制度和管理规定而造成事故,使人民生命财产及企业效益蒙受严重损失的有关责任人,应根据事故性质、责任大小分别给予行政处分和经济处罚。情节严重,触犯刑律者依法惩处。

8) 汽车运行的安全管理制度

汽车运行安全是旅客安全与货物完好的直接保证,是汽车运输企业的首要任务。因此,汽车运行过程必须坚决贯彻"安全质量第一"的方针,坚持以预防为主的原则,建立健全安全行车的规章制度。我国汽车运输企业在长期的生产实践中,总结出一套行之有效的安全行车管理制度,主要有:

(1) 出车前会议制度。利用出车前 30 min 至 1 h 的时间。由车队安全技术员或技术副队长主持,根据驾驶员前一天的行车情况汇报,总结安全行车的经验和教训,提出当天行车中应注意的事项和要求。这是对驾驶员开展经常性教育的一种有效的制度。

(2) 安全周日活动制度。安全周日活动是总结一周来安全生产情况,交流行车安全经验,学习和传达上级有关安全生产的文件和规范,分析交通违章、事故的原因,对责任者开展批评和教育,研究和检查安全措施落实情况等。一般以车队车站为单位,在晚上进行,不占用生产时间。

(3) 安全检查制度。安全检查制度是贯彻落实安全生产方针,发现和纠正各种违章,消除事故隐患,预防事故的重要措施。安全检查一般有定期检查和不定期检查两种方法。企业的安全员或安全检查工对当天收车后的车辆检查,企业的月度、年度车辆检查,属于定期检查;企业为保证车辆安全运行所进行的临时检查,属于不定期检查。不定期检查可以在企业内部进行,也可以在道路上设点抽查和跟车检查。其主要内容是考查驾驶员的操作和对车辆安全机构的维护情况。

(4) 安全考评制度。在对车辆和驾驶员检查的基础上,根据已有的记录和违章、事故档案,结合驾驶员平时的安全生产情况,对每一个驾驶员进行考核、评定。其目的在于及时掌握驾驶员的情况,便于开展针对性教育,增强驾驶员的安全责任感,提高操作水平和遵守纪律的自觉性,预防交通违章及事故,确保安全行车。

4.5.3 汽车技术状况标准

企业所有车辆的技术状况均应符合《中华人民共和国机动车运行安全技术条件》、GB 7258-87 和《汽车运输业车辆技术管理规定》交通部令〔1990〕第 13 号的要求。

1) 汽车安全运行要求

(1) 汽车驾驶员必须严格执行《中华人民共和国道路交通安全法》的有关规定,任何人不得指使、胁迫驾驶员违章行驶。

(2) 凡不符合安全要求的车辆,不得营运。

(3) 企业对承包、租赁、代管经营的车辆必须办妥各类必办的保险险种后方准营运。保险手续由企业统一办理,保险费由企业代收代付。

(4) 客运车辆载客应执行交通部《关于汽车旅客运输严禁超载的通知》的规定,客车顶行李架装载行包必须符合有关规定。

(5) 货运车辆载物应符合《汽车货物运输规则》(交通部〔1988〕交公路字 201 号)及交通法规有关要求。装运危险品货物必须符合《汽车危险货物运输规则》(JT 3130-88)要求。

(6) 汽车在通过漫水路、漫水桥及情况不明的桥涵时,应停车查明情况,在采取了必要的安全措施后方可通过。

2) 客、货运站场对车辆的安全管理职责

(1) 客、货运站场必须严格执行《汽车客运站管理规定》(交通部令〔1995〕第 2 号)和地方政府有关的各项规定,建立健全安全生产责任制,配备现场安全检查人员,落实行车安全的各项源头管理工作。

(2) 客、货运站场必须加强对车辆回场后和发车前的安全检查,建立必要的规章制度,严防安全运行技术条件不符合要求的车辆投入营运。

(3) 客、货运站场必须按营运车辆行驶证上核定的人数或吨位配载,客货不得混装,严禁超员、超载及装载违规的车辆驶出站、场。

(4) 汽车客运站要加强乘车安全宣传教育,配备专人做好旅客行包、携带物品的危险品查堵工作。

3) 行车安全考核

(1) 车辆在行驶和停放过程中造成人、畜伤亡和财物损失的碰撞、翻车、坠车、刮擦、运行伤害、爆炸、失火等均称行车事故。事故分类按交通部《公路运输企业责任行车事故统计报告办法》(交安监发〔1992〕64 号)标准划分。

(2) 行车事故处理

① 行车事故发生后,企业应及时向保险公司报案,办妥保险委托。

②特大事故必须在 24 h 内报告上级主管部门,事故现场处理结束后,应及时写出书面报告,报告提交时间不得超过 7 天。

③行车事故等级、责任、损失以公安交警部门《道路交通事故责任认定书》、《道路交通事故责任者处罚裁决书》及《道路交通事故赔偿调解协议书》为准。不涉及公安交警部门管辖的行车事故,由企业行车安全管理部门会同有关部门共同处理。

④行车事故处理结束后,应按上述"安全年资的扣除标准"和其他有关规定对责任人作出处理,并整理归档。重、特大行车事故还应提交综合性结案报告。处理意见和结案报告提交时间不得超过 30 天。

⑤企业应建立行车事故风险金和行车事故互助金制度,用于垫付事故处理的费用。具体办法由企业自行拟定。

(3) 行车安全考核指标

①行车安全考核指标是上级主管部门在统计期内对企业行车安全工作所下达的考查指标,由企业主管部门负责考核,并与企业承包、经营、奖罚挂钩。

②企业应制定内部行车安全考核指标及相应的考核奖罚制度。

③汽车运输企业的行车安全考核指标有:事故率、死亡率、重伤率、直接经济损失。

④行车事故统计报表、报告、项目说明及计算方法按交通部《公路运输企业责任行车事故统计报告办法》执行。

4.5.4　行车遇险时的防护与急救

行车遇险是指汽车在行驶途中,遇到危险而不能继续行进的状况。行车遇险可分为一般遇险、紧急遇险和特殊遇险三种情况。

1) 一般遇险

一般遇险是指汽车在行进中,车辆和人员均未受到损害,但由于某种原因而无法行驶的状况。如陷入深坑、泥塘、冰雪中等。在这种情况下,不能盲目加大油门,企图强行驶出,以免越陷越深,损坏机件,可根据情况灵活运用自救或他救的方法安全脱险。

2) 紧急遇险

紧急遇险是指汽车在行进中,发生事故造成人员或车辆损伤而不能继续行驶的状况。如撞车、翻车、碰撞行人或其他车辆等。从行车事故调查结果看,事故多是正面碰撞或翻车造成乘员特别是驾驶员的死亡事例。为了最大限度地减少事故损失,事故中要有防范措施,事故后要及时救护伤者。

(1) 事故中的防护措施

在发生事故的一瞬间,防护措施除驾驶员采取正确操作之外,主要依靠车辆本身所具有的碰撞安全保护性。

碰撞安全保护性是指在碰车(或翻车)时,汽车保护乘员的能力,也称为应急能力。它取决于碰撞条件、车辆结构和乘员约束装置三个要素。如果车辆做得很坚固,碰撞时对方将受到很大损害,称为攻击性。汽车应尽量减少攻击性,提高共存性。

为了乘员的安全,汽车前、后部应做得坚固,以防碰撞时车室变形过大,确保生存空间。汽车前、后部的压扁特性,取决于车体结构、材料、动力传递形式、悬架和发动机的布置等。一般小轿车在 50 km/h 与墙壁碰撞的变形距离为 450 mm,最大反力为 40 t,最大加速度为 $-40\ m^2/s$,乘员可能移动的距离为 200～240 mm,侧面碰撞则要求减少攻击性。

在碰撞时,为了保护乘员,要求乘员佩戴安全带等。

对行人的保护,也有相应的要求,如车辆突出物、保险杠高度与强度、发动机罩等应具有吸收能量的特性。

另外,为防止碰撞时发生火灾,除从设计上要保证燃料泄漏量少、自动消除火源和采用难燃的内饰材料外,车辆还必须配带灭火器。

(2) 事故后的急救

行车事故发生后,在保护好现场的情况下,最要紧的是对伤者采取急救处理后迅速送往医院治疗。一般急救处理有下列几种方法:

①临时止血。大量出血会引起伤者休克或死亡。躯身出血可采用包扎法或填塞法止血,四肢出血可正确采用止血带法止血。

②伤口临时包扎。包扎的目的是保护伤口,减少污染,压迫止血,减轻伤者的痛苦。因此,包扎时间越短越好。

③伤部的临时固定。对于骨折、关节伤、广泛软组织损伤、神经损伤等,要及时将受伤部位固定,以便运送;对于骨折断端不可移位或刺伤肌肉、神经或血管,以减轻疼痛、减少出血或预防休克。

④抗休克。伤者休克的原因是大出血、疼痛、寒冷、紧张和恐惧等。及时止血、包扎,适时保温和安稳运送是防休克的主要措施。

⑤解救窒息。呼吸道梗阻是上呼吸道血块、异物、呕吐物等和下颌骨折片移位、喉头水肿或血肿等造成的。急救时,应迅速查明原因,立即进行处理,如清理上呼吸道、进行人工呼吸、体外心脏按压等。

3) 特殊遇险

特殊遇险是指在战时行车遇到空袭、封锁和原子、化学武器袭击时的状况。

特殊遇险应按战时的有关规定,正确使用伪装和地形地物隐蔽,并做好事后的急救与处理工作。

4.5.5 案例分析

紧急救援遇险车辆

9月22日下午14时许,乌马河至伊春方向驶来一辆黑色奥迪轿车,此时的一车道售票员赵某觉察到该车的异样。驶近站区却未减速,而且车体还左右摇摆不定。正当售票员赵某提醒其他收费人员引起注意的同时,该车突然一个大转向,径直冲下公路边沟。面对险情突发，当班收费人员二班长杨某、稽查员张某两位同志立即跑到事故现场，实施救援工作。这时该车司机已挣扎着爬出车外，好在撞击力度不算太大，司机只受了些皮外伤。望着由于撞击已明显变形的前侧车体及整台险些侧翻的车辆，惊魂未定的司机围着自己的车转来转去，急得犹如热锅上的马蚁一般。当他看到该站收费人员来到跟前时，就像看到了救兵一样，一把抓住二班长杨某的手急切地说："同志，快帮忙，求求你们了。"

二班长杨某一面耐心地安慰焦急的司机，一面积极组织收费站工作人员全力开展救援工作，一线收费人员除了两名坚守岗位继续收费的人员外，其他全部投入到对遇险车辆的救援工作中。他们拿来站里和周边居民家中的各类救援工具，包括千斤顶、撬棍、长木棍，甚至连群众家里的扁担都派上了用场。人员虽然不少，工具也很齐全，但由于该车下冲时正巧有一块大石头卡在了车体的中轴部位，加上车体沉重，参加救援的还有几位女同志，力量有限，一时很难将遇险车辆与卡住的石头分离开来。看在眼里，急在心里的二班长杨某又动员了几名过往的群众加入到救援工作中。在全体收费人员和几名过往群众的共同努力下，终于将石头和车体分离开来，纠正了倾斜的轿车，解决了该车随时都有侧翻危险的问题。

车辆侧翻的危险虽然消除了，但该车已经冲进公路的边沟，要想恢复正常行驶，还必须将车抬上公路才行。在场的十余人本想集全体之力将车辆抬上公路，经过实际操作后发现这个想法行不通。找台大车用钢丝绳拉上来，又怕进一步损坏昂贵的车体。二班长杨某经过现场分析，认为只有通过吊车垂直拉升，才能既达到目的，又不损坏车体。得到大家认同后，杨某立即着手联系吊车。半个小时后，吊车到达现场，在全场人员的共同努力下，终于将该车吊出边沟，安全驶上了公路。

4.6　道路运输企业安全管理

4.6.1　道路运输企业安全管理的内容

1）道路运输企业安全管理机构和人员

道路运输企业要搞好安全管理工作，首先要有健全的安全管理机构，其次是在安全管理机构中，各职能部门和职能人员必须有明确的职责范围，只有这样，安全管理工作才能从组织上落到实处。另外，人员素质也是一个不可忽视的因素。

（1）道路运输企业安全管理机构

道路运输企业的安全管理工作主要是以行车安全管理为中心内容的道路运输生产安全工作，此外还有维修生产、企业防火等厂（站）内生产安全问题，所有这些都归企业安全管理机构管理。

道路运输企业应成立安全管理委员会，下属站（队）和维修厂应成立相应的安全管理领导小组，班组应设安全监督员。企业安全管理委员会应由企业主管技术的副经理或总工程师负责开展工作。安全管理委员会下设安全技术科,安全技术科既是企业安全管理委员会的日常办事机构,又是企业的一个职能部门,主管全企业的安全管理工作。

企业安全管理委员会由企业主管技术的副经理或总工程师担任主任,安全技术科长担任副主任,成员由各站(队)维修厂、机务科、调度室、人保科、工会等部门领导组成。各站(队)、维修厂的安全管理领导小组由主管安全技术的副站(队、厂)长或工程师担任组长,成员由调度员、安技员、机务员等组成。也可吸收班组的安全监督员参加,其日常工作由安技员会同安全管理领导小组组长共同协商处理。

(2) 道路运输企业安全管理人员的素质

安全管理人员要出色地完成自己职责范围内的安全管理工作,就必须具备相应的思想和业务素质。思想素质主要表现在职业道德方面,业务素质主要表现在知识、资历和能力方面。

①安全管理人员的职业道德

安全管理人员应有较高的思想觉悟和政策水平;遵守党纪国法;忠于职守、勇于负责、处事果断、办事认真;坚持原则、廉洁奉公、具有高度的事业心和责任感。以上这些是对安全管理人员职业道德方面的基本要求。

②安全管理人员应具备的知识

安全管理人员应具备一定的专业知识、相关知识和法律知识。

专业知识包括车辆构造及性能、道路工程、交通工程、运输工程、车辆技术管理、交通安全管理等方面的基本知识。

相关知识包括人员救护、车辆消防、车辆保险、气象分析以及辩证法、心理学和行为科学方面的基础知识。

法律知识指党和国家颁布的交通安全管理方面的政策、法规和条例等。此外,还有刑法、民法、经济法和涉外法律与纪律方面的相关知识。

③安全管理人员应具备的资历

安全管理人员应有在运输企业基层工作三年以上的经历,熟悉车辆检验、维修和驾驶技术。从学历来讲,原则上应有大专及以上学历,但不低于相当于高中学历并经专业培训,考试合格后方可上岗工作。

④安全管理人员应具备的能力

安全管理人员应具备运用科学知识和实际经验,因时因地、联系实际、果断有效地解决具体问题和作出相应决策的能力。具体表现为以下几种能力:

a. 正确分析、判断和处理安全管理工作中多种问题的能力。

b. 对意外和突发事故及时果断采取相应对策的应变协调能力。

c. 较强的口头和文字表达能力。

d. 较强的内外事务沟通和社会公关能力。

e. 较强的组织领导能力。

2) 道路运输企业安全管理

道路运输企业安全管理工作涵盖的内容十分广泛,现就其主要内容归纳如下:

(1) 全面贯彻执行党和国家制定的有关交通安全管理工作的方针政策,健全各级安全管理机构。

(2) 认真执行道路运输和交通安全法规、规范和标准,服从道路运输管理,做好道路运输安全的宣传教育工作。

(3) 结合企业实际,建立健全以安全管理工作岗位责任制为主的各项安全管理制度,制定企业的安全技术标准和操作规程。

(4) 开展安全检查,纠正违章行为,组织安全竞赛,交流安全经验,推广安全技术,奖励安全标兵。

(5) 做好驾驶员的技术培训工作,申领驾驶员的有关证件,做好年度审验,安排好安全月和安全日活动。

(6) 会同技术部门申领车辆号牌和证件,负责车辆年度检验并办理有关手续,组织车辆安全检查,办理保险手续。

(7) 协助公安车辆管理部门处理好与本企业有关的交通事故,分析事故原因,执行司法或行业管理部门作出的整改或处罚决定(意见),落实防范措施。

(8) 做好驾驶员家属的工作,开展"贤内助"活动。

(9) 负责本企业交通事故的统计和上报工作,建立健全安全管理档案。

(10) 开展交通安全科学研究,提高安全管理技术与水平。

4.6.2 道路运输安全管理的主要措施

要加强道路运输安全管理工作。首先必须使安全管理在组织上得到保证。

在目前情况下,要进一步理顺道路运输安全管理体制,对于道路运输行业管理部门来说,重在落实"行业管理",逐步建立统一高效、职责明确的道路运输安全管理监督机构,确保道路运输安全管理监督工作的正常开展。要选派熟悉业务、善于联系群众、敢于坚持原则的人员充实到安全管理监理机构,做到职能到位、人员到位、工作到位。并且配备必要的安全检测技术装备,加强监督力度,以便把主要精力放到预防事故的工作上,加强道路运输安全的源头管理,从严从速处理各类重大责任事故和伤亡事故。

1) 制定和完善道路运输安全管理法规体系,治理安全隐患

(1) 建立道路运输安全管理法规体系

加强道路运输行业内安全管理的法规体系建设,特别是对车辆运行、安全检测、驾驶员培训、汽车维修、危险货物运输和搬运装卸等安全因素较大的部分,遵照国家立法的基本原则,制定适合本地区经济发展要求的安全生产和安全管理地方法规和规章,做到事事有法可依。

(2) 完善安全管理的法规、规章

在职责范围内,结合本行政区域内道路运输市场的实际情况,不断修改、补充、完善

安全生产和管理的法规和规章。

(3) 加强对企业安全管理的监督

要加强对企业安全生产的监督,尤其是道路运输企业改制后的安全生产管理体制、模式,既要符合现代企业制度的要求,又要使企业充分履行其自身的安全职责;既要突出安全工作在企业、经济中的作用和安全管理目标与企业经济目标的统一,又要使安全工作与经济工作达到有机的结合,并为经济发展服务。现阶段,要做到改制企业安全管理"五个不变",即:保留过去行之有效的管理经验、方法不变,坚持"安全第一"思想不变,坚持法定代表人作为安全第一责任人不变,坚持企业行之有效的安全管理规章制度不变,坚持党政工团齐抓共管不变,坚持依靠广大职工群众搞好安全生产不变。

(4) 严肃治理安全隐患

要始终坚持"安全第一,预防为主"的方针,加强对道路运输安全隐患,特别是重大事故隐患的治理,紧紧围绕"两个根本性转变",建立和完善适应道路运输市场安全管理的法律、法规体系和标准体系,积极推动道路运输企业落实安全生产责任制,努力提高道路运输行业从业人员的安全生产意识,最大限度地减少重、特大事故的发生。

2) 树立道路运输安全管理的执法权威

道路运输安全管理人员必须加强对道路运输行业安全的监督检查,公正、权威地履行职责,揭露、纠正、惩戒违反道路运输行业安全生产法规、规章的行为,保证各项法律、法规正确实施,真正做到有法必依、执法必严、违法必究,树立道路运输安全管理的执法权威。值得提醒的是道路运输行业管理部门在实施安全管理过程中,常有些阶段性集中治理活动,例如集体治理超载、超限运输等,而这些治理活动常常要与公安部门互相配合,一起行动,这是很正常的。但在配合过程中,有的道路运输安全管理部门由于考虑到公安部门的执法措施和执法力度比运管部门大,容易形成"配角",有的甚至为图省事,把所属的场地、设备等"租借"给公安部门,把自己的执法队伍从台前撤到幕后,这是很不妥当的。诚然,在某些执法环境和场合,公安部门的执法力度相对较大,但作为道路运输行业的安全管理部门应当和公安部门在同一个安全整治活动中密切配合,不宜依赖公安部门来进行安全执法。因为过多的依靠外部力量,只能导致运管部门的执法权威下降,甚至导致执法阵地的萎缩和丧失。从依法行政的要求来看,运管部门把行政执法权"租借"给其他部门,或者在正常的管理职责内退居二线甚至退至幕后,都是一种违法、失职行为。因此,道路运输行业管理部门应树立起自己的执法权威,不折不扣地履行好自己的安全管理职责。

道路运输安全管理执法权威来自完善的法律法规、高素质的执法队伍和先进的执法装备条件。目前,各省都已形成了初具规模的道路运输安全管理法律体系,物质装备上也有了相当大的改善,但在执法队伍上,执法人员尤其是基层执法人员文化素质、法律素质、管理素质相对偏低,存在着不按正确的执法程序执法、不按规定随意处罚、粗暴执法及执法不力等现象,也是影响道路运输安全管理执法权威的关键因素。因此,现阶段必须对道路运输安全管理人员加强培训,迅速提高安全管理人员的素质,规范执法行为,树立道路运输安全管理执法权威。

3) 加强宣传教育,提高安全意识

道路运输安全管理部门要在全社会大造舆论,广泛深入地开展道路运输安全的法制宣传和教育,要以"三个代表"为出发点,从讲政治、保稳定、促发展的高度,以对国家和人民负责的精神,切实重视道路运输安全管理和事故的防范工作;牢固树立"安全生产,以人为本"的思想,正确处理好安全生产与经济发展的关系。

汽车运输企业的安全教育包括思想教育和技术教育两个方面。

安全思想教育要理论联系实际,根据企业的实际情况,因人因事开展针对性的教育。在教育过程中要运用"团结—批评—团结"的原则,充分发扬民主,提高认识,增强安全观念。教育者应以身作则,言行一致,严于律己,遵纪守法,坚持原则。在处理职工的安全思想问题时,应将表扬与批评紧密地结合起来,坚持以表扬为主的原则。

企业的安全思想教育工作必须制度化,要在时间上、计划上、组织上、形式上都加以保证。例如,建立定期开展职工安全思想动态分析制度,事故对策分析、教育制度,安全理论学习制度,安全民主评议制度等。形式要多样化,办法要灵活。

职工安全技术培训教育是企业开发智力、发现人才、培养人才的重要途径之一,也是提高企业生产效率,取得最佳经济效益的有力措施。职工全员安全教育应包括书记、经理(厂长)、工程技术人员、管理人员和工人在内的业余教育或脱产教育。在我国多数企业中,安全技术教育同科学技术教育是结合在一起进行的。

4) 加强道路运输企业安全管理工作检查考核

5) 增加管理投入,促进科技进步

道路运输行业安全管理部门要不断提高安全管理工作的科学含金量,不断运用先进的安全管理科技手段,促进道路运输安全管理科学化,把安全管理的科学技术发展列入地方科技发展总体规划。同时,要运用经济手段和政策手段建立必要的制约和激励机制,促进和引导道路运输企业增加安全生产的科技投入,强化企业的安全生产管理工作。积极鼓励有条件的企业配备车辆行驶记录仪(黑匣子)和全球卫星定位系统(GPS)等高科技安全生产管理设备。

6) 引进科学管理手段,接轨国际管理标准

目前,全球经济一体化和现代工业化大生产对安全管理已提出了新的要求:要求安全管理必须深入企业的生产运作和质量管理体系中,形成集约化管理网络;也要求对企业中与安全有关的工作实现标准化。当前,建立 OHSMS 是大中型企业实行安全生产科学管理的主要方法。OHSMS 是国际通用的职业安全卫生管理理念和方法,是现代安全生产的先进管理模式。在我国,职业安全卫生管理体系 OHSMS 还刚刚起步,它将成为企业继 ISO 9000、ISO 14000 后的第三张国际通行证。我国已经加入 WTO,道路运输企业将逐步向国际市场开放。道路运输企业要在巩固 ISO 9000 等标准体系的基础上进一步创造条件,尽快通过 OHSMS 的认证,建立与国际接轨的企业安全生产自我约束激励机制,从而树立更好的国际形象,顺利登上世界市场经济的平台。

4.6.3 道路运输企业的安全综合管理

运输安全工作是一项复杂的系统工程,必须进行社会综合治理。交通部于1988年4月28日颁发了《关于加强公路运输企业安全工作的意见》(〔1988〕交公路字289号),对道路运输企业加强安全综合管理提出了具体意见。

(1) 保证安全教育时间,尤其对驾驶人员每星期至少要安排2 h的安全教育。

(2) 安全教育的内容主要是:国家关于安全工作的方针、政策,安全工作的重要意义,职业道德规范,交通规则,安全基本常识,安全规章制度,安全操作规程,安全行车经验,安全评比条件,典型交通事故案例分析等。

(3) 安全教育的形式可多种多样,如过安全日、开安全例会、出车前进行安全嘱咐,以及图片展览、智力竞赛、观看录像、办安全专栏、开展安全对话、举办安全常识讲座等。

(4) 安全教育要注意联系实际,并与加强两个文明建设,开展职业道德教育,宣传好人好事结合起来;针对混合交通状况,与如何加强安全工作的讨论结合起来;针对职工的工作特点,与思想政治工作结合起来,强化职工安全意识,避免空洞说教。

(5) 曾经发生过大事故的单位,要结合事故后果、原因及责任分析,反复进行教育,使职工痛定思痛,居安思危,吸取血的教训,警钟长鸣,常备不懈,时刻不忘安全工作。

(6) 做好安全教育记录,对参加教育活动缺席较多的人员要组织补课。

1) 强化安全管理工作

(1) 摆正安全与生产的关系,坚持安全为了生产,生产必须安全和管生产必须管安全的原则。

(2) 实行安全责任制,明确安全责任。运输企业的经理对安全工作要负第一位责任;分管安全工作的副经理要负重要责任;其他领导也要负综合治理的责任。

(3) 对安全工作要进行全员、全方位、全过程管理,党、政、工、团都要把安全工作列入议事日程,分工合作,齐抓共管。

(4) 分管安全工作的企业领导每月不得少于两次深入生产现场、车队、车站,督促检查安全工作。

(5) 充实安全科室人员,并保持人员相对稳定。

(6) 对违反劳动纪律,不遵守操作规程的人员要及时批评,纠正其错误,情节严重者要进行必要的处理。

(7) 对已发生的事故,不论大小,均要坚持"四不放过"的原则。查明情况,严肃处理,认真总结经验教训,指出改进措施。属运输企业责任事故者,要追究当事人相关领导的责任。

(8) 加强基础工作和对安全业绩的考核工作,要使安全质量具有否决权,把安全情况列为评比、升级的重要条件。对事故多的单位,要组织人员进行整顿。

(9) 加强安全工作的全面质量管理,使安全工作逐步科学化。

2）进一步健全安全规章制度

（1）运输企业应健全以下安全规章制度：各类人员的岗位责任制，安全责任制，各类事故的处理规定，行车安全奖惩规定，行车安全台账、档案管理制度，驾驶员准入把关和审验制度，车辆技术检验制度，定期安全检查制度，安全例会制度，领导定期深入生产一线监督检查制度，领导带人上路检查本企业车辆安全情况制度、安全活动日制度、安全公里考核制度等。

（2）层层分解，落实到人，使每个职工都有责任感和紧迫感，形成上下结合、左右配合的安全保证体系。

（3）每月检查一次安全规章制度的执行情况，年终进行总结、分析，提出进一步完善的意见。

3）认真开展安全大检查

（1）各运输企业原则上要求一年开展两次安全大检查。

（2）检查的主要内容是：职工安全意识的确立情况，各项安全制度的执行情况，有关安全机构功能发挥的情况，车辆、设备完好的情况，各类事故处理的情况，安全防范措施落实的情况等。

（3）安全大检查以自检普查为主，并适当与互检抽查结合起来。

（4）对查出的问题要果断处理，凡不符合运行条件的车辆，要责令停驶，无法恢复基本技术等级的，要强制报废。

4）切实加强车辆机务管理

（1）严格管理工作，健全车辆技术档案技术、台账，严密注视车辆的状况。

（2）定车定人，专责保管使用。一般情况下，不要随意调换驾驶员。

（3）合理运用车辆，按调度命令出车，不超载运行，不乱停乱放。

（4）开展爱车例保活动，除提高驾驶人员搞好例保的自觉性外，要做好出车前、途中和回场后的车辆例保工作，所在单位要加强督促检查。

（5）充分利用现有检测设备，结合安全大检查，每年要对车辆进行全面检查，鉴定技术状况。

（6）坚持日常的车辆进出场检验，特别是客车，检验后要层层签字，未经检验合格并无签证者，一律不得参加营运。

（7）按维护、修理作业的规范要求维修车辆，加强过程检验，确保维修质量。

（8）不论车辆是否承包，一旦发现故障而驾驶员又不能排除时，都要及时抢修。严禁为了降低维修费用而使车辆带病运行，防止短期行为。

5）严格遵守操作规程

（1）通过学习技术理论及进行定期考核等方法，督促职工，尤其是驾驶人员学习并熟悉有关的操作规程和安全注意事项。

（2）教育驾驶人员养成勤检查、勤调整车辆的习惯，使转向、制动、传动、灯光、喇叭等车辆安全保障系统经常处于良好、有效状态。

（3）驾驶人员在运行途中要集中精力，不闲谈，不赌气，不强超抢会，不盲目快速，严禁超载。供油系统发生故障时不准人工直接供油。下陡坡时，不准熄火或空挡滑行。上山和下山时，要检查转向和制动是否灵敏有效。

（4）客运车辆行经险桥、危险路段、上渡船和加油时，要组织旅客下车。

（5）气候变幻无常的地区，出车前要带齐防范性设施，谨慎驾驶，注意防止因路滑或塌方造成事故。

（6）车站及乘务工作人员要严格检查"三品"，避免出现意外事故。

6）积极组织安全竞赛

（1）安全竞赛要注重实效，通过评选安全标兵，树立学习榜样，激励职工的荣誉感和责任感。

（2）竞赛活动形式可灵活多样。如安全百日（千日）无事故赛、安全正点赛、春节运输无事故赛、安全优质服务赛、安全运输对手赛等。

（3）对评选出来的安全标兵或其他称号的先进人员，要及时表彰，广泛宣传他们的事迹。

（4）在家属中开展"贤内助"的竞赛活动，调动家属协助职工搞好安全和优质服务的积极性。

7）努力提高职工素质

（1）对新招收的职工，在上岗前必须进行必要的技术、业务培训，使他们掌握基本的安全常识。

（2）严格按照有关规定选拔、培养驾驶人员，特别是对客车驾驶员，一定要具备规定的条件，不得随意降低标准；替代客车驾驶员要具备规定的安全驾驶经历。

（3）对在岗职工分期分批进行培训，考虑到驾驶人员的工作特点，可根据不同的运输季节组织一定人员短期轮训，提高他们的文化、技术水平，掌握一定的安全知识。

（4）为了不影响生产，培训工作要因时因地制宜，要注意将脱产培训与在岗培训、企业培训与专门院校培训、普及性培训与提高性培训结合起来，以照顾各种不同的情况。

8）切实关心职工生活

（1）积极创造条件，安排好职工生活。特别是要保证驾驶人员吃好、睡好、休息好，以保持旺盛的精力。

（2）对夏日或夜间承担长途运输任务的驾驶人员，要强制他们休息一定的时间；客车可由两个驾驶员轮流驾驶，避免因疲劳过度而发生交通事故。

（3）注意掌握职工特别是驾驶人员思想情绪的被动情况，及时弄清原因，说服、调解、疏导，使之保持心情舒畅。

（4）注意解决职工的家庭生活困难，帮助解除后顾之忧，使他们集中精力搞好工作。

9) 及时交流安全信息

(1) 认真收集本单位或其他单位的安全情况及开展安全工作的有关资料。

(2) 对取得的资料要实事求是地进行整理,分动态、经验、问题、建议几部分进行归纳,形成可供参考的信息。

(3) 在企业内部印发,使广大职工了解并关心安全工作。

(4) 上报交通主管部门和有关领导机关,为安全决策提供依据。

(5) 已实行计算机管理工作的单位,要将有关信息输入,以备今后检索使用。

4.7 道路运输安全管理立法及安全管理体制

4.7.1 道路运输安全管理立法

1) 道路运输安全管理立法的基本原则

随着我国经济体制改革的不断深入,国家正在加快由计划经济向市场经济过渡的步伐,过去那种单凭行政命令进行安全管理的工作方法已不适应形势需要,必须运用经济、行政、法律等多种手段,逐步建立起适应市场经济运行机制的安全管理体系。建立和完善法规体系,规范道路运输行业行为,真正做到有法可依、有法必依、执法必严、违法必究。我国道路运输安全管理立法的指导思想和基本原则主要有以下几个方面:

(1) 坚持"安全第一、预防为主"

"安全第一"就是当生产与安全发生矛盾时,生产必须服从安全;"预防为主"就是做好事故防范工作,防患于未然,强化源头管理,这是实现"安全第一"的基础。道路运输安全管理立法就是要在道路运输生产过程中规范道路运输经营者和从业人员经营行为,规范行业管理部门的执法行为,保护生命财产不受到任何危害。

(2) 明确职责、强化管理

道路运输安全生产工作需要政府、行业主管部门、企业和个人各方面共同努力才能搞好。通过法规形式明确各自职责,不仅有利于安全操作,而且有利于监督检查,还有利于在事故发生后的调查处理。

1993年国务院《关于加强安全生产工作的通知》中,规定了"企业负责,行业管理,国家监察,群众监督"的安全生产管理体制,对各部门、企业、职工的安全职责做了明确划分。

(3) 鼓励科技进步,促进道路运输文明行业建设

道路运输生产中的安全设施,是保障道路运输安全生产的物质基础,在企业的生产建设中必须与生产设施同时设计、同时建设、用时配置、同时交付使用。在道路运输安全设施的建设、配置时应当积极采用新的科学技术和电子产品,逐步采用和普及如车辆行驶记录仪和全球卫星定位系统等一类车辆运行安全管理先进设备,逐步提高站场、车

辆、维修、装卸、训练以及其他运输服务项目机具设备设施的科技含量,提高机械化、自动化、信息化和网络化程度,有条件的道路运输企业应积极建立或加入计算机信息网络,走互联网的技术路线,尽量消除道路运输生产中的不安全因素,增加预防事故的能力,提高文明化操作程度,促进道路运输文明行业建设。

(4) 严肃查处事故责任,认真吸取事故教训

通过对道路运输安全事故的调查分析,严肃处理,可以摸索事故发生的客观规律,找出预防事故的对策,指导安全管理工作,通过对事故的调查处理,还可以使道路运输企业和行业安全管理部门从中吸取教训,受到深刻教育。道路运输安全管理立法就要从有利于惩前毖后、吸取教训的角度进行不断完善。

(5) 坚持积极慎重的方针

我国是发展中国家,道路运输行业中绝大多数是中小型企业,这些中小型企业目前还没有能力通过大规模、高档次地提高道路运输装备水平、改善劳动条件来达到本质安全,彻底消灭伤亡事故,只能根据当时的经济水平和科技能力,通过执行现有的一些安全法规、制度来达到相对基本的安全要求。但是,随着经济的不断发展,这些法律、法规又常常跟不上社会发展的要求,需要不断制定和修改完善。

道路运输法律法规具有稳定性和权威性,不成熟、没有把握的内容不能勉强制定,否则必然影响法律法规的稳定性和严肃性,甚至根本无法执行,这样既影响了法律法规制定部门的形象,又束缚了道路运输生产的发展。因此,制定和修改道路运输安全管理法律法规时一定要坚持积极审慎、实事求是的方针。

2) 道路运输安全管理法规体系及标准体系

(1) 道路运输安全管理法规体系

道路运输行政法规是在调整道路货物运输、旅客运输、搬运装卸、运输服务、维修检测等经济活动中发生的管理关系、合同关系、运输主体经营管理关系的法律规范的总称。该定义明确了道路运政法规调整的对象,就是道路运输各个子行业中的运输行政管理关系、合同关系、运输主体经营管理关系,也就是对道路运输活动实行领导、组织和管理时所产生的社会关系。在该定义中还隐含着运政执法的对象,那就是道路运输各个子行业中从事经营活动的企业、社会组织和个体经营者,其目的就是通过道路运政执法行为贯彻落实道路运政的管理法律、法规和规章等规范性文件,充分发挥其法律效力,以保证道路运输行业协调有序地发展。

(2) 运输行政法规的表现形式

所谓道路运输行政法规的表现形式,就是指它是由哪些法所组成,它们的渊源和出处是什么。道路运输活动的特点是它的多样化、多元化,牵扯的方方面面非常多,而且道路运输活动随着我国体制改革的不断深入,正处于经常性的变动之中,因此,不可能有一部包罗并规范所有道路运输活动的法典。大量的关于道路运输活动的法律规范都分布在各种不同的法律和其他的规范文件中,形成了道路运输行政法规来源广泛、组成多样的特点。这些法律规章的主要表现形式有宪法、法律、行政法规、部门规章以及地

方性法规和规章等。当然,道路运输行业管理部门作为国家交通行政管理的部门之一,也有自己行业的最主要的指导性规范——道路运输业主体法规。目前道路运输主体法规是交通部在1986年12月颁布的《公路运输管理暂行条例》。

(3) 道路运输安全规程和安全技术规范

所谓"规程",从词意上理解是指调整人与自然之间关系的规章制度,或者是对政策、制度所作分章分条的具体规定。道路运输安全规程是指在道路运输生产活动中,为了消除能导致人身伤亡或者造成车辆、设备、货物和其他财物危害所制定的,对客货运输、站务操作、汽车维修、车辆检测、搬运装卸、驾驶教练等有关安全管理的要求和实施程序的统一规定。道路运输安全规程中的主要内容是规定安全设施和道路运输生产活动中必须遵守的安全要求。

道路运输行业安全规程和技术规范都是行业内的行政规章,是行政管理的手段,是法律的具体化,也是道路运输企业的工作依据和从业人员的行为准则,往往由政府机关、行业管理部门以及企业依据国家有关法律、法规制定颁发,并在有效范围和有效时间内强制性监督实施。

(4) 安全标准体系

所谓"标准",是指衡量事物的准则,是可供同类事物比较、核对的事物。

我国的安全标准体系主要分三个层次:国家标准、行业标准和地方标准。《中华人民共和国标准化法》规定,我国的标准分为强制性标准和推荐性标准两种。保障人身、财产安全、人身健康的标准,以及法律、行政法规规定强制执行的标准是强制性标准,作为法律法规的补充,任何企业单位和个人都必须贯彻执行。除此之外,就属推荐性标准。企业标准虽不在标准体系范围内,但它是在国家标准的基础上制定的,只要符合有关法规标准的规定,也必须认真贯彻执行。我国有关职业安全卫生的标准可分为管理标准、基础标准和技术标准等几类。

3) 我国道路运输安全法规分类

我国的道路运输法规主要由三大类组成:一是关于道路管理的法律规定;二是关于驾驶员和车辆管理的法律规定;三是关于运输活动及其安全管理的法律规定。

关于道路管理的法律规定主要对公路管理部门,如《中华人民共和国公路法》、《道路交通标志和标线》、《关于加强路政管理,保障公路安全畅通的通知》以及《公路工程技术标准》和《公路工程竣工验收办法》等。

关于驾驶员和车辆管理的法律规定主要有:《中华人民共和国机动车驾驶证管理办法》、《中华人民共和国机动车驾驶员考试办法》、《汽车驾驶员培训行业管理办法》、《中华人民共和国机动车驾驶员培训管理规定》、《机动车管理办法》、《关于机动车辆管理工作若干问题的通知》、《机动车运行安全技术条件》、《机动车制动检验规范》、《汽车运输企业车辆技术管理规定》、《汽车外廓尺寸限界》、《机动车辆允许噪声及测量方法》、《汽车怠速污染物排放标准及测量方法》、《柴油车自由加速烟度排放标准及测量方法》、《汽车柴油机全负荷烟度排放标准及测量方法》等。

关于运输活动及安全管理的法律规定主要有三个方向：一是运输法规，如《公路运输管理暂行条例》、《汽车旅客运输规则》、《汽车货物运输规则》、《汽车危险货物运输规则》等；二是行车安全管理法规，如《国务院关于改革道路交通管理体制的通知》、《国务院关于加强交通运输安全工作的规定》、《中华人民共和国道路交通管理条例》、《中华人民共和国治安管理处罚条例》、《高速公路交通管理办法》等；三是事故处理法规，如国务院颁布的《道路交通事故处理办法》、《道路交通事故处理程序规定》、《最高人民法院、最高人民检察院关于严格依法处理道路交通肇事案件的通知》、《国务院关于特别重大事故调查程序暂行规定》、《外交部关于外国人在华死亡后的处理程序》等。

以上三大类法规中，除第一类外，其余两类中与道路运输行业安全管理部门直接有关的占大多数。

尽管我国已有上述许多交通运输法规，但与发达国家相比仍然很不完善。主要表现在法规尚不健全，配套性差，内容比较原则笼统，缺乏详细的实施细则，所以在实施中灵活度过大，不易掌握和操作；加上公民法制观念不强，执法人员素质较低，导致有法不依、执法不严的现象屡见不鲜。所有这些，都会对交通安全管理工作带来严重影响。所以，不断完善交通运输法规是摆在我们面前的一项长期而艰巨的任务。

4）汽车运输法规的基本内容

汽车运输安全法规是国家或地方的行政管理机关，为了维护生产秩序，保证汽车运输生产安全所制定的规则、条例、规定、办法和技术标准等文件的总称。它是国家行政法规的重要组成部分，属于法的范畴，具有一定的强制性和约束力。从安全生产的组织与管理上讲，汽车运输安全法规应包括：道路交通法规、汽车运输法规、道路及车辆安全法规、生产安全法规等。其中有关安全管理要求的基本内容如下：

（1）法规制定的目的、适用范围、依据和指导思想

目的：为了加强汽车运输的组织管理，明确经营者与旅客、货主的权利、义务，维护正常的运输秩序，最大限度地满足人民的需要。

适用范围：旅客、货主和从事营业性的汽车客货运输的单位或个人。依据国家的政策、法律和道路运输的有关规定，是在科学的、先进的技术理论指导下制定的。

指导思想：汽车客货运输必须坚持社会主义方向，坚持为人民服务的宗旨，执行国家政策，遵守法律和有关规章，实行责任运输制度，最大限度地保证旅客、货主货物的安全、及时、方便、经济运输，为发展国民经济、促进现代化建设服务。

（2）基本条件与要求

汽车运输的基本条件是指经营单位或个人，在运输场所、运输车辆、运输对象的承运范围以及可承运货物的种类等方面应具备的起码条件。例如，凡是参与营运的车辆，必须经过车辆管理部门审验合格，符合营运条件，装备齐全，安全可靠，技术状况完好等。

汽车运输的基本要求是指经营者与乘客、货主在汽车运输中所必须遵守的有关规定。其中主要有：对从事货运的承运人和托运人的要求，对从事客运的客运人和旅客的

要求。

承运人是指从事营业性的汽车货物运输、搬运、装卸等货运服务的单位或个人。为了确保运输安全,承运人必须依法办理有关手续,取得合法经营的资格,遵守国家法律、法规,具有相应的生产和管理能力。

托运人是指委托承运人运送货物的单位或个人。托运人必须对收发货物过程的行为承担责任,遵守国家法律及有关法规,积极配合承运人开展有计划的货物运输。

客运人是指从事汽车客运经营的单位或个人。其中包括客运经营者、客车驾驶员、乘务员和站务员等。客运人必须办理有关手续,取得合法资格后,方允许开展汽车客运业务;客车驾驶员必须持有相应准驾车类的驾驶证;乘务员应具备一定的业务知识和能力。

驾、乘人员应共同遵守如下规定:

①严格遵守交通法规和车辆操作规程,精心保养车辆,出车前、行车中、收车后应认真做好车辆的安全检查工作。

②驾驶员应合理安排休息时间,保证充足的睡眠,行车途中思想集中,每天驾驶时间不得过长,确保行车安全。

③客车行经险桥、渡口、危险路段和加油前,必须组织旅客下车。

④车辆运行前应核实人数,途中遇险或发生事故,应尽快呼救,抢救伤员,保护现场,必要时应迅速组织旅客疏散。

⑤讲究职业道德,文明服务,礼貌行车。

站务人员应认真执行岗位责任制,遵纪守法,经常对旅客进行安全宣传教育,做到一切工作为旅客提供最大的方便性,全心全意为旅客服务。

为了确保乘车安全,旅客应遵守下列规定:

①自觉维护候车、乘车秩序,服从站务和驾、乘人员安排。

②无条件、无例外地接受车站值勤人员对危险品的安全检查。

③7岁以下儿童乘车应有成人携带和照顾。

④行车中车内不准吸烟,不准将身体的任何部位伸出窗外,遵守行车中的安全规定。

⑤为了保障旅客生命、财产安全,不准携带危险品上车,不准携带有可能损坏车辆或有碍其他乘客安全的物品等。

(3) 托运与承运

①旅客托运行包不准夹带危险品及政府禁运物品,对有疑义的行包,由车站会同托运人开启检查,托运限运物品时应持有关证明;机密文件、贵重物品、易碎易污品、武器、精密仪表、有价证券等物品,必须由旅客自行携带。

②货物托运时,不准在普通货物中携带易腐、易碎、易溢的液体、危险品和贵重物品、货币、有价证券、重要文件及票证等。危险物品托运按《汽车危险物品运输规则》办理;运输途中需要饲养、照料的野生动植物,以及保密品、稀有珍贵物品和文物、军械弹

药、有价证券、重要票证、货币等,必须配有随车押运员,押运员必须遵守行车规定和安全要求。

③承运人对运输的货物全过程负责,适时检查,妥善保管,注意防火、防潮、防腐、防丢失。

④货物装卸人员必须遵守职业道德规范,装卸货物中要保证安全,防止混杂、污染、散落、漏损,严禁有毒物品与食品的混装,并做到数量准确,捆扎牢固,对货物装载不符合要求和规定者不准起运。

(4) 运输责任

运输责任是指汽车运输过程中,经营者与旅客、货主分别应当承担的义务。

①在旅客运输过程中,由于车站管理不善,造成旅客误乘、漏乘、行包损坏、灭失或错运时,由车站承担责任。

②在客运过程中,由于车辆技术装备不良、驾驶员责任心不强、违章行驶与操作以及调度不按计划提供完好车辆,造成旅客人身伤亡、行包损坏、灭失,以及班车停开、旅客漏乘时,由承运方承担责任。

③货物在承运期内发生灭失、短少、变质、污染、损坏以及由于承运人违规违约而造成货物错运、错交、逾期等事故,由承运人承担责任。

④货物及行包被有关部门查获、自然耗损、押运人失职、包装内缺损和不可抗力而造成的损失,承运方不负赔偿责任。

⑤由于旅客自身原因而发生危及公共安全和伤亡、损失等现象,由旅客承担责任。

⑥托运人违规托运货物造成车辆、机具、设备及货物损坏或人身伤亡以及第三者损失的,由托运人承担责任。

(5) 运输事故处理

①由于车站或运方责任造成旅客误乘、漏乘、人身伤害、行包损坏、灭失的,根据有关规定,由责任方赔偿部分或全部损失。

②旅客损坏车站、设备、设施及客车的,按实际损失负责赔偿;旅客私自携带危险品或其他禁运物品寄存、托运、乘车者,未造成损失的,除没收其全部危险品或禁运品外,并根据有关规定处以罚款;对已造成损失的,除移交公安、司法机关处理外,还应负责赔偿全部经济损失。

③货运责任期内发生的各类货运事故,由承运方根据国家有关规定负责赔偿。

④发车前、运输中和到达后的运输事故,分别由始发站、就近车站和到达站处理,双方争议可由当事人协商解决,协商不成,可由上级交通主管部门或会同主管部门调解、裁决,也可直接向人民法院起诉。

(6) 汽车运输安全规章制度

①汽车运输安全的领导制度

汽车运输安全管理的领导制度是企业生产经营活动顺利进行的重要保证。我国汽车运输企业现行的领导体制,实行经理(厂长)负责制。这就是说,经理(厂长)对企业的生产经营和行政管理实行统一领导,全面负责。因此,企业的安全管理工作也应纳入经理负责制的轨道。经理对企业生产中的重大安全问题有权做出决策,实行集中统一指挥;对安全管理规章制度的建立、修改和废止有权做出决定或提出建议;有权组建安全管理机构,提出安全管理干部的任免名单;组织安全工作的考核、评比。同时,经理要对国家负责,认真贯彻执行党的方针、政策和国家的法律、法规。密切配合党组织做好职工的政治思想工作;关心职工生产、生活中的安全问题。

②汽车运输安全的民主管理制度

安全工作涉及企业中的每一个人,广大职工坚守生产第一线,他们对生产中存在的不安全因素最有发言权。因此,通过职工代表大会,集中职工的智慧管好安全工作,是现代企业实行民主管理的重要形式和制度。

③汽车运输安全的计划管理制度

安全工作的计划管理是企业生产、经营活动的重要保障。实践证明,汽车运输企业只有在确保运输和生产安全的前提下,才能充分调动和发挥企业人力、物力和财力的作用,提高生产效率,降低成本,获得最佳经济效益和社会效益。

企业安全工作的计划管理必须坚决贯彻和执行党和国家的方针、政策、法律和法规,真正做到"安全第一"、"质量第一"。

制订安全管理计划时,要根据企业的实际,通过分析比较,选择最优方案。把国家利益、企业利益和广大职工的切身利益密切地结合起来,做到既要保证安全又要取得良好的经济效果。

4.7.2 道路运输安全管理体制

安全管理体制是在社会主义经济建设下不断总结经验的基础上发展起来的。1984年国务院办公厅103号文中提出了"三结合"管理体制,它的形成、确立经历了10年时间;1993年国务院50号文将该体制发展为四结合体制,这一管理体制是在计划经济向市场经济过渡过程中产生的。随着经济体制改革的深入,社会主义市场经济的建立,安全管理体制不断补充和完善。1994年有些专家认为把"安全生产管理体制"改称为"安全生产工作体制",这也是一种改革的思路。1996年1月22日召开的全国安全生产电视电话会议确立了企业负责、行业管理、国家监察、群众监督的"安全生产工作体制",并充实内在含义,加强了企业的安全管理体制,加重了企业的安全生产责任,对行业从业人员遵章守纪提出了具体要求。目前,我国正处在经济体制改革时期,道路运输行业安全管理工作作为经济建设和社会发展的一个组成部分,将随着经济的发展,社会的进步,不断地推陈出新,最终建立适应社会主义市场经济发展的道路运输安全管理体制。

安全管理体制和"行业管理"有其来历。安全管理体制问题涉及社会主义市场经济的建立和经济体制改革方向。1993年以前的安全管理体制是"三结合"管理体制,即"国家监察,行政管理,群众监督"。这在社会主义计划经济体制下发挥了很大的作用,促进了我国安全生产工作的开展。1993年国务院《关于加强安全生产工作的通知》中规定了安全管理实行"企业负责、行业管理、国家监察、群众监督"的"四结合"安全管理体制。在这四句话中,"行业管理"是一种新的提法。在计划经济体制下,所谓"行业管理",在我国一般指国务院各级政府的产业部门或称主管部门对企业实行的直接或间接的行政管理,是一种政府的行政行为。与国外发达的市场经济国家中所谓的"行业管理"有所不同。国外的行业管理是指同种行业为实现某种经济利益而成立的一种处于国家与企业之间的非政府组织,行使非政府职能。这样的一种"行业管理",对其行业内的生产、经营活动起协调、指导和引导作用,既可以代表企业利益与政府进行沟通,又能协助政府行政机构在行业内推动国家法令和政策的实施,起到政府与企业之间的桥梁作用。随着我国经济体制改革的深入,行业主管部门对企业的管理职能正在向这个方向转变,由于条件不同,有些部门的改革比较深入,已基本形成了类似于国外发达国家"行业管理"式的行业总会,而有些部门仍然代表国家政府行使职能,还有一些部门则处于两者之间。

鉴于目前我国道路运输行业的现状,道路运输行业主管部门的安全管理在安全生产工作中仍有政府行政管理的职能,行业安全管理对道路运输行业安全生产还会起到一定的促进作用。

道路运输安全生产工作实行"企业负责,行业管理,国家监察,群众监督"的安全管理体制,既适应我国市场经济体制的客观要求,也是市场经济国家的普遍做法,是符合国际惯例的。这一管理体制还将随着我国市场经济的发展,在实践中不断完善。

(1) 企业负责

在政府转变职能和企业转换经营机制的过程中,要继续强调"管生产必须管安全"这个原则,企业要负起搞好安全生产的重任。道路运输企业在经营自主权扩大的同时,安全生产的主体地位也相应确立,责任也就相应加重了。企业负责就是道路运输企业在其经营活动中必须对本企业安全生产负全面责任,企业法定代表人是安全生产的第一责任人。各企业应建立安全生产责任制,在管生产的同时,必须搞好安全工作。这样才能达到责、权、利的相互统一。安全生产作为道路运输企业经营管理的重要组成部分,对生产发挥着极大的保障作用,不能将安全生产与企业效益对立起来,片面理解扩大企业经营自主权。具体地说,企业应自觉贯彻"安全第一,预防为主"的方针,必须遵守道路运输行业安全生产的法律、法规和标准,根据国家和交通部等有关部门的规定,制定本企业安全生产规章制度,必须设置安全管理机构,配备安全管理人员,对企业实现全员、全过程、全方位的安全生产管理。企业还应负责提供符合国家安全生产要求的工作场所、生产设施,特别是加强对有毒有害、易燃易爆等危险物品的仓储、装卸和特种运输设备的管理。对从事危险物品运输和操作的人员都要严格培训。

(2) 行业管理

党的十四届三中全会决议指出,政府运用经济手段、法律手段和必要的行政手段管理国民经济,不直接干预企业的生产经营活动。为适应这一要求,政府在管理安全生产工作时,也要按政企分开,精简、统一、高效的原则,配备精干人员,进行有效的管理。目前政府管理安全生产的方式主要还是采取行业管理和国家监察相结合。道路运输行业安全管理职能主要体现在道路运输行业管理部门,根据国家有关方针政策、法规和标准,对行业的安全工作进行管理和督查,通过计划、组织、协调、指导和监督检查,加强对道路运输行业所属企业以及归口管理企业的安全管理,防止和控制伤亡事故。道路运输行业主管部门对某些特殊经营方式,例如危险品运输在某种程度上还实行安全生产工作先例监督职权,因此,道路运输行业安全管理的任务既不同于过去计划经济体制下的管理模式,也不同于完全市场经济体制下的管理模式,道路运输行业主管部门应按市场经济的要求,不断探索搞好管理工作的方法。

(3) 国家监察

国家监察是根据国家的法律、法规对安全生产工作进行监察和督查,具有相对的独立性、公正性和权威性。安全生产监察部门对道路运输企业履行安全生产职责和执行安全生产法律法规、政策情况依法进行监督检查,对不遵守国家安全生产法律、法规、标准的企业,要下达《监察通知书》或《督查通知书》,做出限期整改或停产整顿的决定,必要时,可提请当地人民政府或行业主管部门关闭企业。负有安全生产综合管理职能的主管部门要建立健全安全生产监察机构或督查机构,设置专职安全监察员或督查员。安全监察员或督查员要经常深入企业查隐患,查安全生产法律、法规、标准的落实情况,把事故消灭在萌芽之中。目前,国家对道路运输安全监察(督查)尚未形成完善的体系,人员配备、设备手段也不健全,这是道路运输安全生产中亟须强化解决的突出问题,安全监察工作的任务十分繁重,必须开拓思路,很好地研究。要加强监察队伍的自身建设。首先是把这支监察队伍成立起来,并使之真正发挥作用。全国的企业和职工人数正在逐步增多,而监察队伍和监察人员没有相应发展,是很难适应这种要求的;其次是监察手段不强,发挥不了国家监察的效力,还应加强法治建设和提高监察人员的技术业务素质。这是监察工作的法律依据和技术保障。

(4) 群众监督

群众监督是道路运输安全生产管理工作不可缺少的重要环节。新的经济体制的建立,群众监督的内涵也随之扩大。不仅是各级工会,而且社会团体、民主党派、新闻单位等也应共同对道路运输安全生产起监督作用,这是保障道路运输承、托双方合法权益,搞好道路运输安全生产的重要保证。

工会监督是群众监督的主要方面,是依据《工会法》和国家有关法律法规对安全生产工作进行的监督。在社会主义市场经济体制建立过程中,要加大群众对道路运输安全监督检查的力度,全心全意依靠职工群众搞好安全生产,支持工会依法维护职工的安全与健康,维护职工的合法权益。工会应充分发挥自身优势和群众监督检查网络作用,履行群众监督检查职责,发动职工群众查隐患、堵漏洞、保安全,教育职工遵章守纪,使党和国家的安全生产方针、政策、法律法规落实到道路运输的每一个环节中去。

此外,劳动者自律也是道路运输安全生产管理工作不可缺少的重要部分。驾驶员是道路运输安全的第一责任人,道路运输点多、面广、线长,一辆车就是一个独立的生产单元。每一位道路运输生产的从业者,必须按照国家、行业及企业的规章制度进行作业和生产经营,如因违规导致运输安全事故,违规者要承担相应的责任。劳动自律主要是提高安全文化素质,形成浓厚的安全氛围,推动安全生产发展,这是落实"安全第一,预防为主"的关键之一。

道路运输安全生产管理体制的"企业负责、行业管理、国家监察、群众监督"四个部分是一个互相作用、互为补充的有机整体。企业负责是道路运输安全管理体制的基础,也是安全管理工作的出发点和落脚点。企业负责实际上是对其本身的安全负责,既是自我约束,也是自我保护。道路运输企业内部这种自我管理机制,主要由企业法定代表人、企业安全管理机构、企业生产、经营机构、企业职工代表大会或工会以及职工组成,在企业内部形成一个自我约束的闭环反馈系统。在这个闭环反馈系统中,企业法定代表人起着决定性的作用,与企业法定代表人对安全生产的重视程度有直接的关系。建立完善的企业内部安全管理机制,这是内因,同时建立健全的外部安全制约机制,这是外因。从目前安全管理体制来看,有三个外因(即行业管理、国家监察、群众监督)对道路运输企业安全生产产生作用。而且三个外因之间也是后一个对前两个依次产生作用,从而形成一个互相作用、互为补充的有机链式整体。

具体来讲,道路运输企业除了建立内部安全生产管理规章制度并定期进行检查之外,还要接受交通主管部门的行业管理,接受安全生产监察部门的国家监察,接受工会及其他组织的群众监督。道路运输行业安全管理部门除对本部门所属企业进行安全管理,对安全生产承担一定责任外,也要接受安全生产监察部门的国家监察、接受工会及其他组织的群众监督。国家安全监察机构在对企业和行业管理部门的安全管理工作实行监察的同时,也要接受群众监督。而其中行业管理和国家监察都是政府行为,是相辅相成的。

复习思考题

4.1 解释概念

(1)客运站的"三容"、"三品" (2)超限运输车辆 (3)道路运输安全管理体制 (4)行业管理

4.2 判断对错

(1)出租汽车驾驶员在营运服务时,必须做到:车辆受租期间,未经租用人同意,不得招揽他人同乘。 ( )

(2)超限运输对交通规费没有影响。 ( )

(3)女性驾驶员和男性驾驶员在驾驶的安全性上没什么区别。 ( )

(4)货物运输包装标志是用图形或者文字(文字说明、字母标记或阿拉伯数字),在货物运输包装上只有制作的说明事项。 ( )

(5)碰撞安全保护性是指在碰车(或翻车)时,汽车保护乘员的能力,也

称为应急能力。 （　）
(6) 安全管理人员应具备一定的相关知识、专业知识和法律知识。 （　）
(7) 客运人是指从事汽车客运经营的个人而不是单位。 （　）
(8) 道路运输安全生产工作实行"企业管理，行业负责，国家监察，群众监督"的安全管理体制。 （　）
(9) 道路运输企业除了建立内部安全生产管理规章制度并定期进行检查之外，还要接受交通主管部门的行业管理，接受安全生产监察部门的国家监察，接受工会及其他组织的群众监督。 （　）

4.3 简述题

(1) 企业行车安全管理机构的职责是什么？
(2) 行车安全管理制度有哪些？
(3) 英、美、法的"香蕉皮规则"的内涵是什么？
(4) 如何治理超限运输？
(5) 驾驶员安全教育的内容及形式是什么？
(6) 危险货物运输、装卸作业规程是什么？
(7) 行车安全档案管理包括哪些内容？
(8) 行车遇险时的防护与急救方法。
(9) 加强道路运输安全管理的主要措施是什么？
(10) 道路运输企业安全管理工作检查考核的标准有哪些规定？

5 铁路运输安全系统管理

5.1 概述

铁路是我国重要的基础设施,是国民经济的大动脉,是现代化综合运输网中的骨干和中坚,它为社会主义建设和市场经济的发展发挥了重要的作用。安全是铁路运输的生命线,铁路运输安全是运输生产系统运行秩序正常、旅客生命财产平安无险、货物和运输设备完好无损的综合表现,也是在运输生产全过程中为达到上述目的而进行的全部生产活动协调运作的结果。铁路运输生产的根本任务就是把旅客和货物安全及时地运送到目的地,其作用、性质和特点,决定了铁路运输必须把安全生产摆在各项工作的首要位置。

作为国家的基础运输设施,铁路运输安全既保证了国家重点物资、重要工程建设、重大科研基地及军事运输的需要,也为地方区域经济发展、招商引资和科技发展带来了生机和活力。铁路运输安全保障了人民生命财产不受到伤害和损失,提高了广大人民群众的生活质量。铁路运输安全的可靠程度不仅直接关系到我国市场经济的健康发展和改革开放的进程,而且直接影响社会生产、社会生活和社会安定。从经济上说,实现安全生产是使生产能顺利进行、完成和超额完成的重要保证;也是搞好增产节约、增收节支、提高经济效益的有效措施。

随着我国经济的发展和建设的需要,铁路在运输组织和技术设备方面虽有了长足的进步,但社会主义市场经济的发展也对铁路运输和安全生产工作提出了更高的要求。

5.1.1 铁路运输安全管理特点

1) 铁路运输安全工作特点

要做好铁路运输安全工作,首先必须了解铁路运输业安全生产工作的特点,然后,针对其特点,采取相应措施,确保运输质量。铁路运输业是一个物质生产部门,但它又具有与其他物质生产部门不同的特点。铁路是靠通过旅客与货物的位移来完成生产任务的,而旅客和货物的位移又是在多部门、多工种共同配合下,在长距离空间移动式的动态加工中,主要生产过程是通过长大的列车在高速度的运动中实现的。所以,铁路运输生产的安全工作,一方面同其他行业有着共同的要求,即在生产过程中,防止和消除人身伤亡事故和设备事故,变危险为安全,变有害为无害。另一方面由于铁路本身的特点,决定了铁路运输生产在安全上有其自己的特点。其特点主要体现在以下几个方面:

(1) 铁路是一架大联动机,安全工作影响面广

铁路运输生产活动都是在开放和露天条件下进行全天候作业的,外界自然环境、社会环境以及铁路运输系统内部环境等多方面的因素对运输安全的干扰和影响较大。铁路运输是由机务、车务、工务、电务、车辆、水电等多部门组成的一架巨大联动机,昼夜不间断地运转,每个工作环节必须紧密联系、协同动作,才能确保安全运输。否则,一个部门、一个环节出了问题都会影响旅客、货物运输的安全。特别是在行车安全方面更为突出。如果一个地方发生行车重大、大事故,就会影响一线、一片,甚至波及整个运输生产。

(2) 铁路运输生产过程复杂,安全工作贯穿始终

铁路运输旅客和货物,要经过复杂的生产过程,要经过若干工序若干人员的共同劳动才能实现旅客、货物的位移,把其运送到目的地。安全生产贯穿运输生产的始终,牵扯着生产环节中的每一道工序、每一个人。因此,在生产过程中,各个工作环节都必须严格遵章守纪,才能确保旅客和货物的运输安全。否则,只要某一个工种、某一个职工违章作业,就将造成行车事故、货运事故或人身伤亡事故。例如,在运输货物时,装卸人员不按章办事,发生野蛮装卸,将洗衣机或电视机损坏,造成货运事故。这样,不但损坏了其他物资生产部门已经生产出来的社会产品,而且还浪费了铁路运输能力,影响铁路的声誉,也损害了消费者的利益。

(3) 铁路运输不间断进行,安全生产受外界环境的影响大

铁路运输生产一年四季昼夜不停地进行,这样,安全生产必然会受到外界自然环境变化的影响。如天阴、下雨、刮风、下雪、下雾等,会影响机车乘务人员瞭望信号和观察线路情况,稍不注意就可能发生事故;到防洪季节,可能发生塌方落石,或线路、桥梁被毁坏,影响行车安全;到寒冷季节,可能造成运输设备冻坏,影响安全生产;强烈的雷电,可能毁坏或干扰通信、信号设备,也可能影响行车安全等。

(4) 铁路点多、线长,安全工作受社会环境影响大

铁路运输旅客、货物是在漫长的铁路线上,遍布在全国各地的车站上完成的。因此,各地社会治安秩序的好坏,沿线人民群众,特别是沿线农村乡镇的广大农民对铁路安全知识的了解,爱路护路情况,或一些旅客违章携带危险品、易燃、易爆品上车等等,都将影响铁路的安全生产。

(5) 铁路是现代化交通工具,技术性强

铁路是现代化的主要交通工具,设备先进,结构复杂,因而,技术性很强。各种机车、车辆、车站电气集中设备,调车设备,现代化的通讯、信号设备,养路机械、修车设备,各类装卸、起重机械,各种机床、仪表及电气设备,锅炉、压力容器等等结构复杂,要求有相应的安全技术措施和有关技术知识。因此,各类操作人员都必须经过培训和严格考

试,合格后才能任职。只有这样,才能确保安全生产。

(6) 铁路运输是动态加工,时间因素对安全影响大

铁路运输旅客和货物是通过长大的高速列车使其发生位移,把他们运送到目的地的。由于列车(调车)的速度高,因此,在作业时要求有关人员特别注意时间因素,要做到分秒不差,准确无误,才能确保运输安全。否则,一分一秒之差,可能导致重大、大事故,造成不可挽回的损失。

(7) 铁路运输安全还具有高风险性和系统性的特点

随着现代科学技术的发展,铁路运输生产活动广泛采用高新技术,客运高速化、货运重载化正使铁路各种技术系统的复杂程度在增加,而相应的安全事故的风险性也在随之增加,铁路运输安全工作的艰巨性越来越大。铁路运输系统是一个开放系统,安全问题涉及铁路运输生产的各个环节以及铁路运输技术系统的各个方面,包括人员、设备、环境、管理等诸多因素,需要用系统工程的方法加以分析、综合和处理,才能收到更好的效果。

2) 运输安全系统管理的内涵和特点

我国铁路在几十年的运输生产实践中,创造了许多行之有效的安全工作方法,积累了丰富的安全管理经验。随着铁路改革和发展步伐的加快,对确保运输安全的资金投入和科技含量也日益加大,尤其是在全路范围内逐步推广和运用安全系统工程,使得以经验为主的安全传统管理,在从局部的、静态的和定性的管理向整体的、动态的和定量的管理转化方面有了较大的改观,并取得了一定成效。为适应社会和铁路发展对运输安全的更高要求,应用现代科学技术理论和方法,加强安全系统管理,已成为我国铁路安全管理现代化的重要标志和发展方向。

运输安全系统管理是运用安全系统分析和安全系统评价等技术理论及系统管理的思想和方法把构成运输系统的要素,即人、机(设备)、材料、信息、资金、环境等有效地组织起来,实行整体、动态、定量的全方位管理,以求运输系统达到安全最佳状态。所以,安全系统管理也就是安全最优化管理。从实际运作过程看,它研究解决的主要问题有:

(1) 发现运输系统中的事故隐患。

(2) 预测由于主客观原因引起运输系统危险的程度。

(3) 设计和选用安全措施方案,制订安全目标。

(4) 实行安全目标管理,组织实施安全防范举措,达到安全控制目的。

(5) 对目标管理和措施效果进行分析和评价。

(6) 加强信息管理,进行反馈调控等。

由此可见,建立在安全系统分析和安全系统评价基础上的安全系统管理是运输企业安全生产现代化管理的重要内容,具有现代化管理的几个特点:

(1) 管理系统化

通过对运输生产系统要素进行整体研究、综合分析、组织控制,协调各要素之间、各子系统之间、各职能部门之间的关系,以达到运输系统安全的目标,实现系统安全最佳

状态。

（2）管理方法定量化

从定量分析或定量与定性分析相结合所得结果，预测事故发生的途径，找出经济有利、合理可行的预防事故发生的良策。并运用计算机进行数据分析处理，实现计算机辅助管理。

（3）管理思想现代化

在运用安全系统工程的思想和方法时，引入行为科学、安全心理学、人机工程学等有关知识，强化以人为本的管理意识，调动广大职工立足本职工作，搞好安全生产的积极性。

3）铁路局运输安全管理机构

铁路局运输安全管理机构如图 5.1 所示。

从运输安全工作实际情况看，铁路局运输安全管理机构可分为监察层、决策层、执行层和实施层。

（1）监察层

是指铁路局安全监察机构，主要职责是：监督监察铁路局管辖内所属部门、单位执行上级机关颁发的安全生产方针政策、目标任务、规章制度、命令指示情况；监督监察铁路局发布的有关行车安全的规章制度、命令和措施贯彻执行情况；监督有关部门加强质量管理和安全管理情况；调查处理铁路局管内的险性事故和有争议的一般事故等。

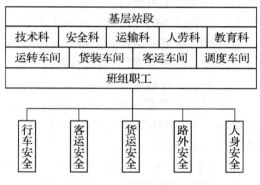

图 5.1　铁路局运输安全管理机构

（2）决策层

指铁路局及其职能部门，主要职责是：制定年度运输安全工作的指导思想、目标任务和计划安排；发布有关行车安全的规章制度、命令和规定；确定安全技术设备的安装、使用、管理和维护办法；检查站段安全基础建设工作成效等。

（3）执行层

指站段及其职能科室，主要职责是：为完成铁路局安全目标任务而制定站段安全管理目标任务和实施方案、计划和措施；按照运输安全法规和铁路局有关要求，制定、修改完善本站段安全规章制度并按规定报上级主管部门审批；加强安全基础建设，开展安全攻关和安全联控活动；调查、分析、处理行车一般事故和人身轻伤事故等。

（4）实施层

主要指车间、班组和职工，各车间根据站段安全目标管理的要求，制定车间具体安全目标和保证措施,下达到班组和个人执行;督促检查安全目标和保证措施执行情况,并进行分析、评价,找出薄弱环节,以便改进工作。

5.1.2 铁路运输安全管理的法规依据

在社会与经济等活动中,法规是国家法律、行政法规和行政规章的统称。与铁路运输安全及其管理相关的法规是由国家立法机关、行政机关和铁道部制订的国家法律、行政法规和行政规章中,有关运输安全的各种限制性规定和专项要求,它们是铁路运输及其安全管理的法治依据,是广大铁路员工的行动准则。其种类和数量繁多,以下仅作重点介绍。

1)《铁路法》

《铁路法》是我国管理铁路的第一部大法,是进行铁路运输和建设的基本法律。运用法律手段保护铁路运输安全是《铁路法》需要解决的重点问题。《铁路法》中有约30条的篇幅专门规定了有关"铁路安全与保护"方面的法律问题,主要内容有:

(1) 铁路运输设施的安全保障。

(2) 铁路公安和地方公安的职责划分。

(3) 铁路的电力供应。

(4) 铁路线路两侧山坡土地的水土整治。

(5) 铁路路基的防护和妨碍行车瞭望因素的排除。

(6) 道口防护和通行,维护铁路行车安全和站车秩序的各项行政措施。

(7) 铁路客货运输的卫生检疫、铁路行车事故的处理以及重要桥隧的守护等。

《铁路法》针对危害铁路运输安全的违法行为,规定了相应的行政责任、刑事责任和民事责任。它们是同违法行为进行斗争,建立良好的铁路运输秩序,保证铁路运输畅通无阻的有力武器。

2) 国务院颁布的与铁路运输有关的安全法规

国务院颁布的与铁路运输安全及其管理有关的安全法规,是经国务院办公会议通过并以国务院总理令颁发的行政法规,如《铁路运输安全保护条例》,明文规定了铁路部门和铁路工作人员对保证运输安全应尽的职责;对各种扰乱铁路站、车秩序,侵犯旅客和货主权益,危害行车安全,损坏铁路设施行为的禁令和奖惩范围及权限都作了明确规定。又如颁布的《特别重大事故调查程序暂行规定》,对造成特别重大人身伤亡或巨大经济损失以及性质特别严重,产生重大影响的特别重大事故(简称特大事故)调查程序作出了具体规定。主要内容包括调查的原则要求;特大事故的现场保护和报告;特大事故的调查办法和处理权限及违反本规定的法则等。

国务院发布的《民用爆炸物品管理办法》、《放射性物品管理办法》和《化学危险物品安全管理条例》等,对制订与执行《铁路危险货物运输管理规则》起着重要指导作用;还有《关于特大安全事故行政责任追究的规定》,于2001年4月21日由国务院发布并施行。

3）铁道部制订的与确保运输安全有关的规程、规则
（1）与行车安全及其管理有关的规程、规则
①《铁路技术管理规程》（简称《技规》）
《技规》是我国铁路技术管理的基本法规。在《技规》中规定了铁路各部门、各单位从事运输生产时，必须遵循的基本原则、工作方法、作业程序和相互关系；确定了铁路技术设备的基本要求和标准；明确了铁路工作人员的主要职责和必须具备的基本条件。《技规》第二编"行车组织"中规定了对行车组织的基本要求、编组列车、调车工作、行车闭塞及列车运行的办法和安全作业的规定，这是全路行车组织和安全管理的基本依据。各铁路局应根据管内技术设备、作业方法等具体情况，按《技规》的总体要求制定相应的实施细则，如《行车组织规则》、《车站行车工作细则》等，作为《技规》的补充。

②《行车组织规则》（简称《行规》）
《行规》对《技规》的补充主要表现在：《技规》中明文规定应由《行规》规定的事项。如：枢纽地区的列车运行方向、超长列车的运行办法等由铁路局规定；《技规》未作统一规定，又不宜由站段等基层单位自行补充规定的行车方法；根据铁路局管内特殊地段的平、纵断面情况，信号、连锁、闭塞设备和机车类型等特点，对行车工作应规定的特殊要求和注意事项；广大职工在生产实践中，创造推广的先进经验和行之有效的安全生产措施等。

③《车站行车工作细则》（简称《站细》）
《站细》是车站根据《技规》和《行规》等有关规定，结合本站具体情况编制的，也是对《技规》和《行规》的补充。主要内容包括：车站的性质、等级和任务；车站技术设备的使用和管理；接发列车和调车工作组织；列车技术作业程序和时间标准，作业计划的编制、执行制度；车站通过能力和改编能力的计算和确定等。

④《铁路行车事故处理规则》（简称《事规》）
为了及时处理行车事故，恢复正常的运输秩序，减轻或避免事故损失，铁道部制订了《事规》作为正确处理行车事故的依据。行车事故发生后，应按《事规》要求，采取积极措施，迅速组织抢救，尽量减少损失。要依靠群众，调查研究，找出原因，分清责任，吸取教训，制定对策，防止同类事故再次发生。《事规》主要内容包括：行车事故处理的原则要求；行车事故及其分类；行车事故的通报、调查和处理方法；行车事故的统计、分析和总结报告等。

⑤《行车安全监察工作规则》
《行车安全监察工作规则》是行车安全监察机构维护铁路行车安全法规的实施，加强安全管理，保证运输安全，严格实行监察制度的重要依据。

⑥《铁路事故救援规则》（简称《救规》）
《救规》是为了加强对铁路行车事故救援工作的管理，适应铁路运输发展的需要，及时处理行车事故，迅速开通线路，恢复正常运输生产秩序而特别制定的救援规则。

⑦《电气化铁路有关人员电气安全规则》
该规则是铁道部为强化电气化铁路运输安全管理，确保电气化铁路运输安全和人

身安全而制定的。

（2）与客货运输安全及其管理有关的规程、规则

①《铁路旅客运输规程》（简称《客规》）

《客规》是铁路旅客运输的基本法规，在"旅客运输"、"行李包裹运输"、"特定运输"和"运输事故的处理"等章节中都制订有与客运安全有关的规章制度，它们是进行旅客运输安全管理的依据。为了规范铁路运输企业内部办理旅客及行李、包裹运送工作，根据《客规》原则制订的《铁路旅客运输办理细则》，纳入了更为具体、便于监控的客运安全规定。

②《铁路货物运输规程》（简称《货规》）及其引申的规则、办法

《货规》是铁路货物运输的基本法规，有关货运安全及其管理的规章制度在"货物运输基本条件"、"货物的托运、管理和承运"及"货运事故处理"等章节中有专门规定。《货规》的引申规则、办法则是对一些货运组织工作中，与货运安全密切相关的技术问题（货物在货车上的装载办法等）和某些货物（阔大货物、易腐货物、危险货物等）特殊运输条件作出的相应规定。如《铁路危险货物运输规则》、《铁路鲜活货物运输规则》、《铁路超限货物运输规则》和《铁路货物装载加固规则》等。

③《铁路货物运输管理规则》

《铁路货物运输管理规则》是明确货物运输各作业环节内容和质量要求的基本规定。在"货物运输基本作业"、"货物交接、检查和换装整理"、"货场管理"和"货运监察"等章节中包含有与运输安全相关的规章制度。

④《铁路货物运输事故处理规则》

《铁路货物运输事故处理规则》是加强货运安全管理，明确铁路内部处理货运事故的原则、程序和责任划分的重要依据。主要内容包括：货运事故处理的原则要求；货运事故种类和等级；记录编制及调查；事故处理程序；事故责任划分；货运事故赔偿；货运事故统计与资料保管等。

4）国家技术监督局和铁道部制订的作业和人身安全标准

作业标准是延伸的规章制度，一般是指与重复进行的生产活动直接有关的作业项目和程序，在内容、顺序、时限和操作方法等方面，依据作业规章制度所做的统一规定，是组织现代化大生产的主要手段。作业标准和规章制度二者相辅相成，缺一不可，尤其是对大量重复进行、影响大、安全要求高的铁路调车和接发列车作业更是如此。

（1）《铁路调车作业标准》

《铁路调车作业标准》是国家技术监督局发布的国家标准（GB/T 7178.1～7178.9-1996），本标准是根据《技规》规定、调车设备类型和调车作业中的经验与问题，对原有标准进行修订后的结果，内容主要有铁路调车作业标准基本规定；铁路调车准备作业标准；各类驼峰和平面牵出线作业标准；铁路调车编组列车作业标准；铁路调车列车摘挂作业标准；铁路调车取送车辆作业标准；铁路调车停留车作业标准等。

这些标准都规定了相应的调车作业程序、项目、内容、作业人员和技术要求，适用于国家铁路、地方铁路和专用铁路的调车作业。但由于运输企业所属车站的劳动组织、作

业性质、技术设备、技术要求不同,可用相应的标准对铁路调车作业标准进行补充规定。专用铁路的某些作业未纳入标准或因特殊要求执行标准有困难的,可按本企业标准进行。但国家铁路机车进入专用铁路或专用铁路机车进入国家铁路作业,必须执行上述标准。

(2)《接发列车作业标准》

接发列车作业标准是铁道部发布的行业标准(TB/T 1500-2003~TB/T 1506-2003),系根据《技规》、不同的信号、闭塞、连锁设备类型和接发列车作业中的经验和问题,对原标准进行修改制订的。内容包括:单双线半自动闭塞电气集中连锁(设信号员)接发列车作业标准(TB/T 1502-92);单双线半自动闭塞电气集中连锁(无信号员)接发列车作业标准(TB/T 1503-92);单双线半自动闭塞色灯电锁器连锁接发列车作业标准(TB/T 1504-92);单双线电话闭塞无连锁接发列车作业标准(TB/T 1506-92)。

(3)《铁路车站行车作业人身安全标准》

《铁路车站行车作业人身安全标准》(TB 1699-85)是铁道部为保证作业人员自身安全而发布的标准,主要内容有行车作业、接发列车及调车作业、扳道(清扫)作业人身安全标准。

(4)《电气化铁路有关人员电气安全规则》

该规则是铁道部为强化电气化铁路运输安全管理,确保电气化铁路运输安全和人员安全而制定的。

总之,与铁路运输安全有关的国家法律和安全法规对规章制度和作业标准的制订与执行起着权威性、原则性的指导作用,而后者又是前者的制订依据,随着形势发展和条件变化,都需要适时予以修订、补充和增删,以便使运输安全管理水平不断有所提高。

5.1.3 铁路运输安全系统管理的基本内容

从运输安全系统工程的理论和实践情况看,安全系统分析、安全系统评价和安全系统管理相互联系,互相作用,是一个不可分割的整体,它们都是以实现运输生产安全为目的,但作用和分工各有侧重。安全系统分析主要通过分析研究系统的安全和危险因素,了解系统的安全和危险程度,为安全系统评价和安全系统管理提供依据;安全系统评价是按照一定的评价指标体系和方法对安全保障系统防范效果所进行的总结性评价,以揭示安全质量水平和系统薄弱环节,为加强安全管理进一步指明努力方向并提出具体要求;安全系统管理则是根据安全系统分析和安全系统评价结果,按照"安全第一,预防为主"的原则,构建安全管理体系,强化和落实安全管理机制和措施。依照运输安全系统管理的基本原理和要求,安全系统管理的基本内容可分为以下三个方面:

1) 运输安全总体管理

运输安全总体管理是针对铁路运输人—机—环境系统整体的安全管理。运输安全总体管理的目的就是提出一定时期的运输安全要求,并构建根据目标运转的铁路运输安全人—机—环境控制系统。在铁路运输管理工作中,有计划、生产、技术、质量、物资、设备、劳动、财务管理等各个方面,一切服务于安全生产的各管理部门,为确保运输安全所做的工作都应纳入总体安全管理的范畴,包括安全组织、安全法规、安全技术、安全教育、安全信息、安全资金等,形成安全管理工作的总体。

2) 运输安全重点管理

为了保证和实施运输安全,一方面要认真做好安全基础管理(即总体安全管理)各项工作;另一方面,应根据实际需要和生产规律,对影响安全的关键因素进行重点管理,才能点面结合更好地把握运输安全生产的主动权。凡对运输生产安全起决定性作用的影响因素及系统薄弱环节应重点加强安全管理和控制,如人员、设备管理,标准化作业控制、结合部作业控制和非正常情况下作业控制等,使有限的安全管理资源发挥更大的效用。在运输人—机—环境系统中,由于各组成要素相互关系错综复杂,系统内外情况变化多端,因此,在不同时间、不同作业空间、不同部门工种及不同的客观条件下,对人、设备、环境和作业的管理要求和侧重点亦有所不同,从而形成了运输安全重点管理的对象和内容,它们是运输安全系统管理中的重要组成部分,也是安全动态管理的具体体现。

(1) 对人员的重点安全管理

对人员的重点安全管理主要体现在以下方面:

①掌握运输生产规律、自然规律、职工思想变化规律和人的生理心理规律。

②提高对人员的安全管理水平。

③加强对机务人员和车站值班员的选拔管理。

(2) 设备安全重点管理

为提高铁路运输基础设备质量,加快发展安全技术装备,不断增强保证运输安全的能力,设备安全管理的重点工作主要包括加强对设备的养护维修,加快设备更新改造速度,保证安全技术装备重点项目顺利实施等,这是一项长期而艰巨的任务。

①提高铁路运输基础设备的安全管理水平

提高设备质量,加强设备管理,必须坚持定期检查制度,建立各种检查记录台账,立卡建档,定期保质保量地做好维修保养和病害整治工作。对设备的惯性故障、重点病害、严重隐患要集中力量加以整治,采取严密的安全防范制度和措施,杜绝简化检查、检测、维修作业程序的现象发生,确保运输安全。对设备的养护维修,应坚持预防为主、检修与保养并重、预防与整治相结合的原则,处理好设备维修与运输生产的关系,正确合理地使用设备,提高操作技术和保养水平,防止超负荷、超范围、超性能地使用设备,使设备质量可靠稳定,逐步形成"修、管、用"良性循环的发展模式。

②提高运输基础设备的安全性能

合理规划线路大修换轨,努力提高线路质量,对既有线路,尤其是在繁忙干线上铺设重轨,新建线路应尽量采用重轨,撤换超期使用的钢轨。线路大修、中修和维修工作要综合配套,道床清筛、更换道岔、撤换轨枕同步进行,均衡等强地提高线路整体质量和安全性能。切实抓好对桥隧路基病害的整治。

改善机车车辆技术状态,有计划、有步骤地淘汰超期使用的旧杂型机车、客车和货车。依靠科学技术加快对新型机车、客车和货车的研制和使用。提高车辆制造和检修质量,重点提高滚动轴承装修、组装、压装质量,严格验收制度,对不符合规定标准的机车车辆严禁出厂、出段,编入列车投入使用。

大力发展先进的信联闭技术装备,切实改善通讯及供电设备条件。

③提高行车安全技术设备的安全性能

积极改善检测装备,加强对钢轨、夹板、辙叉、尖轨等轨道设备的新型探伤仪器和车辆轮轴探伤、轴温检测、报警仪器的开发、研制和应用。逐步实现探伤、报警的自动化,防止线路断轨、车辆燃轴、切轴事故的发生。随着列车运行速度的大幅度提高,必须强化对道口的安全管理,加快道口立交化进程。同时,应加大对自然灾害预报及防治设备的投入。

进一步优化、完善"机车三大件"(即列车无线调度电话、机车信号和自动停车装置)。机车长交路运行区段的机车信号制式要统一,不能统一的,必须安装通用式或兼容式机车信号,保证机车信号在全路任何区段都能连续可靠地使用,以适应提速、重载列车安全运行的需要。

(3) 环境安全重点管理

环境因素是指影响人体健康、工作效率、设备性能的自然和人为的各种条件因素的组合。对运输人—机—环境系统而言,环境对运输安全的影响可分为内部环境条件影响和外部环境条件影响两个部分。前者包括作业环境和由管理行为营造的内部社会环境;后者系指自然环境和外部社会环境。在众多的影响因素中,作业环境和内部社会环境是可控的,而外部社会环境和自然环境是不可控的,但企业管理可通过改善可控的内部小环境来适应不可控的外部大环境,其作用就在于保持良好的工作、作业和生活秩序,保障职工身心健康,保证铁路运输安全。

3) 作业安全重点管理

运输安全管理的出发点和落脚点是现场作业控制,对现场作业重点控制的内容主要包括标准化作业、非正常情况下作业和系统"结合部"作业控制等。

(1) 标准化作业控制

标准化是指"在经济、技术、科学及管理等实践活动中,对重复性事物和概念通过制定、发布和实施标准,达到统一,以获得最佳秩序和社会效益"。运输标准化作业是对既有作业标准,从学习标准、对照标准到达到标准(即学标、对标、达标)所进行的全部活动。如接发列车标准化作业是为保证车站接发列车安全,按照《技规》规定,结合设备特点,制订并实施包括作业对象、作业方法、作业过程、作业程序和时间、用语等标准的一切生产活动。标准化作业是个人行为、群体行为和管理行为的综合表现,只有在组织、制度、措施和监控等方面严格管理,才能使标准化作业得以实现并持之以恒。

①实行站段、车间、班组三级联控

站段、车间对标准化作业控制主要通过检查、监督、考核来实现,班组对标准化作业控制主要通过自控和互控来实现。自控是指作业人员严格遵守劳动纪律和作业纪律,标准化作业（即"两纪一化"）；互控是同工种人员之间相互配合、互相监督，共同遵守作业标准。在自控与互控关系上，首先抓好岗位自控，认真落实班组岗位自查制度和班组对标自检制度，把各种不安全因素控制在下一道工序之前，消灭在本工序之中。其次要抓住工序互控，实施工种间、岗位间、工序间的互相提醒、互相监督、互相制约，使上道工序为下道工序着想，下道工序为上道工序把关。再次是抓好上下监控，尤其是对容易发生问题的关键生产环节和作业控制点更要加强监控力度。

②提高班组标准化作业自控能力

班组自控能力是运输安全保障体系中最重要的条件之一，它取决于班组的人、物、事（管理）三者之间的和谐统一。为此，一要做好职工的技术培训工作，通过学知识、钻技术、达标准，争当业务骨干；二要以创建标准岗为中心，全面执行"双达标"一体化管理，即将班组升级、岗位达标、设备（状态）创优、现场环境优化结合起来管理，使班组间相互竞争，班组内联责联心，增强按作业标准自控互控能力；三是注意强化班组长在班组自控中的核心作用，班组自控能力增强的关键在于班组长作用的发挥。因此，一方面要减轻班组长不必要的工作负担，保证其主要精力集中在安全生产上；另一方面给班组长更多的关心和帮助，合理调整责、权、利，更好地激发班组长尽心尽职、勇于负责的事业心和责任感。

③严格遵守作业标准和制度

作业标准使参加同种作业的不同人员在时间、环节、动作、用语等方面取得最优配合，保证作业系统处于相对平衡的稳定状态。而在实际作业过程中，因简化作业程序引发的行车事故并不少见，这就需要将运输作业过程中的重点部位、环节、人员、时间等作为安全控制点，制订单项作业标准，并建立相应的作业制度。如调车作业"三盯"（盯关键岗、盯关键人、盯关键时间）、四标准（上标准岗、干标准活、讲标准话、交标准班）、把三关（进路关、信号关、制动关）制度的彻底执行，才能使调车标准化作业得到落实。

④增强职工执行"两纪一化"的自觉性

"两纪一化"是运输安全的"柱石"，职工执行"两纪一化"的自觉性越高，运输安全生产的形势就越好。因此，应对职工进行理想前途、敬业爱岗教育，开展新形势下的劳动竞赛，从正面激励广大职工自觉遵章守纪、标准化作业。同时，坚持公开、公正的竞争原则，择优录用、竞争上岗，利益分配上拉开档次，并关心职工生活，为职工排忧解难，使安全生产的责任感、紧迫感、危机感和主人翁意识在广大职工头脑中深深扎根。

(2) 非正常情况下作业控制

正常作业条件下的标准化作业，能确保运输安全；非正常情况下，由于部分作业标准无法得到实施，不得不执行特殊规定，稍有不慎，极易造成运输事故。前面已指出，行车事故大多数发生在调车作业和列车运行中，非正常情况对列车运行中的接发列车工作影响最大，因违章操作而发生的事故也较多。非正常情况下的作业控制，主要是研究解决非正常情况下安全接发列车的作业控制问题。

非正常情况下的作业应严格遵守有关作业标准和原则，此外，还必须根据非正常情况下的作业特点,采取相应的措施和办法。中国铁路总公司将严把"三关"(闭塞、凭证〈信号〉、进路)列为接发列车"防错办"的关键环节,并制定了相应的硬性制度,对保证安全生产起了积极作用。为了保证《接发列车作业标准》和各项规章制度,尤其是特殊情况下接发列车的硬性规定和制度得到认真实施,有效地控制非正常情况下接发列车事故的发生,应采取科学合理、切实可行的办法,强化现场作业管理。

①加强对行车作业人员在非正常情况下安全办理接发列车的业务培训,组织职工定期开展特殊情况下接发列车的演练,积极推广接发列车模拟故障应变处理、实作演示训练的经验和方法,提高接发列车人员在非正常情况下的作业技能和应急处理能力。

②认真执行《接发列车作业标准》,强化"三控"联防制度;加强非正常情况下接发列车的进路检查、确认、询问制度;严格对关键作业、关键岗位和关键人员重点监控制度。

③建立以"三关"为对象,以"防错办"为重点,以"严控关键环节"为突破口,以防止接发列车事故为主要目标的安全管理系统。对此,济南铁路局通过大量的调查研究,在对非正常情况下接发列车进行系统的安全分析的基础上,充分运用控制论原理和行为科学方法,以部颁《接发列车作业标准》和《技规》为准绳,将"防错办"、"防溜逸"等制度层层分解到各种非正常情况下接发列车的控制系统中,如停电接车关键环节控制、使用特定行车办法发车关键环节控制等。并利用"控制卡"的形式,明确了各种情况的适用范围、关键环节、控制要点、标准要求及监控人员等,使非正常情况下接发列车全过程的控制程序化、系统化、严密化。

4)运输安全事后管理

运输安全事后管理是运输事故发生后的安全管理工作,它是运输安全系统管理不可缺少的重要组成部分。运输事故发生后,主管部门和有关单位需要做大量的调查和处理工作。如减少事故损失和防止事故扩大的抢险、救援及事故定性定责,总结经验教训,采取防范措施等,以防止同类事故重复发生。但更为重要的是对于导致事故的直接和间接原因及其相互间的内在联系进行实事求是、深入细致的分析,形成有利于改善安全状况的共识和对策,并将其上升为运输安全总体管理和重点管理的新内容。

运输事故是指在运输生产过程中,由于人的不安全行为、设备不安全状态、环境不安全条件和管理不安全因素等不同影响而发生的违背人们意愿的突变表现形式。铁路运输的主要生产活动包括客运作业、货运作业和行车技术作业,因此,运输事故可分为客运事故、货运事故和行车事故。事后安全管理,系指行车安全事后管理、客运安全事后管理和货运安全事后管理,它们是各级运输安全管理部门和有关单位围绕事故调查处理和改善安全管理开展的一系列工作。尽管事故发生不以人的意志为转移,但遵循事故发生的客观规律和运动法则,强化事后安全管理,可以更好地认识、掌握、运用事故信息资源,把坏事变成好事,更有成效地预测、控制、杜绝运输事故的发生。

运输安全事后管理是一项政策性、权威性、技术性和后效性很强的工作,为了达到预期目的,不仅要有各级安全监察部门的督察,并在事故调查处理委员会或安全管理部门的统一领导下进行,而且必须严格遵守运输安全法规及与运输安全有关的各种规定,如《铁路法》、《技规》、《铁路行车事故处理规则》、《行车安全监察工作规则》、《铁路旅客运输规程》和《铁路货运事故处理规则》等,这样才能正确把握运输安全事后管理的工作方向,实事求是地处理好各种矛盾和问题。

运输安全事后处理应遵守"三不放过"的原则,即事故原因分析不清不放过,没有防范措施不放过,事故责任者和群众没有受到教育不放过。并执行以下规定:

(1) 发生运输事故后,应采取积极措施,迅速抢救,尽量减少损失和防止事故扩大所造成的危害。

(2) 要依靠群众,调查研究,找出原因,分清责任,吸取教训,制定对策,防止同类事故重复发生。

(3) 对事故责任者,应根据事故性质和情节予以批评教育、纪律处分,直至给予经济和法律制裁。

(4) 事故性质、情节严重的,要逐级追究领导责任。

(5) 对已发生的事故,应按规定的时间和要求及时上报,严肃处理。对事故拖延处理,推脱责任,姑息纵容,隐瞒不报或不如实反映情况的,应予以严肃批评教育,直至纪律处分。

可见上述原则和规定的精神实质在于对运输事故要认真对待,严肃处理,但不能把事后管理简单看做是事故处理,重要的是针对事故发生原因,把应该采取的措施充实到总体安全管理和重点安全管理中去,使安全管理水平不断有所提高和发展。

运输安全系统管理,即通过安全总体管理、重点管理和事后管理的综合实施和全面加强,能促进运输安全的全过程(计划、实施、监控)、全员(领导、干部、职工)、全要素(人员、设备、环境等)的全方位管理,有效地实现从"事故消防"向"事故预防"、从"重治标,轻治本"向"标本兼治,从严治本"、从"条块分割,各自为主"向"条块结合,以块为主,逐级负责"等方面转变,切实把握运输安全生产主动权。

铁路局或站段要不断在运输安全生产上有所发展,有所创新,必须根据上级要求和本单位实际情况制定符合实际、切实可行的安全生产目标,用来统一职工思想和行动,从而更好地组织发动各部门、各单位和全体职工为实现安全目标而齐心协力,做好本职工作。安全生产目标管理的基本内容包括目标的制订、分解、实施及其效果评价等。安全目标的制订应突出重点和关键,务必先进可行,保持上下一致,并有量化指标;安全目标的分解是将总目标层层展开,制订出各部门的目标、实施项目和主要措施;安全目标的实施包括目标的实现和考核办法,以及为实现目标需着力解决的主要矛盾及所采取的特殊措施;安全目标的实施效果评价是对一定时期内的安全工作进行总结、评定,肯定成绩,找出不足,拟订巩固和改进措施,为制订新时期的安全生产目标提供依据,从而把运输企业安全管理不断推向前进。

5.1.4 国内外铁路运输安全系统管理动向

(1) 安全科学管理理论的应用

随着科学技术的进步,安全科学得到了较快发展,安全系统工程、风险评价理论、多目标决策理论、控制理论、人机工程学和安全心理学等与各国铁路运输安全生产结合得更加紧密,并形成各自的特点,使运输安全生产周期得以延长。美、日等国,由于技术设备可靠性高,它们从人机工程学和心理学观点看,认为只要有人参与机械操作,就会有潜在的不安全因素。因此,由一人或两人对列车运行安全负责,要比一个两人以上的乘务组更能增强人的责任心,并减少互相依赖心理。日本新干线的列车自动控制系统(ATC)采用机器优先的运作方式,只有当机器发生故障时才由人干预,安全成效极佳。这些做法对人的职业道德、生产技能和知识水平提出了很高的要求。如果技术设备还不能给出一定可靠保证的前提,采用以人为主的办法,实现自控、他控、互控、联控相结合也是一种切实可行的保证安全措施。我国铁路在努力运用现代科学技术,不断提高运输设备安全可靠性的同时,更注重发挥人的主观能动作用。

我国铁路工程技术人员和广大职工在安全系统工程的实践中,通过安全系统分析强化系统结合部的管理和控制,实施劳动安全站区联控和行车安全车机联控,建立了比较完善的纵横交织的联控组织和信息管理网络,以及考核监控制度;在安全系统评价方面,从反映经营规模因素的安全评价方法研究,到安全评价指标体系的建立和常规—模糊安全综合评价理论及方法的探讨等等,都做了大量开创性的工作,取得了可喜的成果。

(2) 重视人的生理心理因素

国内外普遍认为,在运输安全中,人是起决定作用的因素。日本铁路根据高速化的特点,特别要求机车乘务人员具有良好的职业生理和心理条件。它们通过 JR 行车适宜性检查和心理检查,选拔职业生理和心理素质符合要求的人担任司机,淘汰不合格或不良者,提高了机车乘务人员工作的可靠性。同样,俄罗斯等国通过自动心理生理测试电子仪,对司机的心脏、皮肤等部位测试后,确定在单调工作条件下紧急动作的准备程度,据此并结合解除疲劳能力的指标,评价中央神经系统功能状态及心理生理状况,择优录用。

我国铁路对运输人员生理心理因素的理论研究、实验设备、实验手段和方法还比较落后,但在这方面的科学研究和实践从未间断过,并主要集中在对运输安全负有重大责任的机车乘务员和车站值班员身上。经过专家、学者和工程技术人员的共同努力,现已提出了机车乘务员生理心理素质的基本要求及其心理测试方法和量表,为制订我国机车乘务人员的生理心理标准提供了科学依据。

(3) 推广安全文化

安全文化是企业文化的重要组成部分,是现代企业安全管理思想和理论的升华,它的丰富内涵主要由安全价值观念和安全行为准则构成,其核心思想是通过安全文化教育,提高人的安全素养,如安全观念、安全意识、安全态度、安全知识、安全技能等,防止和消除人的差错对安全带来的危害。运输企业安全文化建设的任务主要是提高企业内在安全素质,为企业树立良好的外部形象;在职工队伍中形成安全第一、规范行为、从我做起的积极响应;完善运输安全的组织保障体制,包括安全方针、政策的制定与落实,合理划分安全责任和权限,组织实施安全生产目标等。通过全员自觉的安全行为和完善的安全组织保障体制,使运输安全法规、作业标准和作业制度得以彻底贯彻落实。

(4) 加强安全技术设备管理

国外铁路在大量采用安全技术装备时,非常注重技术设备的安全性指标要求,十分重视制定标准和规程这类安全基础研究。为了防止列车火灾,日、美、德、法等国都制订了防火安全标准,由于电子技术和计算机日益广泛应用在铁路安全技术设备中,所以各国对电子技术的安全性标准也十分重视,不仅要符合法律条文,还要考虑人的素质和技术的发展,并对标准和规程定期加以修订,以适应运输要求和技术发展的变化。

我国铁路为优先实现安全技术装备现代化的战略目标,进一步加大资金投入,增加科技含量,不断提高安全技术装备的现代化水平。实施过程中,不仅考核先进技术装备的覆盖率,还要考核技术装备的有效率。近年来,我国铁路为适应提速、重载运输需要,加大了对客车安全技术设备及线路、道口监护等方面的投入。此外,全路重点安排的行车安全的硬件项目主要有机车运行监控装置、红外线轴温探测二代机联网、车辆轮对探伤设备、道口报警装置等,这对扭转运输安全的被动局面有重大意义。

5.2 铁路旅客运输安全管理

安全是铁路运输生产的基本要求,是运输产品质量的首要标志,是铁路运输的永恒主题。没有安全就没有一切。旅客运输如果不能确保旅客的安全,则准时、迅速、便利、舒适、文明服务等其他质量标志也都失去意义。只有确保运输安全,才能保证铁路运输四通八达、畅通无阻,以满足社会生产的运输需要和人民对旅行的需求,因此安全也是铁路运输生产的必要条件。旅客运输的安全,不仅关系到铁路,而且关系到人民生命财产、社会安定、国家声誉的大问题,有着重要的政治影响。我们必须十分重视,始终坚持"安全第一"的思想,夯实安全基础,落实各项安全措施,提高应急处理问题的能力,牢固树立安全生产人人有责的思想,确保旅客运输安全。

5.2.1 铁路客运安全管理的意义

实行铁路局直管站段后,安全管理体系发生了全面而深刻的变化,新的安全管理制度、机制、体系尚在逐步建立和完善中。铁路旅客运输安全工作面临着严峻考验和压力,尤其对中间站旅客运输安全工作提出了许多新课题。如何保证旅客运输安全有序,是摆在每个客运管理者面前艰巨而又紧迫的任务。

1) 旅客运输安全工作中存在的问题

(1) 管理滞后,缺乏规范

随着设备设施不断更新,运输组织形式不断变化,对可能出现的问题预想不够充分,致使有些安全问题缺乏明确的制度规定。如铁路已进入建设高潮期,施工项目繁多,配合工种多、时间紧、范围广,施工计划的安排,各部门配合施工协调等方面,规定得不够周密,给旅客列车安全埋下隐患。此外,安全管理多停留在宣传、教育、定期安全检查上,而且多数只是定性分析或事故后分析。这种管理手段落后,很难适应现代安全生产的要求。

(2) 设备设施故障增多

铁路提供给旅客运输的设备设施,尽管近几年来有所更新和改造,但仍然经常出现运输设备故障,给旅客运输增加了困难。尤其是遇旅客列车设备故障时,作为客运作业站,无法正常协调,往往会影响旅客列车正常运行,使长期滞留在站内的旅客容易产生激动情绪,给车站管理和现场作业带来较大困难。

(3) 旅客列车晚点率仍然较高,特别是中间站情况较严重

因天气及行车组织等因素,我国一些铁路车站旅客列车晚点率仍然较高。又因信息通报不及时,车站对晚点时间、原因没有确切的预告,不仅容易造成旅客漏乘,引发旅客不满情绪,而且也会影响到对旅客的安全管理。

(4) 对产生的新问题缺乏有效措施

第六次提速后,在旅客运输中产生了一些新问题,如果不能采取有效措施加以解决,将直接威胁旅客安全。如站台票问题,现在停站 $3\sim 4$ min 的旅客列车较多,虽然站台票上有提示请勿上车,车站也采取了一定的宣传措施,但却时有发生持站台票人员来不及下车而产生安全问题。

2) 铁路客运安全的重要意义

在我国,满足人们旅行需要的交通工具有铁路、公路、水运和航空四种。铁路主要是满足中长距离的人们旅行需要,目前,铁路担负 40% 左右的旅客周转量。近几年,随着列车六次大提速,动车组、特快列车、快速列车、夕发朝至列车、旅游列车的开行,服务质量的提高,售票工作的改进,铁路客运安全情况的好转,客运量逐年提高。因此,搞好铁路客运安全管理有着十分重要的作用。

铁路客运工作包括旅客和行李、包裹运输。保证旅客和行李、包裹运输的安全,是关系广大旅客生命财产安全的大事。如果发生重大、特大事故,往往会造成群死群伤,给人民生命财产造成严重损失,使群众缺少安全感,严重损害党和政府的形象。由此可见,安全生产既是经济问题,又是一个严肃的政治问题。铁路的各级客运部门、与旅客运输有关的运输生产部门及广大职工,必须牢固树立安全第一,坚持预防为主的方针,抓事故苗头、挖事故根源,议事故危害,订防止事故的措施,认真总结经验教训,堵塞漏洞,防患于未然,确保旅客、行李、包裹的安全。

5.2.2 铁路客运安全的内容

铁路客运安全包括旅客运输安全,客运职工的人身安全,行李、包裹安全运输等。

1) 旅客运输安全

这是客运安全管理中的重点,为确保安全,必须做好以下几项工作:

(1) 搞好站、车秩序,确保旅途安全。客运工作人员必须经常向旅客宣传铁路安全旅行常识,认真执行岗位责任制。车站要有秩序地组织旅客进出站、上下车,随时清理站内闲杂人员,严禁旅客钻车和横跨股道。列车乘务员要加强车门管理,严禁旅客背面下车,认真执行"停开、动关、出站锁、四门瞭望"的制度。

(2) 车站建筑物和站、车一切为旅客服务的设备,应该经常保持良好的状态,以确保旅客的人身安全。

(3) 加强防火防爆的宣传,严禁危险品带进站、带上车。对旅客携带品发现可疑时,站、车客运人员应动员旅客打开检查,对查出的危险品应按有关规定处理。

(4) 严格执行对锅炉、液化气、炉灶、燃油炉等操作规程,确保安全。

2) 客运职工安全

为了确保安全生产,站、车客运新人员应进行基本业务知识和技术安全教育,并经考试合格,方可正式担任工作。

客运人员在当班时,必须严格遵守《铁路旅客运输管理规则》中的有关规定,以确保客运人员自身的人身安全。

3) 行李、包裹运输安全

为了确保行李、包裹的安全运输,承运时必须确认品名、件数和到站,防止夹带危险品、禁运品,正确检斤计费,并严格执行行李、包裹的运输制度,认真做到《旅客运输规程》规定的运输条件。行李包裹在运输、装卸、保管时,应严格执行有关制度,并做好防火、防爆、防湿、防盗工作,确保运输安全。

5.2.3 铁路客运事故种类和等级

1) 旅客人身伤害

旅客在车站和运输途中,由于各种原因,可能发生意外伤亡事故。旅客伤亡事故按其性质和伤害程度分为下列种类和等级:

(1) 旅客人身伤害程度分为三种

①死亡。

②重伤:肢体残废,容貌毁损,视觉、听觉丧失及其他器官损失和功能丧失。

③轻伤:伤害程度不及重伤者。

(2) 旅客伤害事故分为三等

①重大事故:同一事故造成三人死亡或五人重伤或二者合计伤亡六人及其以上事故。

②大事故:同一事故造成一人死亡或两人重伤及其以上但不及重大事故者。
③一般事故:同一事故造成旅客伤害程度不及大事故者。
受伤旅客治疗费用在200元以及以下者,不列事故。

2)行李包裹事故

(1)行李包裹事故的种类

行李包裹事故主要有:火灾;被盗(有被盗痕迹的);丢失(全部未到或部分短少,无被盗痕迹的);损坏(破损、湿损、变形等);误交付;票货分离,票货不符,误装卸或顶件运输时;其他(污染、腐坏等)七个类别。

(2)造成下列情况之一者为重大事故

①由于承运的行李、包裹发生火灾、爆炸造成人员死亡或重伤达三人的。
②物品损失(包括其他直接损失,以下同)价值超过三万元(不含三万元)的。
③尖端保密物品、放射性物品灭失。

(3)造成下列情况之一者为大事故

①由于承运的行李、包裹发生火灾、爆炸造成人员重伤的。
②物品损失价值一万元以上(不含一万元)至三万元的。

(4)一般事故

①承运的行李、包裹发生火灾、爆炸的。
②物品损失价值二百元以上(不含二百元)至一万元的。

(5)在运输行李、包裹过程中(自承运时起至交付完毕时止)造成轻微损失及一般办理差错为事故苗子(即事故可能发生的苗头)。

5.2.4 铁路客运事故的预防与处理

1)客运事故的预防

客运车站应依法严格加强管理,对有关设备采取必要的安全措施,建立健全各项安全规章制度,建立正常的车站秩序,加强宣传教育,搞好安全工作,预防事故发生。具体应抓好以下几项工作:

(1)加强车站旅客运输安全管理,抓好客运设备的检查和维修

旅客运输安全应放在客运工作的首位。车站各级人员必须树立安全第一的思想,确保接发旅客列车的安全。各级客运人员按规定亲自到站台组织旅客按车站规定通路进出车站。临时变更站台或线路时,必须事先广播通知并及早组织,避免旅客因急于上车而发生不必要的伤亡事故。严格禁止一般旅客随意出入车站、横越线路,加强车站出入口的门卫制度。加强设备的管理和检查,对于天桥、过道、地道的建筑设施定期检查,发现问题及时组织检修,避免发生倒塌、脱落事故。加强站内照明设备,及时清除站台上的各种障碍物。冬天要彻底消除地道口、天桥口附近和站台上的积水、积雪,防止旅客跌倒摔伤。

(2) 加强旅客列车中的客运工作管理,搞好安全宣传工作

为避免旅客在客运列车运行中的意外伤亡事故,列车有关工作人员必须严格执行岗位责任制,做到发现问题及时处理,消除隐患,杜绝事故的发生。

列车乘务员要严格执行《旅客运输管理规则》的规定,认真执行"停开、动关、出站锁、四门瞭望"的车门管理制度,这是防止旅客坠车和跳车的关键。

做好宣传劝说工作。要组织好旅客不在两个车厢连接板处停留,保持该处畅通,避免在连接处发生手脚挤伤事故。

加强车厢检查,采取必要的防范措施,如防止旅客因越站、误乘、下不去车而跳车。对无票人员跳车,对列车未停稳旅客就急于下车,都必须加强宣传和教育。

(3) 做好行李、包裹的承运、装卸、保管和交付工作

行包承运前必须确认其品名、件数、到站,防止夹带危险品、禁运品。对包装严格执行"八不运"的规定,并强调除有铁路标签外,还要有自备标签。

装车前要做到票货核对相符。对无主行包应及时查找。遇有货签脱落、票货分离、误装卸时,应及时查清到站,编制记录,送达到站,不得积压、不等货交换,严禁顶件。

货件搬运、堆码时应做到轻拿轻放、堆放整齐,不发生污损、腐蚀、碰损、压碎,对于包装破损、松散的货物应及时整修。

保管交付时要做到品名、件数、到站、收发货人当面点交清楚,避免错发、误交。

2) 客运事故的处理

(1) 旅客人身伤害或急病处理

发生旅客人身伤害或急病时,车站或列车应会同公安人员勘察现场,收集旁证、物证,调查事故发生原因,编制客运记录或旅客伤亡事故记录,并积极采取抢救措施,按照旅客人身伤害或疾病处理的有关规定办理。

(2) 行李、包裹事故处理

发生行李、包裹事故时,车站应会同有关人员编制行李、包裹事故记录交收货人作为请求赔偿的依据。事故赔偿一般应在到站办理,特殊情况也可由发站办理。

(3) 线路中断时对旅客的安排

线路中断造成列车不能继续运行时,列车长应迅速了解停运的原因,组织列车工作人员稳定车内秩序。发生火灾爆炸事故时,应组织旅客撤离现场,抢救伤员,扑救火灾(必要时应分解列车),调查取证并迅速与就近车站联系,向客调及上级有关领导报告情况。

列车停运且不能在短时间内恢复运行时,站车应做好服务工作,解决旅客的困难,做好饮食供应工作,必要时向地方政府报告,请求援助。事故发生局还应在向铁道部请求命令后,向全路发出停办客运业务的电报。恢复通车时也照此办理。

线路中断时,旅客可以要求在原地等候通车、返回发站、中途站退票或按承运人的安排绕道旅行,具体办法按《客规》办理。

（4）线路中断时对行李、包裹的安排

对发站已承运的行李、包裹应妥善保管,铁路组织绕道运输时,运费不补不退。对滞留中途站的鲜活包裹应及时变卖处理。

收货人在中途站要求领取时,应退还已收运费与发站至领取站应收运费的差额。不足起码运费按起码运费核收。对要求运回发站取消托运的,退还全部运费。

（5）客运事故赔偿

发生旅客伤害事故时,旅客可向事故发生站或处理站请求赔偿。在运送期间因承运人过错给旅客造成身体损害或随身携带物品损失时,身体损害赔偿金的最高赔偿额为人民币 4 万元,随身携带品赔偿金的最高赔偿限额为人民币 800 元。经承运人证明事故是由承运人和旅客或托运人的共同过错所致,应根据各自过错的程度分别承担责任。保险金的支付办法,按《客规》有关规定办理。

发生行李、包裹事故,收货人要求赔偿时,应在规定期限内提出并应附下列文字材料:行李票或包裹票;行李、包裹事故记录;证明物品内容和价格的凭证。行李、包裹事故赔偿标准,分别按保价运输与非保价运输办理。行李、包裹全部或部分灭失时,退还全部或部分运费。

丢失的行李、包裹找到后,承运人应迅速通知托运人或收货人领取,撤销一切赔偿手续,收回全部赔款。如托运人或收货人不同意领取时,按无法交付物品处理。如发现有欺诈行为不肯退回赔款时,可通过行政或法律手段追索。

3）旅客意外伤亡事故的原因及防范措施

旅客意外伤害,是指持有效车票的旅客,经检票口进站验票加剪开始,至到达目的站缴销车票时止(中转和中途下车的旅客自出站至进站期间除外),在旅行中遭受到外来、剧烈及明显的意外伤害(包括战争所致者在内),致使旅客人身受到伤害以至死亡、残疾或丧失身体机能者,均属旅客人身伤害事故。

（1）旅客意外伤亡事故发生的原因

根据铁路已发生的旅客意外伤亡事故,通过认真调查分析,其主要原因有以下几种:

①旅客携带易燃、易爆等危险品上车,车站和车上未查出而引起火灾、爆炸。

②行车事故造成列车追尾、脱轨、颠覆而致使旅客伤亡。

③自然灾害造成旅客列车事故。

④旅客或乘务人员在车上乱丢烟头等造成火灾。

⑤客车电路不良引起火灾,或茶炉、液化气、炉灶、燃油炉等失火。

⑥犯罪分子破坏等。

（2）旅客意外伤害事故的处理

①旅客在车站发生意外伤害的处理

在站内发生旅客人身伤害时,车站客运主任(三等以下车站为站长,以下同)、客运值班员应当会同铁路公安人员及时勘验事故现场,查看旅客受伤程度,及时采取抢救措施。检查旅客所持车票的票种、票号、发到站、车次、有效期及加剪情况等,收集不少于两份同行人或见证人的证言和有关证据并保护好证据材料。

车站对本站发生、发现或列车移交的受伤旅客应当及时送附近或有救治条件的医院抢救;受伤旅客住院期间的生活费由旅客垫付,如旅客或其家属确有困难,经事故处理站站长(车务段长)批准,用站进款垫付,待事故责任明确后,由责任人或责任单位承担。

受伤旅客在现场抢救无效死亡或在站内、区间发现的旅客尸体,经公安机关或医疗部门确认死亡后,车站应当暂时派人看守并尽快转送殡仪馆存放。对死者的车票、衣物等应当妥善保管并通知其家属来站处理。如死者身份不明或家属不来或死亡原因系伤害致死需立案侦查时,可根据公安机关的意见处理死者尸体,必要时应对尸体做法医鉴定。尸体存放原则上不超过7天。

②旅客在列车上发生意外伤害的处理

在列车上发生旅客人身伤害时,列车长应当会同铁路公安人员及时勘验事故现场、查看旅客受伤程度,及时采取抢救措施。检查旅客所持车票的票种、票号、发到站、车次、有效期及加剪情况;收集不少于两份同行人或见证人的证言和有关证据并保护好证据材料。

收集证人证言时,应当记录证人姓名、性别、年龄、地址、联系方式、身份证号码等内容。证言、证据应当准确、真实,并能够证明事故发生的过程和原因。

列车上发生旅客人身伤害事故,应当将受伤旅客移交三等以上车站(在区间停车处理时为就近车站)处理,车站不得拒绝受理。列车向车站办理移交手续时,编制客运记录一式两份(一份存查,一份办理站、车交接),连同车票、旅客随身携带品清单、证据材料一起移交。旅客人身伤害事故如系因斗殴等治安或刑事案件所致,列车乘警应在客运记录上签字。

因特殊情况来不及编写记录的,列车长必须指派专人下车与车站办理交接,并必须在3天内向事故处理站补交有关材料。

当次列车因故未能将受伤旅客及有关材料及时移交,旅客在法定时限内向铁路运输企业索赔且能够证明伤害是在运输过程中发生的,事故发生列车应本着方便旅客的原则,移交旅客就医所在地车站或旅客发到站处理,被移交站应当受理。

发现旅客在区间坠车时应当立即停车处理(特快列车不危及本列车运行安全时除外)。在不具备停车条件或迟延发现时,列车长应当通过运转车长通知就近车站派人寻找。同时,列车长应在前方停车站拍发电报,向事故发生地所属铁路局和列车担当铁路局主管部门报告。

在站内或区间线路上发现有坠车旅客时,发现或接到通知的车站应当迅速通报有关列车。有关列车接到通报时,应当立即调查情况,收集包括证人证言在内的证据材料和旅客携带品并在3天内向事故处理站移交。

旅客列车或车站发生三人以上食物中毒时,列车长、车站客运主任(站长)应当及时通知前方停车站或所在站卫生防疫部门和公安部门,并做好现场保护工作。

发生旅客人身伤害人数较多时,应当封锁事故现场,禁止与救援、调查无关的人员进入。

发生旅客伤亡人数较多的事故,车站、列车工作人员认为必要时,应请求地方政府协助组织抢救。

发生人身伤害事故,车站、列车工作人员均应本着对人民生命健康高度负责的精神,采取有利于抢救的措施,尽力予以救助。

事故发生后,事故发生单位和事故处理单位应当本着实事求是、依法办理的原则,积极负责地处理事故。

(3) 旅客意外伤亡的防范措施

从已发生的伤亡事故情况分析,主要应采取以下防范措施:

① 从铁路内部看,加强对职工遵纪守法教育,防止违法、违章、违纪事件的发生;加强对职工安全教育的同时,要重视乘务室的管理,乘务人员不准乱丢烟头等。

② 加强对"三品"的查堵,防止"三品"带进站、带上车,把隐患消除在进站、上车之前。乘务员按作业标准值乘,认真巡视,及时发现危险隐患,并妥善处理。

③ 减少行车事故,特别注意减少旅客列车的行车事故。

④ 严格作业纪律,克服好人主义,对严重违章又屡教不改的职工,坚决予以下岗或辞退;对不称职的领导干部坚决予以撤换。

⑤ 严肃查处事故责任者,进行经济的、行政的处罚,直至追究法律责任。

5.2.5 铁路客运安全管理的加强

1) 规范安全管理制度

铁路局安全管理部门应尽快对原铁路分局有关安全管理制度、标准进行梳理和调研,吸收原有安全管理一些好的办法,尽快出台适应新体制要求的安全管理制度,规范各类标准。通过制定和贯彻执行各类技术标准和管理标准,从技术和组织管理上把各方面的作业有机地联系协调起来。

2) 优化列车运行图

从旅客流向、流量及流动时间入手,编制客车运行图。根据车站的客流量、旅客的成分决定站停时间,如民工客流高的车站,应适当延长站停时间;有预留车厢的车站,应考虑预留车厢票额量,决定上下旅客的时间,使采用的运行图真正适应市场的需要。

3) 建立安全管理信息系统

一方面对列车晚点等方面信息,车站能及时掌握,以利于车站进行必要的处理;另一方面对大量的历史数据进行分类管理,使工作人员对以往的工作有所认识。此外,运用一定的数学方法对搜集到的数据进行分析处理,及时发现安全工作中存在的问题,提前进行预防控制,预测预报事故,防止和避免伤亡事故的发生,把安全管理从传统的事后追踪变为事前预防控制。

4) 强化安全设备保障

不断提高各种技术设备的性能、强度和可靠性,努力采用设备故障防护报警和自动检测、自动控制、远程控制等先进手段,切实保证旅客运输安全。此外,应优化客运设备设施,让旅客感到美观、舒适。

5) 提高职工素质,严格执行旅客运输安全各项规章

大多数的事故都是由于违反规章制度、违反劳动纪律而引起的,因此必须不断地健全和完善规章制度,严格劳动纪律,加强技术业务培训,以提高应急事件处理能力,并制定安全奖惩办法,制定和实施有关铁路运输安全法规、法令。

6) 严格票务管理

细化完善客票销售管理办法,对不规范的客票销售行为给予打击。同时,提高票额的利用率。目前,上海铁路局已在沪宁线上试点票额复制,根据旅客到站及时复制票额,以提供给下一站发售,使铁路有限的能力得以充分利用。

7) 改革传统的客运组织模式,确保客运乘降组织有序

建立自动售检票系统(AFC)、旅客自动查询系统、车站自动引导揭示系统等先进的信息管理系统,改革现有"售票—候车室候车—人工检票进站—上车—在途服务—下车—人工检票出站"的客运组织模式,实行"自动售票—自动检票进站—站台或候车室候车—上车—在途服务—下车—自动检票出站"的模式,引导旅客快捷进出车站,简化进站流程,缩短在站停留时间,最大限度地提升旅客出行的便捷性和舒适性。客运组织模式的改革使旅客进出车站均需通过检票机检票,从而杜绝了人工检票的漏检、逃票、以售代检、以检代售等问题的发生,并可因此取消困扰旅客多年的车上验票制度。

5.2.6 案例分析

1) 胶济铁路火车相撞特大事故

2008年4月28日4:41,由北京开往青岛的T195次列车,以131 km的时速疾驶至淄博市周村区王村镇合家庄村路段时,第9~17号车厢脱轨,而后侵入了下行的另一条铁轨。此时,由烟台至徐州的5034次列车正迎面开来,两车相撞,事故现场模拟图见图5.2所示。一场近十年来全国铁路行业罕见的列车相撞事故在瞬间发生,造成72人死亡,416人受伤,一辆机车基本严重受损,14节车厢报废,648 m铁路线及部分牵引供电设备损坏,事故中断胶济上下行线铁路行车近22 h,给国家和人民生命财产安全造成重大损失,举国震惊。

原因分析:该事故直接原因是北京至青岛的T195次列车严重超速,在本应限速80 km/h的路段,实际时速居然达到了131 km。

不可忽视的深层内因:济南铁路局4月23日印发了《关于实行胶济线施工调整列车运行图的通知》,其中包含对该路段限速80 km的内容。这一重要文件距离实施时间28日零时仅有4天,却在局网上发布。对外局及相关单位以普通信件的方式传递,而且把北京机务段作为了抄送单位。这一文件发布后,在没有确认有关单位是否收到

的情况下，4月26日济南局又发布了一个调度命令，取消了多处限速命令，其中包括事故发生段。各相关单位根据4月26日的调度命令，修改了运行监控器数据，取消了限速条件。文件传递及调度命令传递混乱，给事故发生埋下了极大的隐患。济南局列车调度员在接到有关列车司机反映现场临时限速与运行监控器数据不符时，4月28日4时2分济南局补发了该段限速80 km/h的调度命令，但该命令没有发给T195次机车乘务员，漏发了调度命令。而王村站值班员对最新临时限速命令未与T195次司机进行确认，也未认真执行车机联控。与此同时，机车乘务员没有认真瞭望，失去了防止事故的最后时机。

这充分暴露了一些铁路运营企业安全生产认识不到位、领导不到位、安全生产责任不到位、安全生产措施不到位、隐患排查治理不到位和监督管理不到位的严重问题，同时也反映了基层安全意识薄弱，现场管理存在严重漏洞，安全生产责任没有得到真正落实。这起事故暴露出了"济南铁路局对施工文件、调度命令管理混乱，以文件代替临时限速命令极不严肃"等一系列问题。

图5.2　胶济铁路列车相撞现场模拟

2) 荣家湾列车相撞事故

1997年4月29日10:48，昆明开往郑州的324次旅客列车行至京广线湖南省境内站1 453 km 914 m处，与停在站内四道的818次旅客列车尾部冲突，造成324次旅客列车机后1至9位颠覆，10至11位脱轨；818次旅客列车机后15至17位(尾部3辆)颠覆。死亡126人，重伤48人，轻伤182人。机车报废1台，客车报废11辆、大破3辆、中破1辆、小破1辆，线路损坏415 m，直接经济损失415.53万元。

(1) 事故原因

1997年4月29日上午8时许，原长沙铁路总公司长沙电务段荣家湾信号维修工区工长吴某安排信号工郝某及信号工谢某到荣家湾车站12号道岔,进行电缆盒配线整理、挂编号牌和清扫内部卫生,吴某自己留在运转室内担任安全联络员工作。

8:30,郝某到了荣家湾站12号道岔处,与吴某电话联系"要跑表示"(即运转室控制台上岔位原有的定位或反位表示突然失去),吴同意后,郝即将×B箱(道岔变压器箱)打开,把1号端子上通向电缆盒的控制道岔由反位移向定位的操纵启动线拆下,在1号和3号端子上夹了一个由吴某改制的二极管连线装置,问吴:"12号表示好不?"吴回答:"没有表示。"郝立即将二极管连线装置调转极性重新夹在1号和3号端子上,又问吴:"表示好了没有?"吴回答:"有表示了。"郝对吴说:"我现在开始搞,四道进车你就告诉我。"这时实际上道岔、进路和信号三者之间的连锁功能已被破坏。而后,郝某在已知运转室控制台上12号岔位显示灯是"假表示"(即道岔表示电路不检查道岔实际位置而构成的表示,不能真实反映道岔实际开通的方向)的情况下,开始对HZ—24电缆盒进行作业。

10:22,接通知由长沙开往茶陵的818次旅客列车已开过来,车站运转室随即办理了列车四道接车进路。此时,郝某见12号道岔突然启动,由定位二道移向反位四道,即电话问吴某是什么车,吴告知是818次,随后,吴离开运转室到一站台去接乘818次车的人。

10:35,818次旅客列车进四道停靠一站台,待避324次旅客列车。

10:42,接通知由昆明开往郑州的324次旅客列车开过来,车站运转室办理了列车二道通过进路,控制台上的进出站信号机均显示绿灯,二道显示白光带,12号岔位显示定位,而实际上12号道岔仍处在反位开通四道。吴某接人后返回运转室,看见控制台上二道从进站至出站显示白光带,知道即将有车通过时,不仅没有立即向值班人员提示,而且也未通知郝某恢复道岔功能,相反却离开了运转室。此时,郝某坐在12号道岔处吸烟想着节日去钓鱼,当听见上行列车鸣笛并看见列车开过来时,也未采取任何防范措施,反而退避到清扫房北角处以防车上扔东西下来。324次旅客列车以117 km的时速开过来,当司机发现道岔位置与信号不符时,立即紧急制动,但列车仍以巨大的惯性进入四道,于10:48撞上818次旅客列车尾部。事故发生后,吴回运转室内见控制台上12号道岔等无表示,即电话通知郝赶快"把表示送回来"。告诉郝不要讲二极管的事。然后,吴带人从郝的工具箱里取出二极管连线装置,将其丢弃。

(2) 事故责任

郝某、吴某身为铁路信号工和信号工长,在维修作业中严重违反铁路《信号维护规则》等有关规定,违禁使用二极管封连电气接点,损毁了保障铁路行车安全的连锁功能,造成重大行车事故。郝某、吴某明知控制台12号岔位定位是假表示,明知12号道岔×B箱1号端子被甩掉后不能由反位移向定位,明知有上行车即将通过时,仍未采取任何措施,听之任之,放任了事故的发生并造成严重后果,给国家财产和旅客生命安全造成巨大损失。

(3) 事故处理

1997年8月22日广州铁路运输中级法院审理本案。依照《中华人民共和国铁路法》第六十一条和《中华人民共和国刑法》第一百一十条第一款、第二十二条第一款、第五十二条、第五十三条第一款之规定，判处郝某无期徒刑，剥夺政治权利终身；判处吴某有期徒刑十五年，剥夺政治权利五年。宣判后，二人均未上诉。

5.3 铁路货物运输安全管理

5.3.1 铁路货运安全管理的意义

安全地运输货物，是衡量铁路运输工作质量的主要指标之一，因此，在货运工作中也必须把安全放在首位。铁路货物运输安全质量的好坏，直接影响社会的经济效益。这是因为：如果铁路在运输过程中发生货运事故，可能造成被运物资的破损、丢失、变质、被盗等，致使货物丧失使用价值和降低原使用价值。另外，货物运输不安全，还可能影响社会主义建设速度，也影响铁路的声誉。

货物运输安全质量与铁路经济效益有着密切的关系。这是因为：货运事故多，赔款率高，经济效益就会下降；货物事故浪费运输能力，增加铁路本身的消耗。

根据《铁路法》规定，铁路必须坚持社会主义经营方向，提高运输质量，确保货物运输安全必须与发、收货人密切协作，认真贯彻安全生产的方针，采取有效的安全预防措施。铁路部门的广大职工要发扬"人民铁路为人民"的优良作风，广泛开展"尊客爱货、优质服务"的活动，使铁路更好地为市场经济服务。

5.3.2 铁路货运事故种类和等级

货物在铁路运输过程中（包括承运前保管和交付完毕后点回保管），发生灭失、短少、变质、污染、损坏以及严重的办理差错，在铁路内部均属于货运事故。

货运事故分为火灾、被盗（有被盗痕迹）、丢失（全批未到或部分短少，没有被盗痕迹的）、损坏（破裂、变形、磨伤、摔损、部件破损、湿损、漏失）、变质（腐烂、植物枯死、活动物非中毒死亡）、污染（污损、染毒、活动物中毒死亡）及其他七类。其中，其他货运事故系指整车、整零车、集装箱车的票货分离和误运送、误交付、误编、伪编记录以及其他造成影响而不属于以上各类的事故。

货运事故分为重大事故、大事故和一般事故三等。

1) 重大事故

(1) 由于货物染毒或危险货物发生事故，造成人员死亡三人或死亡重伤合计五人以上的。

(2) 货物损失（包括其他直接损失，下同）款额20万元以上的。

2) 大事故

(1) 由于货物染毒或危险货物发生事故,造成人员死亡不足三人或重伤两人以上的。

(2) 货物损失款额 5 万元以上未满 20 万元的。

3) 一般事故

(1) 不属于重大、大事故的事故。

(2) 货物损失款额在 1 千元以上未满 5 万元的。

4) 货运惯性事故

根据全路货运事故调查分析,货车严重超载或严重偏载和木材钢材等货物装载加固不良引发的货运事故是货运惯性事故。据已发生的货物装载不良引起的事故原因分析,惯性事故发生的主要原因是装车时没有按铁路有关规定装车,装载不良;其次是加固不牢;再次是加固材料不符合规定等。其他物资严重超载和严重偏载以及加固不良等也是造成货运事故的原因。

5.3.3　铁路货运事故的预防与处理

1) 货运事故的预防

货物在运输过程中时常发生货运事故,铁路货运安全管理工作应贯彻预防为主的方针,必须对事故的发生原因加以分析,采取有效措施,最大限度地防止事故的发生。货运事故的预防可以采取以下措施:

(1) 健全货运安全管理制度,制止违章违纪行为

严格按作业要求和方法组织装卸和搬运,对于不符合运输要求的货物一律拒绝承运。严格按标准检查货物包装质量。要按作业要求正确组织装运,并根据货物的不同性质、重量、形状,选择合理的加固材料和加固方法。正确组织装卸作业,合理制定装卸作业方法,符合装载的运输要求,质量良好地完成装卸任务。

(2) 加强运输组织管理,防止易腐货物腐败变质

要认真检查易腐货物的质量和状态,正确选择易腐货物的运送方法。正确确定货物容许运送期限,认真检查货物的包装质量,认真检查货物运单填写和凭证文件,正确选择装载方法,合理选用装运车辆。

(3) 加强作业的管理和检查,防止货物污染

必须严格检查货物的包装质量,严格清洗与消毒受污染的车辆和装载容器,严格装卸作业要求,遵守作业规定,做到轻装轻放,避免因装卸不慎发生货物的接触污染,严格对有毒或易污染物品的保管和存放。

2) 货运事故的调查处理

发生货运事故后,应积极采取措施,尽量减少损失。对货运事故发生的原因,责任的认定,必须坚持调查研究,查清事实,根据国家法律、行政法规和政策进行处理。

(1) 车站发现货运事故时的处理

车站发现货运事故,除编制货运记录外,应对事故现场进行检查,找出原因,尽力避

免扩大损失。发生火灾、被盗须及时向公安部门报案并会同处理,涉及车辆技术的事故,应会同车辆段检查并做检查记录。

发现重大事故、大事故、火灾事故以及剧毒、液化气泄漏,应在 24 h 内向有关车站、铁路局拍发"货运事故通报"并抄报铁道部、主管铁路局。

(2) 事故发生局对货运重大事故的处理

事故发生局对货运重大事故应立即深入现场组织处理,如果涉及他局责任时,自拍发事故电报之日起,15 日内邀请有关局参加处理,召开分析会,做出会议纪要。有关局接到重大事故电报后,应组织调查,并按发生局通知的开会日期参加该局组织的事故分析会,并签署会议纪要,局间对事故责任划分意见一致时,应在会议纪要内申明各自意见,由发生局将会议纪要连同调查材料等以局文报铁道部仲裁,并抄送有关局。以上全部工作应自事故发生之日起 30 日内,由责任局长主持召开局内事故处理会,并将结果以局文报铁道部。

事故涉及托运人、收货人责任和铁路以外其他部门责任,由到站(到局)处理,有关站(局)积极配合。

(3) 货运记录处理

发站发现事故编制的货运记录,由发站负责处理。若无法与托运人联系时,可将货运记录(货主页)随同运输票据送到站处理。

中途站发现事故编制的货运记录,属于自站责任的不送查;若不属于自站责任的,则将货运记录(调查页)连同有关材料送责任站调查,货运记录(货主页)随同运输票据或货物送到站处理。

到站发现事故以及随附货运记录同到达现状不符时,均应编制货运记录,并将调查页送责任站调查,原记录货主页留存。重新编制记录的货主页交收货人。

现行货运事故采取分级处理制,即重大事故、大事故、一般事故依次由铁路局、站段负责处理。

货运事故责任划分应以事实为依据,以规章为准绳。事故原因事实清楚,判定责任时应以事实为主。在查明情况和原因的基础上,首先应按国家有关法规和《铁路货物运输规程》规定,划清承运人与托运人、收货人之间的责任。属于铁路内部各单位间需要划分责任时,按《铁路货运事故处理规则》有关规定办理。

3) 运输过程中几种货运事故情况的处理

货物在运输过程中,货物发生损坏或部分灭失,不能判明发生原因和损坏程度时,承运人应在交付前,主动联系收货人进行检查或邀请鉴定人进行鉴定。发现违反政府法令或危及运输安全的情况,承运人应按下列规定分别处理。承运人无法处理的意外情况,应立即通知托运人或收货人处理。

(1) 货物实际品名与货物运单记载不符时,根据政府法令需要有证明文件方能运输的货物,应立即报请当地政府主管机关,按其指示办理;危险货物以其他品名托运,应立即报请主管铁路分局,按其指示处理。

(2) 货物重量超过使用的货车容许载重量时，应进行换装或将超载部分卸下。对卸下的货物，处理站应编制货运记录，凭记录将货物补送到站；到站应按规定核收运输费用和违约金。但对超载卸下的不易计算件数的货物，按零担运输有困难时，应电告发站转告托运人提出处理办法，如从发站发出通知的次日起，经过 10 日，未接到答复时，该项货物可按无法交付货物处理。

(3) 发现货车装载的货物有坠落、倒塌危险或货物偏重、窜出、渗漏，危及运输安全时，除通知有关单位外，应即进行整理或换装。属于托运人责任的换装、整理或补修包装所需费用，由处理站填发垫款通知书，随同运输票据递送到站，向收货人核收。

(4) 托运人自装货车，发站接收时发现货物装载、加固危及运输安全时，应由托运人进行整理、换装。由此延长的货车停留时间，发站应比照货车延期使用费率向托运人核收货车停留费。

货物的运到期限满期后经过 15 天，或鲜活货物超过运到期限仍不能在到站交付货物时，车站应于当日编制货运记录交给收货人。运到期限满期后，经过 30 天，仍不能在到站交付货物时，托运人、收货人可按货物灭失向到站要求赔偿。在赔偿前，如货物运到时，车站应及时向收货人办理交付并收回货运记录。因承运人责任，将货物误运到站或误交付，承运人应编制货运记录将货物运到正当到站交给收货人。

4) 铁路危险货物运输安全

在铁路运输中，凡具有爆炸、易燃、毒害、腐蚀、放射性等特性，在运输、装卸和储存保管过程中，容易造成人身伤亡和财产毁损而需要特别防护的货物，均属危险货物。危险货物按其主要危险性和运输要求分为九类：爆炸品；压缩气体和液化气体；易燃液体；易燃固体、自燃物品和遇湿易燃物品；氧化剂和有机过氧化物；毒害品和感染性物品；放射性物品；腐蚀品；杂类。

有些货物虽不属上述危险货物，但容易引起燃烧，在铁路运输过程中需采取防火措施，属易燃货物。

对于危险货物的办理和运输安全要求，参照《铁路危险货物运输规程》相关规定。

危险货物集装箱运输是货运工作的一项重大改革，是危险货物运输发展的方向。做好这项工作，可大大提高工作效率，改善工作条件，加快货物接取送达，减少作业环节，避免了人工直接搬运所带来的不安全因素，有利于提高危险货物运输安全的整体管理水平。因此，应制定发展危险货物集装箱运输的规划，分期分批的逐步将危险货物纳入集装箱运输的方式。

5) 货运事故的统计与分析

(1) 货运事故件数统计

事故统计以一批作为一件，但由于自然灾害、火灾、行车原因，在同一车站（区间）、同一列车内、同一时间发生的多批事故应按一件统计，其事故等级按损失款额总和确定。一件事故由几个责任单位共同承担时，事故件数由主要责任单位统计；无主要责任单位的，除另有规定者外，按造成事故的车站顺序，由第一个责任单位统计。

由于货运责任造成的行车事故或非货运责任的险性以下行车事故而造成 5 万元以上的货物损失时,应统计货运事故件数。非货运责任行车重大、大事故造成货物损失的,不再统计货运事故件数。

因托运人、收货人责任或押运人过错使铁路运输工具、设备或第三者的货物造成损失时,分别由发站、到站统计事故件数,责任部门列"路外其他"。

(2) 货运事故统计报告

车站于每月 26 日(上月 26 日至本月 25 日),铁路局于 30 日将本月事故和赔款进行统计,以"货运事故统计报告"(铁运-16,格式六)逐级上报。对其中的重大、大事故,铁路局按格式五的要求逐项填写后随货运事故统计报告同时报铁道部。

车站、铁路局按半年度、年度对货运安全情况进行总结、上报。

(3) 货运事故件数及赔款均按保价运输与非保价运输分别统计

6) 货运安全工作的主要考核指标

(1) 货运事故件数

货运事故件数是指站段、铁路局在一定时期内结案的由于本单位责任所造成的货运事故的总件数。它包括本单位结案属于本单位的责任货运事故件数,还包括外单位结案属于本单位责任的货运事故件数。

货运责任事故的件数还可以用事故率来表示,即用平均每千车(整车)、每万批(零担)事故件数来表示。

(2) 货运事故赔偿金额

凡因铁路责任造成的货损,铁路必须负责赔偿。货损赔偿金额是从经济方面来反映铁路运输质量的,所以,它也是运输质量的一个重要指标。

货运责任事故赔偿金额,是指车站、铁路分局、铁路局或全路在一定时期内结案的所支付责任货损赔款金额,其计算公式为

$$每万元货运收入货损赔偿金额 = \frac{责任货损赔偿金额(元)}{货运收入(万元)} \tag{5.1}$$

(3) 货物逾期运到率

铁路运输生产过程中,要求在时间上准确,这也是铁路运输质量管理的一项重要内容。时间上如不准确,不仅造成铁路自身运输秩序的混乱,而且会影响国民经济其他部门生产的正常进行。货物逾期运到率就是从时间方面来反映运输质量的。

货物逾期运到率是指在一定时期内逾期运到货物批数与到达货物总批数之比,计算公式如下:

$$货物逾期运到率 = \frac{逾期运到货物批数}{到达货物总批数} \times 100\% \tag{5.2}$$

货物实际运到日数,超过规定的运到期限时,按《铁路法》有关规定,铁路运输企业应当支付违约金,支付的违约金在《铁路货物运输规程》中有明确规定。

5.3.4 案例分析

四川达成线特大路外伤亡事故

2001年7月13日22时37分,我国达成铁路发生一起特大事故。由成都开往达州的29008次装载石油钻井设备的货运列车运行至八庙站后,铁路工作人员发现车辆异常,遂停车检查,发现列车所搭载的柴油机(钻井参数仪表操作组合平台)的摇臂位移支出超限,超出车厢边缘。达成铁路公司调度员接到信息后,立即通知营山车站站长乘轨道车进入区间巡查。通过巡查发现,南充市营山县小桥站至达州市渠县八庙站区间沿途16 km的电杆、警示牌全部被挂倒,导致多处铁路桥梁、信号设备损坏,造成沿线22人死亡,16人受伤。

(1) 事故原因

系捆绑列车搭载钻井设备的铁丝断裂所致。据了解,列车所搭载的石油钻井泵操作组合台在列车运行中,因捆绑铁丝断裂而发生位移,摇臂伸出车厢,一根粗大的水泥电线杆被刮断后倒在列车上,火车就是拖着这根水泥杆一路"横扫",致使沿途十多千米的电杆、警示牌全部被刷倒,在营山县小桥镇拱背桥往营山火车站方向,沿途的信号灯等物一应俱毁,造成人员伤亡惨重。

(2) 事故责任

2001年7月13日,成都市成华区东站货物运输服务部经理杨某、成都爱普利物流有限责任分公司经理助理张某,在办理托运钻井参数仪表操作组合平台的过程中,将货物品名伪报成柴油机,且未向承运人提供有关资料和装载加固资料,没有对货物活动部件进行加固;成都东站运输营销中心整车计划货运员刘某未认真审核货物运单,违章越权受理了货运计划;成都东站专用线货运员刘某未核对实际货物与"货物发送单"记载的品名是否相符,未按规定进行交接,违章放行品名不符、无装载方案的货物车辆,致使由成都东站开往达川的29008次货车运行到达成线营山至小桥区间时,机后第11位平板车前端装载的钻井参数仪表操作组合平台的输出传动箱倒下,将在16.4 km区段范围内5座桥梁上坐卧乘凉及行走的38人致死致伤,其中死亡22人,重伤2人,轻伤14人。可以说,这是一起典型的人为因素造成的货运装载事故继而造成铁路特大路外伤亡事故。

(3) 责任处理

9月10日,成都铁路运输检察院对违反运输规定,致使38人伤亡,在社会上造成恶劣影响的"7·13"重大路外伤亡事故案的直接责任者整车货运员刘某、专用线货运员刘某和杨某、张某分别以铁路运营安全事故罪和重大责任事故罪批准逮捕。

5.4 铁路行车安全管理

5.4.1 铁路行车安全管理的意义

安全第一,这是任何交通运输装备技术发展都要首先考虑的重要问题。保证铁路行车安全,是铁路运输工作的重中之重。铁路行车安全是指在铁路行车过程中,维护铁路正常的运行秩序,保证旅客及铁路员工生命财产安全,保证运输设备和货物完整性的全部生产活动。铁路行车事故所造成的不良社会影响和经济损失是巨大的,不算间接经济损失,我国铁路仅每年的直接经济损失就以千万元计(表 5.1 是 2004 年我国各铁路局行车事故及损失情况)。同时,铁路行车安全水平又决定了铁路运输与其他运输方式的竞争能力、声誉和经济效益,所以,安全始终与铁路运输产业自身的发展和生存息息相关。

铁路运输的产品是旅客和货物的位移,实现位移的必要手段为列车运行,我们把列车的组成和运行工作统称为行车工作。行车工作是铁路运输的主要工作,也是最容易产生不安全因素的工作环节,铁路运输中所出现的大部分不安全现象都在行车工作中。因此,保证行车工作安全的同时也就是保证了铁路运输的安全。

表 5.1 2004 年各铁路局行车事故及损失

铁路局	行车事故件数合计	中断正线行车(min)	事故造成的损失								
			线 路				机车破损(台)	客车破损(辆)	货车破损(辆)	动车、轨道车破损(辆)	直接损失金额(万元)
			钢轨(m)	轨枕(根)	道岔(组)	尖轨(根)					
哈尔滨	225	500	256	291			2	2	7		39.3
沈阳	287	31 988	266	346	6	19	4		55		179.3
北京	76	2 245	3 630	3 535	7	2	1	1	30		1 191.9
呼和浩特	33	343	78	138					10		44.4
郑州	44	5 515	420	1 057	7	7	2	9	24	1	885.9
济南	38	1 376	800	7 290	7	6	1		32		774.7

（续表 5.1）

铁路局	行车事故件数合计	事故造成的损失									
		中断正线行车(min)	线路				机车破损(台)	客车破损(辆)	货车破损(辆)	动车、轨道车破损(辆)	直接损失金额(万元)
			钢轨(m)	轨枕(根)	道岔(组)	尖轨(根)					
上海	61	1 592	50	231	7	4	1		49		171.1
南昌	31	5 577	281	474	13	25	2		18		75.7
广铁	58	140	200	318		24	3	1	38		154.4
柳州	24	798	123	469	4	6	4		39	1	378.6
成都	42	5 720	509	1 758	11	15	9	1	28	2	537.5
昆明	38	765	215	103	3	2	3		4		24.6
兰州	88		25	32	5	9			12		26.3
乌鲁木齐	16			267	1	5		1	14		78.7
青藏公司	13	869		3		2					0.8
总计	1 074	57 428	6 853	16 312	71	126	32	15	360	4	4 563.2

资料来源：李仲刚.中国年鉴资源全文数据库.中国铁道年鉴，2005

行车安全是一切与行车有关的各项工作质量的综合体现，这些工作主要有列车安全、作业安全、施工安全、设备安全和路外安全等。换句话说，只有把上述工作做好了，行车安全才能得到真正保证。行车安全管理是铁路运输生产中最根本也是最重要的管理工作，其体系构成如图 5.2 所示。

从图 5.3 中分析得知，保证接发列车、调车和道口安全的根本途径就是落实标准化作业；为确保客货列车运行安全，尤其是把提速客车安全作为重点，围歼旅客列车恶性事故发生，必须加强行车组织，调度指挥，并提高旅客运输站、车服务质量；对信号维修、线路养护和线路大修的施工安全管理应把行车安全放在首位，严格按审定的施工方案和批准的封锁慢行计划组织施工，认真落实各项安全防范措施；为保障机车车辆、信号通信、线路桥隧等行车基础设备和列车自动停车装置、轴温探测装置等行车安全技术设备的安全，必须不断提高设备的应用和检修质量。所有这些行车安全保障工作是在行车安全科学管理的基础上实现的。

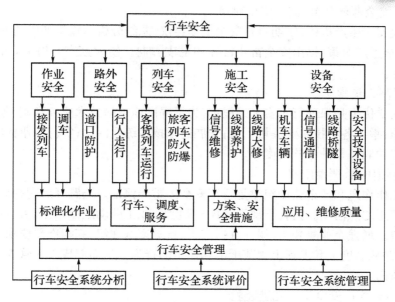

图 5.3　行车安全管理体系

5.4.2　我国铁路的行车安全管理现状

铁路运输生产是在全国纵横交错的铁路网上进行的。截止到 2015 年,全路有 18 个铁路局(集团公司)和 627 个主要铁路运输站段;拥有 12 万余 km 营运线路,其中高铁 1.9 万公里,数千个车站,200 多万铁路职工,配备有大量先进的技术设备;每天有几万台机车和几十万辆货车、客车,编成数以千计的各种列车昼夜不停地运行。整个运输生产活动主要有客运作业、货运作业和行车技术作业,相应地铁路运输安全主要包括行车安全、货运安全、客运安全、人身安全、设备安全和路外安全等内容。其中铁路行车安全在运输安全中问题最为突出。因为人员伤亡、货物损毁、设备破坏等大多数损失是因为行车事故造成的。行车安全状况好,旅客和货物运输的安全可靠程度就高,反之亦然。因此,我国铁路在评价运输企业安全工作好坏时,一般采用行车事故件数,无重大、大事故天数,行车事故率等指标来衡量。一般来说,考察分析铁路行车安全状况就足以反映铁路运输安全的基本情况。

安全管理是一件复杂的工作,是搞好铁路安全运输的重要手段。我国铁路对安全管理工作比较重视,紧密结合铁路高(度集中)、大(动脉)、半(军事化)特点,采取了集中领导、统一指挥和分片管理的办法。贯彻"安全第一,预防为主"的方针,依靠广大干部和群众,调动起大家的积极性,把铁路行车安全搞好,具体做法是:

(1) 树立安全第一的思想

教育广大干部和职工,提高对安全生产重大意义的认识,树立安全第一的思想;自觉搞好安全工作,这是搞好铁路行车安全的根本。

(2) 抓安全薄弱环节,制定安全对策

各层次安全生产机构,定期召开安全工作会议,总结分析运输生产中的安全薄弱环节,制定安全生产对策,提出安全奋斗目标和主攻方向。使大家齐心协力,为达到安全目标而奋斗。

(3) 提高人员素质

人员素质优劣是保证行车安全的根本,为了提高职工的技术业务素质,各单位采取了下列措施:举办各种技术业务培训班;开展达标技术练兵活动;实行作业标准化;严格执行行车工种职务晋升考核制度等。

(4) 整顿作风、严肃纪律

整顿工作作风和严肃劳动纪律是行车安全的重要保证。全路开展刹歪风、树正气、纠正行业不正之风活动。扭转干部不敢抓、不敢管,职工劳动纪律松懈,盲目乱干,玩忽职守等现象。增强企业凝聚力,树立真抓实干、自觉遵章守纪、高标准严要求、群体防范的好风气,并从制度上和考评上规范干部和职工的行为。从而养成人人管安全,人人保安全的新风尚。

(5) 学习、推广安全生产先进经验

经验是智慧的结晶,学习推广安全生产先进经验是提高干群思想和业务素质,搞好安全生产的捷径。各路局、各站段都积累了许多安全生产的经验。全路学习推广的经验有:前锦州分局的"全程联网保安全";前临汾分局的"安全工作法";前牡丹江分局的"安全系统工程";上海铁路局的"干线行车安全管理"等。

"九五"以来,我国制定了既有线提速政策,先后进行了六次大提速。围绕客运提速、货运重载及快速货运的需要,机车车辆技术水平登上了一个新台阶。成功地开发了快速客运机车和重载货运机车以及时速 300 km 以上的电动车组,国产列车的速度有较大提高。

火车跑得快,全靠车头带。目前,我国已在机车上安装了先进的机车运行监控装置(又称"黑匣子"),使机车运行实现了"智能化"管理。它不仅有记录的功能。而且还有控制的功能。在客车机车上安装了先进的"卫星时钟",使机车乘务员告别了掐秒表校准列车到发时间的历史,机车直接接受由卫星传送的标准时间,使机车时间误差由原来的 30 s 降低为 1 s。

不仅机车上有了"黑匣子",一种新型的旅客列车运行安全监测系统(客车"黑匣子")也正逐步应用。该系统能在列车运行中对关键部位进行监控和预警,使乘务员能了解全列车各车厢检测对象的运行状态,能及时发现故障并排除,被称为车辆运行安全的"保护神"。

据统计分析,近年来,由于增加了安全技术装备,如机车三大件和列车运行监控装置,红外线探测网以及车站电气集中连锁等,大大提高了行车的安全性、可靠性,因而冒进信号、断轴(热切)和错办进路引起的事故次数有了大幅度下降。

根据近年来全路重大、大事故统计资料分析表明,为进一步减少行车重大、大事故,有效的经验是：

(1) 强化行车安全管理

在重大、大事故中,因违章违纪引起的占 46.1%,因社会治安不好引起的占 8.9%,两者合计占 55%。这些事故的发生,都是由于管理不善引起的。要防止类似事故的发生,必须通过强化行车安全管理来纠正违章违纪,必须加强对行车人员的教育与培训,不断提高行车人员的技术业务素质和遵章守纪的思想政治素质。要整顿社会治安,必须搞好路内外联防。

(2) 提高线路和车辆质量

在重大、大事故中,脱轨事故占 67.4%,其中因线路质量差引起的占 33.7%,因车辆质量差引起的占 22.6%,两者合计占 56.3%。要防止类似事故的发生,只有提高线路质量(包括防止断轨、提高线路养护维修质量、防止水害、施工遵章守纪等)和车辆质量(包括防止切轴、提高车辆技术状态质量等)。

(3) 防止"双冒"、"错办"、"溜逸"

在重大、大事故中,列车冲突占 24.1%,其中:"双冒"占 37.6%、"错办"占 25.8%、"溜逸"占 13.9%。为防止"双冒",机务部门一方面要加强对机车乘务组的教育与培训,不断提高他们的素质;另一方面要完善并广泛采用机车"三大件"。为防止"错办"和"溜逸",车务部门一方面要加强对行车人员的教育与培训,不断提高他们的素质;另一方面要广泛采用现代化的进路控制和防止车辆溜逸的设备。

(4) 铁路行车设备和管理的逐步现代化

在重大、大事故中,因设备不良引起的占 33.5%。随着我国铁路列车重量不断提高、行车密度不断增大、行车速度不断加快,对行车设备质量的要求越来越高,对行车及安全管理的要求也越来越高。

当前,我国铁路正面临着前所未有的挑战和机遇,铁路运输任务任重而道远,高速与重载运输在我国刚刚起步,尤其是我国的客、货流密度在世界铁路范围内属最高的,服务人员众多而自身素质参差不齐,设备又亟待现代化,更具有事故多发的潜在危险。随着国民经济实力的增强,并吸取国外铁路依靠科学技术保证行车安全的经验,逐步改变了我国铁路以往单纯依靠人海战术和安全软件保安全的做法,实行了安全管理和安全技术设备同步走,同时对主要行车安全技术设备实行倾斜投资,并采取组织措施确保发展计划的落实,从而使我国铁路安全技术设备有了较大的发展。

铁路运输安全技术关联到各部门、各专业,涉及多学科,是一个综合性很强的研究开发领域。铁路现代化水平越高,安全技术的综合性就越强。因此,要积极促进安全科技成果的转化与推广。要加强与路外、国外的合作,广泛联合路外、国内外各类研究单位、高等院校,开展安全技术攻关,实现优势互补,取得事半功倍的效果。

为满足国民经济和社会发展的需要,从 1997 年 4 月 1 日铁路第一次大面积提速开始,连续在既有线进行了六次大面积提速。在客货混线运行的条件下,列车运行速度大幅度提高,列车密度进一步加大,重载列车比例增加。特别是铁道部根据国民经济持续、快速健康发展的要求,实施铁路跨越式发展战略在 2004 年 4 月实施了第五次大面积提速,在中国铁路大范围开行了持续按时速 160 km 运行超过 1 000 km 的直达特快旅客列车,大部分区段的货车牵引重量提高到 5 000 t,部分区段开行了万吨重载货物列车,列车追踪间隔时间最短为 7 min。而在 2007 年 4 月 18 日第六次提速后,客运开行了时速 200 km 及以上 CRH 国产化动车组;新造通用货车全部按载重 70 t 标准生产,时速 120 km 货车改造完成 7.1 万辆,累计达到 37.8 万辆。大秦线正式开行 2 万 t 重载组合列车,标志着中国铁路重载技术已跨入世界先进行列。在列控技术方面,依靠原始创新和集成国外先进技术,形成了具有自主知识产权的 CTCS-2 级、CTCS-3 级列车运行控制系统,设备质量和技术性能均达到世界先进水平。在供电技术方面,适应我国铁路时速 200 km 及以上提速区段"高速、重载、双弓、双箱"的运输特点,攻克大量技术难题,成功掌握了时速 200 km 重联动车组和时速 120 km 双层集装箱列车共线运行的高速弓网受流技术,填补了世界高速电气化铁路的技术空白。

在六次大面积提速及高速化的实施过程中,铁路部门坚持把确保运输安全作为最核心、最根本的前提,不断改进安全管理,完善规章制度,提高基础设施和技术装备质量,强化人员培训,运输安全的保障能力得到了同步提高,提速安全得到了可靠保证。运输安全保持了相对稳定,行车事故件数、事故率、道口事故件数呈逐年下降趋势。特别是第六次大面积提速的实施,在运输安全面临前所未有的严峻考验下,铁路部门在安全基础建设上坚持"规范管理、强基达标",针对运输生产力发展的一系列新变化、新要求,努力在强化基层安全管理、强化管理基础、强化设备基础和强化职工作业基本功上下工夫,进一步建立健全了安全责任体系和安全责任落实机制,提高了安全技术保障水平,既保证了提速安全的持续稳定,又促进了安全管理的有效加强。

5.4.3 铁路行车事故种类和等级

为了及时正确地处理铁路行车事故,维护铁路运输秩序,贯彻"安全第一,预防为主"的方针,使铁路运输更好地为国民经济建设服务,铁道部制定了《铁路行车事故处理规则》(简称《事规》)。《事规》是调查和处理铁路行车事故的基本依据,对铁路行车事故的调查处理、定性、定责和统计分析具有鲜明的法规性和权威性。

1) 行车事故的定义

按照《铁路行车事故处理规则》规定:凡因违反规章制度,违反劳动纪律,技术设备不良及其他原因,在行车工作中造成人员伤亡、设备损坏、经济损失的行车事故,均构成行车事故。并按《铁路行车事故处理规则》处理。

铁路行车工作包括列车在车站到达、出发、通过、区间运行、调车作业等。因此,铁路行车事故分为列车(含旅客列车和其他列车)事故和调车作业事故两类。调车事故是在车站调车作业过程中发生的事故,牵涉面较窄,而列车的行车事故是在线路和车站运行中发生的事故,牵涉面和影响面大,危害也大。

2) 行车事故的分类
（1）行车事故分类的原则和依据
①依据事故性质的严重程度。
②依据事故损失的大小。
③依据事故对行车造成的影响大小。
（2）按事故内容分类
按事故内容可分为列车事故、调车事故和因铁路技术设备破损或货物装载不良造成的事故。
（3）按事故性质、损失和对行车所造成的影响分类
行车事故本着列车事故从严，列车事故与调车事故有所区别的原则，按照事故的性质、损失及对行车造成的影响，分为特别重大事故、重大事故、大事故、险性事故和一般事故。
3) 行车事故的构成条件
（1）特别重大事故构成条件
根据《铁路行车事故处理规则》第2.1.1条规定，列车发生冲突、脱轨、火灾、爆炸或调车作业（包括机车车辆整备作业）发生冲突、脱轨，造成下列后果之一的为特别重大事故：
①人员死亡50人及以上。
②直接经济损失1 000万元及以上。
近年来，在实际操作中，一次死亡10人以上即算特别重大事故。
（2）重大事故
根据《铁路行车事故处理规则》第2.2.1条、第2.2.2条和第2.2.3条规定，凡客运列车、其他列车、调车作业（包括机车、车辆整备作业）发生冲突、脱轨、火灾或爆炸，造成表5.3中后果之一时，均构成行车重大事故。
表5.3中，列车冲突指列车与列车或列车与调车作业的机车车辆等互相冲撞。列车脱轨指列车的车轮落下轨面。列车火灾、爆炸指列车在运行中或在站停留时，因某种原因发生燃烧或爆炸，并因此造成机车车辆破损、烧成孔洞、变形或影响使用。繁忙干线，如京哈（含京秦）、京沪、京九（含广深）、浙赣（含沪杭）、陇海线。干线，如宝成、襄渝、成昆、石太、京原、京包、湘黔、贵昆等。其他线路指繁忙干线、干线以外的线路，如铁路支线。人员伤亡指在发生事故时，正在为铁路运输执行职务或服务的人员，以及持有有效铁路乘车证的人员（包括旅客携带的1.1 m以下享受免费乘车待遇的儿童，不包括抢救人员的伤亡）。直接经济损失指与直接责任人的行为有直接关系而造成的财物毁损的实际价值。行车中断指不论事故发生在区间或站内，造成单、双线区间或双线区间之一线路不能行车。中断行车的时间，指由事故发生时间起（列车火灾或爆炸从停车时间算起）至实际恢复连续通行客货列车行车条件的时间止。
（3）大事故
根据《铁路行车事故处理规则》第2.3.1条、第2.3.2条和第2.3.3条规定，凡客运

列车、其他列车、调车作业(包括机车车辆整备作业)发生冲突、脱轨、火灾或爆炸,造成表 5.2 中后果之一时,构成行车大事故。

表 5.2 重大、大事故的分类及构成条件

分类	条件	繁忙干线 人员伤亡 死亡	繁忙干线 人员伤亡 死亡重伤	繁忙干线 中断时间 单或双线	繁忙干线 中断时间 延误本线	繁忙干线 客车中途摘车	繁忙干线 机车车辆破损	繁忙干线 直接经济损失	干线 人员伤亡 死亡	干线 人员伤亡 死亡重伤	干线 中断时间 单或双线	干线 中断时间 延误本线	干线 客车中途摘车	干线 机车车辆破损	干线 直接经济损失	其他线路 人员伤亡 死亡	其他线路 人员伤亡 死亡重伤	其他线路 中断时间 中断行车	其他线路 中断时间 延误本线	其他线路 客车中途摘车	其他线路 机车车辆破损	其他线路 直接经济损失
重大事故	造成下列后果之一的冲突、脱轨、火灾、爆炸 客运列车	3人及以上	5人及以上	3h	2h	2辆	大破1辆	500万元及以上			4h	4h	3h	大破1辆	500万元及以上			6h	6h		大破1辆	500万元及以上
	其他列车			4h	3h		机车、车辆脱轨6辆(台)及以上				6h		4h		机车、车辆脱轨8辆(台)及以上				8h			机车、车辆脱轨10辆(台)及以上	
	调车冲突脱轨造成下列后果之一的			4h	3h						6h		4h						8h				
大事故	造成下列后果之一的冲突、脱轨、火灾、爆炸 客运列车	2h	2h	1h		1辆	客车中破1辆	100万元及以上			3h	3h	2h	1辆	客车中破1辆	100万元及以上			4h	4h	1辆	客车中破1辆	100万元及以上
	其他列车			3h	2h		机车、车辆脱轨3辆(台)及以上	200万元及以上			4h		3h		机车、车辆脱轨3辆(台)及以上	200万元及以上			6h			机车、车辆脱轨4辆(台)及以上	200万元及以上
	调车冲突脱轨造成果下列之一的			3h	2h						4h		3h						6h				

(4) 险性事故

根据《铁路行车事故处理规则》第 2.4.1 条规定,造成表 5.3 所示后果之一,但损害后果不够大事故条件的为险性事故。

(5) 一般事故

造成后果,但损害后果不够大事故及险性事故条件的事故为一般事故。一般事故分为 A 类、B 类,详见表 5.3 或《铁路行车事故处理规则》第 2.5.1 条。

5 铁路运输安全系统管理

表 5.3 险性事故、一般事故的分类及构成条件

险 性 事 故	一 般 事 故

造成下列后果之一,但损害后果不够大事故条件的事故:
1. 列车冲突。
2. 列车脱轨。
3. 向占用区间发出列车。
4. 向占用线接入列车。
5. 未准备好进路接、发列车。
6. 未办或错办闭塞发出列车。
7. 列车冒进信号或越过警冲标。
8. 机车、车辆溜入区间或站内。
9. 列车中机车、车辆制动梁或下拉杆脱落。
10. 列车在区间碰撞轻型车辆、小车、路料及施工机械。
11. 列车中机车、车辆、动车、重型轨道车断轴。
12. 接触网塌网、坠落、倒杆剐上客运列车。
13. 关闭折角塞门开出列车。
14. 列车运行中刮坏行车设备或货物坠落损坏行车设备。
15. 其他(性质严重的列车事故、经铁路局决定列入本项)。
	造成下列后果之一,但损害后果不够大事故及险性事故条件的事故:
	A 类
	A1. 调车冲突。
	A2. 调车脱轨。
	A3. 挤道岔。
	A4. 错办或未及时办理信号导致列车停车。
	A5. 错误办理行车凭证发车或耽误列车。
	A6. 调车作业碰轧脱轨器或防护信号。
	A7. 列车分离。
	A8. 施工、检修、清扫设备耽误列车。
	A9. 行车值班、值乘人员违反劳动纪律、作业纪律耽误列车。
	A10. 列车发生火灾或爆炸。
	A11. 滥用紧急制动阀耽误列车。
	A12. 擅自发车、开车、停车,错办通过或在区间乘降所错误通过。
	A13. 列车拉铁鞋开车。
	A14. 漏发、错发、漏传、错传命令耽误列车。
	A15. 错误操纵及使用行车设备耽误列车。
	A16. 使用轻型车辆、小车及施工机械耽误列车。
	B 类
	B1. 机车故障耽误列车。
	B2. 车辆故障耽误列车。
	  (1) 车辆燃油;
	  (2) 其他配件。
	B3. 线路、桥梁、隧道设备不良耽误列车。
	B4. 水害、塌方、落石耽误列车。
	B5. 动车、重型轨道车故障耽误列车。
	B6. 信号、通信设备故障耽误列车。
	  (1) 信号设备;
	  (2) 通信设备。
	B7. 供电、给水设备故障耽误列车。
	  (1) 牵引供电设备;
	  (2) 信号供电设备;
	  (3) 给水设备。

注:"耽误列车"系指列车在区间停车;通过列车在站内停车;列车在始发站或停车站晚开,超过图定的停车时间或调度员指定的时间;列车停运、合并、保留。

5.4.4 铁路行车事故的预防与处理

1) 铁路行车事故的预防

"安全第一,预防为主",这是安全工作的方针。根据具体工作要求和事故发生原因,采取积极有效的措施,减少事故的发生。对待事故的预防,应该积极。预防的措施要科学、全面、合理,不论是发生事故的主体或客体、局部或整体,都应该制订行之有效的管理方法和操作规程,任何从表面现象臆测或判断,不从事故中真正找原因,只能增加事故发生的频率。所以查清事故原因,真实而客观地反映事故因果关系,才能真正预防事故。

从行车事故发生原因的分析可知,事故的预防工作应抓好以下几项工作:

(1) 严格执行接发列车的标准化作业程序

按照铁道部颁发的《接发列车作业标准》规定,首先,认真做好接发列车准备工作。要求有关作业人员亲自办理闭塞、亲自准备进路、亲自开放信号,在接发列车以前,停止一切影响进路的调车作业。

其次,列车到达时和开通区间前车站值班员必须监视、确认列车到达,然后办理闭塞复原;列车出发时,车站助理值班员必须立岗、监送列车出站,于列车尾部越过发车地点时,向运转车长显示互检信号后才能返回。车站值班员应亲自向列车调度员报点,并填写《行车日志》。

(2) 执行车站调车作业标准

执行调车作业标准,一是为了充分运用调车设备,提高调车效率;二是为了预防、减少或消灭调车事故,保证调车有关人员的人身安全和行车安全。站调应正确及时地编制并布置调车作业计划。调车长在调车作业前,必须亲自并督促组内人员充分做好准备,并认真进行检查。

(3) 正确处理行车安全与效率效益的关系

要明确行车安全是铁路运输生产的必要条件,是铁路运输产品最重要的质量标志,行车安全与经济效益是辩证统一的关系。没有行车安全,不可能有经济效益;离开经济效益片面抓安全,安全就失去了实际意义。

另外要进行铁路行车安全心理的研究,掌握人们的安全动机、安全习惯、安全心理品质等问题及其发生、发展规律,培养职工健康的心理素质,通过控制行车事故发生的主观因素达到有效预防的目的。

(4) 建立铁路行车安全保障体系

铁路运输安全保障系统是指配置在运输系统上,起保障运输安全作用的所有方法和手段的综合,一方面要保证运输系统内人员和设备的安全性,另一方面要保证运输系统不会受到其外部环境的威胁。

现代化铁路行车安全保障体系的构成包括以下几个方面:

①建立、健全与铁路运输相关的法律和行政法规体系。

②建立、健全职业教育制度和职工技能培训制度。
③建立以现代企业制度为基础的内部管理体制。
④建立以先进技术装备为基础的行车安全技术保障系统。

具体如图 5.4 所示,其信息流程如图 5.5 所示。

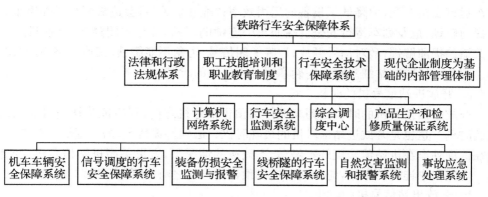

图 5.4　现代化铁路行车安全保障体系的构成

（5）接发列车作业惯性事故的预防

车站在办理接车、发车和列车通过作业程序中发生的一切行车事故,称为接发列车事故,经常发生的接发列车事故称为接发列车惯性事故。为了保证安全地、不间断地接发列车,必须认真贯彻执行铁道部颁发的《接发列车作业标准》,抓早抓实,层层设防,把事故减少到最低限度。

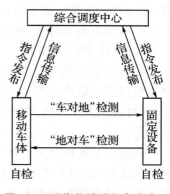

图 5.5　现代化铁路行车安全保障体系信息流程图

①办理闭塞时必须确认区间空闲

车站值班员在办理闭塞时,为防止向占用区间发出列车,必须认真做好以下工作：

a. 检查确认前一列车是否完整到达。

b. 通过闭塞设备确认区间空闲。

c. 检查确认有关记录情况。

②认真检查确认接发列车进路

车站值班员布置接发列车进路时,必须向有关人员讲清接发列车的车次和占用线路。车站一端连接两个以上方向或双线反方向接发列车时还应特别说明。为防止有关人员误听、错听,受令人应按规定复诵。此外,在准备接发列车进路时,还应重点检查确认以下各项：

a. 确认接车线路空闲。

b. 确认进路上的道岔位置正确。

c. 确认占用区间凭证填写正确。

  d. 确认影响进路的调车作业已经停止。

  上述事项检查确认完毕后方可开放信号机或交付行车凭证指示发车。

  ③正确掌握开闭信号的时机

  信号开闭时机的把握，直接影响到行车安全和设备运用效率。"早开晚关"，虽然对列车运行安全有利，但降低了设备的运用效率；"晚开早关"将会造成列车机外停车或进路提前解锁，危及列车运行安全。在非集中连锁的车站，信号关闭过早，会使进路上的有关道岔提前解锁，敌对信号开放；过晚关闭信号，道岔不能解锁，其他进路不能及时准备。因此，必须按《站细》规定，正确掌握开闭信号的时机。

  a. 开放进站信号机的时机

  开放进站信号机的时机是列车运行到预告信号机之前，司机能确认信号显示的地点的时刻。这也是开放进站信号机的最晚时机。遇到特殊情况，需要变更接车进路时，应在保证列车在进站信号机外不停车、不减速的情况下，方可关闭进站信号机，变更进路。电气集中连锁的车站，应在列车进入预告信号机之前，方可变更接车进路。

  b. 开放出站信号机的时机

  开放出站信号机的时机应根据出站信号机开放后至列车启动前办理的全部作业所需时间而定，主要包括车站助理值班员确认出站信号、显示发车指示信号的时间，运转车长确认发车指示信号、显示发车信号的时间，司机确认发车信号、启动列车的时间。

  c. 关闭信号机的时机

  到达列车全部进入接车线警冲标内方后，方可关闭进站（进路）信号机；出发（通过）列车全部越过最外方道岔，方可关闭出站信号机；列车全部越过线路所通过的信号机后，方可关闭该信号机；列车头部越过引导信号后方可关闭引导信号或按规定收回引导手信号。

  自动闭塞区段及集中连锁的车站，因设有轨道电路，信号机自动关闭。半自动闭塞的车站信号机，列车进入出站方向轨道电路区段，信号机也自动关闭。但是，出站信号机手柄必须在列车全部出站后方可恢复，以免进路上的道岔提前解锁。

  d. 接发列车必须立岗监督

  接发列车立岗制度是保证列车和人身安全，防止接发列车惯性事故的一项重要措施，必须认真执行。

  e. 开通区间不能简化作业程序

  开通区间是接发列车作业的最后一个作业程序，也是下一次作业的准备，绝不能因为列车已经接入或发出而简化作业过程，否则会埋下事故隐患。

  列车接入或发出之后，车站值班员必须亲自或通过助理值班员或扳道员确认列车是否全部到达警冲标内方或全部开出车站，及时解锁进路，关闭信号机或收回行车凭证，办理闭塞机复原，并与邻站办理区间开通手续。

  ④车机联控

  车机联控是以列车安全为对象，以防列车"冒进信号"、"错办进路"等惯性事故为重点,以加强列车运行中的动态控制,强化行车各部门的"结合部"作业为目的,以落实基本作业制度为前提的重要安全措施。

(6)结合部作业联控

①结合部的内涵和实际意义

结合部是指由几个单位或部门共同参与工作或管理而形成的相互联系、相互制约的环节、区域或部位。就行车工作而言,结合部是在运输过程中,为了安全生产这一共同目的,不同部门和不同工种人员协调动作、联合作业,在生产与管理上发生交叉、重叠的区域和环节。例如,在列车运行、接发列车和调车作业等生产环节必须由车务、机务等部门联合作业;在铁路区段上铁路局间或铁路站段间的分界口管理;线路大修时的施工与运输部门间的密切配合等,都是多个部门、多重作业的汇集之地。这些部位往往是管理松散、矛盾集中、事故多发的系统薄弱环节,是安全管理的重点和难点。据某铁路局统计,重大、大事故的76%,险性事故的74.4%,一般事故的71%,都是由于多工种相互交叉的环节失控,即结合部失控造成的。

行车作业结合部是一个系统,具有系统的一般特性,即整体性、相关性、目的性、有序性及环境适应性。此外,结合部还具有以下基本特征:

a. 多重作业。生产中多工种联合劳动,多工序紧密衔接。工种、工序间常会发生脱节、失调现象,使结合部处于无序状态。

b. 多元集合。管理工作由多个部门或单位共同负责,相互交叉,常会因自身利益出现扯皮、推诿现象,影响结合部整体功能的发挥。

c. 多级传递。信息产生和处理往往要经过纵向上下几个层次的多级传递,自下而上汇集,自上而下反馈,往返传输,常会造成延迟或中断,影响系统的正常运转。

d. 多方受控。各单位都有自己的主管部门,在协调相互关系时,涉及管理模式、设备运用、利益分配等问题,只抓某一方面难以奏效。

②结合部作业联控

要有效地保证运输安全,离不开各部门各工种的协调配合、群体防范,否则就会打乱甚至破坏运输正常秩序,使安全失去基本条件。如果各部门只从本位出发,出了事故互相推卸责任,就难以抓住发生事故的本质问题,采取有效的防范措施。再说,作业人员总会有失误,设备总会有故障,环境也在不断变化,意外的情况时有发生,如果不组织相关部门互相监督、多个工种共同预防,就会使本来可以避免的事故发生。强化结合部管理是降低事故发生概率,保证行车安全的重要途径。

结合部管理实质上是一种横向管理,是协调不同部门和工种之间横向关系的一种手段——联合控制(联控)。运输系统联控是针对不同结合部的问题,采取有效方法,并积极付诸实施,其基本原理和方法是增加有效冗余,加强前馈控制及系统要素优势互补,基本要求是:

a. 通过安全系统分析和评价,找出系统薄弱环节,提出预防对策。

b. 制定相关部门联合控制的作业标准、程序和措施。

c. 建立信息网络,制订联控制度,加强联控考核。

必须指出的是,各部门内部作业人员和工序之间的自控与互控是联控的基础。首先抓好本部门的自控与互控,部门间的联控才能得到有力支撑并发挥应有作用。

在行车工作中,列车冲突事故位居行车重大、大事故之首,危害极大。"两冒"、"错办"本身既是事故,又是列车冲突事故发生的主要原因,如何有效防止,就成为接发列车作业结合部亟须解决的首要问题。从国情和路情出发,我国铁路有关部门领导、广大职工和科技工作者经过数年艰苦努力,采用"机车三大件"和"车机联控"相结合的方法,卓有成效地解决了这一老大难问题,并成为结合部联控的成功典范。

车站错误办理接发列车进路的事故原因,除设备故障外,主要是参与接发列车工作的人员错误操作和监控不力。对接发列车系统结合部的这些主要问题,可实施车机联控加以解决。

车机联控是在大力发展和完善"机车三大件"的基础上,利用列车无线调度电话使车(车站值班员、运转车长)机(机车乘务员)双方相互通话,实现列车运行与接发列车作业联控。其基本做法和要求是:

a. 列车进站前,司机必须在预告信号机外 300 m 以外,运用列车无线调度电话向车站呼叫,车站值班员必须及时回答,告知列车进路和信号状态;非正常情况下,车站主动利用列车无线调度电话预告司机。司机与运转车长利用列车无线调度电话互相联系,了解守车风表压力和列车自动制动系统状态。

b. 列车出发前,车站与司机之间增加确认进路的联控作业标准用语,司机按发车信号动车。

在未提出车机联控前,机车"关机"运行,列车冒进信号事故屡见不鲜。车机联控后,将列车无线调度电话由以往的通讯联络工具变为现行的行车指挥与监控的辅助工具。机车出库前,必须检查确认机车"三大件"状态良好并取得合格证后机车才能出库。列车运行途中,"机车三大件"必须全程运转,严禁"关机"(《技规》第 234 条)。"车机"运用列车无线调度电话进行互控和联控,相互提醒,互相监督,并对通话信息全面记载,定期考核分析,从而有效地控制了"两冒"和"错办"事故的发生。

(7) 调车作业惯性事故的预防

在调车作业中发生的事故,叫调车事故。调车事故中频率较高的事故,称为调车作业惯性事故。调车作业惯性事故一般分为"撞、脱、挤、溜"四种类型,即冲突、脱轨、挤道岔、机车车辆溜逸。

① 发生调车作业惯性事故的常见原因

a. 调车作业计划不清或传达不彻底。

b. 作业前检查不彻底,准备不充分。

c. 忘扳、错扳、抢扳道岔。

d. 调车手信号显示不标准。

e. 溜放作业速度掌握不当或提钩时机不当。

f. 制动不当。

g. 推进车辆不试拉。

h. 没按规定采取防溜措施。

②调车作业惯性事故的预防措施

调车作业按其目的可分为解体、编组、取送、摘挂和其他调车五种作业形式；按设备状况可分为牵出线调车和驼峰调车两大类。不同目的和设备的调车作业，预防惯性事故的措施不尽相同。

a. 正确及时地编制和布置调车作业计划。编制计划必须在确保安全的前提下，充分考虑调车效率，内容要齐全。调车作业计划要正确及时布置，调车领导人要将调车作业计划亲自传达给调车指挥人。由于设备原因，亲自交接计划确有困难时，布置调车计划的办法，按《站细》规定办理。调车指挥人必须确认有关人员均已了解调车作业计划后方可开始作业。在需要变更调车作业计划时，要用书面形式重新按程序下达。

b. 做好调车作业前的准备工作。有关人员要提前出场，提前排风、摘管、松闸；认真检查线路、道岔、停留车情况；手闸制动要认真选闸、试闸；铁鞋制动要选好铁鞋。

c. 正确及时地显示信号。调车作业主要是通过信号来指挥的，同时，手信号还用于调车作业人员相互间的联系。因此，调车作业人员不但要熟悉信号显示内容，还必须熟练掌握显示方法，做到灯正圈圆、横平竖直、正确及时。作业时要正确选择显示信号的位置，正确显示连挂信号，严格执行"要道还道"制度。

d. 溜放作业要认真掌握速度、车组间隔和提钩时机。在溜放作业中，要严格遵守禁止溜放的车辆、线路、作业项目和其他规定，同时重点掌握速度、车组间隔和提钩时机三个关键。

e. 制动作业做到准确观速、正确调速、制动得当。

f. 按规定认真采取防溜措施。编组站、区段站在到发线、调车线以外的线路上停留车辆，不进行调车作业时，应连接在一起，拧紧两端车辆手制动机或安放铁鞋（或止轮器）。中间站停留车辆时，无论停留的线路是否有坡道，均应按规定采取防溜措施。在超过25‰的线路上摘车时，须等车列停妥后拧紧手闸，安放铁鞋或止轮器和防溜枕木，牢靠固定后，方可提钩。挂车时应首先检查防溜措施状况，确认无误后才能挂车。未停妥之前不得撤除防溜措施。

2）铁路行车事故的调查处理

各级行车安全监察机构是行车事故调查处理的主管部门，中国铁路总公司安全监察特派员办事处根据《事规》参与所辖区域发生的行车重大、大事故调查，并提出定性、定责建议。行车事故处理的主要工作包括：事故通报、调查处理、责任判定、统计分析、总结报告等。

（1）行车事故的通报

①特别重大、重大、大事故的通报办法

在区间发生时，由运转车长（无运转车长时为司机，下同）立即报告局列车调度员。

如不可能,则报告最近车站值班员,转报局列车调度员。在站内或段管线内发生时,由站段长直接报告局列车调度员。

如发生列车冲突、脱轨或其他严重事故,当时尚未判明是否算重大、大事故时,亦应按上述规定通报。

局列车调度员接到事故通报后,立即报告调度所值班主任。如需要救援列车或救援队时,应立即发布出动命令。调度所值班主任,除立即报告铁路局调度值班主任外,还应同时通报有关人员迅速赶赴现场。有关车站接到事故通报后,应立即通报有关铁路公安派出所。如发生列车火灾或爆炸事故时,还应立即通报消防部门。

铁路局调度值班主任接到事故通报后,立即报告铁路局长、有关副局长、安监室主任(值班监察)、有关业务处长、公安局(处)长及中国铁路总公司调度员。同时,由铁路局安监室主任或值班监察报告中国铁路总公司安监司值班监察。中国铁路总公司调度员接到事故通报后,立即报告值班处长。值班处长报告运输局局长、安监司司长、公安局局长(或值班室)及部长办公室。由部长办公室报告总调度长、主管副部长、部长。发生行车特别重大事故时,还应向国务院报告。

中国铁路总公司安监司值班监察接到事故通报后,立即报告安监司司长、副司长及部长办公室,并由司长或副司长报告总调度长、主管副部长、部长。

列车发生冲突、脱轨、火灾、爆炸等严重事故,在事故等级未确定前,应按重大事故通报办法进行通报。有关特别重大、重大、大事故的通话,按"117"应急通话级别,按"立接制"紧急办理。

②险性及一般事故的通报办法

在区间发生时,由运转车长或施工领导人立即报告列车调度员。如不可能,则报告最近车站值班员,由车站值班员转报局列车调度员。在站内或段管线内发生时,由站段长直接报告局列车调度员,报告事故与发生重大、大事故相同。

局列车调度员接到事故报告后,及时向有关领导及有关单位通报,如需救援列车或救援队时,应立即发布出动命令。铁路局列车调度员接到险性事故通报后,及时报告中国铁路总公司调度员。

③填写"行车事故概况表"的规定

铁路局列车调度员应将每件行车事故及时填写"行车事故概况表"(安监报－1),同时抄送铁路局安全监察室。中国铁路总公司调度员接到特别重大、重大、大事故及险性事故报告后,及时填写"行车事故概况表"并通知部行车安监室。发生特别重大、重大、大事故时,各级安监部门及有关业务部门应将详细情况及时逐级报告上级主管业务部门。

(2)行车事故调查处理

①职责分工

a. 特别重大事故按国务院 34 号令发布施行的《特别重大事故调查程序暂行规定》调查处理。

b. 重大事故由铁路局调查并提出处理意见，由中国铁路总公司审查批复；大事故由铁路局调查处理，并报中国铁路总公司备案。重大、大事故涉及两个局（其他有关单位，下同）意见不一致时，各自向中国铁路总公司提出事故调查处理报告，由中国铁路总公司审查裁决。

c. 险性事故由铁路局调查处理，涉及两个基层单位时，由铁路局审查裁决。

d. 一般事故由有任免权限的基层单位调查处理，涉及两个基层单位时，由铁路局裁决。

e. 属于人为破坏性事故及破坏嫌疑事故，由公安部门负责查处。

② 组织领导

a. 重大、大事故发生后，在铁路局事故调查处理委员会到达现场前，由铁路局指定的车站站长任组长并组织有关单位组成事故现场临时调查处理小组。其任务是抢救伤员，尽快开通线路，做好救援准备工作，勘察现场，保存可疑物证，查找事故线索及原因，做成记录向铁路局事故调查处理委员会报告。

b. 铁路局接到重大、大事故通报后，立即组成以铁路局局长或副局长为主任委员，安监室主任为副主任委员，有关处长和公安局局长为委员的事故调查处理委员会，迅速赶赴现场，组织指挥有关人员，积极抢救伤员，采取措施，迅速恢复通车，进行事故调查处理。

c. 事故发生的有关单位在事故调查处理委员会到达后，必须主动汇报事故情况，提供便利条件。任何单位和个人不得拒绝或干涉、阻碍事故调查的正常工作。

（3）行车事故责任的判定和处理

① 责任分类

发生行车重大、大事故要认真分析，查明原因，判明责任。事故责任依次划分为全部责任、主要责任、重要责任、次要责任和无责任。负全部责任、主要责任的单位或个人的安全成绩将受到影响。

② 责任判定

由于执行《技规》措施不当或贯彻不力，造成行车重大、大事故时，列责任事故。确属主观上不能防止的事故，列非责任事故。

中国铁路总公司、铁路局有关部门拟稿发布的文电，凡涉及有关部门而没有与有关部门协商、会签（不包括因部门间意见不一致，经领导裁定的问题），造成行车重大、大事故时，判定为拟稿发文电部门的责任事故；如已与有关部门协商、会签，造成行车重大、大事故时，根据具体情况确定。

设备（包括零、配件）质量不良，造成行车重大、大事故时，除判明产品第一供应者（工厂、工程、物资供应等部门，下同）责任外，列路内该设备主管部门事故。

技术设备的所属部门或管理部门，对设备原因造成的行车重大、大事故，不认真分析，查不出原因的，定该部门责任事故。

因机车构架、车轴、整体车轮、轮箍及车辆大部件如侧架、摇枕断裂，车轴冷断造成行车重大、大事故时,根据质量保证期、使用寿命和断口等情况分析断裂原因,判定责任单位。

凡因自然灾害等原因使工务设备损坏(如塌方落石、泥石流、路基冲刷、路基下沉、桥涵冲毁等)造成行车重大、大事故时,属于下列情况,列工务部门其他事故,不影响安全成绩:

　　a. 超过洪水设计频率、最高洪水位、最大降雨量或桥涵最大通过流量,或者虽不超过以上设计标准,但属于一次洪水期内的局部冲刷或流向改变,将桥涵墩台或路基冲坏。

　　b. 路堑堑顶至铁路一侧分水岭自然山坡上,路外开荒种地、挖渠修塘、砍伐树木、开山采石、采矿弃渣、破坏植被,经劝阻和积极采取措施进行干预后仍然无效,造成铁路设备损坏。

　　c. 线路下的岩溶、古墓、古坑道、厚层地下冰热融造成的路基突然下沉或陷穴。

　　d. 由于风、沙、雨、雪等自然影响,依目前科技水平事先无法预测,或虽能预测,但人力无法抗拒的灾害。

在新线或已竣工的工程地段发生行车重大、大事故,与工程的设计、施工、科研等有关时,应视具体情况进行分析,确属上述单位责任的,列设计、工程、科研等部门责任事故。

凡因货物装载加固不良而造成的行车重大、大事故,属货运部门失职而造成的,定为货运责任事故,影响安全成绩;如确属托运人或自装货物单位的责任,由其赔偿全部经济损失,可列为货运其他事故,但影响安全成绩。如系托运人自装的车辆,经调查分析,铁路工作人员无法检查发现,由托运人或自装货物单位赔偿全部经济损失的,列为货运其他事故,不影响安全成绩。

凡路外单位托运的自轮运转的货物,必须经中国铁路总公司指定的铁路有关部门审核检查其技术状态,符合铁路运输有关规章规定的要求方可托运。如在运输中由于自轮运转货物技术条件不符合规定,造成行车重大、大事故时,属于检查范围内的,列审核检查部门的责任事故;属于审核检查范围以外的,由审核检查部门负责追究,责任单位赔偿全部经济损失后方可列货运部门其他事故,不影响安全成绩。自轮运转货物,没有办理手续,未按规定进行审核检查,没有挂运命令就编入列车,发生行车重大、大事故时,列编入或同意放行的部门责任。

凡铁路所属部门、单位临时借用(或利用)路外企业单位机车或调车人员为铁路部门进行调车作业和牵引列车,由于路外企业单位机车或调车人员的原因,发生行车重大、大事故时,均列铁路借用(或利用)部门、单位责任事故。

铁路各部门各单位,凡以承发包、委托等形式,用集体单位人员或非铁路正式职工,承担铁路行车设备施工、维修,生产铁路用零部件和参与铁路营业及铁路行车有关工作等,因产品、施工、维修质量等原因发生行车重大、大事故时,均列铁路承发包、委托单位责任事故。

行车设备,采用非定点厂产品或不合格产品,因质量问题造成行车事故时,列决定采用该产品单位的责任。

凡路外企业单位委托铁路有关部门、单位(包括所属集体单位)承担的专用线及其他设施的维修工作,由于施工、维修质量原因,发生行车重大、大事故时,列铁路施工、维修部门、单位的责任。

凡因人为破坏造成的行车重大、大事故,在公安部门结案或经公安部门确认系破坏原因造成时,可列其他责任事故,不影响安全成绩。

若违反国家或中国铁路总公司治安、综合治理工作有关规定而造成行车重大、大事故时,列有关部门、单位其他责任事故,影响安全成绩。

凡经中国铁路总公司、铁路局批准的技术革新项目、科研项目(铁路局批准的项目需报部备案),应在科研试验基地进行动态试验;必须在运营线上试验时,应有必要的安全措施,在限定的试验期限内确因试验项目本身原因发生事故,不列为行车责任事故;但由于违反操作规程以及其他人为因素造成的事故,仍列为行车责任事故。凡已经正式投入使用的各种技术设备,发生行车事故时,一律列为行车事故。

行车重大、大事故的发生局不认真组织调查分析,调查资料不完整,列其他责任事故根据又不足的,列发生局的责任事故。

行车重大、大事故发生局,如初步判明事故责任系他局责任时,应按规定发出电报通知有关局派员参加事故调查处理会议,分析事故原因,定性定责;如有异议时,按规定报告中国铁路总公司裁定。如事故发生局没有及时通知有关局派员参加事故调查处理会议,擅自决定列他局责任,而他局提出异议时,列发生局责任事故。有关局接到发生局通知后,没有派员参加事故调查处理,按发生局调查分析意见进行定性定责。如双方不认真调查分析事故,推诿扯皮,经中国铁路总公司裁定,由事故发生局统计事故件数,影响双方安全成绩。

③下列事故可列为其他责任

a.《事规》中"行车事故报告表"中所列部门以外的铁路部门的责任事故,列其他责任事故,影响安全成绩。

b. 路外单位责任事故,列入其他事故。列车火灾或爆炸,以及线路上障碍物造成的事故,判明非铁路责任的,列其他责任事故。

c. 特殊情况,经中国铁路总公司(铁路局)审查,确定列其他责任的行车重大事故(大事故),是否影响安全成绩,根据具体情况分析确定。

④其他规定

a. 责任行车特别重大事故及行车重大事故,影响铁路局安全成绩;责任行车大事故,影响站、段安全成绩。纯属领导责任造成的事故,列领导责任,影响单位安全成绩。

b. 各部门因违章作业、设备质量或零部件丢失所发生的事故,一律统计在各该部门事故中,能确定责任的,列责任事故;不能确定为铁路责任的,列该部门其他事故,是否影响安全成绩,根据具体情况确定。

c. 凡隐瞒事故,一经查清,列责任事故,并影响安全成绩。

各铁路局参照行车重大、大事故责任判定的有关规定处理险性事故及一般事故。

(4) 事故损失费用的赔偿

行车事故的损失费用包括清理行车事故所发生的一切费用,如工资、机车、车辆和设备的修复、报废的费用,支付货主和旅客的赔偿费用等。行车事故的损失费用应在事故处理报告中列出明细表,由事故处理会议或上级安监部门对事故损失费用的承担责任作出裁决。

负事故全部责任的,承担事故损失费用的100%。负事故主要责任的承担事故损失费用的50%以上;负重要责任的承担事故损失费用的50%以下;负次要责任的承担事故损失费用的30%以下。

定其他责任的事故损失费用(不包括路外企业责任的事故),由承担其他责任的铁路局负担;定部门其他责任的事故损失费用,由部门所在的铁路局负担。属于铁路运营部门责任的行车事故损失费用,在铁路运输成本中列支。

尚未交验的工程发生其他非责任事故的损失费用,在建设费中列支。

确属产品制造部门责任的经济损失费用的赔偿程序为:先由产品第一供应者负责赔偿,其后由产品第一供应者负责与该设备零、配件或材料供货部门清算索赔损失。

经事故处理会议或上级安监部门作出承担事故费用的决定后,事故损失费用赔偿单位不得拒付。

(5) 行车事故统计分析及总结报告

①各单位应备有行车事故登记簿(安监统-1),详细记载各种行车事故的发生经过、原因及处理情况,定期分析总结,认真填写"行车事故处理报告"(安监报-2),对职工进行安全生产教育。各级安监部门应将每日发生的行车事故记入行车事故件数统计表(安监报-3)。

②铁路局于月、季、半年、年度后十日内做成"行车事故报告表"(安监报-4),总结行车安全工作并逐级上报。

③铁路局各业务部门应于月、季、年度末,对本系统行车事故进行分析总结,向上级主管业务部门报告,并抄送同级安监室。

④为客观、公正、准确、及时地做好行车事故处理工作,《事规》还附有有关行车重大、大事故责任的判定;铁路行车事故分类内容解释;机车、车辆大、中破范围的具体规定,以及对各级事故报告、批复期限和重大事故电报拍发办法等所作的规定。

(6) 铁路行车安全考核的主要指标

铁路行车安全是保证铁路正常运输的重要条件,因而,行车安全是铁路运输质量的主要指标。

①行车特别重大、重大、大事故件数

行车安全的好坏,一般用事故件数来衡量:行车事故少,说明安全情况好;行车事故多,尤其是特别重大、重大、大事故多,说明安全情况不好。

行车特别重大、重大、大事故件数是各站段、铁路局或全路在一定时期内(一旬、一月、一季、半年、全年)所发生行车特别重大、重大、大事故的总件数,由铁路各级安全监察室负责进行统计。

由于特别重大、重大、大事故的性质严重,其后果不仅带来巨大的经济损失,而且带来严重的社会影响,所以,铁道部、铁路运输企业及其所属有关站段都要考核。

②行车安全无事故天数

行车安全无事故天数是指站段、铁路局连续安全生产无事故天数。站段与铁路局要求不同,站段无事故天数是指无一般以上责任行车事故的连续天数;铁路局是以无特别重大、重大、大事故来计算连续安全天数的;行车安全天数一般以 100 天为统计考核单位。

③事故率

事故率是机务段、铁路局或全路在一定时期内每百万机车走行公里平均发生的行车事故件数,它能比较客观地反映一个单位的行车安全状态和管理水平。其计算公式为

$$\text{每百万机车走行公里行车事故件数} = \frac{\text{一定时期发生的行车事故总件数}}{\text{同时期完成的机车总走行公里(百万)}} \quad (5.3)$$

式中,行车事故总件数包括特别重大事故、重大事故、大事故、险性事故和一般事故,也可按五种事故的件数分别计算事故率。

④职工死亡事故率

职工死亡事故率是一个行车安全的相关指标。按劳动部职安局的计算方法,它指在一定时期内,某单位每一百万在册职工人数所发生的职工死亡总人数。

3) 铁路行车事故的应急处理

根据对已发生事故的分析,挤道岔、车辆抱闸、列车冒进信号、车辆燃轴、列车运行中货物坠落或装载异状、制动梁脱落、列车发生火灾等事故,为铁路运输生产中的多发性事故。这些事故一旦发生,必须立即进行应急处理,以防事故继续扩大,否则,可能酿成重大、大事故。下面简要介绍这些事故的应急处理措施。

(1) 列车在区间发生路外伤亡事故的处理

列车在区间运行中撞轧行人,有人从车上坠落,线路内(包括邻线)有人死伤时,司机发现后均应停车。司机查明死伤初步情况,有条件时,立即报告邻近车站值班员(车站接到报告后应及时通报铁路公安派出所和有关铁路业务部门共同赶赴现场,组织抢救)。对死伤者进行妥善处理后,迅速恢复行车。

(2) 发生挤道岔的处理

①发现道岔故障或被挤坏后,立即进行防护,禁止一切机车车辆通行,及时报告车站值班员(调车区长),通知工务、电务部门进行检查修理。为了不中断行车,由工务人员将道岔扳向尖轨未挤坏一侧,钉固后方准使用。

②发生挤道岔后,如果机车、车辆停留在道岔上,不准后退(后退可能造成机车车辆

脱轨,使事故扩大)。应按顺岔子方向缓缓移动,将车列全部拉过道岔。

如必须后退时,可将道岔扳向尖轨未挤坏的一侧钉固后,方准后退。

复式交分道岔挤岔后,因其道岔构造复杂,停在道岔上的机车车辆禁止移动,通知工电部门检查,确定处理方法。

(3) 发现列车中车辆抱闸的处理

司机或接发车人员发现运行的列车中闸瓦处冒烟,夜间火花,属于车辆抱闸。闸瓦贴紧车轮但还能移动,夜间车轮有火圈为活抱闸。车轮不能移动,夜间车轮与轨面接触处向后射出较短的火花为死抱闸。

如系活抱闸时应在前方站停车处理。

如系死抱闸或装载危险、易燃货物的车辆活抱闸时,司机应在区间停车处理;接发车人员发现车辆死抱闸有危及行车安全时,对通过列车显示停车手信号或用列车无线调度电话通知司机停车处理。列车未停车,报告列车调度员或前方站停车处理。

(4) 车辆燃轴的处理

由于轴瓦与轴颈间的油膜被破坏,或油膜没有很好的形成,运行时造成轴瓦与轴颈的直接摩擦而产生高热,称为热轴。如果发热已达到发烟、发火或闻到燃轴的油味时,称为燃轴。

发现燃轴时,车站接发车人员要立即向列车司机显示停车信号;如果来不及,应及时报告列车调度员及前方站,使列车停车处理。司机发现燃轴或车站显示停车信号时,应立即使用紧急制动阀停车,由司机进行检查,根据情况采取措施或限速运行到前方站。如在车站停车时,应将情况报告列车调度员,按其指示办理。

(5) 列车发生火灾的处理

列车发生火灾应立即停车。

① 停车地点的选择

a. 列车中有冒烟、发火现象的车辆并已接近车站,在站内灭火为有利(有水鹤或水源充足)时,可运行到站内停车处理;站内应停于靠水源的线路,禁止停在有仓库及重要建筑物的处所。

b. 火势不大停在区间有水源、易扑灭、有村庄的地点,禁止停在桥梁、隧道、大上坡道及风口地段。

c. 火势较大,必须立即停车,防止运行风力助长火势。

② 停车后的处理

a. 将着火车辆与前后车辆拉开一定距离。数个车辆同时着火时,在条件允许的情况下——拉开距离,以分散火势,便于灭火。

b. 对区间停留的车辆采取防溜措施(着火车辆立即拧紧手闸,以免火势增大后无法拧闸),并按规定进行防护。

c. 在电气化铁路区段内,立即报告列车调度员和电力调度员,并提出是否需要停电的请求。

d. 迅速组织和利用一切人力、器材进行扑救。装载危险货物的车辆着火时,指派有办理危险货物知识的职工指导抢救及灭火。

e. 旅客列车发生火灾时,协助列车首先疏散旅客。

f. 火势危及邻线列车安全时,应及时进行防护,使邻线列车停车。

g. 对一时难以扑灭的火灾,根据具体情况,采取分部进行,将着火车辆拉入站内或有水源便于灭火的地点扑救。

h. 对发生火灾的车辆,必须彻底扑灭,然后根据车辆技术状态等情况,决定是否可以挂运。

(6) 列车冒进信号的处理

当列车冒进进站或出站信号机停车后,列车不得移动位置,查明情况后按以下方式处理(当有碍邻线时,应进行防护)。

①冒进进站信号机

a. 接车进路已准备妥当,以调车方式接入站内。

b. 停车位置影响准备接车进路时,通知司机退出有关道岔,准备好接车进路后以调车方式接入站内;电气集中设备的车站,退出进站(进路)信号机后,准备好接车进路,开放进站(进路)信号机进站。

c. 挂有装载超限货物车辆的列车,接车线满足列车限制条件时,以调车方式接入站内。否则通知司机后退,接入超限列车的固定接车线。

②冒进出站信号机

a. 通知司机以调车方式退回出站信号机前方,办理闭塞,开放出站信号发车。

b. 电话闭塞,在不影响接发其他列车或调车作业时,列车不必后退,办好闭塞手续,准备好发车进路,发给司机占用区间凭证后发车。

c. 超长列车冒进出站信号后,不影响其他列车到发或调车作业时,不必后退。

③列车冒进信号挤道岔时,列车不得后退,按挤道岔处理方法办理。

④列车冒进信号后及时报告列车调度员,以便调整列车运行计划。

(7) 列车分离的处理

列车分离时,应立即查明分离原因。如系勾销被人提开,应重新连挂,确认勾销落槽,连续风管,进行制动试验,良好后即可开车;如系车钩零部件损坏,可将机车前端或守车后端适宜的车钩零部件给予更换。如钩型不适宜时,在站内按甩车处理,在区间按分部运行处理。

(8) 列车运行中发现车门开放、装载异状、货物坠落的处理

列车运行中发现车门开放时,在不影响双线会车,不致破坏技术设备与不危及行车和人身安全的情况下,可运行至前方站处理。

如发现装载的货物窜出、脱落、歪塌等情况危及行车或人身安全时,应立即停车处理。坠落的货物无法移动时,应尽量派人看守,报告前方站处理。在双线区间,坠落的货物影响邻线行车,不能立即移出线路时应做好防护后再进行处理。

(9) 列车运行中发现车辆部件损坏时的处理
①软管破裂或拉断:用机车前部风管更换。
②主管损坏:应根据线路坡度、故障车位置、闸瓦压力等条件确定处理方法。如故障车发生在列车前部,采取分部运行办法。故障车发生在中部或后部,可将该车前位折角塞门关闭,把故障车及其以后车辆余风排净,司机时刻注意列车尾部标志,限速运行到前方站处理。如闸瓦压力不能保证最低运行速度时,应分部运行。
③支管损坏:损坏位置在截断塞门后部时,将截断塞门关闭,排风后按关门车处理;如在截断塞门前部时,按主管损坏处理。
④制动梁脱落:在车站停车时发现时,通知车站甩车;在运行中发现时,使用紧急制动阀停车,司机进行检查,对故障车关闭折角塞门,排风并采取防止脱落的措施后,运行至前方站处理。
各种事故应急处理中,均应及时与调度指挥人员取得联系,听候指示办理。

5.4.5 铁路行车事故救援

铁路发生行车事故后,应先进行应急处理,确定需救援时,再及时派出救援列车赶赴事故现场进行救援工作,采取积极措施,迅速起复机车、车辆,清除线路上的障碍,尽快开通线路,保证迅速恢复通车,把事故的损失和影响减少到最低限度。救援工作如组织指挥得当,可以迅速恢复行车,降低事故等级。因此,事故救援在铁路运输中有着重要的作用。

1) 树立抢通意识,加强救援起复组织

各铁路局要建立健全事故救援领导负责制,制定和完善事故救援工作程序和抢险预案。一旦发生事故需要救援,各级有关领导必须立即赶赴现场,由一名主要领导负责,实行单一指挥。根据事故具体情况,迅速制定切实可行的抢通方案,抓好组织实施,以最短的时间,迅速开通线路。各单位要听从指挥,通力合作,从人员、物资、车辆、生活等方面予以保证。事故救援起复结束后,铁路局要及时召开救援总结会,讲评救援情况,做到奖优罚劣。

2) 依靠科技进步,加速救援手段现代化

各铁路局要积极采用新技术、新设备,提高应急、快速救援能力,适应对事故救援工作的要求。如要加快救援列车专用车辆更换客车改造;救援列车大型吊具全部更换改造为新型带状吊具;轨道车配备轻型合金钢复轨器。同时,要加快救援设备和机具的研制、开发,依靠科技进步向小型化、便捷化发展等。在设备研制开发中,有关部门要密切配合,大力支持,用较快的速度开发出实用、高效的新产品,提高救援能力;要尽快研制配备快速救援机具;要加强救援设备日常的修、管、用,保证设备处于良好状态。

3) 强化救援队伍培训,全面提高队伍素质

各单位要认真抓好救援专业队伍和救援队的日常培训,建立培训基地,定期组织培训、教育,提高救援队伍的整体水平,做到"练兵千日,用兵一时"和"招之即来,来之能

战,战之能胜"。这是事故救援工作性质所决定的。

4)加强对救援队的领导

按照有关规定,事故救援工作要做到制度落实、组织落实、工具备品落实。对"三落实"的情况要定期进行检查,发现问题,立即整改。

5)事故救援组织及设备

《技规》第20条规定:"在铁路总公司指定地点,设事故救援列车、电线路修复车、接触网抢修车,并经常处于整备待发状态,其工具备品应保持齐全整洁,作用良好。"根据运输生产需要,铁路局应在无救援列车的编组站、区段站和二等站以上车站成立事故救援队,配备简易起复设备和工具。"机车、动车、重型轨道车上均应备有复轨器和铁鞋。"

6)事故救援方法

救援的目的在于迅速开通线路、恢复通车,尤其是铁路干线和正线、运输繁忙区段,必须以最快的速度、最短的时间,把事故机车、车辆,破损了的线路,快速抢修好,并清理好线路,为恢复通车创造条件。事故现场的救援指挥人员应利用事故现场的地形、地物、设备等有利条件,组织多种方法平行作业,争分夺秒,恢复通车。我国铁路职工在长期实践中创造了许多救援方法,目前仍普遍采用的有以下几种:

(1)原线复轨开通法

这是在列车运行或调车作业中发生事故,脱轨的机车车辆堵塞正线时,利用复轨器、千斤顶、轨道起重机,采用拉、吊、顶等方法,使脱轨的机车车辆重新复轨,开通线路,迅速恢复通车的一种普遍而常用的方法。

(2)便线开通法

此方法是利用事故现场两侧的其他铁路线路和较好的地形,进行拨道或铺设临时线路,使正线尽快开通。

(3)拉翻法

此方法是将事故中障碍行车的破损机车、车辆利用机车、起重机、拖拉机、大型拖车等机械拉倒或翻滚,使其离开堵塞正线,开通运行线路,迅速恢复通车。

(4)移车法

移车法有吊移和拉移两种。吊移是用起重机吊起,将车辆吊起离开线路临时放置。拉移是用人力或拖拉机,利用滑竿作用使车辆移动离开线路,迅速恢复通车。

以上介绍的是四种基本方法,在事故救援时需根据当时当地的实际情况,采用最有效的救援方法,使事故造成的损失减少到最低限度。

5.4.6 行车作业人身安全

行车部门在办理接发列车和调车作业过程中,发生行车事故频率较高、件数较多。同时,由于作业人员违反规章制度、违反操作规程、违反劳动纪律及其他原因,造成人身伤亡、设备损坏,影响正常行车的事故屡屡发生。

研究和探讨行车部门人身安全问题发生的原因和规律,采取切实可行的措施,最大限度地防止人身伤亡事故的发生,在铁路运输安全工作中,具有十分重要的意义和作用。

1) 通用标准

根据《铁路运输安全保护条例》、《技规》和《铁路车站行车作业人身安全标准》的规定,车站接发列车、调车有关行车人员应遵守以下人身安全通用标准:

(1) 班前禁止饮酒。班中按规定着装,佩带防护用品。

(2) 顺线路行走时,应走两线路中间,并注意邻线的机车、车辆和货物装载状态,严禁在道心、枕木头上行走。不准脚踏钢轨面、道岔连结杆、尖轨等。

(3) 横越线路时应一站、二看、三通过,注意左右机车、车辆的动态及脚下有无障碍物。

(4) 横越停有机车、车辆的线路时,先确认机车、车辆暂不移动,然后在该机车、车辆较远处通过。严禁在运行中的机车、车辆前面抢越。

(5) 必须横越列车、车列时,应先确认列车、车列暂不移动,然后由通过台或两车车钩上越过,勿碰开钩销,要注意邻线有无机车、车辆运行,严禁钻车。

(6) 不准在钢轨上、车底下、枕木头、道心里坐卧或站立。

(7) 严禁扒乘运行中的机车、车辆,以车代步。

2) 接发列车作业人身安全

(1) 应熟知站内一切行车设备,并随时注意使用情况,如遇设备发生异常情况或变化时,应及时通知有关人员并采取安全措施。

(2) 接发列车时,必须站在《站细》规定的地点,随时注意邻线机车、车辆动态。

(3) 向机车交递凭证时,须面向来车方向,交递后迅速回到安全位置。

(4) 折叠式授受机树起后,必须插好插销,用完后及时恢复位置。接车时,应站在授受机来车方向的前方。

3) 调车作业人身安全

(1) 必须熟知调车作业区的技术设备和作业方法,以及接近线路的一切建筑物的形态和距离。

(2) 上下车时必须遵守的规定

①上车时,车速不得超过 15 km/h;下车时,车速不得超过 20 km/h。

②在站台上、下车时,车速不得超过 10 km/h。

③在路肩窄、路基高的线路上和高度超过 1.1 m 的站台上作业时,必须停车上下。

④登乘内燃机车、电力机车作业时,必须在机车停稳时再上下车(设有便于上、下车脚蹬的调车机除外)。

⑤上车前应注意脚蹬、车梯、扶手、砂石车的侧板和机车脚踏板的牢固状态。

⑥不准迎面上车。

⑦不准反面上下车(牵出时最后一辆除外)。

⑧上下车时要选好地点,注意地面障碍物。

(3) 在机车车辆走行中禁止的行为

①在车钩上,在平车、砂石车的边端或端板支架上坐立。

②在棚车顶或装载超出车帮的货物上站立或走行。

③手抓篷布或捆绑货物的绳索,脚蹬轴箱或平车鱼腹形侧梁。

④在车梯上探身过远,或经站台时站在低于站台的车梯上。

⑤在装载易于窜动货物的车辆间和货物空隙间站立或坐卧。

⑥骑坐车帮。

⑦跨越车辆(使用对口闸除外)。

⑧两人站在同一闸台、车梯及机车一侧脚踏板上。

⑨进入线路提钩、摘管或调整钩位。

(4) 手推调车时,必须在车辆两侧进行,并注意脚下有无障碍物。

(5) 去专用线或货物线调车作业,须事先指派专人检查线路有无障碍物、大门开启状态及线路两侧货物堆放情况;事先派人检查有困难时,应在《站细》中规定检查确认办法。

(6) 带风作业时,必须执行一关(关折角塞门)、二摘(摘风管)、三提钩的作业过程。

(7) 摘结风管、调整钩位、处理钩销时,必须等列车、车列停妥,并得到调车长的回示,昼间由调车长防护,夜间必须向调车长显示停车信号。

(8) 调整钩位、处理钩销时,不要探身到两钩之间。对平车、砂石车、罐车、客车及特种车辆,应特别注意端板支架、缓冲器、风挡及货物装载状态。

(9) 溜放调车作业应站在车梯上,一手抓牢车梯,一手提钩。不准用脚提钩或跟车边跑边提钩(驼峰调车作业除外),严禁在车列走行中抢越线路去反面提钩。

(10) 使用手制动机时,必须使用安全带,要做到"上车先挂钩"、"下车先摘钩"。不能使用安全带的车辆,如平车、砂石车、罐车、守车等,作业时必须选好站立地点。

(11) 严禁使用折角塞门放风制动。

(12) 使用铁鞋制动时,应背向来车方向,严禁徒手使用铁鞋,并注意车辆、货物状况和邻线机车、车辆的动态。严禁带铁鞋叉上车。

(13) 单机或牵引运行时,禁止在机车前后端坐卧。

(14) 使用折叠式手闸,须在停车时立起闸杆,确认方套落下,月牙板关好,插销插上后,方可使用。

(15) 作业中严禁吸烟。

4) 电气化区段的人身安全工作

在电气化线路上,接触网的各导线及其相连接的部件经常带有高压电。为保证人身安全,车站值班员在工作中要认真做好安全检查、教育和宣传工作,防止触电事故的发生。

(1) 在接触网带电的情况下

①禁止任何人员(专业人员按规定作业除外)携带长杆、导线等高长物件在与接触

网带电部分 2 m 以内作业。

②禁止直接或间接地与接触网的各导线及相邻部件接触(专业人员按规定作业除外)。

③禁止在机车、车辆的车顶或装载高于敞车侧板的货物上乘坐,并不准有临时部件(插上树枝、铁线头翘起等)超出机车、车辆限界。

④禁止用水管冲洗机车、车辆(包括客车),往牲畜车上浇水,给敞车上第三层牲畜添喂饲料,在客车或棚车顶上作业(如打烟筒、开闭罐车的罐盖和冷藏车的冰箱盖)。

⑤使用手制动机时,身体各部和所持信号及其他物件必须距接触网带电部分不少于 2 m。禁止登上棚车(在中间站或区间)行走或使用手制动机,也不能在高于手制动机踏板台的敞车或平车货物上拧闸。

⑥禁止到车顶上调车作业。在带电的接触网线路上调车时,禁止登上棚车(在区间和中间站禁止登上敞车)使用手制动机。编组、区段站在接触高度为 6.2 m 及其以上的线路上准许使用敞车手制动机,不能站在高于闸台的车梯或货物上。

⑦不准站在机车、车辆顶上转动水鹤臂管。

⑧站内接触网带电检修时车站值班员除应按有关规定办理外,还应做到:尽量不使列车通过带电检修接触网;配合接触网工区派往行车室的防护人员,做好安全防护;在检修作业时间内,如需使用该线路时,要提前通知防护人员,待确认检修作业确已停止,有碍行车的人员和工具确已撤离后方可使用。

(2) 在接触网停电的情况下

①确认好接触网的停电范围和分段绝缘器的位置,按列车运行图及接触网停电检查的天窗时间,掌握好确认闭塞的时机。

②列车能够滑行进站时,机车要在接触网断电标志外方降下受电弓,以防将区间接触网上高压电带进站内危及接触网检修人员的安全。

③不能影响接触网检修人员的正常工作。

④采用补机推送列车出站时,将列车推送至有电区后,电力机车才能升起受电弓继续运行,站内不允许升弓。

5) 扳道(清扫)作业人身安全

(1) 接发列车时,必须站在《站细》规定的地点,并随时注意邻线机车、车辆动态。

(2) 在扳道作业时,应遵守扳道作业方法。除因作业必须进入道心外,均应站在安全地点。

(3) 清扫道岔前应得到车站值班员或有关人员同意,清扫电气集中道岔或联动道岔,必要时应先将安全木楔置于尖轨与基本轨之间。清扫后及时将清扫工具撤除,并向车站值班员或有关人员报告。

(4) 在臂板信号机上更换灯泡、摘挂油灯、调整灯光时,必须使用安全带。

6) 运转车长作业人身安全

(1) 必须熟悉担当乘务区段的沿线及各站设备情况和《站细》有关规定。

(2) 检查车辆时应注意邻线机车、车辆动态,发现车辆下部有异状或货物装载需要整理时,必须与机车乘务员取得联系后方可处理。

(3) 在车站调车作业时,应依照"调车作业人员安全标准"执行。

(4) 在守车通过台上站立时,要把紧栏杆,在车梯上瞭望时勿探身过远,注意沿线信号机柱、道岔表示器及其他建筑物。

(5) 在列车运行中,严禁跨越车辆。

(6) 下雪时,应及时清扫守车车梯及通过台上的冰雪。

5.4.7 案例分析

1) 胶济线动车组撞人事故

2008年的1月23日,胶济线上发生了一起重大交通事故。由北京开往四方的D59次动车组列车,在行至济南铁路局管内胶济线安丘至昌邑间时,撞死18人,撞伤9人。

(1) 事故原因

事故发生地点是计划于当日22:00至次日1:30进行线路拨接作业的处所。按施工方案,当日21:00起施工范围内列车限速45 km/h运行,此时,施工作业人员方能进入工点进行施工准备。但中铁十六局的施工人员提前20 min强行进入铁路作业区。事后调查表明,中铁十六局胶济客运专线指挥部第十一施工队严重违法违规施工。23日晚,施工人员在计划时间前强行砸开工作门锁进入运行线路,负责施工的施工队为没有资质的包工队(民工施工队),违反铁路运营多项规定,导致惨祸发生。

按铁路部门规定,正式的铁路职工才能上线作业,农民工不准上线作业。经查明,第十一施工队队长朱某不是铁路职工,实际上是包工头,施工人员100人左右都是农民工。这个包工队没有施工资质,其施工资质是伪造的。1月23日20:30左右,朱某到农民工居住地用喇叭将农民工喊了起来,催促上岗,然后用三辆汽车将农民工送到施工现场的水泥栅栏外。20:40左右,施工队小队长徐某(已在事故中死亡)实施了砸锁行为,将农民工带入。此时,便线尚未开始限速45 km/h,时速200 km的动车组线路仍在营运。农民工进入时速200 km的线路,在铁路线上活动,20:48左右事故发生。

施工部门管理出现漏洞,对施工人员的安全培训很不到位是事故发生的深层原因。

(2) 正规施工程序

施工人员先到车站信号楼签到,如果列车运营情况允许,向路局调度中心申请,路局核实情况后下调度命令,施工人员才能进入线路。按照规定,没有接到调度命令不准进入线路,而这批施工人员在没有接到调度命令的情况下进入铁路运行线。

(3) 责任处理

有关方面将对包工头朱某依法追究法律责任。有关管理人员也将被追究安全管理责任,受行政处分。

2）绥佳线南岔站调车脱轨车辆与旅客列车侧面冲突大事故

2003年11月18日20:15,40134次货物列车由佳木斯运行至绥佳线南岔站东场12道,现车35辆。该车计划由四班二调推峰解体。推送车列经过推送线上的轨道衡时,值班检衡员发现前12辆车与推进车列分离,立即用对讲机呼喊调车人员及司机,要求停车。经司机调速后,机车速度由11 km/h降至6 km/h,又降至1 km/h。21:38,分离车辆由峰上溜回与推进的车辆相撞,造成推进车列中13位(G_{17}6089296)、14位(G_{17}6081356)脱轨并侵入上行正线,与正在进站的佳木斯至长春2008次旅客列车机后第9、10、11位侧面冲突(2008次编组11辆),导致旅客轻伤5人,客车第9位(YZ_{22}B33716)大破,10位(YZ_{22}B338385)、11位(XL_{22}204745)小破,使2008次旅客列车晚点2小时49分钟。继续运行至哈尔滨站后,机后9位摘车处理。构成旅客列车冲突大事故。

(1) 事故原因

①连接员违反南岔站《调车作业安全控制办法》中推峰作业应在轨道衡处进行"顿钩"的规定,在轨道衡前224m处提前发出"顿钩"指令,导致前部12辆车分离向峰上自行溜逸并回溜,与推进车辆相撞,造成推进车列中13位(G_{17}6089296)、14位(G_{17}6081356)脱轨并侵入上行正线,继而与正在进站的2008次旅客列车机后第9、10、11位侧面冲突。推峰前没有进行试拉,是造成这起事故的主要原因。

②调车机车司机没有认真落实南岔站《行车作业结合部安全联控实施细则》中对推峰前"顿钩"的有关要求,对连接员提前"顿钩"没有起到互控作用。

(2) 事故责任单位:原佳木斯分局南岔站

(3) 对有关人员的处理

①给予事故直接责任者南岔站四班二调连接员开除路籍,留用1年的处分。

②给予南岔站四班二调调车长行政撤职处分。

③给予南岔站四班值班站长行政记大过处分。

④给予南岔站四班值班站长兼党支部书记行政撤职处分。

⑤给予南岔站运转车间主任行政撤职处分。

(4) 采取的措施

①加强安全基础建设。以提高班组自控能力为重点,开展提高班组自控能力活动,重点做好班组长的选拔、职工培训、班组激励与考核,提高班组的整体管理水平。

②突出发挥干部作用。加强现场的安全监督作用,抓好规章制度的落实,提升设备质量,搞好结合部控制,提高现场职工作业的控制能力。

③严格执行作业标准。车辆部门尤其是客列检,制定具体措施,严格执行技术作业标准,决不允许放行技术不良车。

④进行设备改造。《技规》第32条规定:"车站应设在线路平道、直线的宽阔处。"南岔站东场2、4、6、8、10、12道坡度均超过2.5‰,最大6.8‰,东场推峰最大坡度4.7‰,需要对站场进行改造。

(5) 事故通报要求

铁道部在 2003 年 11 月 24 日对该事故的通报中提出如下要求：

① 加强调车作业管理。各单位要重视调车作业安全，认真分析调车事故原因与教训，健全调车作业安全管理措施，加强对调车现场的检查和指导。针对驼峰调车、编组站调车、穿越正线的调车作业，要制定可行可控的安全管理措施；对可能侵入正线影响列车安全的关键地点，要采取有力的防范措施，从硬件和制度上加以保障。

② 严肃列车放行条件。今后凡发生列车冲突、脱轨造成机车车辆破损，首先要认真检查机车车辆破损情况，严格执行列车放行条件，对危及行车安全及影响旅客乘坐安全的破损车辆严禁冒险放行。

5.5 我国铁路运输安全管理发展方向

2007 年 4 月 18 日，全国铁路如期实施了第六次大面积提速和新的列车运行图。第六次大面积提速调图的成功实施，进一步扩大了铁路运输能力，提高了铁路运输对经济社会发展的保障水平，有利于缓解铁路"瓶颈"制约，这对于我国进一步加强和改善宏观调控，实现国民经济又好又快发展具有重要意义。同时，铁路提速以及我国铁路要实现跨越式发展目标、全面深入推进和谐铁路建设对铁路运输安全管理工作提出了更高的要求。应充分认识铁路运输持续安全稳定的重要性，切实增强抓好运输安全工作的责任感和紧迫感。

5.5.1 科技强路，提高铁路设备质量

对于铁路部门来说，要保证铁路运输安全，大力采用新技术、新设备，把安全生产建立在更加可靠的物质基础上，是今后安全生产的基本方针。随着铁路运输生产和科学技术的发展，光靠人的精力、人的觉悟维持安全生产是不够的；同时，现有的一些技术装备也已不适应安全生产的需要了。因此，要大力组织新技术、新设备的研究、攻关工作，积极引进新技术，加速新技术和先进安全设施的推广应用，以加大运输安全系数。

人的精力是有限的，必须在保证安全设施方面下工夫，这是保证安全生产的物质基础。由于各种因素的影响，人总有疏忽失误的时候，所以光靠思想重视还不足以确保安全。比较理想的是从设备本身的设计上设法保障安全，即使操作者一时疏忽失误，也不致造成事故。因此，大力采用新技术、新设备，逐步实现铁路主要技术装备的现代化，以适应形势发展的需要，已成为铁路的当务之急。从我国铁路现有设备和科学技术条件来看，目前主要采用和推广下列新技术：

1) 机车安装"三大件"

所谓机车"三大件"是指在机车上安装的机车信号、自动停车装置及列车无线调度电话——一种自动控制与远程控制设备。

(1) 机车信号

机车信号设于机车的司机室，它自动地反映线路上信号机的显示。这样，即使在瞭望条件最不良的情况下，不需减低列车速度，也不会由于瞭望不清楚而发生事故，所以它进一步保证了列车运行的安全与提高了列车的速度。

（2）自动停车装置

自动停车装置是使列车在需要停车的地点（如进站与通过信号机显示停车信号），即使司机没有遵守信号显示也能使列车停车，它能自动地强迫列车停下。所以，它可以避免列车冒进信号的任何可能，更加提高了列车运行的安全。

目前，我国采用的机车信号与自动停车装置有点式及接近连续式两种。

点式自动停车装置对列车停车的作用仅仅发生在线路上的某些固定地点。点式自动停车装置不以区段所采用的闭塞方法为转移，因此它可以应用于各种闭塞设备的区段。连续式自动停车装置应用于自动闭塞区段。

自动停车装置一般由电子振荡器、电控阀、机车感应器、线路感应器、控制机、警惕手柄和计数器组成。当信号显示红灯时，线路继电器失磁，衔铁掉下，使线路感应器的电路形成一个与机车振荡电路频率相同的振荡电路。因此，机车经过此点时，机车感应器与线路感应器便相互发生电磁感应。线路感应器因感应而产生的磁通，刚好与机车感应器的磁通方向相反，因而使机车感应器的磁通减小，从而使与它相连的振荡电路的电流瞬时减弱，致使继电器失磁。继电器的失磁，使电控阀作用而控制列车制动。电控阀在作用前，发出 7～8 s 的警报，司机在此时间内可按下警惕手柄（按钮），还可以由司机自己进行制动。否则，列车的紧急制动将无法避免。这样可使司机提高警惕，密切注意信号的显示与变换，而在必要情况下立即进行制动。

（3）列车无线调度电话

列车无线调度电话在保证行车和调车安全、提高运输效率等方面都有很大作用，深受我国铁路现场工人的欢迎，目前正在广泛推广应用。

①列车无线调度电话。列车有线调度电话仅供列车调度员和车站值班员之间进行通信联系，而列车无线调度电话则可供列车调度员、机车调度员、车站值班员等调度指挥人员和列车司机相互通话，这对于提高运输效率、缩短运行时间、及时掌握和调整列车运行都有重大作用。同时，列车在运行过程中，发生临时故障，或区间线路、桥梁出现不正常现象时，司机可以及时报告调度员或邻近的车站值班员，以便及时采取措施，更好地确保行车安全。

目前，我国铁路采用的 TW-8 型列车无线调度电话设备，除了保留有线选号通信设备以外，在调度区段内的车站值班室中设有固定电台，在机车上设有机车电台，为了使有线通信系统和无线通信系统相互连接和分离，在车站还设有无线有线转接设备。TW-8 型无线电台是一种超短波调频无线电收发话电台。电台工作频率为 150～152 MHz，在车站台天线不低于 15 m 的条件下，车站和车站之间的通信距离为 15 km，机车和车站之间为 8 km。

当车站值班员和司机通话时，车站值班员的话音电流经车站固定台，调制后成高频能量,通过天线变换为电磁波向周围区间辐射,于是在此区间内被机车上的电台所接收,就能通话联系。

当列车调度员呼叫正在某一区间内运行的机车司机时,按动距列车最近车站的选出电键,使转接设备自动把车站的无线电台和调度通信线连接起来,然后呼叫所要联系机车的号码进行通话。但当司机呼叫调度员时,必须取得车站值班员的同意,由车站值班员按下专门的按钮,将车站的固定台和调度所通信线接通,然后司机才能和调度员通话。

②站内无线调度电话

站内无线通信是为车站调度员、驼峰值班员等站内编组和解体作业的指挥人员和车站调车司机相互通话而设置的。

采用站内无线调度通信时,在车站调度室和驼峰值班室装有固定无线电台,在调车机车和驼峰机车司机室内装有机车电话。通过站内无线通信,车站调度员可以直接和调车机车取得联系,及时了解现场作业情况及存在问题,并向有关人员提出解决问题的措施。特别是在天气不良、辨认信号比较困难的条件下,依靠无线通信可以更好地防止事故的发生,确保调车安全。因此,采用无线通信后站内的调车工作更加方便、灵活,能够更充分地发挥调车机车的效率,缩短车辆停留时间,加速货车周转。

据有关部门统计,凡是坚持使用机车"三大件"的机车乘务组,都没有发生列车冒进信号的事故。实践证明:"三大件"在安全生产中已经起了很大的作用。因此,中国铁路总公司继续加速发展机车信号及机车自动停止装置和无线通信。目前要监督检查机车"三大件"上足补齐,并大力发展和应用列车运行监控器,使机车"三大件"进一步普及和完善。

2) 车辆部门应用红外线探测轴温新技术

红外线探测列车轴温新技术,是我国车辆部门一项重大的科研成果,它对早期发现车辆热轴故障,防止列车燃轴惯性事故,确保行车安全发挥了重要作用,这项新技术改善了列检工作的条件,深受广大职工的欢迎,目前已成为列检职工信得过、离不开的现代化列检检测设备。

(1) 红外线轴温探测器工作原理

铁路列车车辆在运行过程中,由于速度和载重等关系,轮轴和轴瓦不断互相摩擦而产生温升,对少数轮轴轴瓦因存在着不良因素而使温度升高,造成燃轴事故。

红外线轴温探测器是用来专门探测发现在运行中列车的各个轴箱的热辐射即"红外线",红外线辐射是由于物体内部分子热运动而产生的。红外线和可见光相似,是直接传播,能够用特制的透镜进行反射、折射、聚焦。红外线探测器就是根据这个规律通过红外光学系统有规律地接收红外线、聚焦成一点,在红外元件上使红外热敏元件的电阻值发生变化。由于红外辐射能的强弱,红外元件的阻值也随着变化,由光信号转换成电信号,经过调制放大等过程,把电信号输送到离探测点较远的列检值班室,在自动记录器的纸带上显示出列车车辆热轴位置,进行及时处理,防止燃轴事故。

(2) 红外线轴温探测器的组成

红外线轴温探测器一般由红外光学系统、前置放大器、磁头传感器、记录器及走纸自动开关、传输电缆及电源等部分组成。

(3) 应用红外线检测新技术取得的显著成果

铁路车辆部门十多年来，通过推广发展红外线检测轴温技术，在提高运输效率、保证铁路行车安全方面取得了显著的效益。

目前在全路较大的列检所已安装的红外线轴温探测器，性能良好，彻底改变了近半个世纪以来手摸轴温的落后方式，实现了检测手段现代化，取得了明显的效果。

今后应进一步推广红外线探测轴温新技术，并在实践中不断改进和完善红外线轴温探测器，更好地促进铁路运输的安全生产。与此同时，要加快车轴更换和轴承改造。

3) 加强钢轨探伤

断轨是当前行车惯性事故之一。因此，中国铁路总公司要求各铁路局都要设置轨道探伤管理组织，负责大型轨道探伤车的探伤和探伤设备的检修、校正等工作；各工务段要配齐钢轨探伤人员，加强培训，建立探伤承包责任制。要尽快制定钢轨探伤技术标准，使探伤工作标准化、规范化。

4) 安装道口自动信号，发展立交桥

道口工作，直接关系到人民生命财产的安全。平交道口上发生路外伤亡事故，不但给运输生产和人民生命财产造成巨大的损失，而且在政治上也造成不良影响。例如，某铁路局某线平交道口，1970年旅客列车与某工厂载人的汽车相撞，当即死亡21人，报废汽车一辆。类似这种事故，全路时有发生。因此，加强平交道口安全防护，确保铁路的畅通无阻及人民生命财产的安全，已成为亟须解决的问题。

近几年来，在加强道口管理方面做了大量的工作，取得了一定的成绩。但道口事故和路外伤亡仍然十分严重。为了加强道口管理，铁道部将成立道口安全领导小组，并增设专门机构，还规定了对一些地区过密或非法设置的道口该拆的拆、该并的并、该迁的迁，该看的看，对留下的道口要认真整治，确保安全。除此之外，更重要的是要加强铁路道口设施的技术改造，一是要加速安装道口信号及自动报警装置；二是要加快立交道口的建设，即修建铁路与公路的立体交叉桥。

5) 采用各种自动监测保安装置

随着科学技术的进步和生产实际的需要，近年来铁路有关部门研制了各种自动监测保安装置，如红外线轴温自动报警装置、塌方落石自动报警装置、列车接近报警器等。

(1) 红外线轴温自动报警装置

为了确保旅客列车的安全运行，近年来有关部门在一些客车上安装了红外线轴温自动报警装置，试验效果良好，有效地保证了旅客列车的安全运行。中国铁路总公司已决定将逐步在客车上推广应用这项新技术。

(2) 塌方落石自动报警装置

我国山区铁路所占比重较大。由于山区铁路路基病害点多、面广、线长，路基的土壤和岩层在大自然作用下不断发生变化,塌方落石还难以准确预测,也不可能在所有的病害都设置看守人员,一般只能由巡道工和临时增派的巡查人员进行流动监视。这对漫长的山区路基,无疑在时间上总是有一定局限性和空白点,有些塌方落石发生在巡查人员到来之前或过去之后。例如某铁路局1981年4月23日凌晨3时,××线××处路堑边坡塌方700 m^3,覆盖钢轨25 m。由于巡查人员尚未到达塌方地点,而该处又是弯道和路堑,机车头灯的有效距离只能照到50多米远,司机突然发现轨道上的塌方体,立即紧急制动,因距离太近,列车撞上塌体,造成机车和机后1~4位货车颠覆,机车掉在江北岸边,造成行车重大事故,中断正线行车14小时56分钟,直接经济损失524 000多元。又如2008年5月12日14:28,因地震,甘肃徽县境内宝成铁路150.835 km处109号隧道山体崩塌,8.5万方土石掩盖了这一区段铁路、公路和河流,21043次货物列车因此脱线,12节装运汽油的罐车被埋在隧道中并起火燃烧,行车中断(如图5.6所示)。这就说明,要想防止列车不冲撞塌方体,单靠人工巡查对行车安全是没有保障的,还必须采取技术手段,实现塌方落石自动报警。

图5.6 隧道山体崩塌,油罐车被埋起火

经过有关部门反复试验,"拦截式"的监督装置比较成功。这种自动报警装置,是在塌体的下落径路上设置框架铁丝网,网架的下端为铰孔并锚固在山坡上,两架的上端布有塑料电线,也锚固在斜坡上,使铁丝网架与山体组成一定的角度。当塌方体打垮铁丝网、电线被拉断时,就启动报警信号,实现自动监督报警。报警的防护信号是在塌方防护区域的两端不少于50 m处设色灯遮断信号机,并按规定设预告信号机。当监督网的电线被塌体重力拉断时,遮断信号机显示红灯,预告信号机显示黄灯,指示司机立即停车。同时,在附近看守房还装有报警电铃,通知看守人员进行处理。为了进一步完善报警装置,还增设了无线列调电台。当发生塌方,监督网电线被拉断时,除控制遮断信号显示和电铃报警外,还自动开启录放音机,通过无线电台的作用,向列车与相邻车站连续发出"某某地塌方"的呼叫信号。这样,当机车越过信号机才塌方,也可以听到呼叫信号而紧急制动,使塌方报警更加可靠和及时。

(3) 列车接近报警器

随着养路机械化作业的发展和列车速度的不断提高,安全防护问题越来越突出。为了解决这个问题,现已广泛采用列车接近报警器。

列车接近报警器是一种安全防护设备,它的作用是提前预报列车接近,并发出必要的报警信号,以便施工人员和机具及时撤离线路,防止行车事故,保证作业安全。

列车接近报警器的工作原理:当列车接近时,通过某种接触或接触式驱动检知器动作,使发射器改变发射状态并发出来车的信号,经传输线传送给接收器,接收器接到信号后自动地控制警报发生器发出警报(音响或灯光显示)。

5.5.2 我国铁路运输安全管理的对策

鉴于我国铁路运输安全存在的种种问题,结合我国铁路实际情况创建有特色的安全保障综合体系,并从以下四个方面采取相应对策:

1) 建立科学有效的安全管理机制

为了最大限度地减少安全事故,保证铁路运输系统的安全高效运行,科学管理应渗透到铁路运输安全工作的每一个环节。

(1) 更新安全管理观念

铁路运输安全的管理者应更新管理观念,正确处理社会效益与经济效益、长远利益与眼前利益的关系,改主观片面为客观全面,改事后的被动处理为事前的积极预防。安全管理思想强调管理者自身的责任和"现场管理"。在对人的管理方面应"以人为本"。尽量避免靠权威管理的模式,使员工行为既受到约束,又受到尊重,并激发其工作的责任心和积极性。

(2) 强化安全管理基础工作

健全各项安全管理规章制度,形成规范的、有效的安全管理机制,改经验型管理为科学管理。建立行车安全多级自动化管理系统,开展安全目标管理和各种预防事故的活动。逐级落实安全负责制,加强安全考核力度,增强职工的危机感和责任感。改进行车安全管理的组织机构,如可设置事故分析科室,对已发生的事故情况和原因做出正确结论,充分利用事故的信息价值。本着实事求是,量力而行的原则,在有利于安全生产的基础上挖潜、扩能,不断改善职工生活条件和工作条件,增强凝聚力。

(3) 抓住安全工作的关键环节

客车安全涉及旅客生命财产安全,是安全工作的重中之重,特别要注意提速区段的客车安全,严格落实安全工作的各个步骤。工务行车是一个完整的人—机—环境系统,事故率较高,往往造成的损失惨重,必须采取综合措施,全面提高工务安全工作的可靠性。结合部安全往往是薄弱环节,要从根本上协调牵头部门和配合部门的责任和关系。落实空货车脱轨、道口安全、货车超载、偏载等威胁安全的突出问题。落实防列车冲突、防断轴、防断轨的措施,攻克"冒进"、"错办"等难点。

(4) 克服不良工作作风

形式主义和官僚主义严重影响了各部门安全工作的深入开展,是铁路运输安全的大敌。应在管理人员中提倡真抓实干的作风,要求深入基层调研,多做实事敢讲真话,不断提高科学决策的水平。改革干部人事制度,实行竞争上岗,能者上,庸者下。

(5) 防范铁路事故的人为因素

从对铁路行车事故的原因分析中得出人的因素占有很大比重。由此,切断人为因素的连锁关系至关重要。可以采取的措施有:

①职工适应性检查。检查知识水平、工作动机、心理状态和身体素质,挑选高素质

的人才。

②建立培训基地，加强职工培训，提高人员培训的质量和效果。对铁路内外人员进行安全宣传教育，对路内员工进行各种安全试验扣训练。

③严格职工劳动纪律，建立物质和精神奖惩激励机制，充分调动人们的积极性。

④用机器代替人的工作，缩小人所涉及的领域。

⑤改善工作环境，从心理学角度减轻工作环境对人的不良影响。

⑥采用先进的通信工具，保证及时准确地收发各种信息。

⑦创造"安全第一"的氛围，培养提高员工的责任心和遵章守纪的自觉性。

(6) 健全安全法制和监督机制

加强运输安全管理，不但讲究管理手段，更重要的是有法律观念，实现依法建路和依法管理。健全安全法制，其目的就是使人、机、环境的安全管理活动做到有章可循、有法可依，从而规范人、机、环境安全管理的作用。包括以下三个方面：完善铁路运输安全法规，建立健全规章制度；完善安全标准体系，监督与考核规章制度、作业标准的执行；健全监督机制，可以设置专职的铁路安全监督机构，调整监察员与铁路的关系，加大安全监督覆盖面，加大安全监督的力度和效果。

2) 重视安全技术装备的开发与应用

采用先进可靠的铁路运输技术设备，可以排除或减少人为错误所产生的严重后果。在采用安全技术设备方面，要特别注意以下几点：一是对于加强安全技术设备所需的资金，该花的钱决不可省；二是紧密依靠科学进步，采用先进技术，重点放在提高铁路质量和机车车辆运用状态的可靠性上；三是始终把安全可靠的运输放在首位。

目前，安全技术设备的发展大体上可分为四个方面：一是防止和排除人为错误的设备，如自动停车、自动报警、列车无线通信、机车信号、速度测录表、车站进路办理的监督设备等；二是对各种固定和移动设备的技术状态进行监测和诊断的设备，如热轴探测与报警、钢轨超声波操作、轨道状态检测车、信号设备故障遥测监视、列车分离保护装置、列车制动主管压力遥测、超限界报警、各种自然报警等；三是兼有扩能和安全设备的装置，如自动闭塞、电气集中、调度集中、列车自动控制、列车自动操纵等；四是救援抢险设备，如救援列车、牵引车、复轨器等。

铁路运输各部门可根据自身情况选择适宜的技术设备来提高本部门的安全运输水平，从而为整个铁路安全运输奠定坚实的基础。例如，工务部门可研制采用新型轨道检查车、超声波探伤车以及其他各种监测装置；在轨检车上装设先进的电子仪表或电视系统，对铁路状态的各种参数以及机车车辆纵向和横向作用的影响等进行监测；所有数据由电子计算机处理，据此安排线路维修计划。机务部门在机车上装设防止列车冒进信号、司机警惕装置，确保机车乘务组处于睡眠状态或前方信号机显示禁止信号时，列车能自动停车。车辆部门应安装与列车道路有关的全部作业和程序进行监督的专用设备，从而消除车站值班员作业时人为失误；建立列车调度员和车站值班员之间的通话录音自动记录电话，从而提高行车调度指挥水平和工作的可靠性。电务部门应强化通信信号设备,大力发展自动闭塞和电气集中,建立列车速度监督和运行调度指挥自动化系统,提高机车信号作用,减少人为错误,提高行车安全。

先进的安全技术装备是搞好铁路运输安全的关键。如道口安全是铁路安全的重要部分,其事故占铁路事故总数的一半左右。行车安全最薄弱的地点是铁路和公路平交道口,特别是行车量密集的道口和无人看守道口。道口安全措施包括加强行车安全教育和值班管理制度;实行立体交叉化,将繁忙道口改平交道为立交,封闭业务量小的道口;采用先进技术改善道口装备,如采用道口自动栏目技术;实行交通管制,强制执行道口行车法规;改造道口的投资政策,实行谁投资谁受益的精神;实现道口管理计算机化,建立全国道口数据库;在道口安装摄像监视系统;给机车喷漆醒目图案,在机车头部两侧安装频闪灯等。此外,计算机作为基础设备在铁路系统中广泛应用,而计算机的安全问题对行车安全构成了潜在威胁。实践证明,在现有基础上制定建立安全技术装备体系的规划,对不同线路提出相应的安全技术装备的标准,是铁路运输长治久安的重要保证。

3) 加强对自然灾害的监测与预报

铁路处于全天候的自然环境中,风、水、雪、泥石流、滑坡塌方无一不对运输安全造成危害。如1981年7月9日,成昆线尼日至乌斯河间的利子依达铁路大桥被泥石流冲塌,正在通过的442次列车2台机车、1辆行李车和1辆客车坠入大渡河内,造成130人失踪和死亡,146人受伤,线路中断15天。这种外部环境变化是难以预防的,也是铁路运输无法躲避的,只能通过以下两方面的措施来减轻和防止灾害造成的损失:一是安装监测和报警系统,在环境变化达到临界状态以前给出报警;二是制定在异常气候条件下的行车规则和在灾害时职工的警戒规则。对于特别异常气候,还可制定列车慢行或停运的行车规则。

4) 建立铁路交通灾害预警系统

铁路事故是由一系列事件形成的事故链造成的,往往是人、机、环境因素相互作用的结果。因此,铁路安全管理必须是系统全面的管理,而且"事前"管理比"事后"管理更为关键。为了实现这项繁杂庞大的系统工程,强化预防为主的安全管理,有效降低事故率,当务之急就是开展铁路交通灾害预警管理。

铁路运输事故的后果往往是灾难性的,会给社会造成有形和无形的损失。除具有灾难性外,铁路运输事故还具有突发性和一定的必然性。在目前的安全技术与管理下,完全杜绝事故发生是难以做到的。因此,就铁路运输事故的灾难性、突发性和必然性三个特征而言,铁路运输事故的确是一种灾害。建立铁路交通灾害预警系统,就是要在铁路运输组织和铁路设施管理组织中,构建一种对同质性铁路运输事故能够"免疫"并能预防和矫正各种运输灾害现象的"自组织"机制。通过铁路交通灾害成因机理分析,进行铁路交通灾害预警系统构造及对策方法研究,包括提出铁路交通灾害成因、预警系统模型及运行方式、评价指标体系、预控方法等。建立铁路交通灾害预警系统,要在认识上进行一场革命,牢固树立预防为主的意识;深入了解事故发生的原因,掌握同类事故的防范措施,避免重蹈覆辙;要认识、研究和把握铁路安全生产的规律,通过对人、技术设备、环境、管理方面的监测、识别和诊断,及时发现事故征兆,采取有效的预控对策,不断提高安全工作的预见性、超前性,居安思危,防患于未然。值得注意的是,建立铁路交通灾害预警系统关联到各部门、各专业,涉及多学科的交叉与融合,是一个综合性很强的研究开发领域。铁路运输部门应广泛联合系统外研究单位和高等院校,开展安全技术攻关,实现优势互补,从而取得事半功倍的效果。

5)加快建设和完善全覆盖、立体化、高可靠的安全保障体系,为铁路运输持续安全稳定提供可靠保障

(1)加快建设和完善安全检查监测保障体系。依靠先进可靠的检查监测工具和手段,采取人机结合、动态检测和静态监控结合的方式,实现对主要行车设备、主要行车岗位、安全关键部位全方位、全过程的检查监测、信息反馈、考核评估,加快形成监控有力、反应灵敏、闭环管理的提速安全检查监测保障体系。

一是安全检查监测。各单位要逐步装备和运用先进的检测手段,实现对本系统主要行车设备的动态监控。

二是安全信息诊断评估。要以专业部门为主,综合部门和安全监察部门参与,加快建立中国铁路总公司、铁路局、站段三级固定设备和移动设备安全运行信息诊断评估网络,建立和完善行车设备安全运行和故障信息收集、分析、诊断和评估制度办法,明确诊断评估标准,规范作业流程,实现安全信息资源的科学合理利用,形成指导安全生产的有效依据。

三是安全信息反馈处理。按照信息反馈及时、准确、高效的原则,抓紧建立各专业、各系统安全信息反馈处理平台,完善日常管理、监督、考核制度,落实管理责任;进一步健全部门间、系统间、中国铁路总公司与铁路局、铁路局与站段间信息沟通、交换、共享机制,最大限度地提高安全信息资源的利用率。

四是跟踪落实。按照分级控制、分层管理、分类处置的原则,建立完备的安全问题信息库,中国铁路总公司、铁路局、站段检查监测诊断发现的问题,全部建档入库、分类管理、动态更新;建立通畅的信息传输通道,确保各类安全问题信息及时、准确地传递到责任部门和运输第一线;建立问题整改落实机制,充分发挥中国铁路总公司、铁路局、铁路办事处、站段安全监察队伍作用,加强对问题整改情况的检查,及时处理各类安全隐患和问题。

(2)加快建设和完善固定设备维修保障体系。更新维修理念,采用先进地维修手段,创新维修方式,加强设备精检细修,全面提升设备质量,确保动态达标。

①树立全新的维修理念。工务部门要树立零误差的维修理念,严格执行线路维修标准,提高线路质量;电务部门要树立零故障的维修理念,通过精检细修,提高设备安全可靠性;供电部门要树立零缺陷的维修理念,加强对牵引供电设备的日常检查和维修,消除设备主要缺陷,打造空中安全线。

②优化检修资源配置。进一步增加并统筹全路大型养路机械资源,做到科学布局、

集中管理、统一调度使用,最大限度地发挥大机效能,动态优化维修机具配置。

③推行新的维修方式。工务系统要大力推进"检养修"分开,加快构建以专业修、集中修、机械修为主,临时补修为辅的维修模式;电务系统要大力推行"值检修"分离的维修模式,全面实行状态修、集中修和专业修,大力提升设备维修标准化和规范化水平。供电系统要进一步完善委管体制,加大监管力度,加强质量监督考核,确保接触网设备动态达标。

④强化关键部位质量控制。组建线路、道岔、曲线、钢轨打磨等专业维修队伍,充实管理人员和专业技术力量,提高关键部位的维修质量;加大设备投入,配备专用维修设备,特别是各类检测、监控、维修设备,满足设备日常检测维修的需要;加大技术攻关力度,研制轻量化、高精度、适合现场作业需要的小型工装机具,提高日常维修作业的效率和质量。

⑤尽快完善"天窗"修管理办法。运输调度部门要树立保"天窗"就是保安全、保能力、保效率的思想,科学调度,精心铺画,给足、给好"天窗"点;设备维修单位要优化生产组织、劳动组织和作业方式,提高作业能力和作业效率,用足用好"天窗"点。部运输局和各铁路局要健全"天窗"修管理机构,完善"天窗"修管理制度和考核办法。

(3) 加快建设和完善移动设备维修保障体系。加快综合检修基地建设,强化动车运用所管理,规范动车组检修流程,全面提高动车组养护维修水平;切实加强机车车辆的日常检修和运用维护,全面提升机车车辆运用检修质量。

(4) 加快建设和完善货运安全保障体系。以确保提速客车特别是动车组列车安全运行为重点,全面强化货运安全管理,加快形成质量可靠、监控有力、管理有序的货运安全保障体系。提高货车质量,提高货车装载加固水平,完善货运安全监控网络。

(5) 加快建设和完善行车组织指挥和应急救援保障体系。进一步强化运输集中统一指挥,提高调度指挥水平,完善应急救援预案,规范突发事件应急响应程序,形成指挥顺畅、反应迅速、救援处置有力的行车组织指挥和应急救援保障体系。进一步完善行车组织管理办法,加快调度系统信息化建设,全面提升应急救援处置能力。

(6) 加快建设和完善规章制度保障体系。以确保运输安全为重点,以基本规章为依据,分系统、分层次建立和完善各项规章制度办法,形成科学严密、统一规范、动态优化、具体可行的规章制度保障体系。抓紧清理完善各项规章制度,建立规章制度动态优化机制。

(7) 加快建设和完善治安防范保障体系。以实现时速 160 km 及以上提速区段路外零死亡为目标,加强防护网、立交道口、沿线绿化等工程建设,健全护路联防联控机制,强化治安综合治理,完善时速 200 km 及以上区段巡察看护制度,采取物防、技防、人防相结合的综合防护措施,着力构建全天候、立体化的治安防范保障体系。

(8) 加快建设和完善职工培训保障体系。适应铁路运输持续安全稳定和未来客运专线运营管理的需要,以职工素质达到提速安全要求为目标,进一步完善中国铁路总公司、铁路局、站段三级职工培训网络,改进培训方法,创新培训方式,丰富培训内容,提高培训质量,着力构建铁路职工培训保障体系。

复习思考题

5.1 铁路运输安全的特殊性和管理特点体现在哪些方面?
5.2 试述铁路运输安全系统管理的主要内容和内在联系。
5.3 何谓铁路行车事故?按事故性质、损失和对行车所造成的影响,铁路行车事故分为哪几类?
5.4 试分析铁路行车事故的预防要做好哪些工作。
5.5 列车冒进信号后如何处理?
5.6 铁路行车事故常用的救援方法有哪些?
5.7 铁路行车作业人身安全的通用标准有哪些内容?
5.8 铁路行车安全和货运安全工作的考核指标主要有哪些?
5.9 铁路客运安全的内容是什么?
5.10 说明铁路旅客意外伤亡事故的原因及防范措施。
5.11 如何加强铁路客运安全管理?
5.12 试分析我国铁路运输安全管理的对策。

6 水路运输安全系统管理

6.1 概述

改革开放以来,中国经济持续高速发展,贸易的增长和繁荣带来对水上运输的巨大需求,在二十多年的时间里港口数量和运力规模大幅度增加,目前我国大陆沿海共有700多个港口,各种营运船舶40万余艘,总吨位超过4 000万 t。投资经营者数量也大幅度增加,运输实体由过去单一国有企业向国有、集体、个体多元化方向转变,有水大家行船成为现实,水上运输事业呈现出一派繁荣景象。与此同时,在运输企业所有制形式多元化、投资主体多元化的情况下,在国家经济体制由计划经济向市场经济的转化进程中,如何加强水上交通运输安全管理、健全管理机制和法规体系成为国家、企业、个人和社会关注的一个重要问题。

6.1.1 水路运输安全管理的目的和意义

维护海上安全是保证运输畅通、满足国民经济建设对运输需求的基础。改革开放二十多年来,我国水运事业得到了长足的发展,运力规模迅速扩大,由开始的紧张不足发展为基本能满足国民经济建设的需要,水运设施的技术进步水平也大大提高。然而,在新增的运力中,运力的质量差别很大,对于不同地区和企业来说,科技水平和管理水平的差距也很大,形成严重的发展不平衡问题。这种现实增加了水上运输安全管理的复杂性。种种迹象表明,我国经济体制的改革、运力规模的扩充、经营实体的多元化,这些重大而快速的变化给国家水上安全管理提出了新的课题。这就要求水上安全管理体系适应这种国情,能在复杂的市场经济条件下把握全局安全,促进水运事业繁荣。需要在不断摸索、创新的基础上总结经验、发现问题,进一步改革水上安全管理体制,健全法规体系,保持航运业健康发展。

多年来,政府和研究部门根据国家经济体制改革的需要已经在水上安全救捞管理体制方面做过许多实际工作。在总结过去经验和已取得的成果的基础上,从理论和学术方面对水上运输安全管理体系的改进、法规体系的健全和救捞体系的完善问题进行探讨,特别是对其中较为薄弱、亟须改进的救捞体系的改革进行探讨,提出建设性的意见和改进方案是非常必要的。

6.1.2 海运发达国家海上运输安全管理体系的特点

世界上主要的航运国家都设有统一的海事管理机构作为政府的主管机关,大部分国家的这些机构都是由交通部门领导的。如美国运输部领导下的海岸警卫队,日本运输省领导下的海上保安厅,加拿大运输部领导下的海岸警备队,新加坡交通部领导下的海事与港口管理局等。

1) 美国海岸警备队

(1) 美国海岸警备队的性质

美国海岸警备队与其他任何机关都有所不同,具有其独特性。美国海岸警备队在任何时候都是美国的一支武装部队,其地位等同于其他四个武装部队——陆军、空军、海军及海军陆战队。海岸警备队是美国唯一的国防部之下的军队,在和平时期,海岸警备队处在美国交通部的管辖之下,是交通部的一个重要机构。它拥有许多飞机、小船、快艇及岸站,利用这些设施执行法律,促进海上安全。而在战时,或者由总统宣布时,它就成为海军的一部分,由海军统一指挥。

(2) 美国海岸警备队的使命

美国海岸警备队主要有三大工作目标,即防御准备、海上安全和海上执法。在船舶与船员监督管理方面的业务范围如下:

①执行水上法令,监督检查船舶、设施和人员遵守国家法令与规章的执行情况。

②进行水上巡逻,取缔和查处违章事件,维护港口、海区和内水的安全秩序。

③调查处理事故,执行海事法令。

④进行船员考试,颁布船员职务证书,审查船员资格。

⑤对船舶、设施进行注册登记,监督检查和检验船舶与设施的技术状况,签发国际证书和技术证书,审查船舶建造计划。

⑥监督和防止船舶污染,查处污染案件,保护海洋环境。

⑦管理岸线、港口、航道及水上的消防、通讯、助航设施,观测海洋气象、冰情,发布航行警告,实施水上交通管理。

⑧防止海难事故,组织、指挥和实施海难救助工作、防台风工作和破冰工作。

⑨监督检查水上危险货物的装卸、运输和储存。

⑩缉私和取缔海上犯罪,保护 200 n mile 渔区。

(3) 机构设置

美国海岸警备队属于美国交通部,有对在其管辖水域内的船舶、设施及人员搜查、罚款、逮捕和扣留船舶的司法监察权,但不负责法律审判。

总部设在华盛顿,下设东西两大区司令部和 12 个地区司令部,并在全国设有 54 个分部。每个分部管理附近的一个或几个港口。

2) 日本海上保安厅

日本的船舶与船员管理主管机关是运输省领导下的日本海上保安厅和海上技术安全局。除货船安全构造证书和国际载重线证书由运输部委托日本船级社外,海上技术安全局主要负责船舶其他技术证书发放工作。液化气船、海上平台等由日本船级社检查,但该局负责技术报告的审核、船舶的发证和对船舶安全检查、对船员教育、培训、技术标准的执行,以及组织对船员的考试、发证工作。该局在日本全国设有11个海上技术安全机构。

日本海上保安厅主要负责海上警备、海难救助、水道测量、航路标识等工作,是日本水上交通安全主管机关。其职责范围包括:

(1) 海上法令。

(2) 预防海难事故,组织和实施海难救助打捞,进行海难与海损事故调查,配合国际搜救业务。

(3) 有关水路测量及水文观测,有关水路图标和航空图志的调查、编制业务,有关灯塔及其他航标的建设、维护和使用等业务。

(4) 进行海洋科学考察。

(5) 统一发布航行警告。

(6) 有关沿海水域巡逻警戒,取缔海上犯罪、违章、搜捕海上犯人等。

(7) 维护海上交通安全,对航道、水道和港内航行的船舶实行交通管制。

(8) 执行港长职权。

(9) 管理海上建筑施工等工作。

日本海上保安厅对管辖水域内的违章船舶和船员有搜查、警告、罚款、拘留人员或扣留船舶的司法监察权。日本海上保安厅总部设在东京,全国设11个管区,海上保安部66个、54个保安署和3个海上交通管制中心。

3) 与国外海事主管机关的差距

与国外海事主管机关相比差距主要体现在三个方面:一是管理模式,国外海事主管机关实行分区管理,垂直领导,统一政令。例如美国海岸警备队分9个管区,日本海上保安厅分11个管区,统一行使海上安全、防止船舶污染等管理;二是技术装备,国外海事主管机关的技术装备精良,例如美国海岸警备队配备了固定翼飞机、直升机,能对海难事故进行快速反应(可以搭载直升机);可以进行远海巡逻,对海上通航秩序、海上污染进行管理;三是人员素质,国外海事主管机关的人员素质较高,基本建立人员进入、交流、培训、辞退等机制,机关一般从海事大学录用各类人员,普遍具有海上操船经历。

6.1.3 中国水上安全管理现状的评价

1) 国家水上安全管理体系设置

(1) 水监管理体制

水上交通安全监督管理属于中央事权。依据我国有关法律,水上安全监督管理机构同其他口岸管理单位一样,是国家的行政执法机关,负责行使国家水上安全监督,防止船舶污染,船舶与海上设施的检验和航海保障管理等行政管理职能。

由于历史的原因,在我国的沿海、对外开放水域和一些重要的跨省干线通航水域,存在中央和地方两种水监机构,形成"一水两监"、"一港两监"、机构重叠、政令不一的格局,没有像海关、边检、卫检等机构那样,形成全国统一的、相对独立的行政管理体系。这种局面造成我国的水上交通安全管理体制政出多门,多头管理,重复检查,重复收费,越位施权、国门疏漏,监管不力,安全弱化,削弱了水上交通安全管理力度,而且制约了水运事业的发展。这是因为在计划经济体制时代,水监机构承袭于港口的行政隶属关系,没有经济利益驱动,中央与地方水监机构的矛盾并不突出,行政协调也比较有效。随着我国经济体制改革的不断深入和对外开放的逐步扩大,港口、航运走向了市场,对外开放口岸越来越多,水监体制不顺的矛盾也越来越突出,主要是船舶交通的流动性与水域条块分割管理的矛盾,水上交通安全执法的统一性与地方保护性政策的矛盾,中央与地方水监机构之间、地方水监机构与地方水监机构之间争夺船舶管理权和收费权的矛盾。近年来这些矛盾变得难以驾驭,大有上升激化的趋势。

1999年的水监体制改革,在明确水监管理为中央事权的前提下,充分调动了中央和地方两个方面的积极性,重要水域(沿海、对外开放水域,主要内河干线水域)由交通部设置机构垂直管理,其他内陆水域(内河支流和湖泊、水库等)由省级交通部设置机构垂直管理,"一水一监"、"一港一监"在同一水域和港口,不重复设立机构,实行统一政令、统一布局、统一领导、分工管理的管理体制。

改革后形成的管理格局是:中国海事局直接管理20个直属海事局及其下属机构,对各省、自治区、直辖市的地方海事局实行业务领导,从管理体制上确保了水上安全监督实行统一管理、统一政令;从水域划分上界定了管辖范围后,保证一个水域只有一个管理机关。新体制运转后,可以克服原来一水多监、政出多门、政令不统一的弊病。

目前,基本上解决了中央与地方港监合并统一管理的问题。但由于改革涉及地方和原直属局的利益,为缓和矛盾,推进改革,现实施的改革方案与确定的改革原则和目标是有一定的差距的。因此,目前20个局的管理体制不是合理的。下一步应该在实现全国中央和地方水上安全监督机构合并后,全面理顺水上安全监督机构内部的船检、航标管理体制,真正实现统一政令、统一布局、统一监督管理。

(2) 救捞体制

多年来,在救捞业务管理上,部救捞局按部领导的指令实行集中统一指挥、部署。多年来建立健全了一整套规章制度,在整体上依据《海上交通安全法》、《海商法》、《国际救助公约》以及双边海运协定等开展工作;日常工作中依据部《救助打捞船舶调度指挥管理办法》等,规范和部署救助值班待命力量和组织完成海上抢险施救任务。指挥渠道基本畅通,通常情况下能够保障完成海上救助打捞任务。近年来打捞技术、打捞工艺有所发展,增加了科技含量,突破了传统的单一的浮筒打捞方式。采用了链条分段切割和水下定向爆破等新技术,加快了清除航道障碍的速度,研究了沉船水下抽油技术,引进了水下抽油、水面溢油回收的成套设备,使防止沉船溢油和防止水域油污有了技术保障。自1999年4月1日起开始对潜水打捞单位实施资质管理后,在规范打捞市场、维护打捞市场秩序上取得了明显的效果。

从组建到1999年底,上海、广州、烟台救捞局救助中外船舶2 164艘,获救、救生人员24 079人,打捞沉船(物)1 549艘(件)。同时,为海洋资源开发、海洋科学调查、港口建设等提供了多种水下施工、设施维护检验和潜水服务,以及海底炸礁、重大件运输、钻井平台拖航、海上吊装、海(水)底隧道施工等,为保障海上人民生命财产安全、履行国际义务、支援国防和国家经济建设做出了重要贡献。

但是救捞体制也存在着不适应市场经济的问题,主要是:

①救捞体制不顺。我国救捞体系从建立之初就把救助与打捞统一建设、统一管理。在国家核拨救助经费严重不足的情况下,迫使救捞系统走以经营保救助的道路,形成了事企、救捞合一的体制。这种以捞养救、以企养事的做法越来越难以适应社会公益救助的需要。

1989年全国海上安全指挥部撤销之后,"中国海上搜救中心"的工作由交通部安全监督局(现交通部海事局)承担,海上搜救力量除能调动交通部下属的上海、广州、烟台三个救捞局的专业队伍外,调用其他各涉海部门和单位的社会救助力量和设施缺乏权威性,高层协调指挥和合作救助能力大为下降。

②救助手段落后。我国海上专业搜救队伍在历次重大海难事故推动下,搜救手段的技术水平有了一定程度的提高,但与周边国家和地区特别是与我国日益频繁的对外经贸往来的地位相比差距甚大,如缺乏高速、机动性强的装备。我国大陆至今尚无一架专用直升机(美国207架,日本70架,中国香港17架)和高速救助船艇;设备老化严重,90%以上的救捞船舶仍在超期服役;设置的救助站点过稀,在1.8万km海岸线和1.4万km岛屿岸线上仅有14个站点。

③经费严重不足。海上搜救是危险性很大的公益事业,需要大量投入。目前,上海、广州、烟台三个救捞局常年在我国沿海有14个救助站点部署救助拖轮值班,并在三个救捞局各部署一艘打捞工程船值班待命,每年出动执行海难救助任务110~120次,年均需救助和值班待命成本约3亿多元。国家核拨事业费约占实际支出的5%~7%,不足部分由救捞系统开展多种经营来弥补。"九五"期间建造的救助船舶,国家投资占三分之二,约有三分之一的资金需要自筹解决。由于国家投入严重不足,日常的运转经费缺乏,通信和交通手段落后,导致专业救捞系统的装备得不到及时更新改造,不得不为自身的生存和发展走"以经营养救助"的路子,经营和救助的矛盾日趋突出。各种社

会救助力量也因参与救助而延误生产和增加成本得不到适当的经济补偿,影响了参与合作搜救的积极性。

因此,必须改革现行的以经营养救助的体制,实行社会公益性搜救与商业性打捞分开。

2) 关于安全管理法规体系的设置

目前的海事立法,由于种种主客观原因,多年欠账太多,尚未形成一个较为完善的具有中国特色的社会主义市场经济条件下的海事法规体系。海事执法中存在着法律依据不足,甚至还有不少空白。近年来出台的如《船舶登记条例》、《航标条例》及《水上安全监督行政处罚规定》等还不尽如人意,存在不少缺憾。有些亟须的法规,如《船舶危险品监督管理条例》、《沿海港口航道测绘管理条例》、《船员管理条例》、《引航条例》、《海事行政强制措施实施办法》、《中国海事管理执法规范》以及对清理"三无"船舶和逃逸船舶管理规定等迟迟未能出台,直接影响了海事执法工作的力度。

目前海事立法主要存在以下问题:

(1) 国际公约国内化的落实不够。我国现在加入的国际海事公约有三十多个,但真正成为国内法律的一个也没有,国内化的大多也是部门规章,法律效力明显偏低。很多公约根本没有融入国内法律体系,是造成我国船舶在国外滞留率一直偏高的重要因素。即使已成为了国内的规定,有的由于研究不够,用国际航线的标准要求国内船舶,造成规定不具有可操作性,有的由于跟踪不够,新的修正案要求在规定中得不到体现。

(2) 国内海事法规和国内相关法规研究和跟踪不够。随着经济和体制改革的不断深入和发展,国内的有关法律、法规也在不断地制定和修订。尤其是随着职能的转换和调整,多年来海事法规和有关规章已不适合目前的水运形势和安全管理的需要。

现有的海事系统执法依据文件多数是交通部海事局的规范性文件,法律地位低,而且现有有关法律、法规、规章数量不足,已经不能满足执法需要和民众要求依法行政的需要。海事法制建设滞后在一定程度上已制约了我国交通事业的发展,使水上安全管理的矛盾显露,水上恶性事故不断,水上安全形势难以保持稳定。

因此,应加速海事法规体系框架的制订,并按照体系框架尽快制定出台海事行政执法中所必需的法律、法规和规章。

3) 关于加强管理体系的建设

(1) 建议进一步理顺水上安全管理体系和运作机制。近年来,随着政府管理结构的调整,水上安全管理体系已经基本理顺,但在某些地方改革工作还在进行,尚有不到位之处,需要加快改革进度。只有统一管理体制、统一政令、统一管理标准才有利于维护良好的水运秩序,有利于水运业的发展。

(2) 建立用人激励机制,普遍提高管理人员的政治素质和业务素质。在干部任用上应做到五个改革措施,即领导干部试用制、中层干部任期制、执法人员考任制、干部用前公示制、其他人员竞争上岗制。人是管理体系中的核心因素,只有提高人的素质,才能长期地、真正地提高管理水平。发达国家在水上管理体系中的用人机制是值得借鉴的。

4) 关于海事法规体系

建议参照已制定、发布的法律、行政法规和规章编制海事法规体系框架,体系由水上交通安全法规、船舶法规、船员法规、船舶防治污染法规四个系统组成,每个法规系统由一部主要法律,若干行政法规和章程组成。建议框架适用时间定为10～15年,框架内法规可能与我国现有的法律体系在内容上有交叉、重叠等现象。在适用时间内随经济发展若有管理上立法新需要,考虑到框架的相对稳定,框架保留。随着今后立法实践的需要,可适当灵活处理,增删框架内容,补充完善框架,以满足不断发展的水上交通安全监督工作的需要。

水上交通安全法规系统以《水上交通安全法》为主要法律,在《海上交通安全法》的基础上修订,适用范围从海上扩大到内水、湖泊等一切可航水域。有关和相关的国际公约有:《国际海上避碰规则公约》、《海上搜寻救助公约》、《国际海上人命安全公约》、《STCW公约》。

船舶法规系统以《船舶法》为主要法律,主要调整船舶纵向行政关系,侧重于静态管理。有关和相关法律与国际公约有:《国旗法》、《海商法》、《SOLAS1979公约》、《联合国海洋法公约》、《船舶吨位丈量公约》、《船舶载重线公约》。

船员法规系统以《船员法》为主要法律,主要调整船员管理行政关系和船员劳动合同等横向关系。有关和相关国内法律与国际公约有:《公民出入境管理法》、《劳动法》、《STCW公约》、《LLO公约》等。

6.2 人为因素与水上交通运输安全

6.2.1 人为因素研究的目的、意义

人为失误占海事原因的绝大部分已成为航海界的共识,要降低海事发生率,务必对人为因素进行深入的分析和研究。国际海事组织不断修正规定船员技术标准的STOW公约,制定强调安全管理的ISM规则,将工作重点由对船舶设备和技术的研究转向人为失误因素的研究。

尽管世界各国已逐渐认识到人为因素在海事研究中的重要作用,但对于人为因素的研究却存在严重不足。如果仅仅将事故原因归结为人为失误的作用,而不能运用科学的方法对人为失误的风险性进行分析与预测并找出相应对策是不够的。通过对海事预防中人为因素研究现状的分析不难发现,在海上安全领域中,国内外普遍缺乏从"背景、教育、培训及证书"四方面系统地对人为失误进行分析,船员来源及素质结构对人为失误的作用、提高海员的发证标准和加强管理对降低人为失误的影响等问题都需要借助适当的评估方法进行分析与评估,同时也需要对持证船员的操作行为进行安全性评估,实现对人为失误风险的预测,从而尽可能预先识别潜在风险,积极主动地采取预防

措施,降低海事的发生率。

　　由于影响船员安全作业的因素众多,互相联系而且容易发生变化,船员本身的素质可能通过管理和教育培训得以改善和提高。因此,立足于船员本身的因素,从人员技术的获得途径等因素出发进行综合评估,并且结合技术资格认证和管理及教育培训的作用,提出了对船员群体进行安全性评估,从"人"这个系统入手,降低人为因素的影响是至关重要的。

　　国际海事组织秘书长 O'Neil 先生在 1994 年世界海事日上的发言中指出：人为失误占全部海难事故致因的 80% 以上,要想防止事故的发生,就应当集中精力致力于消除人为失误。研究人为因素,及时客观地识别海上交通运输中人员操作行为的风险并积极采取相应的预先防范措施对于降低海事发生率、促进海上安全有着重要的意义。但是,由于以往海上交通安全研究的重点一直在船舶结构、船用设备及航海仪器等技术性问题上,因此对人为失误的研究广度和深度都不尽如人意。深入研究人为失误,成为海上交通安全研究的当务之急。

　　国际航运界从 20 世纪 70 年代起开始认识到人为因素的重要性,目前人的不安全行为已被普遍认为是事故的主要原因。尽管世界各国在对海难事故原因进行统计分析时方法、角度和资料来源并不相同,但是在人为失误造成海难事故方面几乎一致认为 80% 以上的事故是由于人为失误造成的。

　　航运界能够普遍认识到人为失误在海事成因中的重大比例,是航运界专家学者多年研究的成果,也是最近几年世界上几起重大海难事故的血的代价所换来的。20 世纪 80 年代以来的几起重大海难事故所带来的巨大人命伤亡和财产损失向全世界敲响了务必重视人为失误的警钟。

　　1987 年 3 月 6 日发生在比利时泽布吕赫港的 Herald of Enterprise 号客滚渡轮倾覆造成 188 人死亡;

　　1989 年 3 月 24 日 Exxon Valdez 号油轮在阿拉斯加威王子港触礁,造成溢油 1 100 万加仑,仅清理污染物的费用就高达 22 亿美元。

　　1990 年 4 月 6 日 Scandinavian Star 在丹麦沿海发生火灾,造成 166 人死亡。

　　1994 年纯因人为疏忽进水沉没的 Estonia 号滚装船造成数百人死亡。

　　正是出于这一系列令人触目惊心的重大海难事故与人为失误紧密地联系在一起,国际海事组织呼吁全球在海上交通安全研究中务必加强对人为失误的研究,并且成立了专门研究人为因素的专家组。在海事组织的努力下产生了经 1995 年修正的《STCW 公约》和《ISM 规则》,二者分别主要从船员培训和管理的角度对促进海上安全提出了新的要求。《STCW 公约》和《ISM 规则》作为国际海事组织的重要公约和规则,是现实需要的产物,正在为 21 世纪的航运安全提供有力的保障。值得注意的是,尽管经 1995 年新修正的《STCW 公约》有了较大的改进,但其所提出的海员标准仅仅是从事航海运输的人员所应达到的最起码的标准,船员按照公约要求参与并通过考试仅仅是工作的必要条件,而绝不是保证航海安全的充分条件。《STCW 公约》是国际海运界在通过强调人为因素促进海上安全方面所迈出的重大一步,但不可能彻底解决人为失误的问题;《ISM 规则》也只是要求公司及其船舶建立符合规则要求的安全管理体系,船公司和船舶经审核合格取得相应的 DOC 证书和 SMC 证书,并不意味着船舶的安全就取得了完全的保证,安全管理体系是否真正有效,尚依赖于安全管理体系是否真正有效地运作。总之,无论是提高船员培训要求还是建立公司和船舶的安全管理体系,都仅仅是国际海事组织作为促进海上安全的宏观状况所采取的全球性的规范化措施,而在航海运输的日常操作中,无论是公司决策人、船长还是安全检查主管机关都不能认为建立了安全管理体系和提高船员的培训发证标准就真的可以保证航行安全的万无一失,这是显而易见的。

相反,在船舶交通运输的整个过程中,来自于系统各个要素的风险无时不在、无处不在。PTP 计划的质量行动组(QAT)研究表明:达到海上安全的目的,应当从管理、工作环境、人的行为和技术四个方面着手进行系统研究。作为处于主体地位的航海人员,其反应、行为正确及时与否直接影响到整艘船舶的安全。但从目前人为失误的研究现状来看,尽管航运界已经普遍认识到大部分事故是由于人为失误造成的,但往往是将事故原因归为人为的失误,很少对造成人的行为失误的根本原因进行系统分析,国内更是缺乏这方面的研究。

国际上海上安全研究的重点已由重船舶技术转向重视人,国内在人员培训、证书考试等方面采取了一定措施,但效果并不明显,不能够对潜在事故的发生作出客观的判断和预测。可以这么说,发生事故的船员中大部分持有相应的适任证书,其发生事故的原因往往表现为一时疏忽、不注意,亦即持有合格证书并不意味着驾船行为安全和不发生事故。影响人员行为安全的因素众多,且各个因素容易发生变化,因而有必要在认识人为因素在海事预防中的重要地位之基础上对人为失误的原因进行系统的分析,并且进一步实现对人为失误风险的预先识别,找到良好的教育培训切入点,从而使船舶操作和管理人员具有相应的意识,最终达到降低人为失误。此外,由于当前在对各个船务公司的船员队伍进行安全质量比较时,往往以某一单一指标进行比较,缺乏系统全面性,所得结果往往是片面的,并不能客观地反映真实情况。考虑到船员队伍是单个船员的组合,在对船员队伍的安全质量进行比较时,也应当以对单个船员的人为失误原因分析为基础总结出影响船员队伍安全质量的指标,并采用科学合理的方法实现对船员队伍安全质量的全面综合评估后,由教育、培训机构、船公司和安全管理机关有针对性地进行教育、培训和管理。

既然有大量的海事统计资料表明人为失误是海难事故的主要原因,人为失误的重要性已成为航海界的共识,而且认识到有必要寻求科学合理的方法来实现人为失误风险预测,那么如何寻求科学的方法并运用这种方法对船舶运输过程中人为失误风险加以识别是当前亟待解决的问题。可以通过相关的研究达到有效促进我国船员管理水平的提高,全面提高船员的技术素质,降低海上事故发生率,促进航海教育培训、发证制度的积极发展。

6.2.2 人为因素与船舶运输安全

1）对人为因素的认识

人为因素是指与人类特性有关的科学事实的主体,这一术语包括了所有的生物医学与社会心理学考虑。它包括但不限于人员挑选、培训原则及其在人为因素工程领域中的应用、人的动作评估工作辅助手段和生命支持。

在海事分析中,从广义上来讲,人为因素是指促成海难事故的原因中除自然因素之外的其他有关人员的一切因素,也就是指直接导致事故发生的人为方面的错误,即错误地或不适时地对某个刺激做出反应,从而违背设计、操作规程或船员的通常做法,人为地使系统发生故障或发生机能不良的事件。从狭义上来说,人为因素就是指航运人员的因素。

因此,人为因素涉及面较广,既包括操作人员的个体因素,又包括管理方面的因素。海上交通运输中的人为因素主要应从这两个方面进行系统研究。

在研究人为因素与安全的关系时,有必要从海上交通系统的角度来分析海事发生的原因,并深入探求各种潜在的危险因素。船舶运输安全学上将船舶运输系统分为人、船、环境三个子系统。海上交通工程学在对海上交通进行研究时也是将驾驶员、船舶和环境三个部分统一在一个交通系统中,探索各自的内在规律性及其相互作用,以达到增进海上交通安全的目的。由于海上交通的复杂性,船舶交通事故的原因经常是错综复杂的,海上交通工程学专家将事故原因最终归结为人的不安全行为和船舶本身的不安全状态,并且指出人是决定性的因素。因为在船舶运输系统中人、船、环境三要素里,人无论是作为航海技术的直接实践者还是作为系统的管理者,他都是操纵、管理行为的主体,船舶是行为的客体,环境是行为和效果的重要影响因素。因此,不能忽视人为因素对船舶安全的影响。对船舶运输安全的评价是十分必要的。

从船舶运输安全评价的关系可以更清楚地看到,人在这三个要素中所处的中心地位。操船者(船员条件)贯穿于整个船舶运输安全评价之中。日本著名学者井上欣三将人在船上的作用按照航海技术的发展阶段进行了划分:目前的阶段可以称为"人+仪器支援"的时代,在这个时代中,人是航海技术的直接实践者;在未来自动化时代中,人是"航海系统的管理者",如图6.1所示。

在对船舶运输系统进行研究的时候,应当将人作为一个子系统进行研究。船员本身的因素会影响到人对外界所处自然条件、航道条件、交通条件和本船信息(船舶及货物的特性与状况)的接收处理,也影响到人对船舶本身的保养维护以及日常的船舶管理。事故往往是由于人的不安全行为和物的不安全状态

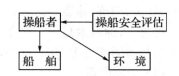

图6.1 船舶运输安全评价关系

造成的,而人的不安全行为和物的不安全状态往往又是由于人的失误所造成的。即使由于机械故障、设备结构等引起的事故,也大多与人的失误相关。船舶的营运管理和

操作通过人来支配。在设备先进的船舶上，如果发生人为失误，还是有可能导致事故的发生。与此相反，如果船舶及设备相对陈旧落后，或者存在事故隐患，也有可能通过人的科学管理和较强的责任感而被消除在事故的萌芽状态之中。即使不幸发生了险情，也可能因人的操作得当而化险为夷。相反，再好的船舶在不称职、低水平的船员的管理和操作下，也将等于一条破船。英国船东保赔协会（U&I Club）在对重大海事索赔案进行原因分析后指出：低标准的船舶不一定拥有低标准的船员，低标准的船员几乎总是意味着船舶的低标准。这就高度概括了人的因素在船舶运输安全中的重要作用。

2）海事中的人为因素分析

进入 20 世纪 90 年代，虽然国际海事组织已颁布缔约并生效了一系列国际公约、规则和决议等，而且根据海上安全形势发展的需要对已生效或已缔结的公约不断进行修改更正，但是海上事故却没能得到明显的遏制和改善，因此 IMO 的工作重点已逐渐从针对船舶设施和技术标准向人以及由人组成的机构方向转移。首先是针对船员，1993 年到 1995 年全面修改了 1978STCW 公约，使原来仅以对船员培训、考试、发证、持证为主要内容，延伸到强化船员的实际操作能力和业务水平；接着是针对船舶和船公司组织机构的管理，在 SOLAS 公约中增加了第十章《国际安全管理规则》（ISM），其重点是船公司的管理。随着上述两个公约的实施，相信人为因素的问题会有所改善。

1994 年美国海岸警卫队开展了 PTP（Prevent Through People）计划，PTP 计划的质量行动组（Quality Action Team）在对大量事故进行分析以后得出结论：80% 以上的事故是由于人为因素所引起的，而不是由于设备的故障和不良设计所造成的。主要有以下五大部分：

①管理——含立法和标准缺陷、交流不充分、缺乏合作。

②操作者状况——不注意、粗心、疲劳。

③工作环境——设备设计不良、环境充满危险。

④知识——一般知识不充分、船上操作知识不充分。

⑤决策——判断错误、信息不足。

因此，QAT 将影响人为失误的主要原因归结为心理、生理（主要指疾病和疲劳）、知识、经验、信息、技能、认真的职业态度、管理交流不充分等以及工作压力、健康状况、强度、疲劳、训练、体能等。

可见，人为因素是一个综合因素，其涉及面很广，总体上可以归结为个体因素、管理因素和环境因素三个方面，它们之间相互联系、相互制约。

(1) 个体因素

国际海事组织海上安全委员会和海洋环境保护委员会经过长期对发生的事故分析研究之后，于 1997 年 6 月 23 日共同发布了关于"人为因素统一术语"，重点突出了人的心理、生理和人的行为能力等方面在主观和客观上存在的缺陷。

心理因素以各种各样的形式影响着人的潜力、作用的发挥，最终影响了整个群体和组织目标的实现。驾驶员在船舶航行和操纵值班时间内，总是遵循着刺激—感觉—判断—行动这样一个活动规律，当人处于不良的心理状态下，如紧张、激动、孤独，就很容易造成对外界刺激的感知错误，或判断错误，或操作失误。我国航海界的有识之士早就指出，在航海理论知识、实操技能和心理素质三要素中，心理素质是主导，起着举足轻重的作用。因为理论知识的掌握和运用，以及实际技能的正确发挥，都是建立在一定的心理素质上的，离开心理素质这个根本，就会影响理论的掌握和运用，严重的会使操作技能不能正确发挥，动作走样，违反设计、操作规程和船员通常做法的行为频繁出现，出错率大大提高。此外，心理因素还会影响着个体的生理机能、个体动机和群体士气等。

生理因素是保证船员安全履行自身职责的最基本因素，其中最主要的有身体的健康程度和疲劳两方面。身体健康程度就是船员身体素质的好坏程度。显而易见，没有良好的身体素质，健康的体魄，就无法保证航海活动的安全性。尤其船舶长期在海上航行，工作强度大，不仅要求船员能够承受长时间的持续工作，而且要求船员能够承受不同航区所造成的气候的多变，因而船员的身体健康必定会对其作业安全性构成直接的影响。尽管船员在获得其相应的适任证书之前已经受过考证体检，但是由于体检的不彻底以及疾病的突发性，难以避免船员的健康状况发生变化的现象。此外，由于船上恶劣的生活环境，船员情绪低落等各种复杂原因可能导致船员疾病的发生。因而船员身体的健康程度是生理因素中最基本的内容。另一个主要方面是疲劳。对于长时间在复杂的环境中驾驶船舶的驾驶员来说，容易产生大脑的疲劳。驾驶人员的大脑疲劳在生理上表现为感觉迟钝，动作不准确且灵敏性降低，在心理上表现为注意力不集中，反应慢，心情烦躁等。因此疲劳降低了人的工作水平，使身体和头脑的反应迟钝，并削弱做出合理判断能力，其结果必然导致不安全行为增加，往往造成交通事故。航海经验的总称，是指船员在掌握一定知识的基础上，结合自身的经验所得到的进行船舶各种业务操作的综合能力。它不仅与船员的知识有关，而且与船员的经验、工作职位和语言能力有关。学历从一定程度上能够比较客观地反映出一个人专业知识的丰富程度。随着船舶本身、导航仪器以及通讯方式、通讯工具的不断复杂化，航运业对航海人员知识要求也越来越高。GPS、ARPA和GMDSS等高级航海仪器的操作需要有受过专门培训的人员进行操作。而且，对于避碰规则等其他法规的理解也需要船员能具备一定的学历。实践表明，大量海难事故的发生仅仅是因为船员对避碰规则的不理解所造成的。仅仅具有专业知识还是不能满足安全航行的要求，它还必须具备一定的航行经验，这是航海这个特殊专业所决定的。航海是一种技能型职业，需要一定的理论知识，更需要一定的经验。没有理论知识的指导，航海就带有很大的盲目性和危险性，而缺乏经验的航海也只能是纸上谈兵。经验是船员在长期的航海实践中通过自己的感官直接接触客观事物而获得的初步知识，再经过自己的理性总结和反复实践而升华为某种特有的航海知识和技能。它随着海龄的增长而增长，工作时间愈长，发生海事的可能性就愈小。但是考察现在高级船员的情况,总体提升较快,在较低的岗位上服务的时间很短,因而所拥有的航海经验就不够丰富,根据1983—1992年间在加拿大水域的海事统计表明,每年的搁浅事故占事故总数的1/5,碰撞事故占1/6左右,火灾事故占1/10左右,这些事故的原因除了驾驶员的操船技术和管理技术不足之外,更主要的是经验不足。因此,《STCW公约》对船员发证时的强制性要求是必须具备一定的海上服务资历。

语言能力主要是指英语交流能力,是船员在航海实践活动中利用英语进行通话、与其他船员进行日常会话及收听航海信息、阅读航海图书资料等信息交流的综合能力。船员,尤其是值班驾驶员的英语应用能力的高低将直接影响到其值班期间接收外界所提供信息的正确与否,从而影响其值班作业的安全水平。

(2) 管理因素

D. J. Mackenzie从船公司管理对策的角度认为要提高船舶航行的安全性就必须保证有一个完备的管理系统,即船公司不应当将船舶安全的责任一味地推卸到舶操纵质量下降,避碰反应速度变慢,导致事故或潜在事故的增加。

人的行为能力则较集中地体现在船员与船长的身上,应该在整个公司范围内建立完备的管理体系,即:

① 有一个合适的、有责任心且具有丰富经验的管理者处理安全事务。
② 具有明确的操作程序。
③ 船员必须有必要的技术。
④ 在船舶之间应有有效的交流。
⑤ 管理者应对船舶的安全操作情况做周期性的检查和考核。
⑥ 建立能够度量安全情况的事故报告系统。

IMO在ISM规则中指出,海上事故的发生约有80%是由于人为因素引起的,而人为因素中约有80%可以通过有效的管理加以控制,即通过强化公司的内部管理和船舶的安全管理加以控制。只有有效的管理,才能使公司的各个部门、船上各个环节和不同的个体有机的联系在一起,使各部门间动作协调,群体士气高昂,保证个体的动机与组织目标保持一致,增强整体的凝聚力和战斗力,减少海事的发生。公司的发展靠的是有效的管理而不是几个优秀的个体。

在我国从计划经济向市场经济过渡过程中,航运市场迅速开放,使得我国经营国际航线的船公司从改革开放前仅中远一家公司发展至300多家,长江干线的航运,企业从仅长江轮船总公司独家经营发展到3 000多家,全国经营沿海和内河的航运企业已发展至5 000多家。到1997年全国共有运输船舶2万艘,船员近200万人,仅持有海员证的国际船员就达20万。我国远洋船队总吨位已达4 000万载重吨,列世界第八位,内河航运的规模名列前茅。航运事业的蓬勃发展促进了我国经济建设和改革开放的步伐,但是从总体上看目前我国水运经济的发展仍属于粗放型的发展模式,因此不可避免地带来管理上的滞后,使得水上安全生产形势十分严峻。

主要体现在以下几方面:

①船员队伍迅速扩大,但整体素质下降。由于社会下岗人员增加,使各行各业下岗人员通过各种渠道或关系,经短期、临时、突击培训,以速成方式挤入船员队伍,造成正规航海院校培养的船员占船员队伍的比例呈下降趋势,求职与船舶安全的矛盾日益突出,为谋取职业,使船员放松对船舶状况的正常和合理的要求。

②通航环境恶化。尽管国家已投入大量的资金改善通航水域环境,但没有遏制由于市场无序竞争、综合治理缺乏应有力度而带来的通航水域环境恶化的趋势,造成船舶碰撞、触礁搁浅事故的发生。

③整体船队船龄老化。

因此国家的大政方针和政府机构的宏观调控对保证船舶交通安全是至关重要的,船务公司内部安全管理则是船舶交通安全的前提条件。按照管理心理学中的超 Y 理论所说的,不同的人、不同的工作性质要用不同的方法进行管理,管理者首先要对工作的性质、时间、目标作深入的研究,然后再确定管理层次的划分、工作的分派、劳动报酬和管理方式。设立明确、可靠的管理方针可以引导个体动机,协调沟通上下级关系,提高群体士气,使群体为共同的目标而努力工作,进一步增加群体的凝聚力和战斗力,减少人为因素造成的损失,切合实际的管理方法,将起到融洽人际关系,稳定船员情绪,特别是在紧急状况下还可以增加船员战胜困难、排除危险的信心和能力,即遇险的自救能力。这就是管理因素在需要—动机—行为中的良好作用,如图 6.2 所示。需要是产生动机的基础,而动机是连接需要和行为的中介。当一个人想要得到

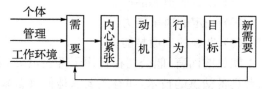

图 6.2　需要、动机与行为之间的关系

某种需要,但又受到某种干扰,一时实现不了时,动机就会发生冲动,产生烦恼、急躁情绪,操作不耐烦,图省事,走捷径,为尽快达到预想的目的(需要)而改变行为,甚至有章不循、违章作业。可见,需要具有非常重要的地位,如果船员的需要不利于安全目标的实现,无疑会导致船员不安全行动的产生。考察众多的海事案例,不难发现有的船员虽然训练有素,但是有些工作他们知道该怎样做而没有去做,结果导致事故的发生。这是因为以前他们的工作做得很好,但未曾受到任何奖励和表扬,以后工作做差了也没有受到什么惩罚,所以他们得出结论,没有人在乎他们所做的一切,从而导致行为的消失,这就是动机未得到强化的结果。

(3) 环境因素

这里考虑的环境因素仅限于船上的环境,主要包括船上的工作环境和生活环境两部分。人体和人的思想会感受到来自环境因素的影响,它直接影响着个体因素和管理因素。

在一定的环境下人从事生产活动,需要在环境中维持自身生命正常的新陈代谢,保持人的体能、智能所需的能量和物质,同时还需要有适宜的温度、湿度、协调的颜色、光亮度以及呼吸新鲜空气等,此外还应能很好地接收、处理所需的外界信息。因此工作环

境对人的影响可能导致人体内原有的平衡被打破,在建立起新平衡时必须有一段相当长的时间。

6.2.3 船公司用人标准与船员适任性应具备的素质

按"a4规则"申请适任证书及申请证书再有效的要求,可得出规则对适任性的要求是:
(1) 船员应向发证主管机关注册,并参加主管机关认可的岗前专业培训。
(2) 满足规定的年龄、健康标准的要求。
(3) 有一定的海上工作经验,且工作期间安全记录良好。
(4) 通过规定的考试、评估,并完成规定的船员培训或见习。

而船公司实际任用船员时,其标准可能因公司的不同而不同,但聘用干部船员的总体标准应包括以下几点:
(1) 船员的技术资格。
(2) 适当的海上资历。
(3) 健康的身体。
(4) 正直的道德品质。
(5) 一定的决策能力。
(6) 良好的沟通技能。

就目前而言,船公司在任用干部船员时,要求达到的适任标准概括为:不仅要求航海者具备精湛的技术,而且还要求他们具备较强的应变能力、管理能力、协作能力以及良好的服务意识。

考虑到船舶的未来和发展,现在的船舶与30多年前的船舶相比,船舶的管理方式和内容有许多不同之处,最明显的改变是船舶自动化程度高,造成船舶减少配员。为降低因此而带来的潜在危险,要求船员应具备以下素质:

① 未来船员是一种知识密集型的人才,既懂驾驶又懂轮机的双职船员,或者持有或兼用证书的全能船员,他们的知识应该非常广博。
② 要有准确处理信息的能力和决策能力。
③ 抽象的思维能力。
④ 应变能力。
⑤ 职业心理素质。
⑥ 英语水平。

由此可知,在适任性要求方面,现行的国际、国内法规和船公司实际任用船员标准存在着显著的差别。这主要是因为现行的《STCW78公约》、《ISM规则》以及其他国际、国内法规是从保证海上人命和财产的安全以及保护海上环境不被污染这两个方面对船员提出适任及培训、考核的要求。实际上,船员经过统一考试,获取相应的适任证书,只是说明该船员具备了一定的从事船上相应职务工作的专业水平,是从事航海运输人员所应达到的最起码的标准。而船公司对所任用船员除了要求其应具备相应的专业水平之外,还要求船员具有团队精神,服从公司的管理,以公司的利益为重,提高生产效率,增收节支,使公司获得尽可能大的经济效益。

所以,船员具有适任证书,只是表明船员具备了上船担任相应职务的技术条件,是船员上船工作的必要条件。当船员在安全、生产、经营、管理等方面均具备一定能力或良好素质时,才能充分适任其所担当的工作。

6.3 船舶因素与水上交通运输安全

6.3.1 船舶因素与海事的关系

海上交通工程学认为,人、船(机器)、环境三要素构成了交通系统,三要素中某一个或任意两个或三个方面相互作用出现问题,就可能导致交通事故,所以作为要素之一的船舶是海事安全的一个重要原因。船舶条件包括船舶大小、船龄、船体结构、船舶设备等很多方面,许多海事的发生都不同程度的与船舶条件有关。随着船龄的增加,船体部分由于受海水的侵蚀,构件出现不同程度的磨损、腐蚀、凹陷、裂缝乃至影响船体强度,机械部分由于磨损、震动,可靠性会愈来愈坏,电子设备老化、失灵、发生偶然故障等等,而船舶硬件系统的缺陷或故障是导致海事的基本条件。在船舶因素引发的事故中,有些是属于技术性的,如设计不当,使用材质低劣、制造工艺粗糙或维修安装缺陷而引起的。也有因运行管理没有系统性的维护规划,超载使用甚至对设备陈旧、适航条件差的超老龄船不加限制地使用形成的。目前船舶条件事故的范围已经不再集中在过去的所谓"四机一炉",诸如船体强度、船板构件、舱柜、管系的腐蚀、操纵设备、电器、防污、防火防爆设施、自动控制装置以及导航、助航仪器的失常均可以形成众多的大事故。因船舶材质缺陷、工作状态不良致使机器出现故障、设备损坏,而这些故障与损坏又与外力无关的一些海事,均可以列入船舶条件海事。也就是说,船舶条件海事是由于硬件产生的船员能力所不及的海事。

根据交通事故统计显示:主机、舵机、供电失败是船舶失去控制碰撞的主要原因,导航设备故障,船体破损,主机、舵机故障,是搁浅、触礁事故的原因。此外,在风浪中因主机、舵机、供电失败又会使船舶失去方向控制力而遭横浪,进而使货物移动,船舶最终横倾进水而翻沉。

众多的船舶因素海事给人们的生命财产带来了巨大的损失。1986年6月,我国1 500 t级货轮在印度洋航行时,由于主机突然停车,适逢西南季风,造成货物移位倾覆沉没,35人中仅2人幸存。某轮在外锚地起锚进港途中,因舵机液压系统故障,使该轮搁浅,造成12万元的损失。一艘12年船龄、32 500 GT的专用散货船(7个货舱),满载65 000 t精铁矿粉,航行于中等海况海区时,由于第3舱外板破裂导致局部悬板脱落,随后造成船舱进水,使船舱前部横舱壁损坏,使第2舱水密完整性被破坏,最终沉没。

同时，船舶因素海事还会造成严重的海洋环境污染。1978年，一艘利比里亚籍超级油轮在法国海域因舵机损坏，救助不及时，触礁石断裂，22万t原油入海，污染海岸180 km，损失达到数亿美元。1999年12月，一艘载有2.6万t重油的油轮在法国西北部沿海由于船体出现严重结构问题，又遭遇海上风暴，造成船体断为两截，使近万吨重油外泄，形成了"黑糊"，使法国西北部400多千米的海滩受到了污染。

另根据资料统计，对于在港内操纵的大型船舶由于惯性大，难以控制，如果船舵突然发生故障，往往会导致重大海损，青岛港仅1990—1992年就发生112起。根据挪威1970—1978年船舶交通原因统计显示，由于技术设备方面的故障占6.6%。美国对1970—1979年在水域发生的13 191起碰撞事故进行了分析，发现设备故障原因占7.4%。

总之，由于船舶条件不好造成的海事比例是比较稳定的。事实上，在分析海事成因时，许多船舶因素也归入与人的因素有关的海事中去了，所以实际的船舶因素海事事故比例比统计的数据要稍高一些。

6.3.2 船舶安全状况的现状

从目前的水上交通科技来看，船舶设计与制造水平不断提高，自动化控制设备得到广泛应用，先进的导航设备的使用等使得船舶性能无论在效益方面还是在安全方面都获得了巨大的提高。但是进入20世纪90年代以来，船龄迅速老化，导致技术安全状况下降，按1993年的统计数字显示：全球100 GT以上的远洋船舶有80 655艘，平均船龄已经接近18年。最近的统计资料也显示：世界上半数以上的船队已是18.9年。老龄化是海难事故多的直接原因之一，老龄化船带来的不安全因素十分显著。

另一方面，随着船舶吨位、尺度的愈来愈大，数量愈来愈多，使得船舶在操纵上愈加困难，给船舶安全带来了隐患。此外，由于方便旗船愈来愈多，随之发生的问题也相应增加。

尽管近年来PSC（港口国检查）加大了许多处置的权利和手段，但是因船舶安全性不合要求的原因被扣留的数目仍然逐渐增加，特别是中国籍船队发展迟缓，老龄化趋势迅速，平均船龄高达18.7年，大大高于世界平均船龄16.2年。由于船舶老化，事故率高，被港口国检查机构滞留的船也多，成为重点检查对象，被列为"黑名单"。据统计，我国船舶1997年、1998年、1999年上半年滞留率均大于世界平均水平，对于老龄船的大量存在，使人们对目前船舶的安全性能感到担忧。

如今不少航运企业为降低运输成本，谋求更多利益，在竞争中扩大市场份额而忽视了船舶条件的改善和提高。或者由于缺乏对船舶条件可靠性分析的理论和实践，使船舶条件的改善和提高受到制约，其原因是船东从经济利益角度出发，不愿意更新船舶。例如散货船的设计寿命一般为15年，而目前的平均使用寿命是25年左右，其中后10年获得的效益至少要有15年的50%以上，为此，吸引船公司尽量延长船舶的使用年限。但是这类船舶经过几十年的风浪袭击、海水腐蚀等影响,船体结构、强度严重受损,但是与花费大量的资金购置新船相比,船东宁愿在现有的船舶上修修补补,达到船检部门的最低要求,以延长船舶的使用年限。另一个原因是目前船多货少,竞争非常激烈,各种开支增加,船东无力更新船舶,更值得注意的是在这种情况下,船东再减少对现有船舶维修保养的开支,就会使船舶的技术状况更趋恶化,使老龄船问题雪上加霜。据统计,被滞留的船舶中,老龄船占 72.4%。

船舶安全状况不佳,势必造成海事,所以了解船舶的安全状况是保证安全航行的首要条件。我国《水路运输企业船舶设备的管理规定》将所有的船舶按技术状况分成四类:一类是船舶技术状态良好,可以保持正常的运输生产,符合安全生产要求;二类是船舶技术状况尚好,能参加正常营运,基本上符合安全生产要求;三类是船舶技术状况不良,存在问题较多,带病航行,必须经过大修才能恢复正常航行的船舶;四类是船舶技术状况严重不良,已经不具备安全生产条件而被停航的船舶。根据调查表明,我国绝大多数的船公司,特别是小型公司的船舶属于二、三类船舶占多数,也就是说我国绝大多数船舶存在着若干大小不一的缺陷。根据上海港务监督 1991 年至 1995 年对停靠上海港的 12 000 艘国轮进行安全检查结果,年平均合格率为 73.7%,总缺陷数 1995 年比 1991 年多 51.5%,全国的船舶安全状况令人担忧。

6.3.3 船舶安全状况的影响因素分析

1) 船舶大小与船舶安全的关系

在分析船舶大小和海事的关系时,主要从船长和吨位两个方面来考虑。事实上,船长和吨位有一定的联系,船舶长度愈长,吨位一般相应地也愈大,所以可以用吨位大小来表示船舶大小。

根据资料统计,海事发生率受船舶尺度的影响。日本海事专家在对海上交通事故的长期研究中发现,在相同的条件下,船舶尺度愈大,海事概率愈高。因为船舶愈大,其惯性也愈大,操纵愈不灵活,受航道宽度、水深以及风流等因素的影响就愈大,同时船舶大,构成船舶的各子系统数量也将增加并趋于复杂化,所以发生海事的频率就高。根据海事统计,进港船舶平均海事发生率将随船长的 3/2 次方成正比增加;而船舶碰撞率随船舶吨位的平均变化可表示为

$$碰撞率 = 0.001\ 4\log_{10}^T + 0.000\ 9 \qquad (T\ 为吨位)$$

上式表示:吨位愈大,碰撞率就愈高,从 1956—1980 年全世界船舶碰撞率统计(表 6.1)和我国对各种吨位船舶碰撞率的统计(表 6.2)均说明了这一点。另根据英国劳埃得海难周报的数字统计,1977—1981 年世界油船海难率也基本上反映了这一趋势(表 6.3)。此外,对厦门港的海事调查中也发现,在 1988—1997 年发生的碰撞事故中,5 000~10 000 总吨的船舶碰撞的次数是 1 000~1 500 总吨位船舶的 7 倍,是 3 000~5 000 总吨位船舶的近 3 倍,由此可见船舶大小是影响海事的一个重要因素。

就散货船而言,10 万~17 万 t(好望角型)发生的海难的概率是 2 万~4 万 t(灵便

型)的 6 倍多,而 5 万～9 万 t(巴拿马型)大约是灵便型的 3 倍。所以船舶尺度大小对安全是有一定的影响的。因此,我们绝对不能忽视吨位大小对交通运输安全的影响。

表 6.1　1956—1980 年全世界船舶碰撞率

吨位	年　份				
	1956—1960	1961—1965	1966—1970	1971—1975	1976—1980
100～999 GT	0.004 3	0.004 1	0.004 9	0.005 1	0.003 9
1 000～9 999 GT	0.007 4	0.007 0	0.006 0	0.005 3	0.004 7
10 000 GT 以上	0.008 8	0.008 1	0.008 1	0.006 9	0.004 5

表 6.2　我国对不同吨位船舶碰撞率统计

500 GT 以上	500～5 000 GT	5 000～20 000 GT	20 000 GT 以上
5.4%	12.5%	22.4%	35.6%

表 6.3　1977—1981 年全世界油船海难发生率

100～500 GT	500～1 000 GT	1 000～2 000 GT	2 000～4 000 GT	4 000～8 000 GT	8 000～10 000 GT
5.4%	10.0%	12.7%	13.6%	26.8%	13.0%
10 000～15 000 GT	15 000～20 000 GT	20 000～30 000 GT	30 000～40 000 GT	40 000～50 000 GT	50 000～60 000 GT
22.2%	27.2%	25.9%	29.8%	33.3%	26.2%

2) 船龄与船舶安全的关系

船龄是一个对船舶安全影响很大的因素,因为随着船龄的增加,船体结构强度下降,船舶设备技术状况下降、故障增加、海事发生的概率加大,特别是船龄在 15 年以上的船舶,一般均已进入耗损失效期,由于老化、疲劳、腐蚀等原因,故障逐年增加。

统计资料表明,1990—1994 年间全世界造成人命损失的散货船沉没事故为 25 起,船龄最小的是 14～16 年,最大的是 22～26 年,其中超过 18 年船龄的占绝大多数。事实说明,船龄与事故的发生率成正比关系。当然,有些船舶虽然船龄较高,但是由于平时保养维护的好,仍然保持了较高的技术状态,但是这只是特例,就一般情况而言,船龄愈大灭失率就愈高是不可否认的事实,例如不同船龄的灭失率情况就充分地说明了这一点。如表 6.4、表 6.5 所示。

表 6.4　灭失率和船龄的关系

船　龄	0～4	5～9	10～14	20～24
灭失率	1/769	1/625	1/323	1/76

表 6.5　散货船 1990—1996 年海难事故统计

船　龄	0～4	5～9	10～14	15～19	20～24
海难总艘数	1	3	6	24	29
平均每年的船舶总艘数	772	737	1 188	785	821
每年发生海难的概率	0.02%	0.11%	0.07%	0.44%	0.5%

很明显,15 年以上船龄是发生海难的危险期,综观 1983—1993 年期间损失的散货船中,其中平均船龄是 18.9 年,在 PSC 检查中,发现问题较多乃至于被滞留的船中,老龄船也占很大的比例,说明老龄化的船带来了不安全因素。目前中国船级社初次检查和加强安全评估中非常重视船龄以适应国际海事界对老旧船舶管理要日趋严格的形势,之所以把船龄作为评价船舶安全的一个重要指标是理所当然的。

3) 船体结构强度与船舶安全的关系

船体结构是船舶条件中的一个重要因素,在船舶灭失事故中,有相当大的一部分是由于船体不安全导致的。1990 年有 23 艘散货船船体损伤,其中 12 艘沉没。1991 年有 14 艘因船体损伤全损灭失,根据日本海事协会 1987 年对 6 075 艘入级船舶的统计,就船体损伤而言,在总损伤件数中,表现为磨损者占 66.8%,变形者占 9.9%,开裂者占 22.4%。变形损伤是指船体外板及其内部骨架发生裂变,主要与结构局部强度有关,是由碰撞、搁浅、风浪冲击、重货积压等局部受力过大造成的,而磨损和开裂与船体的纵向强度关系较大,如果从对船舶安全影响程度大小及出现机会来考虑,磨损和开裂是对船体结构强度影响较大的两个方面。

船体构件的磨损和裂纹是随着船龄的增加而增加的。现在已经证明:外壳板的恶化程度是与船龄成正比的。根据反映在 25 起发生事故的船舶中,有 44% 在发生事故前已经检验出结构有不同程度的损伤老化,由于船体强度不足以抵抗大风浪,事故的发生就是必然的。其中特别是船体的腐蚀磨损对安全的影响很大,腐蚀对所有的船体都不可避免,因为船体厚度较小,剖面模数势必较小,也意味着安全性的减少。不论裂纹是何等的微不足道,都不允许有丝毫的疏忽,无论是疲劳还是磨损造成的。因为裂纹一旦存在就会成为局部应力的集中点,造成裂纹扩大,导致全面腐蚀损耗。因此在 PSC 检查中,就有船体外板、横梁、肋骨等项目的检查,充分地体现了船体安全在船舶安全中的重要地位。

从海事的表现形式及海事后果对人的生命、财产及海洋环境构成的实际威胁来看,船体及结构的完整显得十分重要,因为海事多与船体损伤有联系,同时海事后果也以船体的破损最为严重,不仅造成人的生命、财产的重大损失,还会产生更为严重的海洋污染。根据劳氏登记社统计,1994—1995 年间因船舶进水沉没而引起的事故占一半以上,而船体结构破损是进水的最主要原因。因此,船体与结构的完整是保证实现船舶必需的各种性能,如稳性、抗沉性、快速性与操纵性的先决条件。随着时间的推移,控制船体缺陷是保证船舶安全运行的前提。从 1998 年 10 月 1 日起,欧洲已经开始"船体结构检查",即 PSC 检察官在执行常规检查的同时也将检查船体结构,这对中国船队普遍存在的老龄船将是一次严峻的考验。所以必须以船体结构为研究对象,通过磨损、变形和裂纹等几个方面对船舶的安全状况进行评价。

4) 船舶设备与船舶安全的关系

IMO 将船舶事故原因分为三类,第一类是人为的差错,第二类是船舶设备的故障,第三类是与船舶无关的原因。其中所谓的船舶设备故障指的是船舶技术系统的故障、舵机和船舶主机的故障、通讯设备的故障等。在进行海事分析时,不难发现有相当一部分事故是由于船舶设备技术状况有缺陷而造成的,诸如操舵设备、推进器、供电系统等等损坏或故障往往是引发海损事故的原因。如许多碰撞事故、触礁、搁浅事故、翻船事故等就是因为主机、舵机突然失灵造成的,而且由于设备故障率形成的事故占总事故的百分比是比较固定的。

根据挪威 1970—1978 年交通事故统计,美国 1970—1979 年对碰撞事故的统计,由于船舶技术设备方面的故障引发的事故占总事故的 7%左右,我国对港口事故的原因统计也充分地说明了这一点,如表 6.6 所示。

表 6.6 我国部分港口事故原因统计

事故率	青岛港 (1987—1992)	大连港 (1982—1992)	黄埔港 (1981—1986)	厦门港 (1987—1996)
机器故障占 事故百分比(%)	6.85	8	4.7	8.3

交通部在《关于报告船舶重大事故隐患的通知》中将船舶机电设备——船舶主机、辅机、舵机、机件、电器、航行及通讯设备、应急设备等的故障列为船舶四类重大事故隐患之一。由此可见控制船舶设备的隐患、缺陷会有效减少事故的发生,因此应从船舶设备的隐患或故障着手,分析有哪些部分直接影响船舶安全。通过总结"巴黎备忘录附录 I《监督程序指南》"、"西英船舶互保协会《船舶安全评估》文件"、《国际海上人命安全公约》及我国《PSC 检查缺陷处理指南》和安全检查的项目,得出属于直接影响安全的设备有:主机、操舵装置、锚设备、压载设施、船舶电站、轴系船舶动力装置、无线电站、导航设备、消防救生设备等等。这些设备分属于船舶的不同系统,事实上,船舶就是由船体系统、操纵系统、导航系统、通信系统、动力系统、货物运输系统和安全应急系统等构成的。由此,我们可以把以上设备归纳成机电设备(主机、电站、动力装置等)、航行操纵设备(舵设备、锚机等)、导航定位设备(自动舵、定位仪器等)、通讯设备、消防救生设备、信号设备等几大类。很显然,每一类设备对于船舶安全影响的重要程度是不一样的,如救生设备是在事故发生之后才需要的,消防设备的作用是保证船舶的防火安全,不应把它们与保证航行安全的推进装置和操作设备同等对待。信号灯等信号设备结构简单,发现故障较易维修,也没必要进行评价。所以,在此着重选取与航行安全密切相关的设备。如机电设备、航行操纵设备、导航设备、通讯设备来作为评价船舶设备安全的指标。

5) 航海图书资料对船舶安全的影响

航海图书资料是航海必备的主要工具。《国际海上人命安全公约》第五章第20条规定:"所有船舶应备有为其计划航程所必需的足够的和最新的海图、航路指南、灯塔表、航海通告、潮汐表及一切其他航海资料",即船舶所配航海图书资料必须齐全且有效,能反映最新的航海信息。

船舶能否满足 SOLAS 上述规定,直接关系到船舶是否适航,关系到船舶整个航海过程的安全,这也是港口国、船旗国安全检查的要求。根据资料统计,由于海图或航海图书中有错误或失效造成的海事占 2.0%,是船舶搁浅、触礁的主要原因。在对厦门港船舶的调查中也发现,安检中涉及航海资料未改正、海图等未换新的缺陷项目非常多,是一个普遍现象。在国际上,这也是被港口国滞留的主要原因之一。因此有必要把此项作为评价船舶安全的一项指标,在有些书籍、文章中,把海图资料等作为船舶航行设备的一个组成部分,我们认为为更加准确地评价船舶安全,应把此项单独列为一个评价指标。

有害的气体、噪音、光线和电磁波等对人体有不同程度的影响。噪声过高(大于 95 dB)致使脑血管功能紊乱,严重的会致人死亡,过低则大脑皮层不能产生兴奋,导致兴奋与抑制失调,出现过度紧张;光线过强,视觉的灵敏度下降,同时产生晃眼眩目,过弱则视力易产生疲劳;电磁波太强会引起睡眠紊乱、头痛头昏,长时间在低强度电磁场内生活会导致疾病;在高温和寒冷环境下人的能量变化较大时,体力的下降将引起智力和情绪的下降,从而导致事故率的上升。

船员船上工作环境噪音较大,振动大,温度高,污染严重。尤其是在机舱里,大多数船舶机舱内的噪音都不能符合 IMO 要求的连续操作不得超过 90 dB 的标准,有的甚至高达 120~130 dB。船舶动力装置引起的振动,足以使船员的注意力分散,极易使人产生疲劳。机舱温度高达 50 ℃以上,长航线的航行中有的在短期内经历不同季节的变化,以及各种油类、化学品挥发产生的污染,都加重了船员生理、心理负荷。长时间生活在这样的环境下,必然会降低船员生理和心理的承受能力。生活环境指船上的生活空间。由于船上的生活空间狭小,人群单一,角色固定,加上较长时间与社会、家庭分离,使得船员的生活单调、枯燥,缺乏刺激和信息。在这种环境下,人们容易烦躁和被激怒。另外,运动不足,缺乏新鲜蔬菜,违反生物节律,都严重地影响了船员的身心健康。因此,创造安全、舒适的生活环境可以提高工效,减少疲劳和消除人的不安全行为,杜绝或减少事故的发生。

6.4 航道因素与水上交通运输安全

6.4.1 影响航行安全可靠性的因素

船舶航行可靠性,是指在一定的外界条件和环境下,保证船舶安全航行的能力。为了提高航行的可靠性,可利用可靠性理论中对故障框图的分析方法,建立航行可靠性故障框图,从而找出航行系统中造成船舶航行故障的直接、间接原因并绘出故障框图的总体框图,从而确立产生故障原因的各种可靠组合方式和发生概率,并建立相关的可靠性模型。通过对大量海事的调查分析,造成船舶航行系统故障的总体框图如图 6.2 所示。

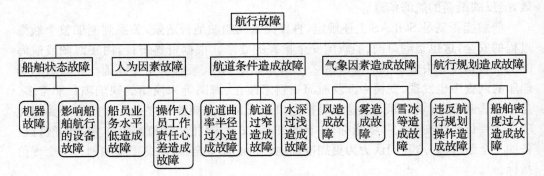

图 6.2　航行故障树总框图

从图 6.2 中可以看出,任何一个环节发生故障,都将导致船舶航行的故障。航道条件作为航行可靠性的客观因素,是直接影响船舶安全航行的基础。从对大量的水上交通事故统计来看,长江下游 1985 年至 1994 年,共计发生交通事故 1 510 起,其中由于航道条件可靠性较低,驾驶员对航道条件不熟悉,致使在船舶密度较大且航道又受限的水域造成的事故就有 701 件,占事故总数的 46.4%。因此,作为船舶驾驶员应掌握航道条件可靠性对航行可靠性的影响,确保船舶在航道条件受限水域航行时的安全。

6.4.2　航道条件的可靠性分析

对航行可靠性造成直接影响的航道条件主要因素有航道的曲率半径、航道宽度和航道水深,我们可以通过对各种类型航道中航行的事故进行统计,运用回归理论来分析各种因素对航行可靠性的影响。

引用俄罗斯几年来对不同曲率半径的航道中交通事故进行统计分析,可以看出,航道曲度直接影响着船舶的安全航行,统计数据如表 6.7 所示。

表 6.7　不同曲率半径的航道交通事故统计

曲率半径 R_i	弯曲航道的个数 n_R	事故数 n	相对事故数 $K_i = n/n_R$	事故率(%)$\lambda = K_i/k_总$
500 m 左右	51	102	2.00	38.7
1 000 m 左右	72	88	1.223	23.6
2 000 m 左右	61	73	1.197	23.2
3 000 m 左右	24	18	0.750	14.5

通过上述统计数据,可以看出曲率半径越小,发生事故的可能性就越大。根据回归

分析理论可采用回归方程 $K_R = \dfrac{a}{R} + b$，根据最小二乘法原理可以求出回归系数 a 和 b，得出航道曲度与相对事故数间的关系式为：

$$K_R = \dfrac{682}{R} + 0.64 \tag{6.1}$$

从以上分析过程可以看出，船舶运行的事故率与航道曲率半径成反比，曲率半径越大，相对事故数越小，航行可靠度越大。统计量的结果，对参数 a、b 的值有所影响。通过统计数据可以看出，在船宽水深适中的情况下，对于大型船舶航道曲率半径不宜小于 300 m，相对事故数 K_R 应小于 3，船舶航行可靠性才能得以保障。

同样，根据统计学原理，对统计数据进行分析，可得出航道宽度与事故数或事故百分比间的回归方程，也就是航行可靠性与航道宽度和船舶宽度之比有关，一般航道宽度应大于 3 倍的船宽才能保证船舶航行的可靠性。

对于航道水深的可靠性分析，也是根据对不同吃水船舶在不同水深中航行事故的统计来进行分析。从统计数据可以得出，航行事故与航道深度和船舶吃水之比、事故数和事故发生地点水深之比、被研究航段的时间等因素有关，并可通过实验方法绘出水深对航行安全影响曲线图，运用统计学原理建立回归方程。可以看出，航道条件可靠性同水深与船舶吃水之比密切相关，此比值越大，相对事故数越小，从而可靠性也就越高。

6.4.3　加强航道条件可靠性促进安全的方法

从上述航道条件可靠性分析中可以看出，在航道曲率半径较小、航宽较窄及水深较浅的区域，都是事故多发区。为了提高在这些航道中航行的可靠性，应采取以下措施：

（1）航道部门应加强对航道的整治，尤其在洪水期过后易出现航道淤积，造成航宽和水深变小，航道部门应及时对航道进行疏浚，设置航行标志，以防船舶搁浅。

（2）对于安全管理部门，应大力整顿航行秩序，使驾驶员按章行船。防止在狭窄、弯曲的航道中造成紧迫局面，以免使可航宽度变窄，航道曲率半径变小，航道可靠性降低。

（3）对于航舶公司，应经常组织船员进行学习，从不同航道造成事故的原因中吸取教训，同时也对不同航道成功航行的经验进行交流，从而减少事故的发生，提高航行可靠性。

（4）对于船舶驾驶员，应经常总结积累在弯曲、狭窄及浅水航道航行的经验教训，对不同航道对船舶安全航行带来的影响做到心中有数，一旦有危险，应提早采取措施，以防事故的发生，从而提高航行可靠性。

通过上述的讨论和分析，可以清楚地看出，航道的各种条件直接影响到船舶航行的安全。船舶驾驶员应正确掌握这些因素的影响，并灵活运用各种条件下的分析模型，采取必要的措施和方法，使航道条件可靠性增长，从而减少事故的发生。

6.5 我国石油海上运输安全体系建设

随着我国经济的持续快速发展,我国的石油对外依存度不断提高。海运作为我国石油进口的主要渠道,如何确保其安全已经引起了政府和企业的高度重视。

6.5.1 我国石油海上运输安全体系建设现状

石油海上运输安全体系包含的内容十分广泛,通常而言,它至少应包括航线安全、运输船舶安全、承运份额安全、防污染安全、接卸地点及储存安全等方面的内容。

我国石油海上运输安全体系建设的现状可以概括为以下几个方面:

(1) 运输通道的替代可能性小,海上运输航线仍主要依赖马六甲海峡

我国进口石油主要来源于中东和非洲,运输船舶都需要经过马六甲海峡。对马六甲海峡的过度依赖引发了多种替代方案的研究,包括水路替代方案和陆路替代方案,如安纳线支线、泰国运河、中缅石油管道、中哈石油管道等。

目前,除中哈石油管道已经正式启动外,安纳线修支线尚在讨论之中,其余方案在短期内不会实施。因此,将来我国石油进口在很长一段时间内仍将以海上运输为主,运输通道的替代可能性较小。虽然中国石油进口趋向多元化,但中东地区和非洲地区仍是我国进口石油的主要来源地,海上运输航线必须经过马六甲海峡。这种过度依赖马六甲海峡的情况,有人称之为中国的"马六甲困境"。其实,"马六甲困境"不只是中国的问题,日本、韩国同样存在这一问题。如果战争爆发,中国石油不仅仅在马六甲海峡存在安全问题,海上通道任何一点被封锁,都有可能导致石油供应中断。

(2) 承运本国进口石油份额偏低

目前,中国船东承运本国进口石油的份额仅有 10% 左右,这主要是由于船队规模不足,尤其是 VLCC 运力不足造成的,也是国内各油轮船东 VLCC 船队规模较小,缺乏竞争力的缘故。

2004 年中国原油进口 1.2 亿 t,91% 通过油轮运输,其中只有 1 100 万 t 由国轮承运,仅占海运量的 9%,其余部分均由外国航运公司承运。特别是在中东东行和西非东行航线上,中国航运企业承运的份额更少,而这两条航线恰恰是中国原油进口的主要航线。

我国自 1993 年成为石油净进口国以来,短短十多年,原油进口突飞猛进。2004 年和 2005 年,原油净进口量连续两年达到 1.2 亿 t;到 2020 年,这一数字有可能飙升至 3 亿 t。如此庞大的进口量,一旦遇到战争、外交或是政治上的联合制裁以及其他不可抗拒的因素,政府无随时支配和控制的油轮船队,我国将面临断油、缺油的危险。

(3) 船公司安全管理水平有待进一步提高

我国大型油轮船队经营正处于起步阶段,绝大部分船公司目前主要致力于加快船队规模的发展,而在安全管理方面,与国际知名公司相比,则处于相对滞后状态。

国际社会对油轮防污染要求越来越严格。在市场经济条件下，石油公司可以自由选择承运人，溢油事故中石油公司不可推卸的责任使其在选择承运人时更是十分谨慎，我国国内船东承运本国进口石油份额偏低与船公司的安全管理水平及信誉不无关系。因此，国内船公司在发展自身运力的同时，应同步加强油轮安全管理工作，这也是增强企业竞争力、争取提高进口石油承运份额的重要手段。

（4）港口接卸能力不足，不能保障进口石油的需要

目前，全国沿海共有原油卸船泊位25个，总接卸能力为每年1.2亿t。其中20万t级及以上港口码头6个，分布在青岛港、宁波港、舟山港、茂名港、湛江港和大连港。在2005年湛江港30万t级原油码头建成投产之前，中国重要的石油消费和加工基地华南地区只有水东一个单点系泊装置，原油接卸主要采用水上过泊的方式。大型油轮泊位的不足，已经严重制约了华南地区石化工业的进一步发展。即使在港口较多的环渤海湾地区，由于航道深度不够，缺乏20 m以上的深水航道，大吨位油轮不能抵岸靠泊，卸货时也要采用水上过泊方式。

从我国油轮码头现有情况看，进口原油运输存在以下两个问题：一是缺乏20万t级以上的大型深水泊位。全国沿海20万t级以上大型专业化原油码头接卸能力也只有6 000~7 000万t左右，远远低于大型油轮的进口运输量。从今后的发展趋势看，我国外贸进口原油将主要依赖大型远洋运输船舶，综合考虑未来我国原油进口量增长的趋势，加快大型原油接卸码头和泊位的建设已迫在眉睫。另外，环渤海地区港口腹地石化炼油厂较多，但这一区域的原油港口布局仍不尽合理，原油码头建设相对落后。

（5）对单壳油轮航行我国海域未做出明确的限制性规定

MARPOL73/78公约附则自执行以来，许多国家相继采取措施，对进港油轮进行严格限制。1990年，美国参、众两院通过了《1990年油污法》，对单壳油轮在美国水域的营运做出了严格的规定。2003年，欧盟15个成员国一致同意，禁止使用单壳油轮运送重油，禁止使用船龄在23年以上的单壳船，并在2010年之前完全禁止使用单壳油轮。

这些限制性政策致使大批老旧油轮涌向不发达国家和制度执行不严格的国家，而我国目前还没有限制单壳船进港，这无疑增加了我国沿海海上溢油事故的隐患，使我国沿海海域面临更大的油污风险。

（6）沿海石油储存能力不足

第二次石油危机后，世界很多国家都建立了石油战略储备。按照国际能源机构（IEA）制定的标准，当石油供应中断量达到需求量7%的时候，就是能源安全的警戒线。目前，二十多个IEA成员国总储备量超过40亿桶原油，相当于114天的进口量；日本拥有的石油储备量足够全国使用半年以上；韩国政府石油储备和民间储备超过100天；美国的战略石油储备可以持续155天左右。

目前，我国尚没有战略储备性库存，生产性周转库存也极为有限，石油系统内部原油的综合储备天数仅为二十多天。当然，我国的战略石油储备基地正在加紧建设中，一期工程已经开始运作，但大连、黄岛、镇海、舟山四大石油储备基地建成使用后，其储量

只相当于中国30天的石油进口量,根本无法满足应对国际重大突发事件的需要。

6.5.2 政策建议

由此可见,我国的进口石油海上运输安全体系建设仍存在许多不足和亟待解决的问题,针对这些问题,应从以下几方面着手:

(1) 实施石油进口多元化战略

如前所述,在相当长的时间内,我国石油进口仍将以海上运输为主。在这种情况下,应通过海上护卫、加强国际合作等途径确保我国油轮海上运输安全,逐步加强海军实力,强化对我国油轮运输安全的防护工作,重点加强对海上运输沿线国家的合作,特别是东南亚地区。

与此同时,要逐步强化进口石油多元化战略。进口石油渠道多元化是世界各国普遍采取的策略,也是我国国民经济与石化工业生产布局的需要。所以,必须建立多通道、多方向和多种运输方式的进口石油运输体系。要充分协调好我国与其他国家之间的关系,积极参与国际主要石油运输通道的建设,结合投资主体多元化,通过建立股份制企业,与邻国或过境国结成利益共同体等措施,加强通道的安全性,确保我国石油运输的安全通畅。

(2) 推动我国油轮船队的发展

从长远发展来看,政府应鼓励、推动我国石油进口商与我国大型航运企业合作发展石油运输船队,我国自己控制的大型油轮船队至少能满足我国进口原油50%的运输需求。这样,我国进口石油海上运输安全才有基本保障,从而保证能源安全战略的实现,进而使我国经济在世界经济一体化大背景下安全、健康地运行。参照国际通行做法,结合我国实际情况,政府主管部门应创造条件,积极促成石油公司与油轮船东大量签订长期租船合同,这样既可以使石油公司稳定地控制运力,也可以使船东在获得长期稳定的货源保障后,有计划、有目的地订造新船。此外,在当前形势下,为加快大型油轮船队的建设,政府应根据主力油运公司的油轮船队发展计划,安排专项贴息贷款,并适当提高贴息率,降低资金成本,扶持大型油轮船队的发展。

(3) 加强油轮运输的安全管理

作为特种货物的运输工具,油轮的安全性更为重要,油运公司应强化员工的安全意识和应急防范能力。针对我国油轮船东目前普遍存在的安全管理基础薄弱这一问题,应从提高人的素质这一根本环节入手,加强教育和培训,培养和锻炼一批高素质的专业化油轮船员和油轮管理人员。

政府主管部门应从租赁、购置、港口国监控等环节全面加强对油轮的管理,提高营运油轮的船舶性能。在大量进口石油租用外轮承运的情况下,尤其要加强对租船活动的管理。目前我国对光船租赁,在申请、检验、营运等环节已有比较完善的规定,但对期租、航次租赁尚缺乏有效的监管,应尽快建立相应的监管制度。

此外,在环保呼声日益高涨的情况下,针对欧美等发达国家加强对老旧油轮,尤其是单壳油轮的营运限制而出现的低标准船向中国等发展中国家集中的趋势,应及早研究对进入我国海域的老旧油轮、单壳油轮做出限制性规定,减少油污风险,保护海洋生态环境,确保可持续发展。

(4) 加强大型油轮码头的建设

我国目前石油港口接卸能力不足,尤其大型原油码头接卸能力不能满足进口石油的需要,布局也尚未形成合理局面。根据海运强国发展战略,到2010年,我国原油接卸码头能力与吞吐量之比应不低于1.15,原油码头接卸能力可适应外贸进口量80%采用20万t级以上船舶运输的需要,与日本等国水平相当。这就要求大型油轮码头建设适度超前,到2010年需增加建设7～9个20万t级以上原油码头,20万t级以上码头接卸能力提高到1.32亿～1.55亿t的水平,并做到沿海主要港口原油码头的合理布局。2010—2020年期间,在我国沿海再建设8个25万t级以上大型原油接卸深水泊位,接卸能力在8 000万t左右,主要分布在环渤海湾、华东和华南地区。到2020年,沿海原油进口接卸能力将达到2.6亿t左右。

(5) 合理规划战略石油储备

一期储备基地主要布局在华东及环渤海地区。我国油气供需结构表明,沿海经济发达地区,特别是华东和华南地区,石油消耗量大,对进口石油依赖性强,是最容易受到国外石油供应变动影响的地区。另外,这些地区运输发达,通过发达的海运方式可以与国际市场紧密相连,高速公路及铁路网可以与内地密切相通,一旦发生紧急情况,可以迅速将储备油投向市场。目前,华南地区石油战略储备基地还未列入计划之中,国家应加快战略石油储备基地规划的步伐,尽快确立第二批战略石油储备基地规划。

据悉,我国的战略石油储备天数预期为90天,达到这一规模,我国的石油供应安全将得到很大的保障。但在中国这样一个石油消费大国建设大规模的战略石油储备,系统工程会牵一发而动全身,应统筹规划,借鉴美、日等国的石油储备经验,有计划地建立我国的石油储备制度,分步建立和完善符合我国特点的石油储备体系。

6.6 海上典型安全事故的剖析

6.6.1 海上安全事故概述

据统计,"九五"期间(1996年至2000年)全国运输船舶共发生水上交通事故4 638件,沉船1 292艘,死亡3 182人,直接经济损失109 486.2万元,同比"八五"(1991年至1995年)期间分别增加-54.9%、-28.3%、9.3%、43.2%。安全形势不容乐观,必须重视和加强安全管理和教育。

为了进一步找出安全管理体系、法规体系,特别是救捞体系中存在的问题,本章剖析了三个水运事故案例。表6.8是10年的水上交通事故数据。

表6.8 "八五"、"九五"期间水上交通事故统计表

时间	全国水上交通事故合计			
	事故件数	沉船艘数	死亡人数	经济损失(万元)
1991	2 559	460	554	11 588.89
1992	2 460	368	557	12 996.04
1993	2 002	364	527	10 484.92
1994	1 781	332	543	20 667.97
1995	1 486	277	731	20 689.78
1996	1 231	257	665	31 692.12
1997	980	267	582	29 579.7
1998	984	295	606	14 114.38
1999	832	253	769	25 100
2000	610	220	560	9 000
合计	14 926	3 093	6 094	185 913.8
"九五"	4 638	1 292	3 182	109 486.2
"八五"	10 288	1 801	2 912	76 427.6
"九五"比"八五"	−54.90%	−28.30%	9.30%	43.20%

6.6.2 "翡翠海"沉没事故剖析

1998年2月7日22:40,中远集团青岛远洋运输公司"翡翠海"轮在从印度驶往我国途中,在恶劣天气和海况下前舱进水,沉没于中国南海海域,34名船员中30名失踪,直接经济损失约316万美元。

1) 事故原因

由于"翡翠海"轮船长、轮机长、驾驶员及事故发生时的当班人员均已遇难,生还人员有限且不了解事故发生前后的全部主要情况,事故原因的调查分析十分困难。调查组经认真调查分析,结合有关理论计算认定:

"翡翠海"轮在航行期间受到6~7级东北风、3~4 m大浪及东北季风长期作用下形成的东北—西南涌浪的影响,由于船舶老化及可能存在的潜在缺陷,致使船舶艏部一舱或一、二舱结合部船壳破损,船舱大量进水,并向后波及邻舱,船舶迅速失去浮力,船艏向下急剧沉没。

2) 剖析

(1) 发现险情太晚,对于险情的发展估计不足,没有意识到险情的极端严重性和紧迫性,采取措施不果断。当机舱发现险情时,一舱或一、二舱都已进水,情况已比较紧迫。从机舱发现异常到船舶沉没约有1 h的时间,但在弃船前,只采取了"准备排水"的措施,没有证据表明采取减速、转向等有效措施,即使在16频道上发出求救呼叫后仍没有做出准备弃船的决定,致使可供船员逃生的时间太短。

(2) 大风浪中航行操纵措施不当。据调查,该轮在大风浪中航行并没有采取减速、转向等措施,也未按公司关于老旧船管理的规定,在大风浪中(3 m 涌浪)采取减速和报告公司的措施,说明公司规章制度在该轮执行不严格。

(3) 遇险时,通信方式选用不当。"翡翠海"轮遇险后,船上未使用遇险呼叫,一直是常规通讯。甚至在几次采用常规呼叫不能接通和接通后又拆线的情况下,仍然采用常规呼叫方式,说明船舶对应急通信及应急计划不熟悉。

(4) 船舶救生设备使用和管理不当。船上配有四只救生筏,其中三只配有静水压力释放装置。在搜救过程中,只发现两只(一只打开、一只未打开),说明救生筏系绑定不当。船舶沉没后,应急示位标本应自动发射,但没有任何证据表明已经发射,说明应急示位标放置或所处状态不当。

(5) 公司安全管理体系(SMS)运行存在不足。青远公司已通过 SMS 审核,"翡翠海"轮也已拿到 SMC 证书。但调查发现公司的文件控制、船岸应急反应及船岸联系等方面未能完全按照 SMS 运行。

6.6.3 "盛鲁"轮火灾沉没事故剖析

1999 年 10 月 17 日,山东航运集团有限公司控股企业——烟大汽车轮渡股份有限公司(以下简称烟大公司)所属客滚船"盛鲁"轮,自大连驶往烟台途中沉没。船上 162 人(36 名船员,126 名旅客)中 1 人死亡,1 人失踪,其余 124 名旅客及全体船员全部获救,其中有 57 人受伤,船、车、货全损,直接经济损失约 3 500 万元。

1) 事故原因分析

(1) 操纵不当导致船舶大角度横摇。避让渔船时,采取左舵 20°和右舵 15°的大角度,导致船舶大角度横摇,在船舶全速前进的情况下,舱内车辆及其货物倾斜、移位、碰撞,汽车相互撞击摩擦产生火花(或由汽车、船舶电气线路打火)引发火灾,进而导致舵机因通往舵机间的电缆烧坏失灵,船舶失控。

(2) 车辆超载、系固不良导致车辆移位、碰撞、倾覆。"盛鲁"轮所载 38 辆车中,至少有 22 辆超载。这 22 辆载货车总的额定载重量是 112.5 t,实载 243 t,为额定载重量的 216%。

由于两层甲板汽车舱所载车辆没有得到有效系固,造成车辆及其货物因船舶大角度操纵和大风浪中航行颠簸、摇摆而发生倾斜、移位、碰撞,进而引发火灾,导致舵机失灵、船舶失控。

(3) 气象海况恶劣加剧了船舶的横摇。事故发生当日正有一冷锋经过事故海域,而且"盛鲁"轮由于破舱稳性不符合要求等原因,其航行限制条件之一就是在 7 级风以下航行。而船舶沉没时附近水域的风力已达到 8 级。

(4) 船舶管理混乱,应急措施不当。

①关键时刻没有启用应急舵。在舵机失灵后,船长没有派人进入舵机间启用应急舵。

②船舶失火后,在没有探明火情的情况下,盲目打开所有甲板压力水雾灭火系统,而且还长时间使用消防水枪往船舱灌水,因货车倾倒货物堵塞排水孔等原因导致排水不畅,造成舱内大量积水,形成自由液面,船舶浮力减小、稳性破坏。

③在灭火时,没有派人关闭通风筒,加大了汽车舱与外界的空气流通,加剧了燃烧和火势的蔓延。

④烟雾报警系统关闭,未能及时发现火情。由于烟雾报警系统经常发出误报警,因而经常处于关闭状态。在事故发生的整个过程中,烟雾报警系统始终没有响。

⑤救生指挥无序,组织不力,造成旅客受伤较多。艇甲板两舷距水面有 10 m 左右的高度,船员没有打开气胀式逃生梯而让旅客直接跳水,结果旅客慌乱中跳水、跳筏,或是姿势不正确,或是碰到了船体外线突出物,致使旅客受伤较多。而船员却全部乘救生艇下水,没有一个受伤。

⑥在人员全部撤离后,所有水消防系统还处于工作状态,进一步往舱内大量灌水,导致船舶最后沉没。

由此所得结论是:"盛鲁"轮由于车辆绑扎不良,在风浪中全速航行时大舵角避让渔船,引起船体剧烈横摇,造成车货移位、碰撞,进而发生火灾。失火后,应急措施不当,盲目往船舱灌水,形成自由液面,最后导致船舶沉没。

2)救助概况

1999 年 10 月 17 日 6:25,辽宁省海上搜救中心(大连海上安全监督局)接到"盛鲁"轮请求救助的报告,立即上报中国海上搜救中心,并立即指派大连港轮驳公司"连港 17"、"连港 18"和大连海监局的"连监联 1"、"连监联 2"出动前往救助;并通知海军旅顺基地,旅顺基地也派出了"630 艇"、"618 船"和"814 舰"火速前往救助。船舶起火以后,在附近作业的"辽瓦渔 0576"、"辽瓦渔 0559"和"辽大中渔 0966"迅速赶来营救,并先期到达,将 124 名乘客和船员救到三艘渔船上。在后期到达的几艘船舶的护送下,三艘渔船将遇难船人员送到岸上。

6.6.4 "11·24"特大海难事故剖析

1999 年 11 月 24 日,山东航运集团有限公司控股企业——烟大汽车轮渡股份有限公司(以下简称烟大公司)所属客滚船"大舜"轮,从烟台驶往大连途中在烟台附近海域倾覆。船上 304 人(40 名船员,264 名旅客)中 22 人(5 名船员,17 名旅客)获救,包括船长、大副和轮机长等船上主要船员在内的共 282 人(其中男 228 名,女 54 名)遇难,直接经济损失约 9 000 万元人民币。

1)事故原因

"11·24"特大海难事故是一起在恶劣的气象和海况条件下,船长决策和指挥失误,船舶操纵和操作不当,船载车辆超载、系固不良而导致的重大责任事故。

(1)气象、海况恶劣是事故的重要原因

受西伯利亚强冷空气影响,烟台市从 24 日中午开始,偏北风逐渐增大到 7～8 级,阵风 10 级。当日正值农历十七,23:00 为天文大潮高潮时,实际潮高 4.09 m,比预报的 2.48 m 高 1.61 m。事故附近海域不受遮蔽,实际风力和浪高更大,异常超出预报,实测为偏北风 9~10 级,阵风 11 级,浪高 5.5~7.5 m。

(2) 船长决策和指挥失误,船舶在紧急情况下操纵和操作不当是事故的主要原因

①"大舜"轮在开航前收到当天烟台气象台发布的寒潮警报,但是船长在对这一季节性恶劣气候的形成和影响缺乏足够的认识和准备的情况下就指挥船舶开航出港。离港后不到 2 h 遇大风大浪认为难以抵御,又匆忙指挥船舶返航避风。导致掉头返航过程中,船舶大角度横摇,舱内车辆及其货物倾斜、移位、碰撞,使汽车油箱内燃油外泄,汽车相互撞击摩擦产生的火花引起火灾,进而导致舵机因通往航机间的控制电缆烧坏失灵,船舶失控。

②关键时刻没有启用应急舵。经对"大舜"轮打捞后的现场验证,从 C 甲板尾部左右物料间各有一条通道可以通往舵机间,且该通道当时并未受到大火影响。但是,"大舜"轮船员及烟大公司的有关人员认为,只有经过 D 甲板汽车舱的通道才能通往舵机间,由于该通道被大火封堵而无法进入,因此在舵机主控系统失灵、船舶失控的关键时刻没有派人进入舵机后采用应急舵。

③船长采取向右掉头措施,并企图返回烟台港,船舶掉头后因风压造成船位进一步大幅度向下风漂移,使该船处于只有采取接近横风横浪航行才能返回烟台港的困难和危险境地。

④船舶失火后,在没有探明火情的情况下,盲目打开 D、C 甲板压力水雾灭火系统。在灭火过程中,除打开所有高压水雾灭火系统外,还长时间使用四支消防水枪往船舱灌水,因排水不畅,造成舱内大量积水,形成自由液面,船舶稳性破坏。

⑤C 甲板汽车舱前后汽车升降舱道门在开航后均一直未关闭,加大了 D 甲板汽车舱与外界的空气流通,加剧了燃烧和火势的蔓延。

⑥船长对船舶倾覆可能性及其严重后果估计不足,没有及时宣布弃船,也没有组织旅客重新回到甲板,致使船舶倾覆时多数旅客扣在舱内。

(3) 车辆超载、系固不良是事故的重要原因

①"大舜"轮所载车辆中,经核实的 34 辆载货车的载重情况表明,1 辆未超载,33 辆超载。这 34 辆车总的额定载重量是 225.5 t,实载 487.6 t,为额定载重量的 216.3%。

②经打捞后实船验证:C 甲板汽车舱甲板地铃 350 个,其中 327 个完好无损,14 个受外力切割,9 个变形;舱内所载 14 辆汽车无系固痕迹;前舱右侧舱壁两旁系固用具排列整齐。D 甲板汽车舱甲板地铃 357 个,其中 325 个完好无损,30 个地铃无铃无环,2 个变形;舱内 47 辆汽车无系固痕迹。由于 C、D 甲板汽车舱所载车辆没有得到有效系固,造成车辆及其货物因船舶大角度操纵和在大风浪航行中颠簸、摇摆而发生倾斜、移位、碰撞,进而引发火灾,导致航机失灵、船舶失控。

(4) 烟大公司安全管理存在严重问题是导致事故发生的重要原因

①未采取有效措施贯彻执行国家安全生产法律、法规和规章,没有摆正安全与生

产、安全与效益之间的关系，没有结合渤海湾海域不同季节气象和海况等自然条件，制定严格的企业内部管理规章制度，尤其是没有制定客滚船在冬季大风浪条件下的安全航行规定，没有针对船员和管理人员素质低的状况进行安全生产培训教育，致使国家有关客滚船安全运输的一系列法规和规章没有得到落实。对所经营的老龄客滚船（公司经营的9艘客滚船全部都是老旧船）的安全风险认识不足，没能充分认识到客滚运输所面临的重大安全风险和可能造成的严重后果，片面追求经济效益，长期不解决船员疲劳作业、精力不足的问题。

②领导班子在专业技术结构和水平不适应的情况下仍不重视安全管理。作为专门从事海上客滚运输的公司，领导班子无一人懂船舶驾驶，主管安全和海务监督业务的海监室编制3人，主任长期空缺，副主任和监督员都无客滚船舶的驾驶资历，无力指导这些船的航海业务。11月24日上午收到寒潮大风警报，公司没有引起足够重视，未作出调整"大舜"轮当天航次任务的决定，在"大舜"轮遇险过程中，没有为船舶提供有力的技术支持和指导。特别是在接到"大舜"轮船长要求调头返回烟台避风的关键时刻，没有及时为船长提供明确的指导意见。

③对长期存在的车辆系固不良等事故隐患整改不力，船舶多次违规装载的问题被有关部门查出后仍然没有整改，致使船载车辆移位、相撞和翻倒的现象频繁发生。

（5）山东省烟台海上安全监督局作为烟台地方港依法实施船舶进出港签证、安全监督检查的执法单位，对烟大公司船载车辆长期存在的系固不良、违规装载问题监督检查不力；在"大舜"轮出港签证时，没有按照有关规定进行认真检查，予以放行。

2）救助概况

在"大舜"轮遇险后，尽管先后派遣了16艘船舶奋力救助，沿岸也组织了军民千方百计救援。但由于海况、气候条件十分恶劣，天黑、风大、浪高，搜救设备和手段落后，救助船舶抗风能力弱，又无直升机参加救助，仅有22人获救生还。

从上述三个海难事故来看，事故的发生与企业水上安全管理、政府水上安全管理海上救助机制、海事法规的不健全有很大的关系，教训是深刻的。

复习思考题

6.1 简述水上交通事故的基本条件及特点。
6.2 试述船舶状况与水上交通运输安全的关系。
6.3 试述人为因素与水上交通运输安全的关系。
6.4 分析航道因素对水陆交通安全的影响。
6.5 从海上事故分析中你得到哪些启示？
6.6 目前的救捞体制是否适应市场经济要求，为什么？
6.7 水路运输的发展趋势与水上交通事故有何联系？
6.8 我国水上安全形势严峻的重要原因是什么？

6.9 我国石油海上运输安全体系建设的现状如何?如何改善?
6.10 船员应具备哪些良好的素质?
6.11 根据航道条件的可靠性分析,研究不同曲率半径的航道与交通事故的关系。
6.12 如何加强油轮运输的安全管理?

7 航空运输安全系统管理

7.1 概述

7.1.1 航空运输体系

航空运输使用飞机作为主要运输工具。航空运输之所以能在短短半个多世纪内得到快速发展，与其自身的特点分不开。与其他运输方式相比，航空运输主要优点有：

(1) 运输速度快、时间短。快捷的运输方式为客、货运输节约了大量时间，现代喷气式客机，巡航速度为 800～900 km/h，比汽车、火车快 5～10 倍，比轮船快 20～30 倍。距离越长，航空运输所能节约的时间越多，优势越明显。

(2) 运输灵活性大。航线飞行的飞机在空中飞行仅受航线条件的限制，其受限程度小于汽车、火车、轮船。通用飞行可以比较方便地将地面上任何距离的两个地方连接起来，尤其在灾区和边远地区的紧急救援、物资供应等方面大有作为。

(3) 舒适。喷气式客机一般在空中 10 000 m 左右飞行，平稳舒适。民航客机的客舱宽敞，噪音小，旅客乘坐的舒适度较高。

(4) 安全。大量高、新技术的应用使得航空运输的安全性也比以往大大提高，比其他任何运输方式的事故率都低。

航空运输的主要缺点是飞机机舱容积和载重量都较局限，一次载重量较小，而燃料消耗大，飞机造价高，因此，载运成本比其他运输方式高；气象条件对飞行的影响大，正点率比其他运输方式低；旅客或货物从待运地点到机场需要耗费时间，航空运输速度快的优点在短途运输中不能得到充分发挥。

航空运输的任务是将旅客、货物和邮件从始发机场安全地运送到目的地机场，其运输过程可分为以下五个阶段：

(1) 飞行计划阶段。航空公司根据市场需求和公司的具体情况，以及飞行管理的许可，进行飞机和机组安排，并制定飞行计划。

(2) 旅客机票和货运销售阶段。根据航班时刻表和飞行安排，航空公司市场销售部门向公众和货运的客户销售机票和货运权。

(3) 旅客乘机、上货阶段。为旅客安排登机和行李交运服务,将货物以及邮件装载飞机。

(4) 运输飞行阶段。飞机起飞、空中飞行、着陆阶段,具体实施运输任务。

(5) 旅客离港和卸货阶段。在飞机安全抵达目的地机场后,运输服务部门安排旅客下机,卸运货物。

由此可见,航空运输过程是复杂的,它需要地面和空中运输过程中涉及的多家单位密切配合、分工协作来共同完成,具体工作包括:

(1) 地面保障服务

为旅客提供票务、执机、行李、安检、候机、登机等服务。为飞机提供地面准备和空中飞行服务,包括提供跑道、灯光、滑行、停靠等服务,并提供安全检查、机务维修和紧急救援服务,以及油料、清洁、配餐等服务。

(2) 飞行保障服务

飞行保障服务主要提供计划航行管制、通信、导航、监视、气象信息、航行情报、告警等服务。

(3) 飞行实施

空中飞行过程中,飞行员具体负责驾驶飞机,航空公司和空中交通管制部门监视飞行的全过程。

航空运输的单位包括航空公司、机场和空中交通管理部门,分别承担不同的职责。航空公司是航空运输的主要组织者,其主要任务有五个方面:

(1) 航空运输资源和航班计划管理

飞机和机组是航空运输的主要资源,航空公司应该加强对飞机的维护和对机组的管理,保障资源的可用性,合理调配资源,充分发挥作用。航班计划是航空运输有序进行的基础,航空公司应该根据自己的发展目标、拥有的航权、飞机和机组的数量,以及运输市场的需求等实际情况,合理安排航班计划,确保生产活动安全、有序地进行。

(2) 市场营销

运输市场是航空公司生存的基础,客、货运输量直接影响航空公司的经济收益。航空公司必须进行市场营销,在保证安全的前提下提高运输量。

(3) 飞行管理

根据飞行计划安排机组和飞机,进行飞行前的准备;在飞行的实施阶段,掌握飞行状况,并为机组提供必要的帮助;飞行结束后要及时进行讲评。

(4) 地面服务

为旅客提供登机、行李等服务,为飞机提供维护、检查、配餐、清洁等地勤保障服务。

(5) 安全管理

建立规章制度和管理体系,管理和协调各种资源,保证航空运输安全。

机场是供飞机起飞、着陆、停留、维护、补充给养及组织飞行保障活动的场所,主要为飞机的飞行和旅客、货物及邮件的运输提供服务。机场是航空运输体系的一个重要组成部分。从运输角度看,民航运输机场是空中运输和地面运输的纽带,实现多种运输方式的转换。机场一方面供飞机起飞和降落,另一方面提供客、货和邮件进出飞机,实现客、货和邮件的转运。机场提供各种地面服务以保障飞行,其中包括:

(1) 旅客集散、中转服务。

(2) 执机、安检、候机、行李服务。

(3) 商品销售、餐饮服务,机票服务。

(4) 签派服务,气象服务。

(5) 通信服务。

(6) 场面指挥服务。

(7) 跑道、滑行道、联络道与停机坪的检查与维护(除雪和除冰、驱鸟等)。

(8) 各种类型航空器的检查、维护。

(9) 机场安防、保安、监控服务。

(10) 机场应急救援服务。

(11) 其他地勤服务。

空中交通管理的任务是有效地维护和促进空中交通安全,维护空中交通秩序,保障空中交通畅通。空中交通管理的内容主要包括空中交通管制、空中交通流量管理和空域管理。

空中交通管制是空中交通管理的主要部分,包括空中交通管制服务、飞行情报服务和告警服务。空中交通管制服务的任务是防止航空器与航空器相撞及在机动区内航空器与障碍物相撞,维护和加快空中交通的有序流动。飞行情报服务的任务是向飞行中的航空器提供有助于安全和有效地实施飞行的建议和情报。告警服务的任务是向有关组织发出需要搜寻援救航空器的通知,并根据需要协助该组织或协调该项工作的进行。

空中交通流量管理的任务是在空中交通流量接近或达到空中交通管制可用能力时适时地进行调整,保证空中交通量最佳地流入或通过相应区域,尽可能提高机场、空域可用容量的利用率。空域管理的任务是依据既定空域结构条件,实现对空域的充分利用,尽可能满足经营人对空域的需求,充分利用空域资源,尽量减少对空域使用的限制和妨碍,使飞机能沿其最有利的路线飞行,并保证与其他飞机之间的安全间隔,包括空域划分与空域规划。

空域划分包括飞行高度层的规定和各种空中交通服务区域的划分。规定飞行高度层是为了防止飞机在飞行中相撞,根据航向、气象条件和飞机性能的区别,规定不同的飞行高度层。划分空中交通服务区域是将全国空域划分为十个飞行情报区,并建立相应的机构,对在该区域内的民用航空飞行提供空中交通服务。在飞行情报区和管制区内划定飞行的航路、航线、空中走廊和机场区域,并划定了空中的禁航区、限制区和危险区。空域规划是指对某一给定空域(通常为终端区),通过对未来空中交通量需求的预测,根据空中交通流的流向、大小与分布,对其按高度方向和区域范围进行设计和规划,并加以实施和修正的全过程。其目的是增大空中交通容量,理顺空中交通流量,有效地利用空域资源,减轻空中交通管理员的工作负荷,提高飞行安全水平。

7.1.2 航空运输安全和可接受的安全水平

航空安全不同的人会有不同的理解,安全的概念也不相同。一般社会公众认为安全是绝对不发生事故,不会造成人身伤害和财产损失,航空旅行没有危险;安全管理部门考虑安全时看重的是员工在工作中是否严格遵守规章制度,工作的行为和态度,以及本单位危险识别和风险管理的具体水平;航空公司或管理当局认为安全是确保航空业存在的风险处于"可接受"的水平或以上,发生事故后尽量减少人员伤亡和财产损失,降低对环境的损害等等。

航空运输过程中不发生任何事故、不存在任何不安全因素这样绝对的安全是不存在的。在航空运输过程中涉及到非常多的环节和人员,无论做出多大的努力,还是难免发生失效和差错。没有任何运输活动能保证绝对的安全。科学地说,安全是个相对的概念,因而航空运输系统中存在风险是不可避免的。

根据国际民航组织的相关文件,航空运输安全可以定义如下:安全是一种状态,即通过持续的危险识别和风险管理过程,将人员伤害或财产损失的风险降至并保持在可接受的水平或其以下。这有两层含义:在安全状态下,产生伤害或损害的风险在可接受的水平内;实施正确、全面的安全管理方案可在实际安全事件出现之前主动识别带来风险的安全危险,识别出安全危险后对相关风险进行评估,接受可以"可接受"的风险,对于那些不可接受的风险采取改进措施。

安全是以风险界定的,没有绝对安全的事情。为了提高航空运输安全水平必须进行安全管理,安全管理是用系统的方法进行危险识别与风险管理,使人员伤亡、财产损失、财政、环境和社会损失等最小化。对一个系统进行安全管理之前,必须先为该系统确定可接受的风险水平。风险包括两个方面:发生的可能性,潜在后果的严重性。据此,风险可以分为三大类:不可接受的高风险;可接受的低风险;介于以上两类之间的风险,必须权衡风险与效益。降低风险需要使用适当的风险缓解程序,将其降低至可接受水平。如果风险不能降低至可接受水平之下,有一些风险是可以容忍的。这些可以容忍的风险介于不可接受的高风险和可接受的低风险之间,并且同时满足下述三个标准:

(1) 风险低于预先确定的不可接受极限。

(2) 风险已经被降低至切实可能低的水平。

(3) 接受该风险合乎情理,进一步降低风险的措施效果不明显。

当然,如果找出了可以进一步降低该风险的措施,并且这些措施不需要太多努力或资源即可实施,那么就应该继续降低风险。风险被列为是可容忍的并不意味不需要进一步的努力。应该把风险降低至切实可能低的水平。所谓"切实可能低"是指进一步缓解风险在技术上比较难以实现,或者从成本上考虑得不偿失。风险并不因为个人或社会"接受"了就不存在,只是该风险足够低,接受这种风险得大于失。图7.1用风险容忍度(TOR)三角形描述了这些概念。

根据国际民航组织的相关定义,对可接受安全水平的测定有反映一个管理监督部门、经营人或服务提供者的安全绩效指标,还有管理监督部门按照它能接受的最低标准向经营人或服务提供者提出他们在进行其核心业务活动时应达到的安全绩效目标。安全绩效指标和安全绩效目标可能是不同的(例如,安全绩效指标是:对于航空公司经营人每 100 000 h 发生致命事故的次数为 0.5 次;而安全绩效目标是:对于航空公司的运营,致命事故率降低 40%),也可能是相同的(例如,安全绩效指标是:对于航空公司经营人,每 100 000 h 发生致命事故的次数为 0.5 次;安全绩效目标是:对于航空公司经营人,每 100 000 h 发生致命事故的次数不多于 0.5 次)。即使达到了安全绩效指标和安全绩效目标,航空运输单位也不能就此放松管理,降低安全水平。

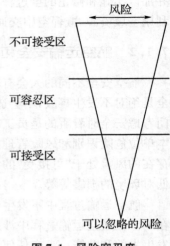

图 7.1 风险容忍度

7.2 航空运输安全管理

航空运输是在高空高速的情况下进行的,航空运输业发生任何重大事故都会造成巨大损失,形成难以挽回的社会、经济、政治等重大负面影响。运输过程中涉及的各方和社会公众高度重视其安全性。尽管极少发生重大航空灾难,但是较小的灾难性事故和各种各样的事故征候却时有发生。这些较小的安全事件也许正是安全隐患的苗头。忽视这些潜在的安全危险,可能为更严重事故的发生创造条件。事故造成的经济损失可能通过购买"保险"分摊,但是事故会带来负面的商业影响,并且还存在很多未保险的损失。还有一些隐性成本,例如对航空公司的信任度的降低,进而造成航空公司的上座率下降等等。从根本上来说,航空运输业未来的生存和发展取决于是否能够使大众对出行安全感到放心。因此,安全是航空运输的生命线,安全是民航永恒的主题。如果不在控制和降低航空安全危险方面取得进展,那么航空运输业就不可能生存。

人们在飞行的初期就认识到航空安全的重要性,航空业内人士更是一直特别关注保障安全的措施、技术和方法的研究。新中国民航创建初始就明确安全第一的指导方针,在民航工作中突出安全第一的地位。在民航各项工作中,要求首先保证安全,在人、财、物分配和政策措施上保证安全的优先地位。安全第一不是为安全而安全,而是为了更高和更长远的效益,安全本身就是效益。安全需要巨大的投入,确保安全需要付出。但从长远看,这些投入和付出会减少事故,减低损失,从而带来更多的效益。当生产、效益与安全暂时发生矛盾时,前者必须服从后者。

为了实现安全第一的指导方针,必须加强安全管理,提高安全水平。航空运输安全管理,可以分为宏观管理和微观管理两个层面。宏观管理,是从国际和国家层面整体地分析、管理安全方面的问题。微观管理,就是从具体实施的层面进行具体的安全管理活动。航空运输安全管理涉及多种组织机构和企事业单位,其中包括国际民航组织、国家民航局、运输工具所有者和经营人、空中交通服务部门、机场、航空器制造商、维修厂商、行业和专门协会、航空教育和培训机构,以及提供航空支持性服务的第三方。这些组织机构和企事业单位安全管理的责任是:

(1) 制定安全法律、政策、标准和安全管理规章等。

(2) 查明和评估安全风险,进行安全监督及安全方案评估,调查事故和严重事故征候。

(3) 分配维持风险管理活动所需的资源,采取措施排除危险或把风险水平减少到既定的可接受水平。

(4) 促进运输单位采取最有利于安全的做法,推进航空运输技术进步,促进安全信息交流和共享。

国际民航组织在安全管理手册中强调:在安全管理过程中,要采取系统的、主动的、明确的安全管理方法。所谓系统的是指安全管理活动将依照预先确定的计划,并以统一的方式在整个组织进行。所谓主动的是指采取强调在产生危险的事件发生并对安全绩效产生不利影响前就通过危险识别和风险减少措施来预防的方法。所谓明确的是指所有安全管理活动均应是有文件佐证的、可见的,并且应是独立于其他管理活动执行的。

7.2.1 领导重视,全员配合,职责明确,以人为本

加强安全管理,领导是关键。航空运输业要构建"政府统一领导,部门依法监管,企业全面负责,群众监督参与,社会广泛支持"的安全生产工作格局。在运输生产活动中,安全第一负责人是单位的第一把手,第一把手要以主要精力抓安全,分管安全的领导要全力以赴抓安全。领导身教重于言教,以身作则,对自己要高标准严要求,以自己的模范行为为员工树立榜样。各级领导各负其责,层层签订安全生产责任书,保证做到事事有人管,人人有责任。

领导要加强人力资源的管理和使用,知人善任,并根据情况的不断发展变化,适时调整,把每个工作人员放到最适合的岗位上,每个工作人员都胜任其岗位,充分发挥每个工作人员的作用。领导和员工之间要建立高效、畅通的沟通机制,领导要充分听取和主动收集员工关于改善安全管理的意见和建议,认真分析研究,及时采纳正确的意见和建议,对存在的实际问题及时加以解决;深入了解和掌握员工的思想动态和工作情绪,对员工的工作、生活问题积极关心,主动为员工排忧解难,创造良好的工作和生活环境,使员工能够以最佳状态投入到工作中来,保证航空运输系统的安全。

航空运输牵涉众多的单位、部门,领导只有协调好各方面的关系和利益,必要时牺牲局部利益,才能真正搞好安全工作。航空运输过程中飞行、机务和空管是安全工作的

重中之重,这些单位和部门直接影响运输安全。目前,航空运输需求进一步扩大,民航系统大量引进新飞机,而飞行员的培养则需要一个较长过程,造成飞行员大量紧缺,但不能就此放松对飞行员培养工作的严格把关。同样,机务维修和空管系统也缺乏高水平的工作人员,设施、设备也跟不上飞行量快速增长的需求。在这种情况下,各方要建立安全第一的理念,有大局意识,思想统一,步调一致,眼睛不能仅盯在本单位的局部利益上,在实际工作中要积极配合、相互支持,既要做好本职工作,又要对其他环节不安全因素和行为注意观察,发现其他不安全行为和苗头,要向有关部门和人员主动提出,不能认为与自己无关就事不关己高高挂起。

航空运输过程中的每个环节都必须保证安全,安全管理工作贯穿生产的全过程。在这个过程中,每个单位、每个工作人员都有其安全职责,实行纵向到底,横向到边。安全职责必须划分到岗,没有模糊不清或覆盖不到。安全工作是要依靠全体工作人员的努力工作,每一次按章办事、认真负责都是在提高安全水平,每一次马虎大意、心存侥幸都有可能造成事故害人害己。每个工作人员要认识到自己是单位的一员,一方面,单位的生产安全依靠每个员工包括自己的努力工作来保障,做好自己的工作就是对单位的生产安全负责;另一方面,搞好单位的安全工作,减少事故提高效益,自己的工作待遇和生活水平才能提高,自己的工作成果只能在单位的安全生产过程中实现,没有安全就没有一切。

在安全管理过程中,要努力塑造以人为本的企业安全文化。航空运输重大事故可能造成人员伤亡,以人为本的本质是珍惜、关爱生命。每个航空从业人员都应该认识到航空运输安全无论对机组还是旅客而言,都是"人命关天"的大事,任何不负责任的行为都有可能伤害他人,甚至危及他人生命。在建设安全文化的过程中,企业要用关心、温暖、尊重等手段塑造良好的人文环境,给员工安全感、归属感,积极增强员工的凝聚力和忠诚度,使员工形成共同的安全价值观和行为规范,营造良好的企业安全文化和氛围,尽可能地发挥全体员工的积极性和创造性。企业要更系统深入地对员工进行业务培训和安全教育,为他们提供学习专业知识和培养安全素养的机会,不断提高员工各方面的工作能力和安全意识。建设安全文化是一项长期而艰巨的工作,需要通过不断的努力使全体员工提高对安全的认识,树立正确的价值观和安全观,使安全理念潜移默化、深入人心,使遵章守纪成为每个员工的自觉行为。

7.2.2 建立法规,完善制度,有法必依,违法必究

航空运输系统涉及人与自然(如天气)的关系、人与机器(如飞机)之间的关系以及人与人之间的关系,涉及的范围广、关系复杂,只有在明确的规则下才能得以安全运行。搞好航空运输工作需要将生产过程中各方的职责和关系以法律和规章的形式加以确定,需要有统一的标准和规范的程序,有章可以遵循是一切管理工作的基础。这些制度体系的实质是规范人们的工作行为。只有建立了完善的制度体系并通过认真仔细的培训,航空运输的从业人员才知道什么是正确的做法,才能把工作做好。实现安全管理的

7 航空运输安全系统管理

规范化、标准化、科学化,必须建立航空安全管理完善的制度体系和切实可行的管理办法。

航空运输法规体系具有约束力和强制性,与道德规范等的约束不同,法律是国家意志的体现,是生产生活中必须遵守的条条框框,法规体系对每个员工都有约束力,必须遵守。法规体系具有实践性和科学性,航空运输法规体系是为指导、规范生产工作而建立的,它从生产实践中来,是生产实践经验的总结和升华,反映了生产过程的客观规律。在制定的过程中,不仅要结合生产实践,同时要综合新的科学成果,进行认真深刻的科学研究和探讨,使法规体系科学合理,符合航空运输业的一般规律。航空运输法规体系具有普遍性,明确地规定所有航空运输企事业单位如航空公司、空中交通管制、机场地面服务等单位和一切从业人员在生产过程中应该担负的责任,以及必须遵守的行为准则。航空运输法规具有规范性和稳定性,确保生产工作规范、有序,法规的变动会影响员工的日常工作,可能引起混乱,形成安全隐患。航空运输法规体系具有成效性和实用性,要与实际工作条件相吻合,便于执行。航空运输法规体系具有一致性和完备性,相互协调,不可自相矛盾。安全问题具有"木桶效应",安全水平的高低不是由最高的木板决定的,而是由最低的木板决定的。法规体系必须覆盖航空运输系统的各个环节,确保航空运输安全保持在一个较高的水平。

制订航空运输法规要立足于中国的实际国情,借鉴先进发达国家航空运输安全的经验和做法,建立符合中国航空运输实际情况的法规体系,同国际民航法规体系和惯例保持基本一致。中国的航空运输业起步晚、底子薄,相对西方发达国家比较落后,随着我国国际交往和国际贸易的增加,国际航空运输总量和所占比例越来越大,国内的航空公司要飞出去,国外的航空公司要飞进来,必须引进新技术、新设备和新的管理方法,航空运输业同国际接轨是必然趋势。在实际工作中,学习国外先进做法、与国际惯例相衔接必须从中国的实际情况出发,继承并发挥中国的优秀文化传统,把我们积累的大量宝贵经验应用到航空运输法规体系的建设中来。

经过长期的努力,我国建立了较为完整的民用航空法律体系框架,包括:《民用航空法》;其他国家的法律;30部行政法规,如:《中华人民共和国飞行基本规则》、《中华人民共和国民用航空器适航管理条例》、《中华人民共和国民用航空器国籍登记条例》、《外国民用航空器飞行管理条例》、《民用机场管理暂行规定》、《中华人民共和国航空安全保卫条例》;172部民用航空规定,如:《中国民用航空总局规章制定程序规定》CCAR-11LR-RI 45号令、《民用航空行政处罚实施办法》CCAR-141LR 61号令、《中国民用航空监察员规定》CCAR-18 84号令、《公共航空运输承运人运行合格审定规定》CCAR-121-RI 83号令、《民用航空器维修单位合格审定规定》CCAR-145-R2、《民用航空器飞行事故调查规定》CCAR-359、《民用运输机场应急救援规定》90号令;规范性文件,管理程序(AP),如:《民用机场飞行区适用性检查实施办法》;咨询通告(AC),如:《机场鸟害防治办法》;管理文件(MD),如:《民用机场除冰除雪工作实施办法》、《跑道巡视检查工作规则》;工作手册(WM),如:《民用机场飞行区场地维护手册》。其中涉及航空安全的有：

1）航空安全法规

（1）民用航空法 18 章中有 11 章涉及安全管理，214 条条款中有 114 条涉及安全管理。

（2）国务院发布的 30 个行政法规中有关安全管理工作的有 19 个。

（3）民航总局发布的 172 条规章中有关安全管理工作的规章和规章性文件有 91 个。

2）民航安全管理标准

（1）国家标准（GB）由国家质量监督检验检疫总局发布。如：《民用航空地面事故等级》。

（2）行业标准，由行业主管部门发布，民航标准（MH）由民航局发布。如：《民用航空飞行事故征候》。

同时，我国也建立了相关的管理办法，如证件管理和行业管理：人员执照、航空器——型号合格证和适航证、营运人——运行合格证、航空器维修单位——维修许可证、机场——使用许可证、航空安全管理、空中交通管理、航空运输市场管理、机场安全运行管理等等。

随着技术的进步、设备的更新和工作环境的变化，还会出现新的问题。为了适应各种工作条件和管理体制的变化，把安全工作做得更好，科学而有效的实施航空运输生产，需要不断制定更多新的法律法规，修订和健全旧的法律法规，改善安全管理的基础。在制定和废除安全法规、标准和管理办法等工作中要认真、慎重。对于新的法规、标准和管理办法，相关的工作人员需要一个学习、适应的过程，在这个过程中如果不采取切实可行的措施，安全水平可能下降，不利于生产安全，所以必须慎重、稳妥地做好这些工作。要站在全局的系统的立场上来研究和决策，改变法规、标准和程序等必须有利于安全水平的提高，有利于生产活动的进行，有利于提高经济效益。实际工作中要建立严格、规范的审批制度，按照规定的程序反复研究、论证，必要时必须试运行，经过检验后方可实施，严禁随意修改。实施时要研究过渡办法和程序，发现问题要及时纠正。

在航空运输生产过程中，既要重视航空运输的法规、程序和标准等体系的建设，更要重视有章必循、有法必依。民用航空运输安全的规章制度、行业规范、标准和程序，不仅仅是一般的经验总结和积累，有些是在大量的事故和事故征候中得来的，有些甚至是用生命的代价换来的。不按章办事，规章就形同虚设，好的法规也等于一纸空文，有法不依等于没有法律甚至效果更坏。有法必依，就是要求全体员工必须按照法规办事，使自己的生产活动符合法规的要求。实际工作中要加强法制教育，强化法制意识，使每个员工都明确自己的责任和义务；要大力开展学习活动，每个员工都必须学习安全法规、规定、标准和程序，学习自己的岗位职责，并通过严格的考核，航空运输的某些岗位必须持证上岗。有法必依要求我们违法必究，对一切违反法规、标准和程序等的单位和个人都要依照相应的规定追究其责任。只有这样，才能使有法必依落到实处，安全工作才能得到保证,才能使航空运输业持续、健康、快速地发展。

在航空运输行业中,目前主要采取安全审计和安全检查的方法来加强检查、落实规章,保障安全管理工作的顺利进行。加大安全审计和安全检查的力度,是保证安全法规制度贯彻执行的有力手段。要做好安全审计和安全检查工作,首先要建立完善的安全审计和安全检查制度,提高安全监察人员的质量,增加安全审计、安全检查和安全监察人员数量,树立安全审计和安全检查工作的威信,强化安全审计和提高安全检查的力度,健全安全监察网络;要针对性和日常性并重,对事故或事故征候多发地区、多发单位、多发部位加强检查的频率,组织人员有重点地进行跟踪检查,研究发生的原因和应对措施,定期进行对航空运输生产企事业单位进行安全审计;要注重安全审计和安全检查的实效,不仅要发现潜在的问题和风险,更重要的是要解决问题和化解风险。安全审计的后继工作是持续跟踪,化解和防范风险。安全检查人员对于工作人员违章操作有权立即停止其相关工作,对于存在问题的飞机和各种地面设施有权立即停止其使用。

7.2.3　预防为主,常抓不懈,严格要求,不断进步

事故预防是保障安全的最根本的途径,只有把可能导致事故发生的因素消除在事故发生之前,才能实现真正的安全。通常事故是由相互联系的多种因素共同作用的结果。单个因素出现有其偶然性,如果这些偶然性不消除,则多种因素同时出现是必然要发生的。偶然是必然的发生前提,必然性寓于偶然性之中。任何事故的发生都有其必然的原因,都有发生的前兆,有萌发、积累和发生的过程。要想避免事故的发生,必须以预防为主。在事故发生以前找出可能引发事故的不安全因素并消除这些因素,事故就可以避免。对于事故的预防不仅要着眼于单个具体的不安全行为,还应该找出发生不安全行为深层次的问题。对于出现的问题,要查清根本原因,分清责任,严肃处理,并举一反三,采取有效的防范措施,防止同类问题再次发生。

事故预防的基本要求是前移安全防范的关口,把工作尽可能做在前面。要在问题发生以前就加以发现,并改进工作,防止事故的发生。涉及安全的适航管理、空中交通管理、机场管理、公安和安全监察、航油、航材和航信等单位和部门,要保证有问题的飞机一定不能上天,把好放行关,要清晰地明确最低标准是什么,对于底线不能有丝毫的融通、退让。尽可能在早期发现问题,及时解决和改进,以免造成被动局面甚至发生事故。

事故预防的基本做法是建立安全评估体系和安全检查制度,对航空公司、机场、空中交通管理等进行系统的评估和日常的安全检查。在生产过程中,通过技术手段获取各种与安全运行有关的信息,包括通信、导航和监视设备、飞机性能、发动机状况、天气情况、机组人员情况等等。对获取的信息进行科学分析,加强对各种状况的监控,及时调整航空运输生产的计划和资源,强化安全管理。对已发生的事故、事故征候和差错等所有不安全事件进行过程数据的采集、整理和分析研究,找出发生不安全事件的主要因素和根本原因,不放过任何次要因素和原因,研究整改的措施,研究不安全事件发展的趋势,提前加以预防。对于航空运输的从业人员要加强教育和培训,提高人员安全素

质,使每个员工都成为安全的捍卫者,提倡人人为安全,安全为人人。

事故预防的根本是严格管理。航空运输安全源自每个环节的安全,其中任何一步出现问题都会导致不可预料的后果。严格管理首先要有组织保证,要建立完善的航空运输生产体系,健全完备的规章和组织纪律,严格监督检查。在进行严格管理的过程中要处理好发展和严格管理的关系,充分认识到严格管理是发展的基础和保障。只有严格管理,提高安全的水平,航空运输业才能大发展。没有安全,航空运输业就没有市场,也就不能生存。严格管理要过"人情"关,坚决反对好人主义,宁可伤害一人感情,也坚决不马马虎虎、得过且过。我国的基本国情决定了"人情"的基本理念,处理得好,"人情"可以增加企业内部的凝聚力,形成一种团结一致的合力,有利于管理工作的开展;处理得不好,"人情"会造成得过且过,降低标准,疏于管理,导致安全水平下降。严格管理涉及局部利益和整体利益之间的关系,管理问题最终都要涉及各种利益关系的调整,个别单位或个人为了小团体利益而放松管理,甚至为了局部或单位的利益而做出不利于安全的事情,弄虚作假,这是决不能容忍的。严格管理要奖惩并举,重奖重罚。对于好的事例和好的典型,要及时给予表扬和奖励;对不利于严格管理的做法要查明责任并给予处罚,决不迁就。对航空运输安全有功人员应当予以奖励表扬,对航空运输安全有过人员必须严肃查处。在管理过程中,执法机关和执法人员首先要严格执法,必须一丝不苟的按照法规制度办事,维护法规制度的权威性。从组织上保证建立完整的监察体制,采用一切先进的、可用的技术手段,严格监督检查。如果疏于监察,不能及时发现问题并进行纠正,执法工作就会失去其严肃性,最终必将失去作用。

事故预防要标本兼治。在安全管理过程中要透过事件的表面现象看本质,把握航空运输安全的客观规律,分析问题时要由此及彼、由表及里,找出深层次的矛盾和根本原因。预防事故必须从全局着眼,本着科学的精神和求实的态度系统地分析和解决问题,重在治本。通过坚持不懈的努力,消除可能的潜在危险,使航空运输系统不断完善。

事故预防并不能一劳永逸,任何时候每个航空运输系统都会存在引发事故的因素。加强安全管理,就是想方设法找出航空运输系统中的不安全因素,对这些因素进行评估,然后积极的逐步加以改进,不断完善整个系统。然而,由于技术、经济等多种因素的制约,不可能彻底消除系统隐患,并且航空运输系统需要不断地技术更新、设备改造,人员也会调整,这将产生新的不安全因素。所以对系统的改进、完善是一个长期过程,只要系统存在就不会停止。但是,在实际工作中,我们不能因为这是一个长期的过程,就不积极、不主动。安全管理的过程是伴随着生产的进行而存在的,只要有航空运输生产活动就有安全问题存在,就需要安全管理。旧的不安全因素消除了,还会有新的问题出现,因此安全管理要常抓不懈,不断进步。

7.2.4 加强基础设施建设,加大安全投入

基础设施是航空运输安全的基本保证。航空运输业是一个高科技产业,航空运输安全越来越依赖于高、新技术的运用。目前,大部分航空运输业的技术和设备还需要引

进,需要大量的资金,而我国的经济基础不是很好,这就造成了我们在进行资金投入时往往注重生产设备设施的投入,而忽视安全投入,这是非常错误的。在进行基础设施建设时,我们要科学论证、统筹规划,不仅要引进先进飞机和必需的地面保障设备,同时要考虑一定的安全环境建设。

航空运输除了使用飞机作为运输工具外,还必须有大量的专用设备,这些专用设备和设施在运输过程中发挥重要作用,是必不可少的。专用设备主要有以下几类:

(1) 飞机服务设备

航空地面电源、航空地面气源、飞机牵引车、飞机地面空调、飞机清水车、飞机污水车、飞机除冰设备、飞机充氧设备、航空静变电源、管线加油设备、罐式加油设备。

(2) 航空运输服务设备

旅客摆渡车、旅客登机梯、残疾人登机车、旅客登机桥、航空食品车、航空垃圾接收车、自行式航空集装单元装载机、移动式散装行李/货物装载机、行李牵引车、旅客行李处理系统。

(3) 飞行区服务设备

机场专用清扫车、道面除冰(雪)设备、道面摩擦系数测试设备、机坪地井、机坪排水沟用钢箅子、应急救援设备、飞机顶升气囊、飞机拖板、飞机吊带、应急救援活动道面、起落架挂具。

(4) 目视助航灯具

航空灯标、进近灯、顺序闪光灯系统、精密进近航道指示器(坡度灯)、跑道入口识别灯、跑道入口翼排灯、跑道入口灯、跑道末端灯、接地带灯、跑道中线灯、跑道边灯、滑行道中线灯、滑行道边灯、停止排灯、跑道警戒灯、道路等待位置灯、航空障碍灯、直升机场灯标、进近恒光灯、进近闪光灯、瞄准点灯、接地和离地区灯、滑行道边灯、滑行道中线灯、目视进近坡度指示系统、目视对准定线引导系统、最终进近和起飞地区灯。

(5) 目视助航相关设施

滑行道边反光标志物、机坪泛光照明灯具(高杆灯)、飞机泊位引导系统、滑行引导标记牌、恒流调光器、隔离变压器、助航灯光电缆、电缆连接器、助航灯光监控系统、助航灯具光强检测设备、隔离变压器箱、灯具故障定位检测系统。

(6) 空中交通管制导航和监视设备

一次雷达、二次雷达、VHF 通讯设备、VOR 全向信标台、DME 测距仪、NDB 无向信标台、场监雷达、卫星通信设备等等。

(7) 气象设备和设施

安全的投入不仅仅是在设施设备上加大投入,同时在人员培养、安全科研方面也必须加大投入,所有的设施设备要靠人来发挥其作用。随着航空运输技术的进步和信息科学的快速发展,航空运输的从业人员不仅需要学习本单位、本岗位的专业知识和专业技能,同时要学习生理学、心理学、信息科学、经济学、管理学等等。对于他们而言,有些学科是陌生的,需要从基础学起,但这不是放松学习的理由。新的工具、新的设备和设施大量投入使用，方法、手段的不断创新，要求全体员工要不断学习。例如，航空公司内大量高性能运输机的投入使用，需要飞行员进行型号大改，学习新机的飞行驾驶技术；机场大量使用新型的地面保障设备和设施，需要地面工作人员不断学习，掌握这些设施设备的使用；空中交通管理部门随着管制条件的改变，采用了新的管制程序，需要一线人员适应新的条件和程序等，保证空中飞行的安全。安全科研的投入应该软件、硬件并重。以往我们注重有形的安全设备设施的研究和开发，忽视安全软件方面的研究。然而，航空运输系统是包括飞机、地面的设施设备、参与航空运输工作的人等等在内的一个完整系统，其中影响安全的一个最重要因素是人。安全科研应该加大对人的因素的研究，如人的管理力、执行力，人的心理素质，人的生理条件，人机工程等等。另一个安全科研的要点是安全管理体系的研究，这是我国航空运输业目前比较欠缺的。还有安全的战略研究，包括客、货运市场研究，终端区空域结构优化研究，干路网络研究，机组资源研究，质量保证体系研究，安全标准、政策研究，安全评估方法研究等等。安全科研的研究要充分应用目前信息技术的成果，要采用信息技术的手段收集国内外安全研究的成果，以及我国目前的安全现状，建立安全信息数据库，对于大量的数据要用科学的手段进行分析、加工和整理，提取其中有用的东西，应用到生产实践中。

7.2.5　教育和培训齐头并进，不断提高全体员工的安全素质和技能

航空运输安全最重要的因素是人，提高员工的安全意识、安全素质和安全技能是保证航空运输安全的必由之路。航空运输安全的教育和培训不仅要进行基本技能和专业知识的培训，更要形成员工对安全的认同。人们对航空运输安全理念越认同，对安全的需要越强烈，其行为就越有利于提高安全水平。安全教育和培训要提高员工的安全素质和技能。通过安全教育和培训，员工可以深入学习有关的法规、条例、细则和制度，掌握本岗位的安全职责、安全操作规程、安全措施以及相关的技能。

在教育和培训过程中，要培养员工学习的兴趣，避免灌输和强迫。提高学习的针对性和实效性，学习内容要能够澄清思想疑虑，解决实际问题。每个员工工作岗位不同，安全职责不同，因此他们对安全知识和技能的要求不同，必须对不同岗位的人员提出明确的教育培训内容和要求，努力起到实效。在注重实用性的同时兼顾超前性，传播新知识、新信息，帮助员工把握航空运输安全的发展趋势。提倡自我学习和相互学习，构建学习的平台，实践团队学习，倡导团队精神互帮互助的氛围。要树立员工教育培训是高回报率投资的理念，教育培训创造了现实的生产力。特别是航空运输业，其培训投入非常大，周期很长，需要不断培训，而且随着新设施设备的投入使用，培训的要求也逐步提高。

航空运输安全教育和培训的主要内容包括安全工作的法律、法规、规章制度、方针政策和企业安全文化的教育，职业道德遵章守纪教育，安全科学知识和安全生产技术教育，以及典型事例和经验教训教育等。航空安全教育一般分为新员工上岗前安全教育、全员经常性安全教育、管理人员的安全教育。

职工上岗前安全教育的对象是新进公司人员，包括应届毕业生、复员转业军人、外单位调入人员、招聘工、合同工等。职工调动工作岗位或离岗后重新上岗时，必须进行相应级别的安全教育。

教育目的是：通过教育，使受教育者了解和初步掌握国家有关安全生产的法律、法规精神；了解和初步掌握中国民用航空局、民航地区管理局以及本单位有关航空运输安全的法律、规章制度的精神；熟悉本岗位工作的安全措施和安全操作规程；对"安全第一，预防为主"的方针有一定深度的认识，树立安全观念，为安全生产打基础。

教育的内容主要有：

（1）航空安全基本原理、理论：航空安全的现状与特点，航空安全哲学观，航空安全的设备与技术、规章管理、人的能动性三要素，以及民用航空安全教育的意义。

（2）航空安全法律、法规和标准：航空安全法规概论，国际航空法规体系，中国民用航空法律体系，中国民用航空安全管理规章，航空安全管理标准。

（3）航空安全管理理念：安全管理的指导方针，安全文化，安全政策，安全标准，安全目的和目标，安全管理方案，安全与效益，安全与服务的关系，民用航空安全管理的发展，安全奖惩方案，民用航空安全管理体系。

（4）事故调查与预防：事故、事故征候和意识到危险的报告方式和途径，应急救援的组织与实施，事故预防。

（5）部门级安全教育：本部门在航空安全中的地位与作用，本单位、本部门安全业绩和历史经验教训，本部门现时安全状况，本部门安全规章制度和劳动纪律，本部门应急救援处置预案。

（6）岗位级安全教育：本岗位与航空安全的关系，本岗位的安全规章、安全工作特点、安全知识和技能，本岗位典型实例分析，本岗位特殊情况处置，安全设备的使用知识及操作演习。

全员经常性安全教育的目的是：复习安全生产法规和安全目标，通报当前的安全形势，扩大全员安全生产知识面，增强全员的安全意识。全员经常性安全教育要定期进行，坚持每个月至少安排一天时间对全体员工进行安全教育。主要教育内容是：传达上级航空安全管理的精神和指导方针，以及具体文件；分析近期的航空安全情况和安全形势；检查本单位制订的安全制度和措施落实情况；复习有关航空安全的法律、规章制度，学习系统安全分析、事故调查与预防、事故树分析方法和安全信息的收集、处理和应用等现代管理技术；典型事例分析，结合特殊事件进行安全教育。在学习中倡导安全文化，营造安全氛围，提高全员安全意识和素质。

管理人员的安全教育对象是科级以上领导干部以及安全管理人员，他们担负着安全管理的主要职责，如：调查安全事件、监控安全绩效、安全评估、管理安全信息和安全审计。在学习中注重航空运输安全理论和管理方法学习，如：事故、事故征候、危险的报告和调查程序，特殊安全和应急程序及预案，各种不同机队、运行类别、航路等，人为因素，安全管理体系的运行等等。

利用航空安全事件进行安全教育是一个行之有效的方法。通过对多起航空安全事件的比较分析,我们发现同样的行为差错导致了同样的事故征候、事故重复发生,通过对事故征候、事故的分析,可以发现其中的规律,提醒员工不再犯同样的错误。航空运输企业的员工不可能也没有必要自己直接体验事故征候、事故,而是应该积极地从他人的经历中吸取经验、教训,转化为自己的经验、教训,进而达到教育的目的。从失败的做法和避免失败的做法中学习,并对这些做法和后果进行分析,从中获取有益的知识,为将来处置类似的问题积累经验。我们应该把好的做法吸收到我们的工作手册中,在以后的工作中积极采纳,及时完善航空运输系统的各个方面。对于不好的做法,我们要坚决避免。

7.3 航空运输安全管理体系的建立

航空运输安全管理体系是对航空运输系统安全管理的程序和做法的统称。实施安全管理体系的目的是在生产过程中实现从事后到事前、从开环到闭环、从个人到系统、从局部到全局的安全管理。安全管理体系的具体作用是确定实际和潜在的安全危害,为了缓解风险和危险、确保实施必要的纠正措施以及对所具有的安全水平进行持续监督和定期评估。实施安全管理体系并不是彻底否定原来的安全管理的做法,而是更系统、更全面、长效的加强安全管理,将系统的风险控制在一定的范围内,提高安全管理水平。安全管理体系有十个构成要素:安全政策、安全目标、组织机构及职责、安全教育与培训、文件管理、安全信息管理、风险管理、不安全事件调查与处置、应急响应、安全监督与审核。具体包括规章标准、组织结构、监督检查、环境因素四个子系统,规章标准是管理依据,组织是基础保证,监督检查是落实措施,环境因素是外因。实施安全管理体系要从这十个方面入手,具体落实,要根据各单位的不同情况进行分析,按照安全管理体系的要求找出差距,制定具体可行的实施计划,逐步对现有安全管理的方方面面进行完善,结合日常运输生产有计划有步骤地推进安全管理体系建设。

根据国办发〔1998〕71号文件和民航局民航人发〔1998〕167号文件的有关规定,民航局成立了航空安全办公室。航空安全办公室的主要职责是:

(1) 承办民航局航空安全委员会的日常工作。

(2) 负责拟定民航安全工作规划。

(3) 综合协调管理全行业的飞行安全、空防安全和航空地面安全,组织协调行业的"系统安全"管理工作。

(4) 评估检查民航企事业单位贯彻执行保证航空安全的方针、政策、法规、安全生产责任制及命令、指令情况。

(5) 全面掌握全行业的航空安全情况,定期分析安全形式,提出安全建议,起草安全指令和安全通报。

(6) 负责拟定事故调查的法规及标准,按规定组织航空事故调查,提出预防事故的建议和措施。

（7）负责航空安全评估人员、事故调查员的聘任、考核和培训工作。

（8）办理安全奖励和安全责任制奖罚兑现事宜。

（9）负责民用航空安全信息工作，对外发布相关安全信息。

（10）组织协调国际民航组织安全审计及有关航空安全方面的事务，开展民用航空安全管理和信息方面的国际交流合作。

在民航局的航空安全办公室之下，还有民航地区管理局的安全监察处，以及各省、自治区、直辖市的民航安全监督办公室，承担与民航局的航空安全办公室类似的职责。各航空运输企、事业单位也成立了航空安全委员会和办公室。在这个安全管理体系中，政府集中于立法决策、组织实施和监督检查，企业集中于组织实施、监督检查和执行操作。

安全管理体系实施的具体手段有：安全审计、安全检查、专项治理、信息共享、风险监测等等。在建立安全管理体系的过程中要时刻牢记安全第一，加快健全安全规章、制度和运行标准，加大安全科研的投入，适时地应用成熟的高、新技术，提高设施设备的科技含量和水平，加大人才培养的力度，建设一支强有力的安全管理与生产运行的队伍。建立安全管理体系要把总体目标和分步实施结合起来，既要有总体的规划，也要考虑目前的实际情况分阶段建立，要兼顾全局性、前瞻性、针对性，首先建立具有战略地位、影响全局的部分，促进系统健康发展，同时对那些有深刻、长久影响

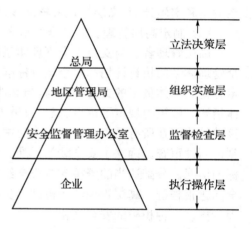

图 7.2　安全管理层示意图

的部分加大投入力度，在建设中要针对薄弱环节，体现中国特色，发挥后发优势。目前工作的重点是：完善安全法规和制度，健全安全管理组织机构，特别是基层安全管理组织和安全文化建设，强化安全监督，加大安全设施、设备的投入，加强科技创新和信息共享，安全评估审计工作的制度建设等等。

建立安全管理体系是为了提高安全管理的水平，具体来说，是为了在航空运输生产过程中达到以下要求：

（1）建立安全第一的安全文化，并自始至终在航空运输生产活动中贯彻。加强员工的安全认同感，承认航空安全管理的重要性和价值。

（2）通过对所有员工的业务技能和航空安全培训，使所有员工明白其在航空运输生产中应承担的安全职责，胜任其岗位。

（3）保证安全程序、标准、支持条件是最优的，使风险降到尽可能低的符合规定的水平。

(4) 制定合理的安全目标,在航空运输生产活动中争取达到最高的安全标准和绩效水平,并保持和继续提高。

(5) 持续进行安全管理水平监控并采取相应的措施确保在航空运输生产中采用有效的航空安全管理体系。

需要注意的是,建立安全管理体系可以有多种方法,不存在适合所有单位的单一的模式。企业的组织架构、人员构成、规模大小、运营方式以及企业的安全管理模式和外部环境都会影响安全管理体系的建立。根据国际民航组织安全管理手册的规定,建立安全管理体系有十个步骤,分别是:

(1) 策划

成立一个由具备一定经验的人员组成的安全策划小组,定期与高层管理者接触,并接收各种资源。策划小组制订出一套可以满足组织安全需要的切实可行的安全管理体系战略和实施计划,高层管理者核准该计划。

(2) 制定高层管理者对安全的承诺

高层管理者参与支持安全管理体系的工作,批准本组织的安全政策和安全目标、安全管理体系的执行计划和安全运行标准,并向全体员工传达上述文件。安全政策已制定并得到全体员工的支持和参与,与其他运营政策一致,而且为执行这项政策提供了具体指导。政策中规定了董事、经理及员工的责任和问责办法,并对政策定期加以评审,该政策体现在所有员工的行动和决定中。安全目标是切合实际、可以实现的,并定期得到适当性审查。确立了安全绩效标准。管理者全程参与并让责任人说明其实现安全目标的情况。分配适当的资源支持安全经理的工作。高层管理者已建立了一个适当的安全问题报告链。高层管理者积极鼓励员工参与安全管理体系的各种安全方案。高层管理者推动一种积极的安全文化。

(3) 建立安全管理组织架构

组织结构便利于安全经理和首席执行官以及与一线经理之间的交流,明确规定权力、责任和问责办法,从而避免误解、重叠和冲突,有危险识别和安全监督的部门设一名安全经理(具有相应的资格和能力)。安全经理的作用及职责已明确规定并形成文件。组织中有安全委员会定期评审安全效果并向高层管理者提出建议。安全经理(和员工)已经接受了适当的安全培训。员工和管理者了解并支持安全经理的职责,安全经理得到首席执行官的支持。

(4) 建立危险识别体系

建立了系统地识别危险的正规机制(如安全评估和安全审计)。事故报告系统有效,包括事故征候自愿报告系统。管理者为危险识别提供了充足的资源,员工接受了支持危险识别方案的必要的培训。称职的人员管理危险识别方案,使方案始终与当前运营相适应。任何记录在案的或报告的事故征候涉及的员工都知道他们不会因为正常的差错而受惩罚,管理促进营造无惩罚(正义)的环境。系统地记录、保存并分析所有确认的危险数据。有保护敏感资料的保安措施。

(5)建立风险管理体系

确定评估风险的标准。由能胜任风险评估的人(包括经验丰富的员工代表)对风险进行分析和分级。评估可行的风险控制措施。管理者采取措施以减少、消除或避免风险。员工知道为避免或消除风险所采取的措施。各种程序完善,可以确认所采取的措施正如预期的那样发挥作用。

(6)提高调查能力

关键运行人员已接受了安全调查方面的正规培训。对每一危险和事故征候报告进行评价,并视必要性进行更加深入的安全调查。管理者支持安全信息的获取和分析。管理者重视调查结果,并对已识别出的危险应用风险管理程序。广泛宣传取得的安全经验教训。管理当局已了解可能影响其他经营人或需管理当局采取行动的重大安全问题。

(7)提高安全分析能力

安全经理具有使用分析方法的经验或接受过分析方法培训,或者可以获得有能力的安全分析员的帮助。能得到各种分析工具(和专家的支持)以支持安全分析。组织有可靠的安全数据库。可以获得其他信息源。对危险信息及绩效数据进行日常监控(趋势分析等)。安全分析须经历一个被质疑的过程(同行评审)。向管理者提出了安全建议,采取了纠正措施,并检查了纠正措施的效果,以确保纠正措施是适当和有效的。

(8)进行安全宣传和培训

管理者意识到本组织的各级都需要安全管理方面的培训,整个组织此种需要各有不同。职务说明反映了对能力的要求。所有人员接受安全教育培训并参与经常性特定安全管理培训。该组织有一套及时推动解决安全问题的有效方案。员工清楚在安全管理体系与他们的职务有关的要素中所起的作用。当运行环境改变时(季节变化、运行条件、管理要求等变化)提供附加的安全意识培训。员工了解安全管理与追究责任无关。

(9)建立安全管理的文件和信息管理体系

管理者支持认真编制文件和进行数据控制的需要。在安全管理手册中提供了有关安全管理体系的详细资料。定期更新文件内容,需要文件的人很容易得到它。已经采取了可靠的措施保护敏感的安全信息。可以得到适当的设备和技术支持来管理安全信息。安全数据库用于支持安全分析和绩效监控。适当的员工可使用安全数据库。员工接受了使用和维持安全信息管理系统的必要的培训。

(10)进行安全监督和安全绩效监控

商定了安全绩效指标并确定了切实可行的安全目标。为安全监督和安全绩效监控职能分配了充足的资源。征求员工意见,并且员工不怕报复地反映他们的意见。在组织的所有运行领域(包括合同代理机构的活动)进行定期的安全审计。安全监督包括对所有反馈信息的系统审查,如安全评估、质量保证方案结果、安全趋势分析、安全调查、安全审计。向员工传达安全监督和绩效监控发现的问题并根据需要采取改革措施以加强这一系统。

7.4 航空客货运输安全管理

7.4.1 航空旅客运输安全管理

旅客需要利用航空运输工具出行,通常乘坐航空公司班机。乘坐班机首先向航空公司售票处或其销售代理人预订座位。已定妥座位的旅客在承运人规定或预先约定的时限内购票。如未在规定或预先约定的时限内购票,所定座位即被取消。为了保证航空运输安全,中国旅客购票,须提供本人居民身份证或其他有效身份证件,并填写《旅客订座单》;外国旅客、华侨、港、澳、台胞购票,须提供有效护照、回乡证、台胞证、居留证、旅行证或公安机关出具的其他有效身份证件,并填写《旅客订座单》。航空公司只向客票上所列姓名的旅客提供运输,而且可以要求旅客出示相应有效的身份证件。

客票不得转让,如果旅客持有未曾使用的客票,因不可抗力造成旅客无法旅行,旅客应尽早通知航空公司并提供发生不可抗力的证据,航空公司在扣除合理的费用后退回余款,对于不得退款的金额,将给旅客提供一个凭证,用于旅客以后旅行时搭乘航空公司的航班。除电子客票外,旅客应当出示包括所乘航班的乘机联、所有其他未使用的乘机联和旅客联的有效客票,否则无权乘机。如果出示的客票是残损的或者不是由航空公司或航空公司的授权代理人变更的,旅客亦无权乘机。对于电子客票,旅客应有一个以旅客的姓名签发的有效电子客票,同时旅客应出示有效身份证件,否则无权乘机。如果旅客的客票全部遗失、部分遗失或者残损,或者旅客出示的客票未包括旅客联和所有未使用的乘机联,根据旅客的申请,经航空公司查证后,航空公司可为旅客补开新客票以替代遗失或残损的客票。如果旅客不能提供所乘航班已填开有效客票的证据,或者旅客不签订上述协议,出票承运人可以要求旅客为补开的客票支付全额票款。经原出票承运人证实,遗失或者残损的客票在填开之日起或旅行开始之日起一年内未被使用的,可办理退款。

客票是有价票证,旅客应当采取妥善措施保管,谨防丢失或被盗。客票的有效期为:客票自填开之日起一年内必须开始旅行,自首次旅行开始之日起,一年内运输有效;或客票全部未使用的,则从填开客票之日起,一年内有效。如果旅客订座时,由于航空公司不能提供任何座位,使旅客不能在客票有效期内旅行,将延长客票的有效期限。如果旅客在旅途中因患病而不能在客票有效期内继续旅行时,航空公司将延长旅客的客票有效期直到旅客适宜旅行之日,或者延长至该日之后航空公司能够在旅客中断旅行的地点按照旅客所付票价的等级提供座位的最早航班。患病应当提供医生的诊断证明。当客票上有数个乘机联,或者电子客票的电子联上包括一个或者数个中途分程地点时,该客票有效期的延长不得超过医生诊断证明上的旅客适宜旅行之日起三个月。遇此种情况,航空公司将同样延长陪同旅客的近亲属人员的客票有效期。如果旅客在旅途中死亡,该旅客陪同人员的客票,可以通过取消最短停留期限,或者延长有效期的方式予以更改。

　　旅客购买的客票,仅适用于客票上所列明的自出发地点、约定的经停地点至目的地点的运输。旅客所支付的票价,是以航空公司的运价规则和客票上所列明的运输为依据的。票价是航空公司与旅客之间运输合同的基本内容。客票上所有的票联必须按照客票填开时规定的顺序使用,否则,该客票不但不能被接受,而且将会失效。如果旅客要改变运输的任何一项内容,应当事先与航空公司联系。运输一经改变,票价将重新计算。旅客可自行选择接受新票价还是维持旅客客票上原来的运输。如果因为不可抗力,旅客需要改变运输的任何一项内容,旅客应当尽早与航空公司联系,航空公司将在合理的范围内尽力将旅客运送至下一个中途分程地点或者最终目的地点,而不需重新计算票价。如果旅客未经航空公司同意而改变运输,航空公司将按照旅客实际的旅行确定票价。旅客应当支付原票价与运输变更后适用票价之间的差额,且旅客客票未使用的票联将作废。某些运输内容的变更不会导致票价的变化,然而某些运输内容的变更将导致票价的提高,如出发地点的变更或旅行方向的变更。很多票价仅对客票上载明的特定日期的航班有效,并且不得变更,或者是在支付相应的费用后方可变更。旅客客票上的每一张乘机联应当列明舱位等级、乘机日期,且在订妥座位后方可用于运输。如果旅客出具的客票是不定期的,旅客可根据航空公司的运价规则和航班座位可利用情况订座。

　　旅客应按规定时间办妥乘机手续。在乘机前,旅客及其行李(含交运行李和随身携带物品)必须经过安全检查。出于安全和安保的需要,航空公司和机场当局可以对旅客本人进行安全检查,对旅客的行李进行检查、扫描或者X射线检查。如果旅客不在现场,也可以检查旅客的行李,以便确定是否装有不得作为行李运输的物品,或者装有任何枪支、弹药而未出示有关文件。如果旅客不遵守这一规定,将被拒绝承运。具体来说,由于下列一种或多种原因,航空公司和机场当局有权拒绝承运旅客或旅客的行李:

　　(1)承运旅客或旅客的行李,违反了任何始发地、目的地或飞越地国家适用的法律、法规或命令,或者承运旅客或旅客的行李,可能危及或者影响其他旅客或者机组人员的安全、健康、便利或舒适。

　　(2)旅客的精神或身体状况,包括旅客受酒精或药物的影响,使旅客可能对旅客本人、旅客、机组人员或财产造成危险或危害,或者旅客以前在航班上有过不良行为,并且有理由相信此种不良行为仍有可能再次发生。

　　(3)旅客拒绝接受安全检查,或者旅客没有遵守有关安全或安保方面的指令。

　　(4)旅客没有支付相应的票价、税款或费用等。

　　(5)旅客未能出示有效的旅行证件,或旅客无有效的旅行证件在过境国寻求入境,或在飞行中销毁旅客的旅行证件,或旅客拒绝按照机组的要求将旅行证件交由机组签收保管。

　　(6)旅客出示的客票不是合法获得的,或不是从航空公司或航空公司的授权代理人处购买的,或是已挂失或被盗的,或是伪造的,或旅客不能证明自己就是客票上载明姓名的人,或者旅客出示的客票不是由航空公司或航空公司的授权代理人填开或更改的,或者客票已被损毁。

(7) 旅客未能遵守机上禁烟或使用电子设备的规定,未能或拒绝遵守机组人员的指示。

每位旅客随身携带物品以 5 kg 为限。持头等舱客票的旅客,每人可随身携带两件物品;持公务舱或经济舱客票的旅客,每人只能随身携带一件物品。每件随身携带物品的体积均不得超过 20 cm×40 cm×55 cm。超过上述重量、件数或体积限制的随身携带物品,应作为托运行李托运。旅客不得在交运行李或随身携带物品内夹带易燃、爆炸、腐蚀、有毒、放射性物品,可聚合物质,磁性物质以及其他危险物品。旅客乘坐飞机不得携带武器、利器和凶器。国家规定的禁运物品、限制运输物品、危险物品,以及具有异味或容易污损飞机的其他物品,不能作为行李或放入行李内托运。旅客不得在交运的行李内夹带重要文件和资料、外交信袋、证券、货币、汇票、贵重物品、易碎易腐物品,以及其他需要专人照管的物品。承运人对托运行李内夹带上述物品的遗失或损坏,按一般托运行李承担赔偿责任。患有重病的旅客购票,须持有医疗单位出具的适于乘机的证明,并事先经承运人或其代理人同意,方可购票乘机。

旅客登机后应该服从机组人员的管理,如果旅客在航空器上的行为危及航空器或者航空器上任何人或者财产的安全,或者妨碍机组人员履行职责,或者不遵守机组的指示,包括但不限于吸烟、酗酒或吸食毒品,对机组或其他旅客造成或有可能造成不适、不便、损害或者伤害的行为,机组人员可以采取合理的措施,包括实施管束,以阻止该行为的继续。旅客有可能在任何地点被要求下机并被拒绝续运,而且旅客有可能因机舱内的不当行为被起诉。出于安全的原因,旅客禁止或者限制在航空器上使用任何电子设备,包括但不限于移动电话、笔记本电脑、便携式录音机、便携式收音机、CD 播放器、电子游戏机或者包括遥控电子玩具和对讲机在内的发射装置。但是,允许使用助听器和心脏起搏器。所有的航班均已禁烟,机上所有区域均不允许吸烟。当旅客在机上就座时,应全程系好安全带。

7.4.2 航空货物运输安全管理

航空货物运输的基本过程是:①货主订舱委托;②确认运价;③航空公司预订舱位;④确认舱位;⑤货物入库;⑥货物过磅及与客户确认重量(以航空公司重量为准);⑦开航空运单;⑧航空公司货物交接;⑨航班跟踪(知道货物出运与否);⑩收取客户运费(国内空运一般情况都是现结运费);⑪将提单给客户或者直接帮客户传真到对方收货人并告知对方具体的提货时间和提货地点。

托运人托运国内货物应凭本人居民身份证或者其他有效证件,向承运人填交货物托运单,并根据国家主管部门规定随附必要的有效证明文件。托运国际货物,托运人所交运的货物必须符合有关始发、中转和目的地国家的法律、法令和规定以及有关航空公司的规定,交运货物前,托运人必须自行或委托代理人办妥海关、卫生检疫等货物出境手续。托运人应对托运单填写内容的真实性和正确性负责。托运人填交的货物托运单经承运人接受,并由承运人填发货运单后,航空货物运输合同即告成立。托运人要求包用飞机运输货物,应填交包机申请书,经承运人同意接受并签订包机运输协议书后,航空包机货物运输合同即告成立。签订协议书的当事人,均应遵守民航主管机关有关包机运输的规定。

托运人对托运的货物,应当按照国家主管部门规定的标准包装;没有统一规定包装标准的,应当根据保证运输安全的原则,按货物的性质和承载飞机等条件包装。货物包装应当保证货物在运输过程中不致损坏、散失、渗漏,不致损坏和污染飞机设备或者其他物品。托运人应当根据货物性质及重量、运输环境条件和承运人的要求,采用适当的内、外包装材料和包装形式妥善包装。精密、易碎、怕震、怕压、不可倒置的货物,必须有相适应的防止货物损坏的包装措施,严禁使用草袋包装或草绳捆扎。货物包装内不准夹带禁止运输或者限制运输物品、危险品、贵重物品、保密文件和资料。托运人应当在每件货物外包装上标明出发站、到达站和托运人、收货人的单位、姓名及详细地址。使用旧包装时,必须除掉原包装上的残旧标志和标贴。凡不符合上述包装要求的,承运人有权拒绝承运。托运人必须在托运的货件上标明发站、到站和托运人、收货人的单位、姓名和地址,按照国家规定标明包装储运指示标志。国家规定必须保险的货物,托运人应在托运时投保货物运输险。对于每千克价值在 10 元以上的货物,实行保险与负责运输相结合的补偿制度,托运人可在托运时投保货物运输险。

承运人承运货物时,应对托运人填交的托运单进行查核,并有权在必要时会同托运人开箱进行安全检查。在运输过程中必须有专人照料、监护的货物,应由托运人指派押运员押运。押运员对货物的安全负责,并遵守民航主管机关的有关规定,承运人应协助押运员完成押运任务。托运货物内不得夹带国家禁止运输、限制运输物品和危险物品。如发现托运人谎报品名,夹带上述物品,应按有关规定处理。

托运人托运货物,应按照民航主管机关规定的费率缴付运费和其他费用。除托运人和承运人另有协议外,运费及其他费用一律于承运人开具货运单时一次付清。承运人应按照货运单上填明的地点,按约定的期限将货物运达到货地点。货物错运到货地点,应无偿运至货运单上规定的到货地点,如逾期运到,应承担逾期运到的责任。承运人应于货物运达到货地点后 24 h 内向收货人发出到货通知。收货人应及时凭提货证明到指定地点提取货物。

货物从发出到货通知的次日起,免费保管 3 日。收货人逾期提取,应按运输规则缴付保管费。货物从发出提货通知的次日起,经过 30 日无人提取时,承运人应及时与托运人联系征求处理意见;再经过 30 日,仍无人提取或托运人未提出处理意见,承运人有权将该货物作为无法交付货物,按运输规则处理。对易腐或不易保管的货物,承运人可视情况及时处理。承运人应按货运单交付货物。交付时,如发现货物灭失、短少、变质、污染、损坏时,应会同收货人查明情况,并填写货运事故记录。收货人在提取货物时,对货物状态或重量无异议,并在货运单上签收,承运人即解除运输责任。

货物承运后,托运人可以按照有关规定要求变更到站、变更收货人或运回原发站,承运人应及时处理。但如托运人的变更要求违反国家法律、法规和运输规定,承运人应予以拒绝。由于承运人执行国家交给的特殊任务或气象等原因,航空货物运输受到影响,需要变更运输时,承运人应及时与托运人或收货人商定处理办法。货物发运前,经合同当事人双方协商同意,或任何一方因不可抗力不能履行合同时,可以解除运输合同,但应及时通知对方。承运人提出解除合同的,应退还已收的运输费用;托运人提出解除合同的,应付给承运人已发生的费用。

从承运货物时起,至货物交付收货人或依照规定处理完毕时止,货物发生灭失、短少、变质、污染、损坏,已投保货物运输险的货物,由承运人和保险公司按规定赔偿,否则由承运人按货物的实际损失赔偿。由于下列原因造成货物灭失、短少、变质、污染、损坏的,承运人不承担责任:

(1) 不可抗力。
(2) 货物本身性质所引起的变质、减量、破损或灭失。
(3) 包装方法或容器质量不良,但从外部无法发现。
(4) 包装完整,封志无异状而内件短少。
(5) 货物的合理损耗。
(6) 托运人或收货人的过错。

如果托运人或收货人证明损失的发生确属承运人的故意行为,则承运人除按规定赔偿实际损失外,由合同管理机关处其造成损失部分10%~50%的罚款。货物超过约定期限运达到货地点,每超过一日,承运人应偿付运费5%的违约金,但总额不能超过运费的50%。但因气象条件或不可抗力的原因造成货物逾期运到,可免除承运人的责任。由于托运人在托运货物内夹带、匿报危险物品,错报笨重货物重量,或违反包装标准和规定,而造成承运人或第三者的损失,托运人应承担赔偿责任。由于收货人的过错,造成承运人或第三者的损失,收货人应承担赔偿责任。托运人或收货人要求赔偿时,应在填写货运事故记录的次日起180日内,以书面形式向承运人提出,并随附有关证明文件。承运人对托运人或收货人提出的赔偿要求,应在收到书面赔偿要求的次日起60日内处理。

航空货物运输合同当事人,在执行合同过程中发生纠纷时,应及时协商解决。如协商不成,任何一方均可向合同管理机关申请调解或仲裁,也可以直接向人民法院起诉。

7.5 民航运输机场和空域的安全管理

7.5.1 机场运行概况

从管理方式上一般可将机场分为空侧和陆侧两部分。空侧是受机场当局控制的区域,包括飞行区、站坪及相邻地区和建筑物,进入该区是受控制的。陆侧是为航空运输提供服务的区域,是公众能自由进出的场所和建筑物。从功能上机场具体可以分为三个部分:飞行区、航站楼和站前地面交通部分。飞行区是机场内用于飞机起飞、着陆和滑行的区域。飞行区主要包括跑道、滑行道和停机坪、机场净空区等。航站区是为旅客提供服务的,是飞行区与机场其他部分的交接部。航站区系统一般包括信息集成系统、旅客离港系统、行李系统、航班信息显示系统、安全防范系统、安检系统、通信系统、广播系统、机坪门位及监控系统、外场管理系统、交通监控、飞行区监控系统、泊位引导系统、围界报警系统、火灾自动报警系统、智能楼宇管理系统等。

机场是航空运输的中转站,目前国内机场主要存在以下问题。由于机场场面有大量的车辆和航空器活动,而机场场面范围广、布局很复杂,如滑行道路线错综复杂,停机坪拥挤,建筑物和障碍物视线限制可能导致跑道侵入,会有多条跑道的同时使用,这会导致航空器在地面上移动不方便,容易被毁坏。航空器是高能源的,有高温喷流,推进装置推力大,有大量航空燃料。机场会遇到极端天气,如高、低温,大风,强降水和能见度差等等,极易导致事故。机场的范围大,有大量的野生动物,会给起飞和降落的航空器带来危险。有些机场缺乏足够的目视助航和场面监视设备,不利于航空器的操作和指挥人员的管理。有些机场的管理制度不完善,缺乏基本的安全管理体系。地面和停机坪的管制有时会通信频率拥挤导致信息传递存在一定问题,使用非标的术语导致理解差异、语言障碍和错误的呼号等等,机场终端区空域受城市地形、障碍物、噪声抑制要求以及空军等的限制会影响机场场面的运行。为了保障机场安全运行,必须进行机场安全管理。

7.5.2 安全管理组织机构及职责

1) 机场航空安全管理机构

一般机场航空安全管理机构分为两级,第一级为机场航空安全委员会,第二级为各机场下属职能部门。安全管理机构如图7.3所示。

机场航空安全委员会由机场领导及各部门主管领导组成,机场总经理和机场分管安全的副总经理担任航空安全委员会正、副主任。机场航空安全委员会的成员一般包括机场安运部、运管中心、安检部、护卫部、机场地服部或公司、医疗急救中心、候机楼管理部、物管部、总经理办公室以及部分关联企业等部门的主管领导。航空安全委员会的日常办事机构是航空安全委员会办公室。

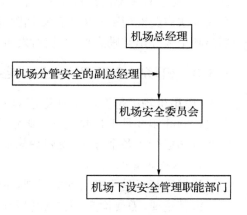

图7.3 安全管理机构示意图

2) 航空安全委员会主要职责

(1) 检查上级有关保证安全的法规、制度和标准的具体落实情况,制定机场保障航空安全的规章制度和具体措施,依据国际民航组织、国家民航局、地区管理局等的有关航空安全的要求、法规等,及时制定或修订航空安全工作规划、措施、程序和年度安全目标,逐级分解,具体落实到各单位、各部门并监督执行。

(2) 组织、协调、指导各部门的航空安全工作。参与机场处置突发事件应急救援工作,协助相关部门进行不安全事件调查工作,并根据调查结果提出改进措施和处理意见。定期对本机场各单位、各部门安全责任落实情况进行考核,提出改进意见,进行定期和不定期的安全检查,实施安全监督和检查,及时消除影响航空安全的隐患,管理日常安全管理资料。考核机场各安全保障部门航空安全工作,研究机场有关航空安全工作的重大问题。

(3) 收集、处理机场的安全信息,定期向上级航空安全管理部门提交书面航空安全形势分析报告,分析存在的隐患,提出整改意见,并根据会议决议监督各部门及时落实整改措施。对机场的安全保障能力进行评估,分析研究机场航空安全形势,找出存在的安全隐患,提出化解风险、提高航空安全水平的建议及措施。

(4) 组织和领导机场的安全文化建设,以及航空安全教育、业务技能、管理技能、安全意识的培训工作和应急救援演练工作,提出与航空安全相关的奖惩事项,办理各项航空安全奖惩事宜。

机场航空安全委员会作为机场安全的首要责任机构,有权立即停止机场范围内不能保证航空安全的设施设备的使用;有权立即终止机场范围内不能保证航空安全的人员执行任务;有权对各部门航空安全工作计划、标准、程序、措施和实际工作情况进行检查;有权要求有关部门汇报安全工作、提供有关资料和解释涉及安全保障的有关问题;有权要求有关部门采取措施限期消除航空安全隐患;有权对保障安全做出突出贡献的部门和个人提出奖励意见;有权对发生不安全事件的部门和个人提出处罚意见。

7.5.3 机场安全管理的主要内容

《民用机场运行安全管理规定》(CCAR-140)由中国民用航空总局令第191号公布,自2008年2月1日起施行。该管理规定是机场安全管理的依据、管理的基本要求,涉及机场运行的各个方面,现列举其主要内容如下。

1) 飞行区管理

机场飞行区是飞机活动的区域,主要由机场跑道、滑行道、机坪组成,对飞机的正常飞行极其重要,需要检查、维护和保养以保持其处于良好的状态,机场管理机构应当每年至少进行一次对飞行区状况的分析研究,总结维护经验和不足,掌握飞行区潜在的缺陷或隐患,并据此制定维护工作计划和修改相关的管理规定。机场管理机构应当确保跑道、滑行道和机坪的道面、升降带及跑道端安全地区、围界、巡场路和排水设施等应当符合《民用机场飞行区技术标准》的要求，始终处于适用状态，并制定道面紧急抢修预案。如果出现破损，应当及时按照抢修预案进行修补，尽量减少对机场运行的影响。破损的修补应当符合标准要求。跑道、快速出口滑行道表面在雨后不应有积水。

飞行区需要保持良好的能见度，其土面区尽可能植草，固定土面。飞行区内草高一般不应超过 30 cm，并且不得遮挡助航灯光和标记牌。为防止鸟击事件的发生，植草应当选择不易吸引鸟类和其他野生动物的种类。在升降带平整区内高差不得大于 5 cm，并不应有积水和反坡。在升降带平整区和跑道端安全地区内，除航行所需的助航设备或装置外，不得有突出于土面、对偏出跑道的航空器造成损害的物体和障碍物。

为了保证特殊情况下不损害飞机，航行所需的助航设备或装置应当为易折件，并满足易折性的有关要求。未经允许，一般人员不得进入飞行区，飞行区围界应当完好，具备防钻防攀爬功能，能有效防止动物和人员进入飞行区。飞行区围界破损后应当及时修复。破损部位修复前应当采取有效的安全措施。飞行区内有大量的飞机和车辆活动，因此其排水系统应当保持完好、畅通。积水、淤塞、漏水、破损时，应当及时疏通和修缮。强制式排水设施应当保持适用状态；渗水系统应当保持完好、通畅；位于冰冻地区的机场，冰冻期的排水沟内不得有大量积水。

机场管理机构应当商空中交通管理部门（塔台）依据有关规定，建立跑道、滑行道巡视检查工作制度和协调机制。应当定时对飞行区进行检查，建立机坪每日动态巡查制度，及时清除外来物，对机坪每周至少全面清扫一次。

为了防止干扰飞行，在飞行区作业有特殊规定，在跑道、滑行道或其附近区域进行不停航施工，施工车辆、人员需要通过正对航空器开放使用的道面时，应当增加道面检查次数，确保不因外来物影响飞行安全，并应当制定具体措施，确保施工车辆、人员不影响航空器的正常运行。

巡视检查是飞行区必需的作业，每日应当至少对滑行道、机坪、升降带、跑道端安全地区、飞行区围界、巡场路巡视检查一次。为了保证飞行区和人员的安全，巡视检查人员、巡视检查程序和过程有严格的规定。跑道摩擦系数直接影响飞机起飞和着陆，机场管理机构应当定期测试跑道摩擦系数，告之飞行员采取相应的操作。

机场有大量的目视助航设施用于引导飞行员正确的滑行和着陆，目视助航设施包括风向标、各类道面（含机坪）标志、引导标记牌、助航灯光系统（含机坪照明）。机场管理机构应当明确目视助航设施的运行维护单位，并确保目视助航设施始终处于适用状态。机场管理机构应当提供符合在航行资料中公布的并与实际天气情况相适应的目视助航设施服务。为了避免因滑行引导灯光、标志物、标志线、标记牌等指示不清、设置位置不当产生混淆或错误指引，造成航空器误滑或者人员、车辆误入跑道、滑行道的事件，机场管理机构应当对机场目视助航设施进行评估，对于评估发现的问题，机场管理机构应当及时采取整改措施。

机坪机位是用于停放飞机的，由机场管理机构统一管理。机场管理机构应当合理调配机位，最大限度地利用廊桥和机位资源，方便旅客，方便地勤保障，尽可能减少因机位的临时调整给旅客及生产保障单位带来的影响,公平地为各航空运输企业提供服务。大型机场为各航空运输企业提供的机位应当相对固定,可为航空公司设置专用航站楼或专用候机区域。机位调配应当按照规定的原则确定。

当机场发生应急救援、航班大面积延误、航班长时间延误、恶劣气象条件、专机保障以及航空器故障等情况时,机场管理机构有权指令航空运输企业或其代理人将航空器移动到指定位置。

航空器进入机位前,该机位应当保持:

(1) 除负责航空器入位协调的人员外,各类人员、车辆、设备、货物和行李均应当位于划定的机位安全线区域外或机位作业等待区内。

(2) 车辆、设备必须制动或固定;有液压装置的保障作业车辆、设备,必须确保其液压装置处于回缩状态。

(3) 保障作业车辆在等待时,驾驶员应当随车等候;所有设备必须有人看守;廊桥活动端必须处于廊桥回位点。

接机人员应当至少在航空器入位前 5 min,对机位适用性进行必要的检查。在航空器进入机位过程中,任何车辆、人员不得从航空器和接机指挥人员(或目视泊位引导系统)之间穿行。

航空器滑出或被推出机位前,送机人员必须确认:

(1) 除牵引车外的其他车辆、设备及人员等均已撤离至机位安全区域外。

(2) 廊桥已撤至廊桥回位点。

机组在航空器进入设置目视泊位引导系统的机位时,发现有疑问的引导指示,或进入由人工引导入位的机位时发现地面协调员未就位,应当立即停止航空器滑行,及时通报空中交通管理部门,并应当保持发动机运转,等待后续处置。空中交通管理部门应当及时通知机场运行部门进行处理。

为了保证旅客、工作人员和飞机安全,旅客通行路线不得穿越航空器滑行路线,任何车辆不得横穿旅客队伍。在廊桥活动端移动范围内应当采用红色线条设置廊桥活动区,禁止任何车辆和设备进入。所有在机坪从事保障作业的人员,均应当接受机场运行安全知识、场内道路交通管理、岗位作业规程等方面的培训,并经考试合格后,方可在机坪从事相应的保障工作。未经机场管理机构批准,任何人员不得在机坪内从事与保障作业无关的活动。

2) 机场净空和电磁环境保护

飞机在起飞和着陆的过程中,飞机距离跑道越近,飞行高度就越低,所以要限制机场附近障碍物的高度。机场净空保护就是为了保证飞行安全划设的一个区域,该区域内不能有障碍物。根据进近导航设备和方式的不同,障碍物有确定的定义。在机场净空保护区域内,机场管理机构应当采取措施,防止下列影响飞行安全的行为发生:

(1) 修建可能在空中排放大量烟雾、粉尘而影响飞行安全的建筑物(构筑物)或者设施。

(2) 修建靶场、爆炸物仓库等影响飞行安全的建筑物或者设施。
(3) 设置影响民用机场目视助航设施使用的或者机组成员视线的灯光、标志、物体。
(4) 种植影响飞行安全或者影响民用机场助航设施使用的植物。
(5) 放飞影响飞行安全的鸟类动物、无人驾驶自由气球、系留气球和其他升空物体。
(6) 焚烧产生大量烟雾的农作物秸秆、垃圾等物质,或者燃放烟花、焰火。
(7) 设置易吸引鸟类及其他动物的露天垃圾场、屠宰场、养殖场等场所。
(8) 其他可能影响飞行安全的活动。

机场电磁环境保护区域包括设置在机场总体规划区域内的民用航空无线电台(站)电磁环境保护区和机场飞行区电磁环境保护区域。机场飞行区电磁环境保护区域是指影响民用航空器运行安全的机场电磁环境区域,即民用机场管制地带内从地表面向上的空间范围。机场管理机构应当及时将最新的机场电磁环境保护区域报当地政府有关部门备案。民航地区管理局应当积极协调和配合机场所在地的地方无线电管理机构制定机场电磁环境保护区的具体管理规定,并以适当的形式发布。

在机场飞行区电磁环境保护区域内设置工业、科技、医疗设施,修建电气化铁路、高压输电线路等设施不得干扰机场飞行区电磁环境。机场管理机构发现机场电磁环境保护区域内民用航空无线电台(站)频率受到干扰时,应当立即报告民航地区管理局。

3) 鸟害及动物侵入防范

机场管理机构应当采取综合措施,防止鸟类和其他动物对航空器运行安全产生危害,最大限度地避免鸟类和其他动物撞击航空器。机场管理机构应当指定部门和人员负责鸟类和其他动物的危害防范工作,并配置必要的驱鸟设备。机场管理机构应当每年至少对机场鸟类危害进行一次评估。评估内容包括:机场鸟害防范管理机构设置及职责落实情况,机场生态环境调研情况,鸟害防范措施的效果,鸟情信息的收集、分析、利用及报告等。

在机场有飞行活动期间,机场管理机构应当不间断地进行巡视和驱鸟。机场管理机构应当指定专人管理驱鸟枪、弹药、煤气炮、语音驱鸟设备、捕鸟网、视觉仿真装置等,确保设备完好并得到正确使用。

4) 航空油料供应安全管理

在机场内从事航空油料供应的单位,应当按照国家有关规定取得成品油经营许可证书、危险化学品经营许可证、民用航空油料供应、企业适航批准书。在机场内从事航空油料供应的单位,应当根据国家、民航总局、地方政府有关部门的规定,结合本单位的实际,制定各项安全管理规章制度、操作规程、作业程序、应急预案等。未经安全生产教育和培训合格的人员不得上岗作业。航空油料供应特有工种从业人员应当取得相应的职业技能鉴定资格证书并持续有效。

航空油料供应单位应当按照《中华人民共和国消防法》等有关法律、法规以及公安部《作业场所灭火器材配置及管理规定》和民航有关规章,在航空油料供应场所内和设施上配备相应的消防设施设备。消防设施设备应当定期检查、维护,保持正常、有效。航空油料供应单位应当明确各级消防安全职责,落实消防安全责任。航空油料供应单位应当在禁火区域设置醒目的"禁止烟火"、火警报警电话等标志。航空油料供应单位应当制定特殊的管理制度,在禁火区域内进行动火、用火作业,以及进入含有有害气体和蒸汽混合物的受限空间内进行特殊作业,应当按规定报批,经批准后方可按照规定的程序、操作要求进行作业。未经批准的,不得进行作业。

航空油料供应单位应当按照有关规定、标准的要求,在航空油料供应场所内和设施上设置相应的防爆、防静电、防雷击设备和采取其他防范措施,并定期检查、维护,保证其完好、有效。航空油料供应场所内的电器火源控制和消除以及防爆安全装置的使用等,应当符合国家和行业有关标准和规范的要求。在航空油料供应场所进行工程施工,应当制定相应的管理规定,加强施工安全管理,保证航空油料供应安全。

航空油料供应单位应当制定航空油料供应场所的安全保卫和出入管理规定,并配置相应的安全保卫人员。任何人员和车辆进出航空油料供应场所,应当遵守安全保卫和出入管理规定。航空油料供应单位应当根据安全生产和防止职业性危害等需要,按照不同工种、不同劳动环境和条件,为员工配备相应的劳动防护用品并采取防护措施。

7.5.4 空中交通服务单位的安全管理

空中交通管制服务的任务是防止航空器与航空器相撞以及在机动区内航空器与障碍物相撞,维护和加快空中交通的有序流动。空中交通服务缺陷引起的航空事故一般有:空中相撞或地面上的碰撞、遇到尾流或湍流、撞地等等,一般发生在空中或地面的高速运动中,其后果可能是灾难性的。造成事故的外部原因一般是:气象上的、地形上的、环境的和人为的;内部原因一般是:空中交通管制间隔不够、导航设备不完善、机场和空域设计有缺陷、航空器设计及维修存在问题、航空器运行中存在失误等等。这些都会和空中交通管制有一定关联。

为了加强空中交通安全管理,提高航空运输安全的水平,就空中交通管制服务而言,首先对管制员要进行严格的选拔和培训,提高他们的业务技能;在管制过程中要按照清晰界定的操作标准进行管制,严格遵守经过验证的标准操作程序,加强监督、审计;管制工作是指挥远距离的航空器,需要大量的高科技设备和设施,要加大投入的力度,搞好基础设施设备的建设,提高管制的能力。

航空器在空中运行接受空中交通管制部门的管制服务,根据航空器运行过程中所接受的管制服务性质和所在区域,空中交通管制单位分成机场终端区管制和航路区域管制,其中机场终端区管制包括塔台管制和进近管制两个部门;根据空中交通管制信息的需要,各民航地区管制局下设有空中交通服务报告室;根据空域流量宏观调控的需要,各民航地区管理局下设有调度室,民航总局设有总调度室。管制单位的安全管理就是严格按照条例和规章的要求完成其工作职责,保证空中交通安全。相关的民航总局

令规定了各管制单位的职责,分别是:
1) 机场区域飞行管制服务的职责

机场区域飞行是在机场地带上空的飞行和进离场前后的一段飞行。因为机场区域相对来说较小,飞行活动集中,升降带使用频繁,飞行管制工作错综复杂。所以,飞行流量较大的机场,一般都将机场区域的飞行管制工作分为两个阶段进行,设两个管制单位,即机场管制塔台和进近管制室。

(1) 机场管制塔台

机场管制塔台是机场管制地带的空中交通管制单位,它所管辖的区域范围在每个机场的使用细则中规定,其主要工作任务是:

①给予航空器开车许可。机组执行任务前的直接准备阶段结束,已经办理了离场的所有手续,并获得放飞许可,而且已临近航空器计划的预计起飞时间时,机长向塔台管制员请示开车许可。塔台管制员根据当时航空器活动情况,确认开车后能正常进入运行时,给予机长可以开车的指令,并提供开车需要的有关服务,如提供大气温度、地面风和校对时钟等。

②给予航空器滑行许可。机组开车完毕后,并经试车良好,机长向塔台管制员请示滑行许可。塔台管制员根据航空器起飞前的排队和滑行场地占用情况,认为航空器可以安全顺利地滑行时,指明滑行路线和起飞使用的跑道号数,给予机长滑行许可。

③给予航空器进入跑道起飞的许可。机长按照塔台管制员的指示滑近起飞位置时,请示进入跑道起飞。塔台管制员根据跑道是否空出和空中活动情况,认为可以保证起飞安全和正常运行时,给予机长进入跑道起飞许可。

④给予航空器起飞或着陆许可。准备着陆的航空器,按照塔台管制员的指令和提供着陆使用的跑道号数,当航空器进入规定的位置时,请示着陆许可。塔台管制员根据跑道的情况和航空器调配状况,确认航空器符合着陆要求时,给予机长着陆许可,并提供着陆需要的服务,如地面风、校对场面气压和升降带内无障碍物等。

⑤起落航线飞行的管制服务。当航空器本场训练、进离港飞行沿起落航线上升下降时,塔台管制员负责提供安排次序、飞行方向和调配航空器之间的飞行冲突等服务。

⑥仪表进入着陆的管制服务。当进场航空器按照仪表条件在机场沿穿云图穿云或直接按仪表进场程序进入时,塔台管制员提供仪表飞行的一切服务,如配备间隔和指定飞行高度,开启导航设备,通报地面风、穿云高度上的空中风、大气温度和场面气压等。

⑦机场等待空域第一等待高度层上飞行的管制服务。当进场着陆的航空器因故不能立即着陆时,塔台管制员提供在其机场等待空域第一等待高度层上的飞行许可,并指明等待飞行的方法和等待时间等。

⑧长五边进入着陆并在第一等待高度层以下飞行的管制服务。进场航空器,无论是目视飞行还是仪表飞行,只要是进入方向与着陆方向基本一致,且符合长五边进入着陆的安全要求,塔台管制员均可提供长五边着陆的飞行许可。当航空器进入该范围内,塔台管制员负责进场着陆的各项管制服务。

⑨机场机动区范围内的地面交通管制服务。为保证航空器滑行、起飞和着陆的安全,防止外界对飞行的干扰,塔台管制员负责维护该范围内的地面交通次序和发放通行许可。

在机场管制塔台的管制范围内,有时为了工作方便和考虑到某种特定条件下的飞行安全需要,如航空公司组织训(熟)练飞行或试验飞行,军民共用机场军用航空器和民用航空器同时飞行,航空器发生特殊情况等开放起飞线管制塔台。起飞线管制塔台是机场管制塔台临时派出的。在实施飞行管制时,机场管制塔台值班员和起飞线管制塔台值班员根据需要和常规进行分工,起飞线管制塔台重点是照顾起降现场的管制,因为它更接近于跑道和航空器。

(2) 进近管制室

进近管制室是连接机场管制塔台和区域管制室的中间管制阶段的管制单位。一般情况下,在飞行不甚繁忙的机场,其飞行管制工作都由管制塔台统一负责,不另设进近管制室。但对于飞行吞吐量大的机场,其进离、途经和起降的航空器架次甚多,只有一个机场管制塔台,往往难以应付较大空间众多飞行的管制,不利于飞行安全和空中交通顺畅,因此设立了进近管制室,用以减轻机场塔台管制的工作压力。

进近管制阶段是飞行管制工作的重要阶段,该管制区域范围较小,是航空器的上升、下降阶段。由于飞行操作变化多,航空器姿态变化大,处理飞行需要的紧迫感较强,促使飞行管制工作具有一定的复杂性。

进近管制室的主要任务是:

①进场航空器的管制服务。对进场航空器给予进近许可,提供航空器的进场飞行路线、方法和下降高度的程序,并逐次实施进场过程中的一切管制服务。

②离场航空器的管制服务。对离场航空器给予进入进近阶段的许可,提供航空器离场飞行路线、方法和上升高度的程序,并逐次实施离场过程中的一切管制服务。

③等待飞行的管制服务。机场等待空域第一等待高度层(不含)以上空间范围内的等待飞行,由进近管制室提供飞行的方法、路线、调配等待空域中以及与其他飞行的冲突,配备安全飞行间隔,如管制由等待状态转入下降状态的飞行程序等管制服务。

④飞越机场的管制服务。航空器从本机场上空通过而不着陆,这种飞行称为飞越机场的飞行。其性质具有进离机场的双重特点。进近管制室对这种飞越机场的航空器,负责提供飞越机场所需要的指令和情报,如指令航空器保持、上升或下降高度,调配与其他航空器的飞行冲突,通报空中交通情报以及有关的气象情报等服务。

机场区域的飞行管制工作,由于飞行空域小,飞行方法和状态变化大,飞行的航空器种类和速度差异突出等情况,给飞行管制工作带来一定的难度。

在实施机场区域飞行管制的过程中,无论是塔台管制还是进近管制,除了需要有较强的管制工作能力和较先进的管制手段外,还需要飞行保障部门和航空公司飞行人员的密切配合,如航空气象部门准确及时地提供气象情报,通讯导航部门保证通信导航设施绝对正常运转,机长在飞行中服从管制等,方可保证航空器在机场区域内的飞行顺畅和安全。

2）航路（区域）飞行管制服务的职责

航路（区域）飞行是指除机场区域范围以外的所有飞行，它是整个飞行过程中的中间部分。

航路（区域）飞行的管制工作，由区域管制室负责实施。航空器按照班期时刻表和飞行预报在机场区域以外，沿着固定航线或非固定航线或在某地区上空作业飞行的管制服务，分别由分工管辖的区域管制室直接提供。

航路（区域）飞行管制与机场区域飞行管制有明显的区别。航路（区域）飞行距离长，涉及范围广，时间跨度大，因此航空器不正常状态的发生率就会高，天气的异常变化就会多，这种无规律的变化不易掌握；航路（区域）飞行经停的机场或飞越的机场（空域）较多，故飞行冲突较大；航路（区域）飞行的保障部门较多，协作配合比较困难。因此，航路（区域）飞行管制工作除做好本管制区段的飞行管制服务外，还必须与邻近区域管制室和进近（塔台）管制部门协调一致，方可保证航路（区域）飞行的航空器有条不紊地进行。

航路（区域）飞行管制工作的主要任务是：

（1）监督管制区内的飞行活动，及时向机组发布空中飞行情报，充分利用通信、导航、雷达设备准确地、连续不断地掌握本区内的飞行动态，随时掌握航空器飞行中的位置、航迹、高度、速度变化，及时发布可能形成相互接近的飞行情报，监督或引导航空器按规定的航线和高度飞行。

（2）掌握天气变化，及时向机组通报天气情报。根据天气实况演变和飞行中其他机长的报告以及降落机场、备降机场的天气报告，特别是危险天气报告，及时与气象预报员联系和研究，分析天气变化趋势，对不利于飞行的天气演变情况及时向机组通报。

（3）提供有利于安全的建议。根据空中飞行报告和飞行计划，准确计算航行诸元，注意掌握飞行中各种情报的变化；当空中和地面情况发生变化，航空器不能按预定计划飞行时，向机长提供有利于安全的建议，如改航、返航、备降和绕飞的飞行方法、路线、高度等。

（4）调配飞行冲突。妥善安排航路（区域）飞行航空器间的安全间隔，调配合适的飞行高度层。对相对、追赶和交叉飞行的航空器，发现存在危险冲突时，尽早给予调配，保证飞行在无冲突的条件下运行。

（5）提供通信导航设备。管制部门根据飞行计划或机长要求，及时开放有关的通信导航设备；当航空器迷航或绕航时，申请开放有关的雷达设备，引导航空器飞行。

（6）协调机组处置飞行中的特殊情况。飞行中发生的各种特殊情况，主要依靠空中机组进行处置。但考虑到空中的局限性，管制部门根据机长的报告和要求组织有关部门或人员采取措施，协助机长进行处置。根据特殊情况发生的地点和性质，积极采取措施，给予机组各种方便，保证发生特殊情况的航空器有更多的机动性。

3) 空中交通服务报告室的职责

空中交通服务报告室(简称报告室)负责审理进、离本机场航空器的飞行预报和申报飞行计划,办理航空器离场手续,向有关管制室和单位通报飞行预报和动态并且掌握和通报本机场的开放和关闭情况。

4) 民航地区管理局调度室

管理局调度室(简称管调)负责监督、检查本地区管理局内的飞行,协调本地区管理局内管制室之间和各航空公司航务部门之间的组织与实施飞行工作,控制本地区管理局内的飞行流量,处理特殊情况下的飞行,承办专机飞行,掌握重要客人、边缘地区、科学试验和特殊任务的飞行。

管调目前依靠空中交通管制信息系统主要完成以下工作:

(1) 审核批复临时加班、包机及其他有关飞行,将批复结果用 AFTN 电报布置给有关空管部门。

(2) 接收处理总调电报,负责中长期计划的制作。

(3) 处理部分 PLN 报编辑部分次日计划。

(4) 处理飞行动态电报,全面掌握民用航空飞行动态。

(5) 飞行流量管理,需要系统提供有关飞行流量数据。

(6) 航班正常情况统计,各类飞行架次统计。

(7) 有关专机任务的组织准备工作。

(8) 有关应急救援的组织协调工作。

5) 民航局总调度室

民航局总调度室(简称总调)负责监督、检查全国的国际飞行、外国民用航空器的飞行和跨地区管理局的高空干线飞行,协调地区管理局之间和管制与各航空公司航务部门之间的组织与实施飞行工作;控制全国的飞行流量,组织、承办和掌握专机飞行,处理特殊情况下的飞行,承办国内非固定干线上的不定期飞行和外国民用航空器非航班的飞行申请。

7.5.5 案例分析

1) 塔台管制范围不安全事件

2007 年某月某日,因管制员违反工作程序,造成甲航班与乙航班在塔台管制范围发生飞行冲突。雷达显示:两机相对飞行,水平间隔 5.1 km,垂直间隔 40 m。具体事件经过如下:

甲航班到某机场降落,进入某管制区飞行高度 6 300 m。乙航班从该机场起飞,预计起飞时间 15:00。14:46′45″,乙航班飞行员请求放行,塔台管制员发布了使用跑道(25 号)的放行许可。14:53′43″,进港的甲航班飞行员向进近管制员申请使用 07 号跑道直接落地,进近管制员随即询问塔台管制员,塔台管制员同意甲航班经 01 号进港,使用 07 号跑道。之后,塔台管制员将主要精力放在了改变跑道、进近灯光、导航设施和机场通播等工作上。此时,乙航班开车滑出,塔台管制员没有意识到发给该航班使用25号跑道起飞的放行许可与07号跑道落地的甲航班存在飞行冲突。15:09′58″,甲航班飞行员报告建立07号跑道盲降,飞行高度900 m,进近管制员指挥继续进近,联系塔台脱波。15:10′37″,乙航班起飞,15:12′06″,联系进近管制员。15:12′10″,进近管制员雷达识别乙航班后发现该机是使用25号跑道起飞,此时乙航班飞行员询问一边有个相对飞行的飞机,进近管制员立即指挥乙航班右转航向33°,上升高度1 200 m进行避让。雷达显示:两机相对飞行,水平间隔5.1 km,垂直间隔40 m。

造成以上事件的主要原因如下:

(1) 管制员违反规定。塔台值班管制员未严格遵守空管分局《管制服务运行手册——塔台管制》中关于更换使用跑道实施步骤的规定,既未变更跑道更改前已发布的航空器离场放行许可,又未向相关航空器通报跑道变更的情况,还未与进近管制员明确更换跑道的时间。

(2) 监控不力。协调管制员没有发现乙航班放行许可和滑行指令的错误,未能有效地监控主班管制员的通话,失去了监督、提醒、弥补的作用。

(3) 管制员没有养成良好的工作习惯。管制员没有目迎、目送飞机,造成未准确掌握飞机位置,也没有通过机坪、跑道监视系统监控和掌握跑道运行状况。

反映出的问题:安全意识不强。未按规定指挥飞机、未按规定使用雷达和进程单、未按规定记录和通报飞行动态等现象,反映出规章意识不强、安全思想麻痹、安全意识淡漠等问题。应急处置不当。操作不规范、应急处置不力等现象,暴露出日常工作和处置紧急情况时,由于工作习惯不好和经验不足,再加之心理素质不高,导致处置不当甚至慌乱,反映出人员素质不高的问题。

2) 空域不安全事件

某月某日,甲航班执行阿姆斯特丹到仁川航班任务,乙航班执行大阪到天津航班任务。A区管向B区管移交甲航班高度为9 500 m,其预计过移交点时间10:01。9:57 A区域管制员指挥甲航班下降,误将下降到9 500 m指令发出为下降到9 200 m。当两机相距49.6 km时甲航班高度为9 480 m,管制员发现该机有继续下降高度的情况,但未意识到自己的指令有误;考虑到航路结构原因,管制员认为甲航班左转有利于迅速避让乙航班。10:00:18,当甲航班继续下降到9 460 m时,管制员立即指挥其左转并上升高度避让,协调席管制员同时通过电话向B区管通报指挥意图。当得知B区管已指挥乙航班右转向北避让后,管制员为避免冲突进一步恶化,立即协调B区管,让乙航班连续右转下降高度,在没有可能调整甲航班转弯方向的情况下,同时指挥甲航班继续左转并上升高度。

10:01:34,两机冲突解除。间隔情况:雷达显示两机同高度9 180 m时,水平侧向间隔11.6 km;甲航班高度9 270 m时,乙航班高度为9 090 m,水平侧向间隔6.9 km;甲航班高度9 300 m时,乙航班高度为9 050 m,水平侧向间隔5.5 km;甲航班高度9 330 m时,乙航班高度为9 020 m,水平侧向间隔4.2 km。

导致此次不安全事件发生的原因如下：

(1) 管制员指令错误。管制员将下降到 9 500 m 的指令误发为 9 200 m，该错误为导致飞行冲突的直接原因。

(2) 机组复诵后，管制员未能发现自己指令的错误并未能及时纠正。

(3) 监控席管制员监控不力，未发现管制席位的指令错误。

(4) 管制员指挥甲航班避让的通话用语中，没有通报冲突航空器的动态以及避让原因，没有引起飞行员足够的重视。虽然管制员三次发出航向和高度指令，但指令中都未包含左转的原因，未通报有预计冲突航空器的相关动态，造成甲航班执行管制指令动作慢，贻误了解除两机冲突的最佳时机。

针对出现的问题，地区空管局决定迅速在全区开展一次安全整顿教育，深入吸取教训，查找解决问题。并要求全区各空管单位在以下方面加强各项工作：

(1) 加强安全管理，落实安全责任。各级领导干部要保持清醒的头脑，认清当前严峻的安全形势，切实负起责任来，深入一线管制岗位，严格管理，强化监督，摸清情况，找准问题，深入吸取教训，消除安全隐患。

(2) 要加强对空中航空器动态的监控。管制员要切实增强冲突识别意识，对于有潜在飞行冲突的航空器要重点关注，尤其是对上升下降过程中的航空器要关注其对指令执行的准确与否。

(3) 要加强对管制岗位的运行管理。加强监督检查，切实落实各项工作制度和措施，培养管制员良好的工作习惯，认真填写进程单，关注飞行员的指令复诵，对照检查重要指挥诸元，及时纠正口误，确保管制指令准确无误。

(4) 要加强班组资源的开发利用。合理搭配班组值班力量，强化带班主任、监控席位的作用，带班主任和监控席管制员要合理分配精力，密切监视飞行冲突，密切关注管制指挥环节，做到及时发现管制指挥中存在的问题并立即予以纠正。

(5) 要加强对特情处置程序的培训。通过有效的特情处置培训，使每个管制员牢固掌握特情处置程序，做到处置得当，用语准确，杜绝管制差错，保证空管运行安全。

(6) 空管站要做好当事人员的再培训工作，针对工作中发生的问题，有针对性地开展培训工作，使当事人以及其他人员能够吸取教训，消除指挥隐患，确保管制服务质量，防止此类差错的发生。

7.6 航空公司的安全管理

航空公司的安全管理要靠组织体系来保证，一般航空公司建立由公司航空安全委员会、各部门安全领导小组和专(兼)职安全监察员组成的航空安全管理三级网络。航空公司还建立了由运行经理负责的运行管理体系来具体保障运行安全，该体系由以下三个子体系组成，共同保证公司的安全平稳运行：运行值班经理负责的运行保障子体系；由总(副总)飞行师负责的飞行技术管理子体系；由总(副总)工程师负责的维修保障子体系。运行经理通过上述三个子体系对公司的各类运行实施管理与控制,并对公司实施运行的安全、合法及持续符合适用的局方运行管理规章、政策和运行规范向公司总经理负责。

航空安全管理体系通过对运行管理体系实施监督检查,保证运行管理体系的安全、合法;运行管理体系的安全、正常、有序运行,为航空安全管理体系方针的实现奠定了基础。在运行管理和安全管理上,所有作业和管理岗位的责任与权力均建立在公司规章规定的基础之上,无论职务、级别高低,在执行公司规章上一律平等。

7.6.1 航空公司安全管理体系

航空公司建立由公司航空安全委员会、各部门安全领导小组和专(兼)职安全监察员组成的航空安全管理三级网络:形成由安委会主任全权负责,并保证航空安全管理体系正确有效履行职能和保持所控规章(手册)的持续符合性、安全运行监察部行使运行和航空地面安全监督检查职能、保卫部行使空防安全监督检查职能,层层负责的航空安全管理体系。航空安全管理三级网络如图7.4所示。

公司航空安全委员会由公司领导及有关部门负责人组成。航空安全委员会主任由公司总经理担任,常务副主任由公司分管安全工作的副总经理

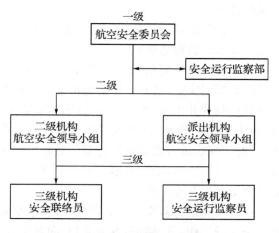

图 7.4 航空安全管理三级网络图

担任,副主任由党委正、副书记及公司其他副总经理担任。航空安全委员会委员包括公司总飞行师、总工程师、安监部、机务部、飞行部、飞行技术管理部、运控部、规划发展部、飞机维修基地、保卫部、客运销售部、货运部、客舱服务部、机场地服公司、人力资源部、财务部、总经理办公室、行政保障部、信息技术部、党委办公室、工会、纪委办公室等部门主管领导。航空安全委员会的工作职责是:贯彻"安全第一、预防为主"的工作方针,确保公司的飞行安全;贯彻落实有关保证航空安全的法律、法规、制度和措施。航空安全委员会工作内容包括:

(1) 制定公司航空安全工作规划和目标,制定公司保障航空安全的规章制度和措施并监督执行,对所属各单位安全工作提出相应要求,并实施安全监督和检查,及时消除安全隐患。

(2) 组织、指导公司航空安全教育,开展安全竞赛活动,办理奖惩事项。

(3) 定期和不定期分析公司航空安全形势,研究、讨论公司有关航空安全的重大问题,并据此提出保证航空安全的建议和措施。

航空安全委员会日常工作由安委会办公室负责,办公室设在安监部。航空安全委员会办公室工作职责是:制定公司保障航空安全的规章制度和措施,上报安委会审核后下发并监督执行;对公司所属各单位实施安全监督和检查,及时消除影响航空安全的隐患;向安委会提交有关重大航空安全奖惩事项的报告,并监督检查讨论结果的执行情况。具体的工作内容如下:

(1) 制定或修订公司航空安全工作规划和目标,并报请安委会讨论修订。

(2) 根据安委会要求,组织、指导公司航空安全教育,开展安全竞赛活动。

(3) 提交安委会研究、讨论公司有关航空安全的重大问题,并记录研究、讨论结果,负责对研究、讨论结果提出要求的贯彻落实情况进行跟踪检查。

(4) 分析公司航空安全形势,并据此定期和不定期向安委会提出保证航空安全的建议和措施。

(5) 根据公司航空安全状况和安委会要求,对所属各单位安全工作提出相应要求并跟踪要求的贯彻落实情况。

二级部门航空安全领导小组的职责是:根据公司生产经营特点和安全管理要求,主动结合本部门实际,适时进行安全形势分析研究,制定和修改各项安全规章、措施,完善安全管理制度并组织、监督实施;加强对新职工、在职职工的安全生产教育;及时报告反馈、解决处理生产运行中出现的安全隐患和违章违纪现象;提供及时的信息反馈并及时处置;配合安全运行监察部做好部门兼职安全运行监察员的人选推荐和管理工作,支持安全监察员的工作,听取和落实安全监察员提出的改进意见和建议;承办公司航空安全委员会交办的其他工作。

三级安全运行监察员的职责是:维护航空安全运行法规的严肃性;督促检查各岗位的安全运行工作,及时发现安全隐患,向各级分管安全工作的领导和安全管理部门提出意见和整改措施;钻研业务,提高安全运行监察业务水平;认真完成检查单工作内容;承办处领导和安全运行监察部交办的其他工作;兼职安全运行监察员履行安全运行监察员职责。

7.6.2 飞行安全管理

在飞行实施中,机长对飞行安全负有最大和最后的责任。空中飞行时,遇到危及飞行安全情况发生时,机长对飞机有最后处置权。为了保证飞行安全,参与飞行作业的机组人员,必须经培训并取得相应资格后持证上岗。公司通过严格规定的持续合格培训和监督检查制度以保证所有人员持续合格于履行其职责要求的资格水平。

航空公司成立飞行部负责飞行日常工作,飞行部总(副总)经理负责飞行部飞行安全工作的审批。飞行部安技部安全室负责处理飞行部各类安全事宜,并协助领导做好飞行人员的安全管理工作、自纠自查工作、安全教育工作、安全考核工作和安全奖惩工作,以及负责各类安全技术文件的收发、归档及管理工作;负责飞行部的手册管理工作。飞行各分部负责具体安排、落实、执行有关飞行安全工作方面的文件精神、指示、命令等相关内容。

飞行部安技部安全管理部门接收公司安运部下发的有关安全方面的文件，下发落实。飞行部要制定《安全责任书》，由飞行部总经理与飞行各分部经理签字，飞行各分部经理与飞行各部重要岗位、机长签署责任书，将安全责任落实到岗和具体人员。飞行部可根据本单位的具体情况决定安全整顿，做好安全整顿总结，并对安全整顿情况进行跟踪检查。飞行部组织专题学习和技术研讨，每次学习和研讨有专题、有提纲，工作结束后有专题学习和技术研讨情况汇报。飞行部根据公司运行监察部各类运行通报，及时制定相应措施，并督促各分部执行。不定期地对飞行人员航班飞行情况进行检查，对于检查中发现的不合格情况，及时通告机组成员所在分部及有关职能部门。发生不正常事件，首先由机组以《机长报告书》形式报飞行各部，然后由飞行各分部上报安全管理部门，安全管理部门报领导并及时进行处理。

在飞行过程中，大部分机组和全部旅客都在客舱活动，因此客舱安全是飞行安全的重要组成部分。乘务组负责客舱的安全运行，执行任务的乘务人员必须按规定经过应急设施的使用和撤离程序的培训，工作中严格按运行手册的规定实施操作。为了保证客舱安全，乘务组具体工作要求和管理规定如下：

（1）航空器在所有舱门已全部关好时，乘务组通知驾驶舱客舱准备好，驾驶舱机组请求允许推出飞机。

（2）起飞前和着陆前驾驶员按程序要求扳动"系好安全带信号牌"开关两次，发出准备起飞和准备降落的通知。客舱接到通知后，应通知旅客。

（3）乘务员进入驾驶舱，都用内话机进行联络。

（4）在发动机启动、起飞着陆关键飞行阶段，乘务员不得进入驾驶舱报告并不重要的事宜，有事通过乘务长进行报告，以免干扰驾驶舱内人员操作。

（5）着陆到达时间信息由乘务长一人与机组联系获得。

（6）乘务长向飞行机组报告，要求在下列情况下必须向机长报告并及时处理：

①起飞前协作，报告客舱机组人员到齐，报告有关准备情况。

②直接准备工作就绪，清洁完毕，旅客可以登机。

③旅客登机中遇到不正常情况。

④旅客登机完毕，落实机组成员全部登机，旅客舱单、业务袋、申报单到齐后关机门。

⑤客舱门关闭，舱门分离器操作完毕，航空器起飞降前各项安全检查落实后。

⑥传达旅客要求和不正常情况。

（7）乘务组在客舱运行管理的基本工作包括：

①宣传讲解乘机安全须知，督促检查旅客遵照执行。

②保护客舱内的应急安全设施，不丢失、不损坏，处于完好备用状态。

③维持客舱秩序，保证旅客正常乘机和航空器安全运行。

④清理疏通客舱内各种通道，不要被行李和手提物品堵塞，以便发生紧急情况时能

够迅速组织旅客撤离。

⑤密切注意客舱内旅客动向,及时提供服务,及时发现、制止和正确处置非法干扰航空器正常运行及对旅客的暴力行为。

⑥检查客舱内医救设施和药品,并具有使用和处置的基本能力,及时向旅客提供合格的救助。

⑦认真检查客舱内各种物品器具的摆放,发现不牢固、不可靠或有易燃易爆以及违法的枪支刀具时,应及时采取措施,按有关规章正确处置,防止伤及旅客和航空器。

⑧提高特殊情况处置和救火意识,随时对客舱内的座位、厕所、地板等容易引起火灾的部位以及灭火器等安全应急设备进行检查,保证随时可用。

⑨航空器在起飞降落时,严格按有关手册规定,认真检查,遇有颠簸时,广播提醒旅客系好安全带。

7.6.3 案例分析

1999年4月15日16时01分大韩航空公司一架麦道MD-11货机(注册编号HL7373)从上海虹桥机场起飞,执行KE6316货班,目的地为汉城。升空后仅3 min就坠落在上海闵行区莘庄莘西南路的一处建筑工地上。飞机上两名驾驶员和一名机械师遇难,另外还造成地面5人死亡,4人重伤,36人轻伤,附近工棚全毁,32间店铺、11间居民房屋受损。该架飞机装载了86 t货物,其中主要是五金工具、集成电路块和棉织品等。

具体过程是:1999年4月15日,上海KE6316货班16:01:35获塔台许可,从上海虹桥机场18号跑道起飞升空,预计经南汇离港,起始高度900 m;16:02:42自动驾驶被断开,经历了一段机动飞行,先左转,然后在航迹200度左右保持了一段平飞,最后再左转,开始爬升;16:04:03收起缝翼;16:04:15上升至1 310 m(4 300 ft)按标准离港程序及塔台指令,该机在保持900 m飞行后左转飞向南汇过程,应上升至1 500 m(4 900 ft),直到此时,飞行基本正常。16:04:19从最高点1 370 m(4 500 ft)突然急剧下降,从雷达屏幕上消失;16:04:19至16:04:35驾驶舱内的中央音响警告系统(CAWS)先后出现以下声音:高度提示音(接近设定目标高度1 000 ft时出现)地形……地形……喔……喔……拉起……拉起……16:04:35根据上海地震局提供的资料表明,飞机猛烈撞击地面,撞击强度相当于1.6级地震,地点位于上海虹桥机场跑道中心165°方位,11.6 km处。

事故发生后,有关方面迅速组织力量,在现场尽可能地收集相关部件残骸,并找到了驾驶舱舱音记录器(CVR)的内存芯片,快速存取记录器(QAR)的数段磁带残片,找到已完全毁坏的飞行数据记录器(FDR)的部分残片。1999年4月27日,中国民用航空总局、美国国家运输安全委员会(NTSB)和韩国民航局(KCAB),就4月15日大韩航空KE6316航班在中国上海坠毁事故联合发布了初步调查结果。

调查显示,这架货机在撞地之前并没有发生爆炸,没有发现与飞行事故有关的发动机故障记录,也没有证据表明这次事故有人为破坏的迹象。对空中管理部门的录音及驾驶舱舱音记录(CVR)的分析表明,机组和空管指挥的对话正常,所有的空管指挥程序都是正确的。调查报告还指出,机组人员没有通知空中交通管制部门(ATC)飞机上有任何故障,也没有要求返航着陆,或报告机上有紧急情况。但CVR上记录的机组对话表明,起飞后不久,机组人员在机动飞行过程中遇到了问题,但调查人员还不能从机组人员的对话中发现问题的实质。

初步调查结果公布后,中国民航总局负责组织力量继续深入调查。对寻获的相关部件残骸除驾驶舱舱音记录器(CVR)芯片被美国国家运输安全委员会(NTSB)实验室完全破译外,其他部分由于飞机撞击毁坏严重,虽经有关厂家半年多的努力,终未能获取有效数据。这对于完全真实再现事故全过程,进一步分析事故原因造成困难。最后,从多方面搜集证据,并于2000年4月3日至6日在美国洛杉矶长滩波音飞安公司先后进行了100多次模拟验证飞行,基本得出事故发生的原因。首先,排除干扰因素:

(1) 排除爆炸因素:借助地震专家的力量,经核准确定为:坠机当时的撞击强度相当于1.6级地震,如果飞机是在空中爆炸后再坠地,决不会产生如此震级的震感。中国专家在事故现场先后提取了十三个样品,经气相色谱、液相色谱及化学方法做了认真的检验分析,结果未检出任何炸药残留物成分。他们还对多处飞机残骸上提取的附着物做检验分析,也未发现有炸药的痕迹。

(2) 排除天气因素:根据上海气象部门提供的资料表明,当天天气状况良好,适宜飞行,事故发生前后未有其他飞机机组报告在空中遇到影响飞行的天气。

(3) 排除机械故障:根据空中管理部门的录音及驾驶舱舱音记录(CVR)表明,直到飞机撞地坠毁,机组一直未向塔台报告飞机出现故障和操纵不正常现象,在飞机撞地前最后几秒钟才出现机组发出"拉起"的指令。动力:直到飞机撞地坠毁,发动机推力未失去,保持正常。水平安定面:即使电配平失效,仍可使用机械配平,如果完全失效,也可以通过最大拉杆保持飞机处于抬头姿态。升降舵:如果完全失效,将下俯至70°~90°,且不会出现近地警告。

(4) 同时也排除了装载配平、劫机、飞机结构受损、人为破坏等因素。

根据有限资料和获取的真实数据模拟飞行过程,并通过100多次模拟验证飞行,最后结果基本与事实吻合。最终认为,该航班飞行员混淆了上海虹桥机场的离港高度单位,把米误认为英尺。在离港过程中,机长根据副驾驶错误的高度指令而采取错误的飞行操纵,是导致本次事故的最大可能原因。具体分析如下:

(1) 汉城—上海航线是大韩航空公司唯一一条使用米制高度单位飞行的航线,公司要求飞该航线必须了解并观看相关转换单位的学习录像。机长1999年2月首飞上海时看过,这是他第二次飞此航线;副驾驶首次飞此航线,事发当天上午观看了高度单位的学习录像等资料。

(2) 驾驶舱舱音记录(CVR)表明,机组对话过程中对高度单位并未引起重视,米和英尺一直在混用,时而用米,时而用英尺,这是极不标准的操作程序。

（3）驾驶舱舱音记录（CVR）表明，机组起飞前并未完成相关检查、离港程序确认，起飞后机组间仍对离港路线存在分歧，还在讨论，公司有关记录表明该机组曾因此不规范行为被处罚过。

（4）在按航管指令向 1 500 m 高度爬升时，副驾驶突然提出高度有问题，随后，机长意识到自己应该保持在 1 500 ft，此时却已爬升到近 4 500 ft，高出指令 3 000 ft 之多，处境危险，应尽快回到 1 500 ft，因此，粗猛推杆，以 35°俯冲角下降，并向前使用过量的配平，让水平安定面处于最大位，使下降率更快，所以，尽管驾驶舱中央音响警告系统（CAWS）先后出现"地形……地形……喔……喔……拉起……拉起……"机组均未采取任何措施，继续保持推杆下降，直到坠地前几秒钟，机长似乎意识到离地面太近，才发出"拉……"的指令直到坠地。

（5）即使以 35°俯冲角下降，让水平安定面处于最大位，如机组在驾驶舱中央音响警告系统（CAWS）发出"拉起"警告后或在 2 000 ft 以上，全力拉杆仍可避免事故发生。但是较低的云层又影响到机组对实际高度的判断，加上机组急于纠正错误的心态，失去了高度的概念，最终导致高度太低，拉杆时机过晚，而以 398 海里/h 即 737 km/h 的高速度、20°～40°的俯冲角度猛烈撞击地面而坠毁。

复习思考题

7.1 航空运输安全的具体含义是什么？
7.2 航空运输过程中，什么样的风险是可以容忍的？
7.3 为什么要进行航空运输安全管理？航空运输安全管理的责任有哪些？
7.4 航空安全教育一般分为哪几类？教育的对象和内容是什么？
7.5 航空安全办公室的主要职责是什么？
7.6 建立安全管理体系有哪 10 个步骤？
7.7 航空货物运输的基本过程是什么？
7.8 机场航空安全委员会主要职责是什么？
7.9 航空公司航空安全委员会工作内容是什么？
7.10 乘务组具体工作流程和管理规定有哪些？

参 考 文 献

1. 肖贵平,朱晓宁. 交通安全工程. 北京:中国铁道出版社,2007
2. 赵吉山,肖贵平. 铁路运输安全管理. 北京:中国铁道出版社,2004
3. 何学秋. 安全工程学. 徐州:中国矿业大学出版社,2000
4. 宾任祥,赵忠明. 铁路运输安全管理概论. 第二版. 成都:西南交通大学出版社,2002
5. 韩买良. 铁路行车安全管理. 北京:中国铁道出版社,2007
6. 施其洲. 运输安全系统工程. 成都:西南交通大学出版社,1995
7. 刘兰阶. 铁路行车安全. 北京:科学技术文献出版社,1993
8. 黄丽华. 铁路客运规章教程. 第二版. 北京:中国铁道出版社,2006
9. 佘廉,李睿,李红九. 铁路交通灾害预警管理. 石家庄:河北科学技术出版社,2004
10. 蒋国荣,顾彩霞. 铁路运输安全必读. 北京:中国铁道出版社,2003
11. 张穹,王兆成,胡亚东. 铁路运输安全保护条例释义. 北京:中国铁道出版社,2005
12. 张殿业,耿志修,王家驹,等. 铁路运输——铁路行车安全理论及应用技术. 北京:中国铁道出版社,2004
13. 余卓民. 中国铁路运输安全状况、管理及技术发展综述. 世界轨道交通,2004(12)
14. 吕春娟. 加强旅客运输安全管理途径的探讨. 铁道运输与经济,2006,28(6)
15. 贺忠明,彭清海. 对直管车务站段安全管理的思考. 铁道运输与经济,2006,28(2)
16. 李百川. 道路运输企业安全管理. 北京:人民交通出版社,2006
17. 裴玉龙. 道路交通安全. 北京:人民交通出版社,2007
18. 陈凤仁. 交通运输安全学. 大连:大连海运学院出版社,2001
19. 夏国建,潘焕梁. 道路运输安全管理. 北京:人民交通出版社,2003
20. 刘志忠. 道路运输企业安全管理与营运成本控制手册. 北京:中国知识出版社,2006
21. 曹跃兵. 2007 最新道路交通运输行业安全管理规范及国家强制性条文. 北京:中国道路交通出版社,2007
22. 道路运输安全编委会. 道路运输企业安全管理工作手册. 北京:中国知识出版社,2007
23. 刘志,郭斌. 论道路危险货物运输安全管理. 2008 危险品运输国际论坛论文集[C]. 2008
24. 沈志云,邓学钧. 交通运输工程学. 北京:人民交通出版社,2003
25. 甘浪雄. 航道条件对船舶航行可靠性的影响. 武汉:武汉理工大学,2001(2)
26. 郭晓汾. 交通运输工程学. 北京:人民交通出版社,2006
27. 朱玉峰. 中国水上运输安全管理研究. 大连:大连海事大学,2001(1)
28. 陆军. 影响海上交通安全的船员因素分析与评价. 上海:上海海事大学,2005(10)
29. 陈崇云. 我国水上交通运输安全分析与事故预测的研究. 大连:大连海事大学,2002(4)
30. 邵哲平. 海上交通安全评价模型及仿真应用的研究. 大连:大连海事大学,2001(1)
31. 徐吉谦. 交通工程总论. 北京:人民交通出版社,2004
32. 刘舒燕. 交通运输系统工程. 北京:人民交通出版社,2006
33. 中国民航总局. 中国民用航空空中交通管制岗位培训管理规则. 北京:中国民航出版社,2002
34. 中国民航总局. 民用机场运行安全管理规定. 北京:中国民航出版社,2008

35 国际民航组织.安全管理手册(SMM).北京:中国民航出版社,2006
36 张军.现代空中交通管理.北京:航空航天大学出版社,2005
37 中国民航出版社选编.世界航空安全与事故分析第一集.北京:中国民航出版社,1995
38 杨春生,孟昭蓉编译.世界航空安全与事故分析第二集.北京:中国民航出版社,1997
39 祁元福等编译.世界航空安全与事故分析第三集.北京:中国民航出版社,1998